当代世界德育名家译丛
杨晓慧　主编

Thomas Ehrlich
托马斯·欧利希
文集

教育与基金会
从良好愿望到教育投资

Ray Bacchetti　　Thomas Ehrlich
[美]雷·巴凯蒂　[美]托马斯·欧利希 | 编
常飒飒　王占仁 | 译

生活·讀書·新知 三联书店

Simplified Chinese Copyright © 2024 by SDX Joint Publishing Company.
All Rights Reserved.
本作品简体中文版权由生活·读书·新知三联书店所有。
未经许可,不得翻印。

图书在版编目(CIP)数据

托马斯·欧利希文集/(美)托马斯·欧利希主编;
王小林等译. —北京:生活·读书·新知三联书店,
2024.7

ISBN 978-7-108-07520-8

Ⅰ.①托… Ⅱ.①托… ②王… Ⅲ.①社会科学—文集 Ⅳ.①C53

中国版本图书馆 CIP 数据核字(2022)第 182153 号

总 序

一

马克思说:"一个时代的迫切问题,有着和任何在内容上有根据的因而也是合理的问题共同的命运:主要的困难不是答案,而是问题。"比较思想政治教育的兴起既是世界多极化、经济全球化、社会信息化与文化多样化背景下的必然之举,也是学科发展到一定阶段进行观念反思与议题创新的应然选择。

历史从哪里开始,思想进程也应当从哪里开始。和平与发展是当今时代的主题,世界多极化不可逆转,经济全球化深入发展,综合国力竞争日趋激烈。实现中华民族伟大复兴是近代以来中华民族最伟大的梦想,随着中国特色社会主义逐渐迈入新时代,社会矛盾发生深刻变化,提出并推进人类命运共同体思想是在新时代的历史方位中实现中国梦的战略需要。通过挖掘和利用国际合作与交流工作的基础性、前瞻性和引领性的潜力和特点,努力加快宽领域、高层次国际合作与交流步伐。

思想政治教育理应与时代同行,与实践同行,思时代之所思、问时代之所问、急时代之所急,并在最新的实践命题中提取理论命题,在最新的社会实践中检验理论生命力。值此百年未有之大变局,思想政治教育需要从本学科视角出发审视时局并明确自身的使命担当。加强对学生思想政治教育的重视,是立足于新时代教育对学生德育教育的重视的教育内容,是学生成长和发展的重要基础。对于学校而言,思想政治教育的有效开展是促进学校教育改革的重要方式;对于国家及社会的发展而言,思想政治教育有利于保障人才培养的品德修养,是培养德才兼具型人才的重要教育内容;对于学生自身而言,思想政治教育是保障其符合新时代社会发展需求的重要方式,是促进其身心健康、持续发展的重要保障。

拥有宽广的国际视野,对思想政治教育研究者和工作者来说,是不可逆转的发展要求,也是比较思想政治教育在新的发展态势下找准生长点、走特色人才培养道路的必然选择。在对外人文交流中确立比较思想政治教育研究的角色既是实践经验的总结,也是发展模式的探索。开展国际间思想政治教育比较研究对于认识和把握人类社会发展规律具有重大意义,可以指导人们更好地进行社会实践活动;比较的目的在于辨别事物的异同关系,谋求背后的一般规律,以服务于社会现实需要;进行比较要以共同点为前提,立足各国事实情况,不能回避和掩饰问题的实质;在具体的比较过程中,既要以联系的眼光综合运用纵向比较与横向比较,又要以整体性思维处理好比较中的整体与部分、一般与特殊的关系。

二

思想政治教育学是一门研究思想政治教育现象、问题并揭示思想政治教育规律的科学。在这个"历史向世界历史转变"的时代,只有通过比较的研究方法对思想政治教育研究进行时间与空间双重维度的拓展,深入解析不同历史时间和空间地域下的思想政治教育实践的具体样态及其生成发展规律,才有可能深刻把握思想政治教育演变发展的一般规律,为思想政治教育创新发展提供理论基点,探寻现实进路。

党的十八大以来,思想政治教育理论研究与实践创新取得很大成绩。但随着国际形势深刻变化和国内经济社会发展,新情况新问题新挑战层出不穷。思想政治教育要跟上形势变化、更好发挥作用,必须强化人本意识、问题意识、实践意识,不断开拓创新。思想政治教育比较研究的价值追求不止在于寻找异同,更在于透过现象看到其背后蕴含的本质性规律,深入理解、借鉴和反思世界各国思想政治教育实践活动。思想政治教育的比较研究进行得越是深刻和精准,我们越能接近思想政治教育的本质规律。以深入开展思想政治教育比较研究为主要切入点,我们亟待提升以"比较思维"为核心的思想政治教育研究格局,超越单一视域的思维阈限,拓宽传统思想政治教育学的认识边界,进一步强化思想政治教育在理论上的学理性和在实践上的适用性。

思想政治教育学自 1984 年确立以来,其主干学科逐渐由"三足鼎立"(原理、历史、方法)的结构体系演变为"四维驱动"(原理、历史、方法、比较)的发展态势。为了使国际比较研究与其他基础理论研究形成正反馈机制,就必须更加全面、深刻、科学、高效地借鉴。基于此,根据学界业已形成的丰富成果与思想观点,从认识论与方法论的视角体察探究思想政治教育国际比较的借鉴问题就显得至关重要。只有积累了一定的国别研究成果和比较研究成果,才能进一步探讨借鉴问题。当比较思想政治教育学科发展到一定阶段后,只有探明借鉴问题,才能更好地展现出其对于促进思想政治教育学科议题创新与观念反思的重大价值。在对外人文交流中确立比较思想政治教育研究的角色既是实践经验的总结,也是发展模式的探索。

总之,无论是从时代背景、文化背景,还是学科背景出发,思想政治教育国际比较的借鉴问题研究都势在必行。

三

我国比较思想政治教育兴起于20世纪80年代中后期。经过多年的建设,比较思想政治教育的发展已经初具规模。2016年5月17日,习近平在哲学社会科学工作座谈会上指出:"观察当代中国哲学社会科学,需要有一个宽广的视角,需要放到世界和我国发展大历史中去看。"2019年3月18日,习近平在学校思想政治理论课教师座谈会上又强调,教师的视野要广,包括知识视野、国际视野、历史视野,要能够通过生动、深入、具体的纵横比较,把一些道理讲明白、讲清楚。拥有宽广的国际视野,对思想政治教育研究者和工作者来说,是不可逆转的发展要求,也是比较思想政治教育在新的发展态势下找准"生长点"、走特色人才培养之路的必然选择。比较思想政治教育学的研究成果丰硕,包括著作译介、事实描述、要素比较与因果分析,对于比较后借鉴的可能、立场、内容与方略等问题的研究则显得相形见绌。

新时代背景下,开展思想政治教育比较研究具有很强的指导意义,同时也极具挑战。首先,"比较"应当甚至必须作为一种科学的研究方法,应用于哲学社会科学和自然科学研究领域之中。其次,"比较"不仅是一种具体的研究方法,还具有重要的方法论意义。比较研究为人们分析不同历史时代和不同社会的意识形态及其教育提供了科学的认识工具。最后,"比较"更是一种思维方式,这种思维方式理应贯通于整个思想政治教育研究的过程之中。"比较"不单从方法工具层面,更是从思维方式层面赋予了思想政治教育比较研究重要的价值意蕴。

从思想政治教育的时代背景和学科立场出发,我们精选国外思想政治教育相关领域较具权威性、代表性、前沿性的力作,推出了具有较高研究价值与应用价值的系列翻译作品——《当代世界德育名家译丛》(以下简称"译丛")。该译丛是东北师范大学思想政治教育研究中心(以下简称"中心")推出的"比较思想政治教育研究"系列成果之一。我们秉承"以我为主、批判借鉴、交流对话"的基本原则,"聚全球英才、育创新团队、塑国际形象"的建设理念,对国外著名学者的研究成果进行了深度透视与全面把握,意在拓展原有论域,进一步深化学术研究、强化学科建设、服务国家需要。

译丛作品的原作者均在全球范围内享有学术盛誉,具有深厚的理论功底和丰富的实践经验,将这些国外德育名家的研究成果集中翻译并结集出版,高度体现了中心以全局性、世界性的眼光认识问题,致力于推动人文社会科学研究的范式创新与人文社会科学的繁荣发展。

译丛主要面向四大读者群:一是教育学、政治学、社会学、思想政治教育学等领域的科研工作者,二是教育主管部门决策者、高校辅导员、政府相关部门等行政人员,三是思想政治教育、道德教育、比较教育等相关专业的本科生与研究生，四是广大对相关主题感兴趣的学者、教师，以及社会各界人士。

译丛在翻译过程中特别注意原作者真实观点的阐释，同时立足于马克思主义根本立场、观点和方法，坚持中国特色社会主义道路的行动指南，对所选书目及其内容进行甄别。译丛在翻译过程中，由于需努力精准呈现原作者的思想，难免涉及国外的价值取向和意识形态，请所有读者在研习的过程中加以辨别，批判性地进行阅读和思考。

杨晓慧

2024年1月于长春

中文版前言

一

1979年1月1日,中美建立外交关系,这一天对两国来说都是一个重要的日子。当时我在吉米·卡特总统领导下的政府工作,负责直接与总统对接美国的双边和多边对外援助政策。担任这一职务时,我并没有涉足中美关系,但我确实亲身体会到了卡特总统是一位多么杰出的领袖,特别是他在外交领域的作为。

在任期间,我访问了非洲、亚洲、拉丁美洲和南美洲的许多发展中国家。在访问过程中,我看到中美两国为了改善贫困人民生活,特别是在农业、粮食、能源、卫生和人口等领域所做的诸多努力。

我记得曾经在其中几次访问中设想过,如果中美两国能够开展合作,对发展中国家的贫困人民会有多大帮助。多亏了邓小平先生和吉米·卡特总统的领导,两国才走向了合作之路,我衷心希望今后两国之间的关系能够更加牢固。

1985年,在中美两国建交六年后,我和妻子埃伦访问了中国,出席上海交通大学和宾夕法尼亚大学的一个联合项目的庆祝仪式。在那次访问中,我们看到了中国是一个多么了不起的国家,包括它的规模、人口、经济以及历经几千年历史的文化。

二

在我第一次访问中国之后的几年里,中国逐渐在世界舞台上占据一席之地。当我和女儿伊丽莎白再次访问中国时,看到了中国取得非凡进步的有力证据。这次我是应东北师范大学校长的邀请,前来与生活·读书·新知三联书店签订协议,出版我在过去几十年里撰写、合著或编著的11本书,所有这些书都将被翻译成中文。主导这件事的是博学而亲切的蒋菲教授,她是东北师范大学思想政治教育研究中心道德与公民教育比较研究室的主任。

这11本书,连同几十篇文章,承载了我一生在诸多领域的学术研究成果,也反映了我在四所高校担任行政人员和教师以及在美国政府担任四个职位的多年经验。

我一生中担任过14个不同的职位,我妻子开玩笑地说我工作永远做不长久。我的第一份工作是担任勒尼德·汉德法官的书记员,他后来被公认为是美国在世最伟大的法官。当时汉德法官已经八十七岁,和我写这篇序言时同龄。他是一位极富经验的法官,在法官的岗位上工作了五十年,同时也是我的良师。

在担任汉德法官的书记员后,我曾短暂地从事过法律工作,因为我认为在担任法律专业教师前,最好先了解一下律师的日常工作,这也是我自己一直想做的事。但在从事法律工作不到两年之后,我认识的一位哈佛法学院的前法学教授艾布拉姆·查耶斯邀请我加入约翰·F.肯尼迪政府。查耶斯教授是当时的国务院法律顾问,是我的另一位优秀导师,我们后来共同编写了一本关于国际法的三卷本著作,主要是根据我们在肯尼迪政府和后来在林登·约翰逊政府的经历撰写的。

查耶斯教授回到哈佛大学后,我和副国务卿乔治·W. 鲍尔一起工作,他是我的另一位宝贵导师。像汉德法官和查耶斯教授一样,鲍尔先生向我传授了有关公共服务的宝贵经验,这些经验到现在仍使我受益匪浅,也引领我将公共服务视为一项崇高的使命。

幸运的是,斯坦福大学法学院邀请我做教师,讲授国际法,我不假思索地接受了,因为学校为我提供了我正想要的教学和写作的机会。五年后,我被选为学院院长。在任期间,我发现自己对一样事物十分享受,我称其为"制度架构"——有机会成为一个机构的领袖并使其发展壮大,且在机构中工作的人们可以得到所需的支持,以充分发挥其能力。

作为一名院长,我观察了美国各地法律服务的提供情况,发现在美国有相当一部分人在需要民事法律救助时孤立无援。杰拉尔德·福特任总统期间,美国正在组建一个新的政府实体——法律服务公司,我被选中担任这个机构的负责人。在这个职位上,我有机会学到了一门重要课程——领导力。与我做院长时一样,这份工作同时也让我了解到了美国贫困人口现状的严峻形势。为卡特总统工作的这几年,让我从全球视角进一步丰富了自己的经验,这有助于我理解发展中国家的严重贫困问题。

这些经历使我确信,我想为领导一所高校贡献力量。宾夕法尼亚大学给了我这个机会,校方选聘我为教务长,即首席学术官。这个职位让我了解到了一所优秀的大学是如何对教学、研究和服务提供支持的。在工作中,我也致力于培养学生具备公民参与所需的能力,这一承诺在我之后担任的职位上一直延续着。

在宾西法尼亚大学工作多年后,我开始意识到,如果有机会,我想领导一所著名的公立大学。当我被聘为印第安纳大学校长时,这个机会来了。印第安纳大学有8个校区,有超过10万名学生,其中位于印第安纳州布卢明顿的主校区有4.3万人。幸运的是,布卢明顿校区有一个规模巨大的亚洲研究项目,使我对中国及其邻国有了进一步了解。

在我担任印第安纳大学校长时,乔治·H. W. 布什总统选择我作为委员会成员加入一个临时的政府实体——国家和社区服务委员会,主要负责为美国所有年龄段的公民参与他们社区的公民工作提供支持。

后来我成为该委员会的主席,并帮助威廉·克林顿总统的政府制定法律。我在该委员会工作之余,又建立一个永久性的新政府组织——国家和社区服务公司。迄今为止,国家和社区服务公司最大的项目"美国志愿队",每年在全美21 000多个地点招募约75 000名男女公职人员参与公共服务。我在这个组织的委员会工作了八年,这份工作进一步加强了我鼓励每一个美国人参与公共服务的决心,无论是作为一份职业还是作为业余爱好。

我和妻子于1995年返回加州,我以杰出学者的身份在加州大学系统任教了五年,还帮助完善了该系统所有23个校区的社区服务学习项目。长期以来,我一直大力倡导将学术学习与社区服务联系起来的课程,如果能把这门课讲好,学术学习和社区服务都会得到加强。我在一个名为"校园契约"的全球性协会担任领导职务,并协助创立了另一个协会——美国民主项目。这两个项目都注重教育大学生积极参与公民活动,以改善其所处的社区。服务学习课程是这类教育的主要组成部分。

由安德鲁·卡内基创立的卡内基教学促进基金会于1997年迁入斯坦福大学校园,我以资深学者的身份加入了这一组织,并获得了与一群亲密的同事一起撰写学术书籍和文章所需的支持。

最后,在卡内基基金会度过了11年美好的时光后,在这个系列的第6本书出版时,我回到了斯坦福大学。这次是在教育研究生院任职,在这里我讲授高等教育领导与管理、高等教育中的教与学、慈善事业、美国民主等课程。我还为许多学生提供了咨询,包括一些中国学生。其中一个学生是我上一本书《公民工作,公民经验》的合著者,她的父母来自中国,但是她出生在美国。这本书在蒋菲教授的帮助下译成中文,并由该系列图书的出版社出版。

三

我坚信美国"公共参与奖学金"的重要性,这是一项学术工作,直接关系到未来公共政策和实践的形成,或对过去公共政策和实践的理解,包括教育学生具备在了解这些政策、参与这些实践中需要的知识、技能和素质。

我所有的书都在试图帮助美国政府决策者及其工作人员,或大学政策制定者及其教师和学生。这些书也反映了我在美国政府和三所不同大学——我先后成为院长、教务长、校长的大学里——收获的经验和见解。

这些书分为四大类。首先,有两本书是关于国际法的影响,其中包括我从美国国务院的职业生涯和斯坦福法学院的教学经历中获得的见解。第二,有两本书是关于法律教育的,借鉴了我在斯坦福法学院担任院长的经验。第三,有三本书是关于高等教育的,反映了我在大学教学和管理方面的职业生涯。第四,有两本书侧重于讲授道德、公民和政治责任,基于我自己在这个领域的教学、领导校园契约协会和美国民主项目,以及我任职国家和社区服务委员会委员和国家社区服务公司的经历。最后,有两本书是关于慈善和教育的,不仅反映了我的高等教育经历,而且也反映了我在美国两大慈善基金会董事会的工作,这两个基金会分别是公共福利基金会和理查德罗达·高德曼基金会。

四

我非常感谢东北师范大学和杨晓慧教授、高地教授、蒋菲教授,他们给了我很多殊荣。首先,他们邀请我去东北师范大学进行学术访问。第二,经由他们安排,我的著作得以被译成中文,我也非常感谢为此做出努力的生活·读书·新知三联书店王秦伟先生和成华女士,以及诸多译者,他们的辛苦工作保障了这项工作得以顺利进行。我希望这些做法有助于加强中美两国间的关系。我现在,以及会永远感受到,我与中国之间有一条特殊的纽带相连。

托马斯·欧利希,2021年

卡内基教学促进基金会

卡内基教学促进基金会(The Carnegie Foundation for the Advancement of Teaching)于1905年由安德鲁·卡内基(Andrew Carnegie)创立,并于1906年由国会法案授权,是一个独立的政策和研究中心。该中心旨在鼓励、支持和尊重教师职业发展和高等教育事业发展。

该基金会是美国国内乃至国际上主要的教学政策和研究中心,旨在解决公立学校、学院和大学在教学中面临的难题,例如如何在课堂上取得成功、如何取得好成绩、如何使学生持续学习以及如何对学生的学习进行评估等。

目　录

序言　*1*
致谢语　*1*
作者介绍　*1*

第一部分　简介—建议—历史　*1*
第一章　基金会与教育：简介　*3*
第二章　关于创建教育资本的几点建议　*26*
第三章　安德鲁·卡内基可能想对比尔·盖茨说的话？关于卡内基教学促进基金会成立100周年的反思　*58*

第二部分　基础教育与基金会　83

第四章　创建教育资本提升基金会影响力　85

第五章　基金会和学校改革：调和文化差异　129

第六章　力不从心：大规模推广"安南伯格挑战"资助计划　166

第七章　提升学校自我改进的能力　196

第八章　国家写作项目：培养奉献精神与能力　220

第三部分　高等教育与基金会　249

第九章　守护神还是霸凌者？基金会在高等教育中扮演的角色　251

第十章　多种动机，褒贬不一：基金会和高等教育的关系本可以有更丰富的可能性　293

第十一章　通过中介机构开展工作：新泽西校园多样性倡议　331

第十二章　从创意到雏形：教学中的同行评审　354

第十三章　应对失败：社会科委员会的案例　379

第四部分　交叉问题　407

第十四章　教育与保守派基金会　409

第十五章　不同寻常的罗宾汉：运作型基金会与大学和中小学　449

附录 *484*

人名索引 *492*

主题词索引 *501*

序　言

当我完成本序言的初稿时,美国大多数报纸和新闻网站的首页都讲述了同样的故事。75 岁的世界第二富翁沃伦·巴菲特(Warren Buffet)声称将把自己全部的积蓄都捐献给世界上最富有的夫妇,比尔·盖茨(Bill Gates)和梅琳达·盖茨(Melinda Gates)! 这一慷慨的行为是希望通过这对夫妻的慈善基金会,系统、合理地分配巴菲特以及夫妇二人的财富。当被问及他是否对将自己的钱捐给世界上最富有的人而感到讽刺时,巴菲特却回答说,他并非把钱捐给了比尔和梅琳达个人,而是想要通过他们帮助社会上有需要的人们。当我读到这些新闻报道时,我想象着安德鲁·卡内基那不朽的灵魂,亲眼目睹这一行为后会放声高喊:"他们明白了! 他们真的明白了。"

卡内基在 1889 年撰写的《财富的福音》(*Gospel of Wealth*)中表达了他的慈善理论:"回馈社会的最佳方式就是使财富变为提升人们抱负的阶梯——那些有益于人们身心健康的免费图书馆、公园和休闲设施,给人们带来乐趣、提升公众品味的艺术作品,以及各种能够改善人们生活状况的公共机构。只有以这种方式将剩余财富回馈给社会才能使大众长久受益。"(2001,25)

卡内基的《财富的福音》秉持一种深刻的信念,即个人积累的财富和知识不应被储藏起来，也不应被视为一种可以无限期持有的权利。相反，财富应激发一种责任，即视投资他人的潜力、帮助他人变得富有为己任。"那么，这就是富人的责任：首先，树立一种简朴、不事张扬的生活方式，避免炫耀奢华；满足他的家属恰如其分的合理需求；在做到上述行为之后，富人应将所有的财富都视为别人委托自己管理的信托基金，而他负有不可推卸的责任把这笔钱用于他经过深思熟虑，断定能够对全社会产生最佳效果的事业。"（2001，23）

像今天的盖茨和巴菲特一样，卡内基和约翰·洛克菲勒（John D. Rockefeller）并没有直接将钱捐给有需要、有前途或有价值的人。他们创建了一种特殊的机构，称为"基金会"，其唯一目的是管理捐赠的财富来造福更多人。此外，这些机构很少将财富"回馈"给个人（但会有奖励和奖学金）。他们更多地将资源分配给其他机构，这些机构负责将资金投资于有价值的活动和实体。因此，富人及其受益人之间的交易受到了两次缓冲，即代表捐赠者普遍愿望的慈善机构和中介机构，如中小学、学院、研究中心、博物馆和管弦乐队等。这些机构利用捐赠的资产来改善社会上人们的生活质量。

从这个意义上讲，慈善事业的动力以及基金会的工作，本质上是关乎道德的。对道德的要求可能源自洛克菲勒所说的宗教信仰，亦源自卡内基所说的世俗。将慈善事业视作一项人类基本责任的道德理据，是将如远至12世纪的犹太哲学家和宗教领袖迈蒙尼德斯（Maimonides）和20世纪的自由主义学者，如哈伯（F. A. Harper）等一批思想家团结在一起，兼具保守主义和自由主义的思想基础，而这绝非偶然。

序　言

　　这本书的问世将是庆祝卡内基教学促进基金会成立100周年的最佳方式。一个世纪以来,该基金会一直致力于改善各级教育的质量。卡内基先生致力于"竭尽所能维护、鼓励和尊重教师职业和高等教育事业"。然而,在基金会即将开始第二个百年之时,有迹象表明,美国的几个主要基金会都从对传统教育的承诺中撤资了。事实上,在百年纪念之际,这两种机构——一种是基金会;另一种是学校、学院和大学——都被要求对他们的工作进行更高层次的公众监督和评估,例如,《不让一个孩子掉队法案》(No Child Left Behind Act)的出台,高等教育委员会(Commission on Higher Education)的成立以及国会要求基金会提高其可信度等。慈善机构和教育机构在评估彼此之间的长期关系时,应如何回应公众的新期待?基金会与教育之间的关系,即私人财富与公共利益的理想结合,又应如何得到修复和加强?

　　由雷·巴凯蒂和托马斯·欧利希任主编的这一本书便是对这些问题的宝贵回应。他们建议的核心是基金会应致力于那些促进"教育资本"发展的倡议。这一策略将不鼓励那些支持运行或改善物质方面的直接援助,即在校园围墙或校园边界之外没有任何受益的资助,而鼓励那些产出新知识、新工具或制度安排的项目,这些项目在未来将会加强教育机构的能力,使其工作更有效率。

　　会议产生了很多非常重要的观点都对本书十分有帮助,其中最重要的一个观点便是基金会像它们资助的机构一样,需要不断学习。这是教育资本概念所固有的观点,贯穿于整本书。基金会不仅要从评估和调查中认真学习,还需要使其活动充分透明并加以存档,以便"慈善同共体"中的其他基金会能够从其经验中获益。这种有关慈善的学术研究对于慈善机构而言十分重要,就好像教学研究对于教育机构而言一样。

事实上,为基金会提供的慈善学问很可能与为中小学和大学提供的教与学学问那样拥有同样的原则。在卡内基教学促进基金会中,我们的教与学奖学金建立在下列三个原则之上:一是使其工作更加公开、可见和透明;二是对工作进行批判性的审查和讨论;三是参与整个社区的行动,借鉴机构自身和其他机构的经验教训来指导未来的实践。我认为,这些是适用于基金会工作的同等合法和合意的特征。

委婉地说,教育机构要真正实现将教与学变为共同财产这一目标还有很长的路要走。此外,基金会与巴凯蒂和欧利希提出的关键目标还有一定距离。但是在基金会和教育机构都充当学习同共体的未来世界中,两个领域政策和实践发生突然转向不太可能。话虽如此,我并不是在呼吁一个简单的"理性"变革模型。不论是教育机构还是慈善事业,都没有一个评估目标和任务的单一"底线"。在这两个领域中,仍然需要人们根据充分的理据进行判断。然而,随着教育资本的发展以及其透明度的提升,评论自由度的提高和数据交换的日益频繁,基金会成为类似教育机构的组织愿景可能成为现实。这种以基金会为基础的共同体形象,尽管具有不同使命、价值观和优先事项相互对立甚至相互竞争的特点,但在以"慈善学问"为动力的学习共同体中却相互融合,该观点会直接在本书中体现。

与巴凯蒂和欧利希所提出的"教育资本"这一核心概念相关的一系列提议都旨在使基金会的决策、拨款和后续行动变得更加透明。各级教育机构的工作也应更加开放。将安德鲁·卡内基教学促进基金会作为例证,南非裔苏格兰学者伦弗鲁·克里斯蒂（Renfrew Christie）在 2002 年向美国历史协会（American Historical Association）提出：

> 今天,作为一个生在约翰内斯堡的微不足道的苏格兰人,我代表伟大的苏格兰人安德鲁·卡内基发表演讲。如果今天美国有史以来最伟大的资本家安德鲁·卡内基在这个房间里,他一定会发抖。不,他并不是因为寒冷而颤抖。他会因新教徒的义愤而颤抖！他会因愤怒而中风,因为那些受益于他伟大的公共图书馆的人们,以及那些因他将全部财产作为免费奖学金而获益的人们,会把他的著作隐藏在有史以来最大的免费公共图书馆——互联网中！真可惜！（http://www.uwc.ac.za/research/talks/HnetComment.htm）

克里斯蒂认为（我同意他的观点）,知识和理解作为一种财富形式与传统的物质和金融资源一样,也需要自由和慷慨的分配。当前通过互联网获取知识和工具的"开放资源"是这些理想最有力的表现形式。

学者和慈善家在任何社会中都扮演着平行的角色。学者因他人的努力,甚至是劳动而获得知识。今天的学者是站在前人的肩膀上前行的。这些学者往往会得到机构（及其捐助者,包括支付学费的学生）的资助。他们的工作也往往是由所在的学科或专业领域的当代学者共同推动的。如果学者们不引用和借鉴研究者的工作,他们自己的工作将是不可能完成的。因此,他们积累的知识很像富人获得的财富。在接受和发明了知识之后,他们现在必须发挥坚定的作用,为了所有人的利益把知识传递给他人。一个学者,她的知识并不为个人所有。正如卡内基所形容的那样,她把财富托付给了造福人类的人。然而,与物质资本的所有者相比,学者也有一个巨大的优势。她可以将其知识捐赠出去,同时仍然保持慷慨捐赠之前的富有。事实上,有点自相矛盾的是,学者的慷慨往往促进她的智力财富的增长,而不是减少。

在基金会和教育方面,我们找不到比雷·巴凯蒂和托马斯·欧利希更有经验、更有天赋的思想家了。本书深入探讨了基金会和教育机构在利益和观点之间日益加深的分歧,本书对两方都有深层次的理解,这样的理解也同样在这两种机构中都发挥了突出的作用。很难想象,会有比他们更富有经验和洞察力,更适合来编辑本书的人。

那些100年前鼓舞安德鲁·卡内基的道德责任在今天依然具有合法性和必要性。也许,对此书做出贡献的编辑和作者在许多事情上存在分歧,但他们在教育和慈善事业的核心价值观上是一致的,即通过合理推进,两个共同体会有共同的承诺。

我知道本书的读者也与我一样,感谢雷·巴凯蒂和托马斯·欧利希以及他们的同事,感谢他们对本书所做的贡献。我们会从本书中学习,以批判性的方式借鉴它的内容,最重要的是,将它的思想传递下去。

李·舒尔曼(Lee S. Shulman)

参考文献:

Carnegie, A. *The Gospel of Wealth*. New York: The Carnegie Corporation of

New York, 2001.
Christie, R. Invited comment on the paper "Alternatives to Pay for View: The Case for Open Access to Historical Research and Scholarship" at the Annual Meeting of the American Historical Association (2002), http://www.uwc.ac.za/research/talks/HnetComment.htm, last accessed July 7, 2006.

致谢语

  我们要感谢帮助完成本书的所有人,特别感谢卡内基教学促进基金会的负责人李·舒尔曼和帕特·哈钦斯、卡内基教学促进基金会的其他同事,及其董事会成员的支持和建议。在完成本书的整个项目中,我们的同事盖伊·克莱伯恩(Gay Clyburn)、克里斯汀·加拉贝迪安(Kristen Garabedian)、梅根·加特利尔斯(Megan Gutelius)和卢比·卡拉瓦拉(Ruby Kerawalla)也对我们给予了极大的帮助和支持。

  我们的同事史蒂夫·吉斯蒂(Steve Guisti)、丹妮丝·利文古德(Denise Livengood)和夏琳·莫兰(Charlene Moran)帮助我们组织卡内基教学促进基金会百年纪念的基金会大会和教育工作大会。伦尼·林德(Lenny Lind)及其公司为参会者提供整个会议期间相互交流的场地。埃伦·沃特(Ellen Wert)为本书的编辑工作提供了帮助。

  在从构思到实施整个项目的过程中,我们的顾问委员会为我们提供了很多帮助,在这里我们也感谢他们:

  罗杰·本杰明(Roger Benjamin),教育援助理事会主席;

  艾莉森·伯恩斯坦(Alison R. Bernstein),福特基金会知识创造与自由项目副主席;

奥尔登·邓纳姆(Alden Dunham),卡内基教学促进基金会教育计划名誉退休主任;

拉塞尔·埃杰顿(Russell Edgerton),皮尤大学学习论坛主任;

安·利伯曼(Ann Lieberman),卡内基教学促进基金会资深学者;

托马斯·佩赞特(Thomas Payzant),波士顿公立学校校长;

黛安·拉维奇(Diane Ravitch),布鲁金斯学会高级研究员,纽约大学研究型教授;

卡罗尔·施耐德(Carol Schneider),美国大学和学院协会主席;

罗伯特·B.施瓦茨(Robert B. Schwartz),哈佛教育研究生院行政、规划和社会政策项目主任;

金·史密斯(Kim Smith),新学校创投基金联合创始人及前首席执行官;

唐纳德·斯图尔特(Donald M. Stewart),芝加哥社区信托基金名誉退休总裁;

黛博拉·斯蒂佩克(Deborah Stipek),斯坦福大学教育研究生院院长。

此外,我们还要特别鸣谢支持我们工作的基金会:纽约卡内基教学促进基金会、比尔和梅琳达·盖茨基金会、卢米纳教育基金会(Lumina Foundation for Education)、安德鲁·W.梅隆基金会(Anderw W. Mellon Foundation)、斯宾塞基金会(Spencer Foundation)和美国教师退休协会(TIAA-CREF Institute)。

本书中表达的观点仅代表作者个人观点,不代表以上机构或其雇主的观点。

作者介绍

雷·巴凯蒂是卡内基教学促进基金会的常驻学者。他曾任威廉和弗洛拉·休利特基金会(The William and Flora Hewlett Foundation)的教育项目官员、斯坦福大学负责计划和管理的副校长,并做过小学教师。与此同时,他还担任过教育委员会成员、社区大学学区受托人以及很多教育、艺术和公民团体的董事。除此之外,他还在美国国内和国外组织过多场高等教育研讨会。

埃德加·F.贝克汉姆(Edgar F. Beckham)于2006年5月去世,他职业生涯的大部分时间致力于促进美国高等教育的多样化。去世时,他是美国大学和学院协会(Association of American Colleges and Universities)的高级研究员,卫斯理大学院长,荣誉退休。在1990到1998年间,他加入福特基金会(Ford Foundation),负责协调基金会的校园多样性倡议。贝克汉姆是康涅狄格州人,1992—1995年担任康涅狄格州教育委员会(Connecticut State Board of Education)主席,曾担任康涅狄格州人文委员会(Connecticut Humanities Council)、康涅狄格州住房投资基金(Connecticut Housing Investment Found)、米德尔塞克斯医院(Middlesex Hospital)、石瀑基金会(Rockfall Foundation)和唐娜伍德基金会(Dona Wood Foundation)的董事会主席。

芭芭拉·切尔沃纳（Barbara Cervone）是"儿童能做什么"公司（What Kids Can Do, Inc.）以及下一代出版社（Next Generation Press）的联合创始人和总裁。她曾在布朗大学（Brown University）担任"安南伯格挑战"（Annenberg Challenge）资助计划的国家级协调员，在此之前，她还担任罗得岛社区基金会（Rhode Island Community Foundation）的副主任。她也曾担任项目评估顾问和多个全国教育研究项目的调查员。她写过很多关于学校改革的文章。在职业生涯的早期，她曾以多种方式参与学校改革运动，最初作为一名研究人员，后来作为一名协调员，在10个州的30所选择高中网络中担任协调员。

查尔斯·T. 克洛特费尔特（Charles T. Clotfelter）是Z. 史密斯·雷诺兹公共政策研究教授（Z. Smith Reynolds Professor of Public Policy Studies）和杜克大学经济学和法学教授。他是杜克大学慈善和志愿研究中心的主任，也是国家经济研究局（National Bureau of Economic Research）的研究员。在2005—2006学年中，他是拉塞尔·塞奇基金会（Russell Sage Foundation）的访问学者。他的研究领域包括教育经济学、公共财政、赌博和州彩票、税收政策、慈善行为，以及与非营利部门相关的政策。他最近的一本著作是《继布朗之后：废除学校种族隔离的兴起与退出》（*After Brown: The Rise and Retreat of School Desegregation*, Princeton University Press, 2004）。

珍妮弗·德·福里斯特（Jennifer de Forest）是弗吉尼亚大学教育历史的助理教授。她的研究包括基金会在学校改革努力中的作用和促进保守的大学生运动历史。她曾担任《哈佛教育评论》（*Harvard Educational Review*）编委会联合主席，并在《女性历史评论》(Women's History Review)、《师范学院记录》(Teachers College Record)和《改变》(Change)杂志上发表过文章。

托马斯·欧利希是卡内基教学促进基金会的高级学者。他曾任印第安纳大学校长、宾夕法尼亚大学教务长、斯坦福大学法学院院长；在加入卡内基教学促进基金会之前，他曾在联邦政府多个职位任职。他是加州州立大学的杰出大学学者，并定期在旧金山州立大学任教。由他写作、合著或编辑的著作共计10余部。

托马斯·哈奇(Thomas Hatch)是哥伦比亚大学师范学院(Teachers College Columbia University)的教育学副教授，也是美国国家教育、学校和教学重组中心(NCRFST)的联席主任。他的研究重点是大规模的学校改革和教师学习问题。他还参与了各种利用多媒体和互联网来记录教学和分享教师专业知识的活动。他曾任卡内基教学促进基金会高级学者，并联合指导卡内基学院基础教育教与学奖学金(CASTL)和知识媒体实验室项目。

南希·霍夫曼(Nancy Hoffman)是波士顿"未来工作"组织(Jobs for the Future)青年转型项目的副总裁和"早期学院高中"项目(Early College Initiative)的负责人。她曾是大都市公立大学以及布朗大学、哈佛大学和麻省理工学院的教授和学术管理者。霍夫曼拥有加州大学伯克利分校比较文学博士学位。其出版物包括《妇女的真正职业：教育史上的声音》(Women's True Profession: Voices from the History of Teaching, McGraw-Hill, 1981)，以及与理查德·卡兹斯(Richard Kazis)和乔尔·瓦尔加斯(Joel Vargas)合著的《使数量翻倍：增加被忽视青年的中学后教育文凭》(Double the Numbers: Increasing Postsecondary Credentials for Underrepresented Youth, Harvard Education, 2004)。

帕特·哈钦斯(Pat Hutchings)是卡内基教学促进基金会的副主席。她曾写书大力呼吁建立一种记录、评估和鼓励教与学的学术文化。在1998年来到基金会之前,她是美国高等教育协会(AAHE)的高级官员和大学英语教师。

埃伦·康德利夫·拉格曼(Ellen Condliffe Lagemann)是哈佛大学美国教育史方向的查尔斯·沃伦教授。她曾编辑出版9本著作,发表了许多文章,担任过哈佛大学教育研究生院的院长和斯宾塞基金会的主席。拉格曼曾担任多个董事会的成员和全国委员会的委员,也是美国国家教育科学院(National Academy of Education)和教育历史学会(History of Education Society)的前任主席。

莱斯利·伦科夫斯基(Leslie Lenkowsky)是印第安纳大学公共事务和慈善研究教授,也是该校慈善中心研究生项目的主任。在担任国家和社区服务公司的首席执行官之后,他重新加入了大学教师队伍。1976—1983年,他担任史密斯·理查森基金会(Smith Richardson Foundation)的主任。

安·利伯曼是卡内基教学促进基金会的高级学者。她是哥伦比亚大学师范学院名誉教授。她曾在世界范围内,就教师发展和领导、网络、中小学-大学伙伴关系以及教育变革领域等进行咨询。她先后写作、合著、编辑了15本著作。

西奥多·洛布曼(Theodore Lobman)是基金会和非营利组织的顾问。在任斯图亚特基金会(Stuart Foundation)主席的13年间,他参与了基金会的运营并制定了基金会的优先事项。作为第一个项目官员,他参与推进了休利特基金会的教育和公共政策项目。他的职业生涯一直致力于改善教育、青年和社会服务,包括帮助发起了几项重大倡议和组织,并在各种非营利委员会任职。

罗伯特·奥里尔(Robert Orrill)是伍德罗·威尔逊国家奖学金基金会(Woodrow Wilson National Fellowship Foundation)国家教育和纪律委员会的执行主任和高级顾问。他还担任学院董事会学术事务办公室执行主任。他组织和编辑了许多关于美国教育的出版物,包括《教育的未来:美国国家标准展望》(*The Future of Education: Perspectives on National Standards in America*, College Entrance Examination Board, 1994)、《美国自由教育状况:实用主义和不断变化的传统》(*The Condition of American Liberal Education: Pragmatism and a Changing Tradition*, College Entrance Examination Board, 1995),《教育与民主:美国自由学习的重新构想》(*Education and Democracy: Re-imagining Liberal Learning in America*, College Entrance Examination Board, 1997)。

詹姆斯·皮尔森(James Piereson)目前是威廉·E.西蒙基金会(William E. Simon Foundation)主席和曼哈顿研究所(Manhattan Institute)高级研究员。从1985年起,他担任约翰·M.奥林基金会(John M. Olin Foundation)执行董事长达20年。

罗伯特·施瓦茨(Robert Schwartz)是哈佛大学教育研究生院实践领域教授,在哈佛期间他与其他负责学术研究和教学的同事共同负责教育政策和管理项目。此前,他曾是一名中学教师和校长,波士顿市长和马萨诸塞州州长的教育顾问,皮尤慈善信托基金会(The Pew Charitable Trusts)的教育项目主任,以及美国非营利性教育机构"智越"(Achieve)的总裁。他目前担任诺伊斯基金会(The Noyce Foundation)的受托人和阿斯彭研究所教育项目(Aspen Institute Education Program)的高级顾问。

罗伯特·韦斯布克(Robert Weisbuch)2005年就任德鲁大学

校长。在此之前,他曾担任伍德罗·威尔逊国家研究基金会主席达8年之久。在加入基金会前,他曾在密歇根大学从教25年,先后担任英语教授、系主任和研究员。在伍德罗·威尔逊基金会期间,他从事关于高中到博士各个领域的项目。他著有关于艾米莉·狄金森(Emily Dickinson)和19世纪英美作家之间风雨飘摇关系的著作。

第一部分
简介—建议—历史

第一章　基金会与教育:简介

在 20 世纪 50 年代末期,查尔斯·珀西·斯诺(C. P. Snow)根据他在哈佛大学的演讲写了一本书。斯诺在这本名为《两种文化与科学革命》(*The Two Cultures and the Scientific Revolution*)的书中指出,科学家的文化和人文学者的文化之间产生了相互疏离的趋势,而这种趋势对这两种文化尤其对社会产生了不利影响。也许是因为曾在二战期间积极参与英国的科学研究,斯诺还写了一系列畅销小说,他的观点引发了公众的兴趣。"两种文化"一时间成为文化领域的流行术语,同时也用来表示社会其他领域之间互不关联的状态。

两种文化日益疏离?

安德鲁·卡内基将教育事业和慈善事业的发展作为他追求的两大目标,为此成立了卡内基教学促进基金会。基金会的百年纪念活动会如何推进教育事业和慈善事业的双重发展?当我们开始思考这个问题时,按照以往的经验,教育和基金会这两种文化似乎是在日益疏离。我们不禁在想,这两种文化是否真的会像斯诺所谈到的"两种文化"一样渐行渐远。

20世纪早期,在安德鲁·卡内基和其他几位慈善家的慷慨资助下,美国基金会文化开始发展起来。这些慈善家将基金会作为慈善事业的一种组织方式。他们把基础教育和大学教育看作是一项值得支持的事业,这在很大程度上是因为人们如果愿意努力,就有机会通过教育获得成功。这些慈善家坚信,"授人以渔"是一种慈善捐助方式,而教育机构则是实现这种捐助方式的主要媒介。

然而在21世纪早期,很多基金会似乎厌倦了支持教育事业的发展,也对教育机构能否履行依靠慈善捐款促进个人和社会进步的承诺心存怀疑。同时,我们也感觉到,教育和基金会这两种文化已经产生了隔阂。我们在努力发展这两种文化,也意识到一味地沉浸在对早期时代的怀念中终将一无所获。此外,我们也担心基金会和教育机构的关系日趋紧张,甚至更糟。在这一部分我们暂且不谈这些顾虑和担忧。

当然,我们知道不会只有教育或基金会一种文化,就像在查尔斯·珀西·斯诺时期不会只有科学文化或只有人文文化一样。但斯诺关注的是这两种文化的领导者们将如何准备以及那些影响他们判断力的观点和态度问题。同样地,我们也在认真思考基金会和教育,并意识到这两种文化并没有像它们本可以或本应该那样相互影响和相互支持。

很多像皮尤慈善信托基金会和大西洋慈善总会这样的主流基金会不再支持教育事业,如此一来,我们的担忧便成为大家都关注的焦点问题。虽然我们不知道这些基金会为什么不再支持教育事业,但它们的转变使我们开始关注基金会和学校,以及它们对彼此的看法。

基金会和这些学校的合作是美国社会和文化明显优势的体

现,尤其是在过去的半个世纪里,情况更是如此。当我们回顾 20 世纪的教育史时,我们会惊诧于这些主流的基金会(尤其是在二战后)在教育中所起的重要作用。在最近几十年里,基金会在促进基础教育体制形成的重要改革运动中起到了推波助澜的作用,南希·霍夫曼和罗伯特·施瓦茨将在第五章进一步探讨这个问题。这些重要的改革运动包括重视和强调教育标准和考试,择校问题以及霍夫曼和施瓦茨所说的"基于网络的改革"运动,如要素学校联盟(Coalition of Essential Schools,缩写为 CES)。同样地,正如查尔斯·克洛特费尔特在第九章开头总结的那样:基金会为高等教育创造的各种利润使得新型创新项目能够走向更多重要舞台。医学教育的改革和新兴跨学科领域的发展,例如城市研究和女性研究,都证明高等教育发生了重大变化,而基金会在其中发挥了重要的推动作用。

正如我们在本书其他部分所强调的,我们在仔细检查所有证据时惊讶地发现,相对于任何一年基金会在教育上的投资总量,即使每个教育机构接受的资助非常少,总体来说基金会还是很大程度上推动了教育各阶段的重大发展。从幼儿园到整个大学教育,在支持和促进教育的卓越发展及在其他许多领域的研究方面,基金会都起到了有力的推动作用。

就我们自己的事业而言,我们坚定地致力于巩固和加强基金会和教育的合作关系。我们中的每一个人在大学、基金会和依赖基金会资金支持的教育机构里各自发挥着不同的作用。我们这些人为增强基金会和教育机构的合作关系而努力奋斗着。因此,当意识到这两种文化日益疏远时,我们感到十分担忧。

与此同时,卡内基教学促进基金会的会长李·舒尔曼和基金会的董事会开始考虑如何最好地组织基金会的百年纪念活动,以期与安德鲁·卡内基的理念和基金会当前的工作相契合。我们决定设计一个项目,去探索几个比较大型且知名的基金会与两大受益方(即基础教育和高等教育)之间的关系,而本书研究的中心问题正是这一关系中所包括的一些核心问题。

虽然卡内基教学促进基金会这 100 年来在教育上所付出的努力确实值得纪念,但我们认为我们的目标不应仅仅是纪念。相反,我们想就两个问题做出批判性和建设性的评论:(1)未来我们如何使教育机构和基金会之间的关系变得更有力、更紧密且更重要;(2)我们从过去获得了什么经验,我们又该如何将这些经验运用到未来的发展中去。

我们想要提出一整套建议并提供相关的有说服力的依据,这些建议将会被保留、修改、替换或采纳。最重要的是,我们想促进各种想法的产生、提供各种信息、引发和促进各方的建设性对话。在这些对话中,卡内基教学促进基金会与其他人将继续发挥重要的作用。

考虑到卡内基教学促进基金会已经代表了慈善事业与教育之间的关系,刚开始我们不确定是否需要研究所有基金会与教育之间的关系。然而,由于几个主要基金会的影响力很大,所以我们很快决定专注研究这些基金会的问题。(这里我们所说的"主要的"基金会,指的是为教育提供资金支持的前 100 个主要的基金会)而这些基金会与教育机构之间的关系各不相同。

很多善意的评论家认为,我们应该减少关注的对象,只关注基础教育或高等教育。在他们看来,这两种教育的差别非常大。此外,大的基金会对基础教育的大部分支持都与重大政策如学校改革相关,而基金会对高等教育的大部分资金支持的受益方则是少数的学校。最终,我们决定对这两种教育都给予关注,原因有三:第一,从过去的经验中我们发现,即使两个领域的差别很大,一个领域的经验也可以运用到另一个领域中;第二,我们认为,基金会和教育界的领导们应该重点关注如何在基础教育和高等教育之间搭起沟通的桥梁;我们认为安德鲁·卡内基对基础教育和高等教育的发展都给予了关注,而且现如今卡内基教学促进基金会也赞助了很多项目来促进教与学两方面的发展。

因此,我们对两种文化相互疏离的初步认识影响了本书的内容。基金会和教育界的领导们经常被对方激怒,对彼此不闻不问,相互之间也不合作。本章接下来的部分就是关于这方面的具体内容。之后,我们又为本书征文,广泛地与这些文章的作者联系并展开讨论。我们从这些文章和我们自身的经历中受益良多。同时,一些学识渊博的人士给了我们一些建议,这也让我们受益匪浅。基于这些收获和深刻的认识,我们就加强基金会和教育机构之间的联系初步起草了一套建议。

在我们起草、完成本书并形成初步建议后,我们邀请了50位从事教育和基金会事业的有见地的领导者来参加卡内基教学促进基金会百年纪念大会,并让他们传阅我们起草的内容。在会议期间,我们盼望我们所做出的建议可以得到反馈和改进,也希望本书的文章与这些建议相关,这样本书的内容就是连贯的,大家也能清楚地了解我们的想法。

幸运的是,从我们的角度来看这些都实现了。第二章介绍了教育资本这个概念,并通过搭建沟通基础教育和高等教育的桥梁来诠释这个概念。第二章还列出了一系列相关建议,在我们看来这些建议将有助于加强基金会和教育机构的联系并积累教育资本。第四章将从基金会对基础教育资助方面详细介绍"教育资本"这个概念。第十章则是详述基金会对高等教育的资助。

本书第二部分的内容是基金会和教育界领导者们的一些观点和看法——双方对彼此都表示不满;同时,我们还会谈到我们越来越关注本书要解决的这些问题的原因。

第三部分是基金会的教育投资:定量概述。这部分概述了基金会对教育事业的支持。在我们与这两个领域的领导者对话的过程中,我们一次次地被我们所做出的有关基金会对教育事业资助的资金总量的假设所震惊。当我们认真研究真实情况后,我们发现这些假设是错误的。这一部分旨在阐述基本的事实。

最后一部分的内容是简要地概述大家期望了解的内容。为了增强本卷的连贯性,我们会在每章节前做一个简单的概述,使之与我们的建议联系起来。

我们从基金会成立百年纪念会议的与会者那里了解到,这些年政治、社会和经济环境方面都发生了重大变化,这些变化一方面促进了基金会的发展,另一方面也推动了教育机构的发展。二战结束后,人们对基金会和教育机构的期望发生了重大变化。自安德鲁·卡内基成立卡内基教学促进基金会后的 100 年里,人们对这两个领域的期望更是发生了翻天覆地的变化。难怪与会人员会认为基金会和教育的关系变得紧张了。虽然这两个领域的领导者都想表现出彼此之间依旧维持着稳固的关系,但其实支撑这种关系的基础已经发生了变化。

在这里我们不会一一说明这些变化。但值得注意的是,卡内基成立基金会时,美国成年人中只有不到一半的人接受过 8 年以上的学校教育。分界点似乎是 1910 年。到了 1968 年,美国成年公民接受学校教育的平均年限第一次超过了12年。自那以后，接受学校教育的平均年限不断提高。在制造业和农业经济被信息型、技术型及专业服务型等新型经济形式取代的情况下，教育水平也需要不断提高。同样重要的是，新型经济环境下的公民、社会和政治环境也越来越复杂。各级教育机构一直在努力满足社会对毕业生的各种期待和要求，有时也会力不从心。在新型经济环境里，毕业生们必须做到思维敏捷且能产生实际效益，他们还要有能力和有原则，能够承担作为公民的责任和社会责任，并且还要精通多个领域的知识，不断地接受新的观念并学习新的技能。因此，在快速变化的教育环境下，基金会为了支持创新项目而争先恐后地拨款，有时甚至陷入困境，这些也就不足为奇了。[1]

目前，我们有理由相信，人们对基础教育和高等教育机构的期望比以往更高更复杂，这种复杂的程度甚至超过了它们之间的差异。

虽然方式不同，但基金会、基金会赞助者和基金会中为董事会工作的员工也面临同样的情况。他们的利益范畴和方式手段也发生了改变。在第三章里，埃伦·拉格曼和珍妮弗·德·福里斯特指出，总有一些不变的事物，而我们最好能从过去吸取一些教训。但是，基金会处在经济、社会和政治环境的影响下也发生

---

[1] 我们很感激卡内基教学促进基金会的丹尼尔·法隆（Daniel Fallon）先生在基金会和教育界百年纪念活动会议上发表的精彩言论。详见《谁为全球化背景下的高等教育买单？美国给我们的启示》（*Who Pays for Higher Education in a Globalized World? Lessons from an American Perspecitve*, Fallon, 2003）。

了很多的改变。百年纪念活动会议的参与者们认为,这些改变恰恰让我们有机会重新思考基金会和教育机构该如何更好地合作,这也是我们共同的目标。

基金会和教育界领导者的看法

在基础教育、高等教育领域以及一些主要的基金会中具有影响力的领导者发表了他们的观点和看法,我们需要广泛而系统地倾听这些观点和看法,尤其是有关其关系的一些看法,这是促成我们编写这本书的非常关键的因素。我们意识到基金会和教育界之间的关系日益疏离。为了验证我们的看法是否正确,我们采访了36位受访者,他们都曾与基金会或教育机构合作过,或拥有在里面工作的经验。他们中的一部分人主要负责基础教育或高等教育方面的工作,一些人负责基金会的管理工作,或兼而有之。我们召集了一些卡内基教学促进基金会的同事对我们听到和收集到的观点和看法做出评论和反馈,我们也倾听了基金会信托董事会成员的想法。这些都有助于指导我们编写这本书,并推动我们和大家的进一步沟通和对话。

基金会对教育事业的兴趣为什么会减弱,对于这一问题每个人的答案都不尽相同。事实上,在我们访问的这些人中,有一个人并不认同基金会对教育的兴趣减弱了这一结论[1]。我们尽力想去查看现有的数据以判断是这个人的看法正确还是我

---

[1] 参考《慈善事业正在放弃高等教育吗?》(*Is Philanthropy Abandoning Higher Educaiton*, Bernstein, 2003)。

们最初的看法正确,但此时我们发现很难完全相信每个数据来源。比如,基金会通过资助大学医院和医科院校促进医疗的发展,有时候我们把它看作是基金会对医疗事业的扶持,有时候又将其划分到基金会对高等教育的支持范畴中。这些经历正好证实了之前几位评论者的观点,即建立共同的数据库有助于我们研究过去10年里基金会对教育的支持情况(包括基础教育和高等教育),因为之后的分析都要以这个共同的数据库为基础。本章接下来的部分也将总结一些相关数据。

当我们询问最初提供建议的人时,很多人相信基金会是推动一些重大教育发展的"第一因素",也是推动教育其他方面发展的重要因素。在这里我们举几个在高等教育领域的例子:

- 福特基金会将社会科学确立为定量学科,并促进了许多领域研究项目的启动。
- 詹姆斯·欧文基金会帮助私立大学提高筹款能力。
- 阿尔弗雷德斯隆基金会极大地推动了微生物学和认知科学的发展。

基础教育领域的典型事例包括卡内基教学促进基金会和克拉克基金会对中学发展所做的贡献,以及皮尤慈善信托和福特基金会对学校财政资产净值方面所做的贡献。

同时,基金会领导者对教育机构包括基础教育和高等教育也有很多不满,我们对此感到十分震惊。而和我们交谈的教育机构的领导者对基金会的不满也让我们同样震惊。双方领导者都提出对彼此的经营方式感到十分气愤,同时也因对方认为自己没有考虑彼此的需求和利益的想法感到愤怒。双方都提出对彼此或尖锐或柔和的不满和指责。

例如,在讨论高等教育时,许多基金会的领导者认为高等教育创立的是自给自足型的大学,几乎不考虑大学应该考虑的社会问题。这些领导者认为高等教育一直在到处寻求资金资助,只把基金会看作另一种资助来源,而完全放弃了其早些时候所承担的影响社会的责任。

一些基金会的领导者还认为高等教育机构完全不负责任。基金会不能分辨出谁才是高等教育机构的负责人,而这些教育机构也无法判断出来。就像一位评论者所指出的:"我们很难有动力去资助高等教育。"几位基金会的官员告诉我们,那些大学里的官员只把大学看作大学,而没有将其视为实现一定社会目的的手段。基金会有自己的工作安排,他们在寻找大学来帮助施行这些计划安排。一位提供意见的人认为,高等教育里的大多数人都不知道这回事。相反,他认为大多数高校都想有自己的工作安排,他们甚至希望基金会能支持他们施行这些计划安排。

一些基金会的领导者抱怨说,帮助个别学校对大量其他学校的影响微乎其微。他们认为名校几乎不需要任何改变,而其他学校认为自己只是这些名校的跟班。一位基金会领导者称,大的基金会为高等教育机构拨款,但只有少数学校因为拨款有了很大改变。美国有 3 550 所大学〔1〕,基金会的拨款对每所学校的影响太小了。

几名提供意见的人问了一个我们之前曾听过的问题:为什么知识的研究获得了很大的进步,但培养本科生的主要教学模式几

---

〔1〕 数据来源于国家教育统计中心(Knapp and others, 2005, 4)。这是公立或私立非营利性大学、学制为 2 年或 4 年、有学位授予权并有资格参加联邦第四项助学贷款计划的所有美国大学的总数。

乎没有发生任何实质性的改变；为什么在这么多大学中重视教育学院的大学少之又少。他们认为这其中有着深刻的原因，值得深思。

基金会领导对高等教育机构的评价也不尽相同。他们中的大多数人至少在某种程度上为大学的多样性感到高兴，他们把大学的行动自由看作是活力和创造力的来源。这样的体系也许需要大量的资金支持，但这也是大学要发展多样性所必须付出的代价。而且，他们也意识到，虽然全球在建设最好的学校和培养最好的学生方面竞争愈加激烈，但因为有了这样的资金支持，美国的高等教育体系将成为全世界羡慕的对象。与此同时，他们也看到了高等教育发展趋势中存在的很多问题，如高等教育日趋商业化。他们也不知道是要站出来反对这种趋势，还是干脆停止投资高等教育转而解决其他更加紧迫的问题，直到高等教育机构的人能团结起来一起采取行动。

在基金会的领导者们看来，基础教育的情况也不乐观。和高等教育一样，许多像克拉克基金会和安南伯格基金会这样的大型基金会对包括基础教育在内的一些政策问题十分厌恶，而我们尚不清楚真正的原因。据我们所知，很多人认为基金会在基础教育上投了很多钱，但回报很少，因此他们很失望且不想继续投资。几位基金会的领导者认为像学校改革和学业测试这样的政策问题变得更加复杂和混乱了。即使这些政策问题得到了解决，但想进一步成功，即通过个别学校或地区的成功影响更多的学校和地区，似乎很难实现。

他们告诉我们，之所以不想继续投资是因为他们总体上对基础教育体制很失望，也因为改变体制难度太大而感到沮丧。这个问题不容忽视,即使像比尔及梅琳达·盖茨基金会这样的基金会也无法独自完成大幅度的改变。基金会需要共同努力,携手合作从而真正起到作用。但就像很多基金会领导者也承认的那样,他们在这方面做得不够好。几位领导者认为基础教育机构思想狭隘,因此他们对于资助基础教育体制改革不感兴趣。很多评论者认为,因为每个基金会都在关注学校改革,所以大的基金会认为他们没必要过于关注基础教育。

和高等教育的情况一样,这些基金会的人低估了基础教育的重要性,同时他们也对公共资助的现状感到失望。他们意识到,教育投资的结果有时是有改革作用的,而且像美国体制一样,我们也需要进行多种尝试从而确定最终的体制。但仍有很多人认为基金会不能显著地提高基础教育的质量。

当我们询问高等教育和基础教育工作者时,我们听到了一些对基金会和领导者的负面评价。其中一个人称基金会是"糟糕的爱人",因为他们经常"始乱终弃"。实际上基金会内部很多人正是这样想的——基金会的作用在于提供原始资本,一旦完成原始资本的投资,后续的投资就应该是别人的事了。也有一些人抱怨说基金会的狂热只是一时的。但是,一般来说,大学和中小学往往需要的是不断的资金来源来支持他们未来的项目。

一些人认为,在合作方面,大多数基金会说得多做得少,甚至所谓的合作也只是维持在口头交流的层面上。他们认为大学和中小学可以通过教育项目使基金会团结起来,"聚在一起"。

人们忍不住担忧,认为基金会总是过分关注具体的收益和商业模式。基金会声称它们乐于支持新的理念和创新发展,但实际上它们通常不具备发现新创意的专业知识和素养。在这种情况下,它们不愿意承担失败的风险。进一步来讲,它们认为教育发展的速度太快。基金会是行动派,它们经常在找到解决办法后恨不得立即行动,即使它们还没有看明白问题本身,更不用说去理解问题的根源所在了。

教育界的领导者们还抱怨许多基金会的人没有或者缺乏管理教育机构的方法和经验,这方面的培训也少之又少。基金会一线的工作者(如项目管理者)无法胜任利用资金鼓励产生新思维和行动方式这样的工作。此外,基金会也缺乏具备教育方面知识的专业人士,所以它们主要依靠各种提案来了解基础教育和高等教育的发展现状。它们也不理解它们力图改变和影响的教育机构的文化和组织特点。结果几乎每次都是在白费力气。如果教育一直在做无用功,那么找不到新的发展方向也就不足为奇了。

教育界的领导普遍认为基金会存在的一个严重问题便是缺乏责任感,其决策过程往往是不公开的。基金会项目管理人员只对董事会负责,因此他们不会制约和平衡董事会的决定,如是否提供资助,继续还是停止关注某一感兴趣的领域等。这种灵活性固然是一个优势,但教育机构有时候无法为了一个决策结果等上几个月,即便它们等到了结果,也有可能并不清楚决策的具体过程是怎样的。如果等来的不是想要的结果,它们并不知道为什么会这样;如果是好结果,它们也不知道从长远角度讲基金会为了新方案会做些什么。

双方的领导都表示很难坦诚地看待双方的关系。他们之间存在一种心照不宣的关系,他们将这种关系比作"求偶舞"——当各大高校试图寻求基金会的支持时,抑或当基金会需要借助高校来实施其宏伟计划时,他们的关系就会建立起来。双方都想看起来体面一些。高等教育机构及其领导人的承诺总是超出其实际能力。基金会认识到高等教育夸大了他们的能力,虽然知道他们的承诺不可能兑现,但双方还是"携手共进"。一位前基金会主席曾讽刺地说:"我们的鹅都是天鹅。"从某种程度上说,双方都知道彼此的不满,但他们还是坚持和对方合作,因为在他们看来合作虽然不一定符合公众利益但却似乎符合彼此的私人利益。在双方合作的过程中,所涉及的主要风险包括基金会期望过高,教育机构过度承诺,甚至到最后才发现双方都要求太多。

我们记录的诸多担忧、抱怨和评论表明,根源不只在于责任在哪一方或者是基金会的个体风格如何。本应该很好的合作关系总是要么有点假装刻意要么时好时坏。双方面临的尴尬局面不在于彼此的意向、目的或志向冲突。我们至少还可以在设计和形式上有望保持和谐。19世纪末期,建筑师路易斯·沙利文(Louis Sullivan)提出了"形式追随功能"的口号,他的观点影响了其他领域的思维方式。实际上,早期的基金会确实"追随"了它的职能。但是,结果证明,已建立的组织形式滞后于变化着的职能这一情形是很难改变的。

基金会最初创立时,其组织形式和职能都是由美国工业革命时期较早发家致富的人确定的。简单地说,基金会的职能是从专项基金中拿出一大笔钱用于实现特定的目标或发展特定的实体继而满足公共利益。为了更好地发挥这一职能,慈善基金会的一般组织形式都是等级制,即捐赠者优先权制度,之后是董事会优先权制度。按照这种组织形式建立的机构都是秘密行事的,高度独立和自主。从本质上讲这种组织形式延续到了今天。在这种组织形式形成100年后的今天,基金会在这个日益复杂的世界中很难有效地发挥其他职能,而这些职能恰好是慈善事业存在的意义。

诚然,现有的组织形式有利于基金会完成许多事情。在不违反基本法律规范的前提下,基金会可以不受其他条条框框的束缚自由地支配资金,但这其中不包括基金会指定的资金。这样一来,基金会基本不需要对董事会以外的人负责。然而这种组织形式不利于我们探索和寻找解决复杂问题的方法。正如我们之前提到的,要解决教育界面临的许多问题需要更丰富的专业知识,这些知识甚至不是某一个基金会就能掌握的专业知识;同时还需要一定数额的投资,这笔钱会超出基金会的能力范围或者愿意负担的数额;解决问题也需要一个能够贯彻到底的方案,而这样通常会束缚资助人的项目管理能力。

举个例子,如果一个基金会想与其他基金会好好合作,那么该基金会就需要解决其组织形式中固有的各种问题和矛盾,并采取其他基金会可能不常采取的各种措施。例如:

- 与潜在的伙伴建立合作关系。
- 拟定合作中涉及成员身份、相互学习和决策的协议,并探讨随着项目进展如何进一步谈判的方法。
- 确定合作目标,制定工作计划。
- 明确并保证为贯彻方案所需的人力和财力资源。
- 预估完成方案并达到满意结果所需的时间。
- 就合作伙伴的需求和完成任务所需时间制定管理办法和项目管理协议。

- 用有效的形式记录学习经验。[1]

大多数基金会都无法胜任这个工作。基金会人员的专业知识不够,时间也不充足,而这些仅仅是获得成功的最低条件。然而,那些比较充足的条件——无论是发起方的思维模式或是合作方的思维模式,可能都会遇到更多阻力。正如其中一位参会人员说道:比起长久的关系,基金会更擅长"一锤子买卖"。它们的组织形式决定了它们的行为。

以上这些看法都源于这个项目的方方面面。坚持贯彻会议的几个主题,实施第二章提到的一些建议,不仅是学术上的挑战,也是组织形式方面的挑战。我们坚信,要做到这些,基金会和教育界双方有必要进行批判性对话,更好地平衡教育发展和基金会二者之间的关系。基金会"至高无上"的地位仰仗于教育的发展。换言之,基金会要想独立,势必影响其责任的履行,这使得教育界诉苦无门,并对基金会提出的组织形式和经营模式束手无策。于是,对教育改革至关重要的资助金额变得十分有限,以至于大家很难找到应对复杂问题的有效方法。

同时我们发现,在不失去各自最重要特质的前提下,双方都渴望通过努力拉近彼此之间的关系。双方都渴望找到一些可以相互借鉴和学习的成功方法,并意识到不同的教育机构的资源和环境不尽相同,因此不能要求他们所采用的方法都是一致的。

我们提议,基金会及其教育界的合作伙伴通力合作,共同致力于发展我们所说的"教育资本",这在某种程度上也是对双方

---

[1] 基于希瑟·克里奇(Heather Creech)的题为《形式追随功能:正式知识网的经营和管理》(From Follows Function: Management and Governance of a Formal Knowledge Network)的文章(Creech, 2001, 1)。

领导者的一个交代。有些人的如意算盘打得很好,希望借助基金会组织资助的方式使其从资助的成果中获得一些经验,并将这些经验广泛传播和公开讨论,供更多的人借鉴。正如我们将在第二章讨论的,基金会的工作人员都无法了解基金会资助教育的成果;有时候,甚至接受资助的大学的高层领导也不清楚。我们之所以提倡建立"教育资本"是因为它既能促进学习又能促进相互联系,同时还能灵活地满足特定的环境和情况。

组织和设计教育资本的构想使我们意识到,基金会和教育机构之间存在很大的差异,这两种文化正在日益疏离。但是,我们也意识到这种差异说明社会功能发生了根本变化,教育机构和基金会都应该意识到这种变化。与早些时候相比,环境已经发生了根本变化,双方都必须在这种变化的环境下谋求发展。建立教育资本不仅有助于拉近两种文化,并且有助于在未来几十年里促进教育界和投资教育的基金会的发展。

在我们介绍教育资本之前,我们先从定量分析的角度看一下过去15年的情况。

基金会的教育投资:定量概述

我们接下来谈到的都是基于定量分析得出的结论,这些数据来源于基金会中心自1990年起每年所收集的数据。基金会没有统一的记账方式,不利于我们进行比较分析,而基金会中心的图形成像和数据收集技术对整理基金会杂乱无章的数据信息非常有帮助。关于教育开支,我们依赖的是国家教育统计中心(the National Center for Education Statistics,缩写为NCES)提供的相关数据。如果其他章节中所用数据来源不同,我们会一一给予说明。

基础教育

在美国大约有 68 000 家资助型基金会,据基金会中心估计,这些基金会中有大约 80% 的机构都资助过基础教育。2004 年,在基金会的基础教育投资方面,前 100 家最大的资助型基金会的投资比重约占全部基金会的 31%,而这个数据从 1990 年的 36% 降到了 1997 年的 33%。

总体来说,我们可以根据表 1.1 中的数据了解教育支出与基金会的资助总额之间的比例情况。

表 1.1 基础教育

年份	A:总数 基金会的资助(美元)	B:总数 基础教育的支出(美元)	A÷B
1990	407	249 000	0.16%
1997	1 151	361 000	0.32
2004	2 729	514 000	0.53

注:数字单位为百万

虽然 2004 年基础教育支出比 1990 年增长 207%,但基金会在 2004 年给基础教育的资助却比 1990 年增长 671%,也就是说教育获得资助的增长率大约是教育支出增长率的 3.2 倍。

从调查中我们可以看出,基金会的教育资助在过去 15 年里有所增加,但从全国范围来看,其资助总额仅仅比基础教育的总支出高 0.5%。基金会的教育资助从占基础教育总支出的 0.16%

增长到0.53%,这个数据令我们十分震惊。

在高等教育层面,全国50%的大学都是私立学校(虽然学生数量比重还不足总数的20%),几乎所有的公立学校都有筹集资金的项目,些项目(主要是大学)从项目款数额看十分重要。相反,基础教育从近年来才开始寻求私人尤其是基金会的慈善捐助。作为一项主要为公立性质并依赖税收支持的事业,基础教育过去是能够依靠这些钱满足学校的日常开销的。面对公众对新税收政策的抵制、需求的日益增长以及对公共可用资源日益激烈的竞争,尽管学校有时候很不情愿,但也都不得不开始寻求资助。

然而,很多基金会并不把钱用来资助学校或者学区,而是资助一些中介组织。例如,在20世纪90年代及21世纪初,大量的基金会资源流入了以下组织:新建立的美国学校;几家由安南伯格创立的市级或区级代理机构;国家教学专业标准委员会(National Board for Professional Teaching Standards);许多与教学、领导制度及学校发展相关的改革运动;还有很多其他地方性和区域性的中介机构。基金会资助的前100个对象中只有9家是公立学校区或该地区的基金会,而其他91家大部分是私立或区级学校、大学及特殊目的的代理机构。

高等教育

2004年,在美国68 000家资助型基金会中,前100家最大的基金会对高等教育的投资比重占全部基金会对高等教育投资总额的29%,这个数据从20世纪90年代的41%降到1997年的37%(如表1.2所示)。

表 1.2 高等教育

年份	A:总数 基金会的资助(美元)	B:总数 基础教育的支出(美元)	A÷B
1990	2 173	164 000	1.33%
1997	4 293	233 000	1.84
2004	7 138	351 000	2.03

注:数字单位为百万

2004年,高等教育支出的增长率与基础教育的情况相似(2004年高等教育的教育支出比1990年增长213%,而基础教育的数据是207%),但基金会对高等教育的资助增长却只有基础教育的一半(基金会在2004年对基础教育的资助比1990年增长671%,而对高等教育的资助比1990年增长328%)。然而,基金会的高等教育资助总额却是基础教育的2.6倍还要多;与基础教育的支出比重相比,高等教育的支出比重更大(高等教育支出比重是2.03%,基础教育则是0.53%)。

有时候,学院和大学(通常是大学)接受的资助金额会很大。1973—2004年,基金会的资助次数为82次,总金额超过了3 500万美元。其中,高等教育机构接受了38次资助,并且有27次来自盖茨基金会、伍德夫基金会、安南伯格基金会、丹弗斯基金会和礼来基金会。与此同时,与基础教育的情况不同,基金会对高等教育的资助大部分直接给了高等教育机构而不是中介。资助的对象数量也是有限的。前100所拥有最佳筹款记录的大学从100家基金会接受的资助金额占总额的70%,而另外3 450所大学只拿到了另外的30%。在2004年,这100所大学接受的资助金额占基金会对高等教育资助总额的27%。

原始(半原始数据)和这些为数不多的基础数据及基础比率一样,没有为我们提供太多信息。我们更需要了解的是特殊资助或几项资助对现状的改变会产生什么作用,如果没有产生任何作用,原因又是什么。这是本书所要讨论的主要问题。

本书的内容

以下部分是对后面一些章节内容的简述。如前面提到的,我们将在第二章介绍教育资本这个概念及我们针对如何加强基金会和教育机构之间的关系提出的一些建议。第三章是历史概述,我们会按时间顺序为大家列出自安德鲁·卡内基时期的一个世纪以来人们对慈善和教育的总体看法。在本书接下来的两大部分中,第一部分是关于基础教育和基金会的内容,第二部分则是关于高等教育和基金会的内容。每个部分各包含五个章节:第一章是关于基金会对教育机构的影响;第二章是关于教育机构文化,以及教育机构文化与基金会相冲突或相一致的方面。之后的三章则是引用三个正在进行中的基金会教育资助案例。在具体的情境中,这三个案例将给我们很大的启示,教我们如何明智地投资教育机构。这两大部分之后是本书最后两章,一章是有关保守派基金会的发展与影响的,另外一章则有关运作型基金会以及其对整个基金会领域的贡献。

本书的写作目的之一是提出一些有价值的问题。第二章提出的一些建议也不是最终的结论,而是希望起到抛砖引玉和铺垫作用。慈善和教育以及从事这两个行业的人们本性里偏爱条理清晰的问题和在战术建议及战略原则方面的挑战。独立的组织机构和独立的思想家促使我们形成了充满生机的真正的民主,我们重视好奇心也重视信心,同时我们也尊重传统和勇敢探索。我们正是本着这样的精神提出我们的建议的。

我们也意识到,基金会、学校、学院和大学都是并且应该是我们不断发展的目标。(我们不妨放弃追求"最佳做法",把它换成"更好的做法",希望更多的人能够意识到这一点。)当然这些领域的领导者们并非对发展的方向漠不关心。在这个资源有限的世界里,他们也在推动各自的行业向前发展。基金会的教育资助金额还不到基础教育和高等教育总支出的1.2%。当考虑到大部分资助是用于设备、专门研究,以及创建教育资本时,我们发现这些钱根本不算多。因此,我们认为,目前来看基金会在一些诸如教学、学习、知识建构、性格培养和公民责任等核心问题上发挥的作用其实并不大。我们希望在慈善事业不断创造新财富的同时,基金会的教育投资金额也能有所增加。即使教育投资金额翻一番,我们仍然难以界定其作用。因此,更重要的是我们应该专注于发展基金会和教育之间的关系,这才是我们的目标。

(雷·巴凯蒂 托马斯·欧利希)

参考文献:

Bernstein, A. "Is Philanthropy Abandoning Higher Education?" *The Presidency*, Fall 2003, 34 – 37.

Creech, H. "Form Follows Function: Management and Governance of a Formal Knowledge Network." Version 1.0. Winnipeg, Canada: International Institute for Sustainable Development, 2001. http://www.iisd.org/pdf/2001/networks_structure.pdf.

Fallon, D. "Who Pays for Higher Education in a Globalized World? Lessons from an American from an American Perspective." In G. Bach, S. Broeck, and U. Schulenberg, " Americanization-Globalization-Education." Conference paper presented at Universitatsverlag, Heidelberg, Germany, Winter 2003.

Knapp, L. G., and others. *Postsecondary Institutions in the United States: Fall 2004 and Degrees and Other Awards Conferred: 2003 – 04* (NCES 2005 – 182). Department of Education. Washington, D. C.: National Center for Education Statistics, 2005.

第二章　关于创建教育资本的几点建议

基础教育（K‑12，指从幼儿园到12年级的教育，即中小学教育）与高等教育的关系就如同一对远方表亲。但基础教育工作的开展受到很多束缚，大学教育却很少受到监管（认证机构也会偶尔出于好意推出一些新的管理措施）。基础教育学校改革面临的压力远大于高等院校。基础教育教师需要接受一到两年教学培训。高校教师则不需要，其教学内容主要是自己搜集的资料。基础教育与高等教育在时间利用方面也存在诸多不同。高校教师有大量可自行支配的时间；基础教师可支配的自由时间很少，且学校行政管理人员还会对其时间安排进行干涉。基础教育与高等教育之间存在的上述种种差异，值得我们去仔细思考。不过，我们发现二者间的相似点更值得考量，而且对慈善基金会而言，这些更具有参考意义。

基础教育与高等教育会对学生最终的经济自主、公民能力、性格培养及社会凝聚力等方面产生巨大影响。两类教育都涉及许多独立的参与者（个人和组织），彼此间关系虽看似松散，却在证明教育程度是个人成才、国家富强的必要条件方面相互联系且意义重大。基础教育与高等教育在很大程度上相互依存。基础教育需要高等教育为其培养具有专业基础和职业素质的未来教师;而后者又依赖前者为其提供具有一定基础,且求知欲望强烈的学生。基础教育与高等教育对教学设计和教学实践中的新理念,尤其是外来思想都持"爱恨交织"的矛盾态度。高等教育重视独立自主,坚持固有原则,排斥他人提出的新观点。对基础教育而言,人性(指基础教育中师生间的密切关系)、教学环境及地方监管(有时仅是随声附和而已)等因素也阻碍着新理念的传播。可见基础教育和高等教育都不是诞生美国拓荒者约翰尼·艾普尔西德[1]的摇篮。

就基金会而言,大多数教育基金会都非常希望其投资可以带来变化,但同时又不愿意进行投资来促成这些改变。基金会投入的预算越大,就会希望获得更广泛的影响,以及更高的利益。但大部分基金会的员工数量都不多,因为基金会认为聘用一些有教育经验的员工,就足以应对机构上发生的种种变化。建立已有知识体系与管理新建知识体系,是基金会、捐款人及所涉及领域的资本,但基金会在这些方面的投资力度并不大。

许多教育基金款项的用途并不符合捐赠者的初衷。造成这种结果的原因可以归于以下几个:一是筛选出的那些亟待解决的问题是次要的或未经仔细分析的问题;二是问题的相关研究及之前的工作未获得足够的支撑依据;三是过分细化宏观框架;四是政策落实不够全面;五是构建宏观框架花费的时间不足;六是忽视或弱化相关评价工作;七是基金会内部需要完善和持续整改的

---

[1] 约翰尼·艾普尔西德(Johnny Appleseed),出自美国1774年开垦时代乌托邦题材农场童话《撒播希望种子的约翰尼》,书中他是美国早期的一位拓荒者、美国民间英雄,绰号"苹果佬",他用49年在俄亥俄及印第安纳州等地广泛种植苹果树。

问题间缺少关联性。为更好地推动基础教育与高等教育的教学,基金会不但要积极回应基础教育和高等教育提出的问题,而且要对这些阻碍基金会进行真正整改的内部问题采取有效的应对措施。

我们完全不必将整改看作"鸡生蛋,还是蛋生鸡"的两难问题(即哪一方先发生改变,会给另一方带来怎样的影响)。因为鸡正是鸡蛋创造鸡蛋的途径,反之亦然。问题的关键不在于从哪里进行整改,而在于如何将"新"理念引入"旧"问题当中去。

本书提及的几点建议皆围绕以上目的。除了打破基金会组织的条条框框,这些建议彼此间还相互交叉,相互影响:如果要遵循其中的一条建议,就需要同样仔细考虑其他几条建议。希望读者通过阅读全书和这些建议,进行第二轮反思。思考本书带来的启发,考虑建议中的修改或补充之处是否具有正当理据。本书旨在介绍并强调教育基金会的重要作用,鼓励有效使用教育基金。书中建议是否合理最终取决于是否有助于实现这一目的。

建议一:创建教育资本

本书的几位作者和很多其他学者都对基金会的效率问题感到困惑。基金会和受资助者已获得,或正在获得一些信息,如何才能将这些信息广泛传播,并策略性地加以利用呢?如何才能更加明智、充分地利用基金会提供的金钱(非常稀缺的资源)呢?这些问题都是我们考虑的焦点问题。除此之外,研究问题的提案、基金会捐款和资助形式也要纳入我们的考虑范围之内。

根据我们的经验,目前普遍采用的资助形式具有双重缺陷。之所以会出现一些不佳提案,第一个原因就在于基金会不能给予适当的支持(这里并无讽刺之意)。收到提案的基金会通常对相关工作细节、项目设计和推进等情况只字不提。申请者主要依赖当地可用的信息和理念,设计的也是有可能获得地方资助的项目。基金会对其进行资助,而该项目的结果也接近其最初设定的目标:例如,学校教师采用自己认定的新教学方法(如服务性学习),或大学为大一新生设计了所谓的新培养方案等。这两个项目设计者都不会知道自己是不是真正有所创造,或只是在拾人牙慧,重复前人早已做过的事情。

当设计中所有强有力的、探索性的元素全部消失时,第二个缺陷便会凸显出来。如果设计目标针对的是本地,申请者就不会提及其他地方是如何进行项目设计和应用的。例如,受资助者可能会想当然地把基金会之前发布的或该基金会著名人士提倡的观点视为重要信息,而对于一些需要向其他基金会阐释清楚的信息则避而不谈。

这两个缺陷导致的结果是,受资助机构可能会因此工作得更顺利,但其他人却可能根本不知道他们的具体做法,也不知道这样做的原因。此外,基金会虽然致力于在教育领域做出重大、可持续、适用范围较广的贡献,但通常却只是在制定规章制度上取得了少许成绩,而不能稳定、广泛地提高教育水平。

为了在基金会和教育的关系中,尤其是在教和学两方面寻求更大的有效性,我们提出了一个主要建议:基金会应该提供适量资金用以创建教育资本。在创建资本过程中,教育者可以利用各种形式,逐步积累经过验证的经验,摸索成功的教育理念和策略。

教育资本创建和基金会资助的项目设计相关。通过设计项目,基金会可以为同级别的基础或高等教育机构补充重要的知识储备。本章其他五项建议同样支持和强调这一观点。同时,还应通过其他方法加强基金会的执行能力。

创建教育资本首先要确定哪些教育机构需要资助,并要明确类似机构中教育者所面临的重大问题或挑战。资助者可能会比被资助者更清楚遵循哪些原则能够获得更大的利益。因此,教育资本创建是在一种不对称的张力中展开的。一方面,资助者想要把能够提高执行能力的理念推介到某一领域,而另一方面被资助者想要解决的是当地的问题和挑战。在这一阶段,某个以往很成功的项目可能会在教育机构中停止运作,但资助申请者对此并不担心。基金会面临的问题是:在该领域内,某个项目创意和成果是否会产生预期效果,以及这种效果的性质和持续时间没有一个明确的衡量标准。具有讽刺意味的是,即使是一些经历了挫败、进行反复研究的学者也很少能够预测出项目的最终结果,故而无法给他人提供前车之鉴,使其免遭同样的命运。

然而,一旦确认了一些重要并且值得资助的研究问题,就应该选取那些他人也可以利用的资本形式作为解决办法。教育资本可以是战略性的,也可以是战术性的。但最重要的是,它应该为中小学和大学应对实际挑战提供信息和指导。因此,从广义上来讲,激发资助者的投资动机会让教育工作者处于更有利的位置,有助于实现他们设定的目标。

创建教育资本的五个标准

重大研究问题确定后,就可以开始创建教育资本了。为确保在项目设计和实施过程中创建教育资本,我们提出了五个应达到的标准。在此,我们选用一个中小学和高等院校衔接的实例来进一步说明这几个标准。一些高等院校的教师经常抱怨,学生在进入大学时并不具备撰写学术论文的能力(如将问题概念化,并对其进行深入研究)。撰写一篇高质量的学术论文,学生需要掌握图书馆、网络和该领域涉及的各种研究工具;需要能够分解问题,对各部分进行研究,并通过理性分析和提供证据,最终得出判断。这些能力将会对学生个人及今后的工作产生各种影响。

如某个学区联合会想要寻求项目支持,来提高学生学术论文写作能力,而正好有一个基金会对此项目感兴趣,并考虑资助该项目。在这种情况下,应该如何设计这个项目?基金会又会提出哪些问题?我们面临的更大挑战是如何把基础教育和高等教育结合起来,以此促进青少年,尤其是那些在高中学习成绩较差的年轻人能够自信地在大学完成学业,拥有更好的发展前景。而上面提到的两个问题也是这个更大挑战中的一部分。

学术论文撰写只是诸多有待培养的能力之一。第四章以一所小学为例,从中小学教育的背景来说明教育资本概念。在这里,读者可能会觉得自己进行了一次思维实验,这将有助于深刻理解一些重要的问题和标准。

标准一：确立项目设计依据

一个能够增进理解的项目,必须要建立在相关研究和验证基础之上。这样一来,申请人就可以有意识地为之努力,而不是无意识地重复之前的一些有效方法。同样重要的是,了解之前的研究可以让申请者避开那些已经被证实无效的方法,从而避免浪费精力,使研究目的落空。

在确立学术论文写作教学项目设计依据时,申请者需要搜索前人的研究成果,并以此作为研究基础。有些研究分析了适合学生年龄的方法(能够让学生在高中阶段就进行有效的学习),有些侧重于教授单独的写作技巧(如论证解释、信息型写作),也有一些侧重跨学科的主题和变化(更好地从特定学科中梳理出共同的元素)。另外,让高校教师参与项目设计可以进一步丰富资源。合作团队中还要吸纳那些提出不同意见的人员,使其参与并推动项目的发展,而不是仅仅对最后的结果提出批评。

确立项目设计的依据需要一个坚实的开始,决不能拘泥于刻板的条条框框。事实上,一个令人感兴趣的项目会增加教授学术论文写作的知识,而不应仅将已知内容重新调整和排版,拼凑成能够带来更大利益的申请书。有理有据可以保证项目设计质量,这是因为项目是在最好的条件下开始的。

标准二：确定贯穿始终的核心

好工具让人在做事时得心应手,而且可以在各种条件下使用。教育资本也是如此。创建教育资本需要明确什么是项目设计的核心要素,以及相关参与者如何才能有信心地运用这些要素。如果教师坚持自己熟悉的教学方法,只是有选择性地运用一些成功策略,或者根本不去考虑那些自己不是很熟练的方法,那这种新实践的逻辑和力量很可能就会降低,甚至会完全丧失。类似的观点也适用于高等教育。肯·贝恩(Ken Bain)在2004年出版的《卓越大学教师的做法》(*What the Best College Teachers Do*)一书中这样写到:

> 我们不能只是挑出一种教学模式的某些部分……简单地把它们与其他低效甚至有害的习惯结合起来,就借此期望能够改变一个人的教学风格。这就像不是单靠**荷兰画家伦勃朗的画笔**,就能够复制他的绘画天赋一样。(20)

未来项目的执行者必须能够理解这些贯穿始终的核心概念,并在实践中根据项目设计真正执行。这是保证项目为学生学习带来帮助的基本要求。

同样重要的是,教育资本应适用于各种情况。没有一种方法能够吸引所有学生,或者适用于所有环境。即使教学真正符合项目设计,也需要同时满足不同背景的学生和不同主题的需求。

提高高中生学术论文写作能力的项目要重视:

- 利用图书馆和网络资源(同时遵守学术诚信,明确在什么情况下会构成学术剽窃)。
- 根据学生的差异选择不同的教学方法,因材施教。
- 利用学生学习新技能的机会,加强其对特定核心技能的掌握(如用于定量推理的统计技能)。

- 揭示不同学科知识的学习方法。
- 运用团队和跨学科方法进行研究和汇报。

标准三：结合多种方法，确保持久力

各级教育部门要努力应对变化。对待任何可能转变为教育资本的理念，要首先考虑那些阻碍教育者顺利接受该理念的因素。为了坚持运用某种理念，申请者应对理念进行解释和说明，需要以文字的方式表述该理念，明确如何付诸实践，以及表明支持性环境可能提供的资源，包括智力资源、后勤资源、行政资源和其他资源。

根据这一标准，用于提升学生学术论文写作专业技能的项目，大致应包括以下几项：

- 将学术论文写作核心原则纳入课程标准。
- 为新入职教师提供在职培训和发展机会，确保学校教学实践的连续性。
- 留出充足时间检测项目研究方法是否适合。让高校教师参与设计和检测，并记录检测结果，从而能够为其他教师提供参考。

标准四：制定阶段性评价标准

评价是创设教育资本至关重要的条件。当然，不同的评价方法适用于不同的环境和水平。例如，很少有基金会资助的教育项目能够保证开展随机分配研究。项目应在环境允许的条件下，严格使用最适合其特点的研究方法。由于评价成为促进教育生态发展的重要因素,且越来越多地融入到基金会和教育实践当中,基金会和受资助者都需要对自己提出更多的要求。项目设计的质量和其投入力度就像插头和插座的关系一样密切,需要用严格的评价方案来确定其价值。这将迫使大多数相关人员学习新的技能,并用多种方法来进行解释和说明。

形成性评价(在教学过程中利用反馈做出有益调整)和所有用来检测项目成功与否的评判标准是同等重要的。当项目负责人发现无效步骤,或存在遗漏部分时,应该在中途进行纠正。不幸的是,根据我们的经验,很多基金会将这种修正视为一种缺陷。准确的判断和调整,比严格遵守教育资本开发的最初预设更加重要,这个原则也同样适用于其他方面。

提高学术论文写作能力项目有一个好处,即学生可以单独、结对或进行小组学习,也可以进行自我评价。学会自我批评是学习的核心要素,可以为完成撰写学术论文的任务增加巨大的附加值。在此项目和其他资本创建的实例中,都需要运用由专家指导的评价方法,以确保学生能够真正地实现自我提升。

无论是在基础教育和高等教育中,还是针对不同学科,学术论文写作都是一项复杂的任务,需要一系列的评价方法,包括增值评价法、参考标准评分法、案例研究法及教师对特定技能或知识的测试法。在实践过程中,采用形成性评价方法,有助于细化项目策略。采用总结性评价方法,则需要经过严格的后期同行评审,宣传和发表出版物。

标准五：鼓励相互交流

虽然中小学和高等教育彼此独立，但都处于当地环境中，属于当地的组织机构。教育资本的设计和创建必须要与当地的环境和组织相适应。横向来看，项目应该强化学校的其他目标，或者至少与其保持一致。纵向来看，项目应该得到各级领导的支持。一个想要创建教育资本的基金会必须要确保项目符合其所代表机构的规范和惯例，并且能够有效地与这些机构保持联系。通过提案创建教育资本就像编织一样，能够整合研究论文，甚至可以成为基础教育和高等教育这个统一体的标志。

这样的项目可能会有助于：

- 使基础教育和高等教育教师跨越横向和纵向的界限，就一些关键问题达成共识，如一流的学术论文应具备的要求、撰写学术论文时学生经常遇到的问题，及教师针对这些问题能够提供哪些有用的解决方案。
- 为教师和学生创造团队合作的机会，将科研和写作融入学生的教育发展过程中。
- 为需要额外帮助的学生创建在线学习平台。
- 与在校学生分享校友所写的一些优秀论文。
- 组织校友返校访问，与在校学生交流大学期间科研和论文写作的重要性。

教育资本的创建始于和教育者相关的问题。当教育资本成为教育者工作中的一种动态资源时，教育资本就真正创建起来了。较一般方法而言,基金会在处理教育工作时需要一种更系统的方法(特别是要应用五项标准)。教育资本自其产生之日起就开始对知识进行管理。当把为用户创建实用的教育资本作为目标时,教育者就能运用一些有价值的资料,而不是只能费力地去修补那些在连贯性、一致性和完整性上都存在不足的资料。

教育资本不是模板。正如我们所给出的定义那样,它是一项工作资产,而非工作的最终结果。作为资产,教育资本尊重基金会和教育机构的个性,这似乎是一个很大的优势。我们不相信教育问题能用准备好的方法加以解决。鉴于那些寻求扩大规模(试图将一个理念传播到多个机构)的人一再受挫,鲜有成功,教育资本提供了另一种选择。这是一种将经过验证的理念以各种方式加以传播,使人们能够运用一些专门知识来满足最终需要的过程。这同样也为那些学习型组织机构提供了更多的工作机会,而不是让他们白手起家,从零开始。

如果创造和强化教育资本成为基金会和教育关系的明确特征,将会带来以下诸多益处:

- 为实现共同目标使用更有效的方法。大多数基金会都致力于教育捐助,以寻求改善某机构的执行能力。它们力求从多个角度实现这个共同目标。但令人困惑的是,这些方法往往与基金会风格有所不同。与增加可供他人使用的知识储备相比,创建教育资本让人们认识到,提供资助和开展项目是有区别的。前者是一个事件,而后者创造了一种工具、资源及达成教育目的的手段。教育资本作为一种组织原则,在资助过程中要进行质量控制。现在,随着基金会利益和人员的变化,基金会之间及基金会内部的资助都存在很大差异。
- 鼓励基金会、中小学和高等教育机构之间的合作。当然,这种合作存在诸多不足,既不能提高学生高中毕业后应继续学习的重要性,也不能确保在各项资源持续减少的情况下,学生能够顺利考入大学并完成学业。虽然高中和大学之间的合作是教育资本的实例之一,但在这个例子背后,我们希望高中和大学间存在的尖锐分歧,今后能够通过教育资本得以化解。目前还有隔阂的高中和大学教师能够通过教育资本相互交流和学习。而且,学生也不用面对进入大学后突兀的过渡期,他们可以在逐步成熟和学习的过程中稳步成长。因为,对很多学生而言,从高中过渡到大学时,确实存在巨大的障碍。
- 被资助者、项目专员和基金保管委员会三方就"成功"的定义达成共识。教育资本有助于基金会在目标和预期结果上达成一致。让所有参与者站在同一立场,说同一种语言,能够减少误解,增强一致性。此外,让被资助者、项目专员和基金保管委员会理解相关目标,可以在策略规划和资助过程中减少最初对研究结果过度承诺,最后对研究结果要求过高的发生几率。

建立教育资本的一个优点是,它不会破坏参与者本身具有的重要价值特质。我们需要考虑大学的独立性、基金会的多样性、公立学校的地方性,及家长和其他民众的参与性。尊重这些品质,教育资本就变成了一种智力财富——一种可以用来解决当地问题的资产银行。每一项教育资本的资产规模都取决于以下两种因素:待解决问题是否具有普遍性以及促进达成合作共识的优先级别(在任何特定时间和地点条件下)。在我们看来,这是一种优势。因为每个学生都和其他人一样具有共性,同时也具有自己的个性。所以,教师需要对不同的问题做出不同的回应。老师既要能够解决所有学生都存在的问题,也要能够解决部分或个别学生存在的特殊问题。投资者还要知道,在没有地方投资的情况下,哪些在其他地方开发的策略、技术或发现可以很容易地应用到他们的环境当中;哪些需要做出调整,但并不需要原创及大量成本。他们还可以审视自己存在的问题,并且看看对哪个问题进行投资是合理的,且他人也可以借鉴并利用。

当提到创建教育资本时,我们这样做是为了强调,而不是忽略那些已经存在的教育资本。有人可能会说,我们对教育资本的建议就是把旧酒和新酒都装到新瓶当中——换汤不换药。就像是声称某物具有价值一样,教育资本也要按照承诺发挥作用,并且能够广泛应用。创建新的教育资本或是对旧的教育资本进行重新整合是基金会的基本任务。在本书中,我们关注的更大问题是:找到教育资本概念的理据并进行应用。当然,中小型基金会也可以适合的规模(单独或合作)创建教育资本,还可以把他人开发的教育资本提供给自己感兴趣的教育机构。

建议二:保持公开

在有教育资本的地方,没有偶然的"游客"。正如我们在上一章所阐明的那样,从开始制定拨款标准到审查拨款期间,都必须保持高度的意向性。每个阶段的公开性都是提高创立教育资本成功可能性的关键因素。公开(与保密相对)使基金会和教育机构的领导者更有可能相互理解,了解彼此的目标。公开不一定就能保证成功,但是保密却会在很大程度上降低成功的概率。

当然,我们正在讨论的过程既不完全具有公开性,也不完全具有保密性。它存在一定程度的公开性,但在目前的体系内,主要是从申请者向资助者呈递信息,由后者做出最终决定。这种方法虽然能够让成功的申请者验证自己的设计,但其他人仍旧一头雾水。

以下建议的目的是在整个资助周期内尽可能地使问题明朗化。我们鼓励基金会董事会及其工作人员采纳这项建议,最好能与申请者和潜在的申请者进行公开的对话。如果基金会领导者不能达到我们建议的那种公开程度,也至少可以对彼此公开原因,并在可公开的范围内保持最大的透明度。

我们建议主要的基金会建立一个可供公众查阅的网站,内含:

1. 收到的所有资助提案;
2. 书面决定,说明获得资助的提案及基金会资助的理由;
3. 对未获得资助的提案进行合理的抽样,并附上一份书面解释,并尽可能具体说明这些提案没有获得资助的原因。

从大型基金会获得大额资助的教育机构(作为资助条件)要在收到资助的一段时间内(如三年内),报告自己利用这些资助金取得的研究结果,并且还要在网站上公开。

该建议是希望基金会给现有和今后的申请者提供信息,为他们提供理据以提高项目的资助价值。现在,在大多数情况下,基金会工作人员会为董事会准备一份有关资助提案的简要说明,以及支撑该项目提案的理由。因此,我们认为这样的解释并不会特别烦琐。如果有需要,还可以进一步拓展。给那些未获得资助的项目提案提供书面解释,将会耗费更多时间。但这一过程将使那些正在申请或正在考虑申请的研究者更清楚地了解决策过程和成功提案所要求的质量标准。

信息双向流通可以使彼此间展开真正的对话,使该领域变得更加成熟,也可以提高提案的质量,从而提高基金会项目的生产率。申请者会了解各种申报提案的优缺点,在理想状态下,优秀提案将会增多,而不良提案会逐渐减少。

同样重要的是,我们要求那些已经获得基金会资助的申请者公开报告其项目的计划和结果。这些报告将有助于建立教育资本。它们不但有助于各地教育机构吸取之前申请者的经验教训,而且还能够帮助未来的申请人从经验中受到启发。

为了具有公开性,我们倾听了卡内基教学促进基金会百年纪念大会与会者各种积极和消极的评论。受到这些评论的影响,我们希望能向公众公布资助结果。对于我们的提议,有些人表现得非常热情,并希望尽早将结果公之于众,但其他人却认为应该谨慎行事。还有人认为,我们对提案不应该太苛刻。最后,我们得出的结论是,即使有时基金会领导者并不愿意采纳我们提出的建议,但同样希望能够就促进公开性展开认真调查。我们希望这样能够促使基金会董事会对自己和工作人员提出一些尖锐的问题,如"为什么基金会工作缺乏更大的公开性?"

我们确实认识到这种方法中存在潜在的危险,值得人们进一步探讨。如果基金会能保持开放性,那么,一些潜在的申请者可能就会认为他们应该简单地去模仿一些成功提案,而不是创造自己的提案。这其实是不该发生的事情。基金会应该在它们的指导方针中明确提出,希望受资助者帮助建立教育资本,而不是复制已经建立的资本。一旦针对某个特定问题建立了教育资本,董事会就期望教育机构使用这些教育资本,而不需要基金会进一步投资。

建议三:外部审查

外部审查在教育资本创建过程中与公开性的关系非常密切,这两者之间的关系就如同亲兄弟。通过促进外部审查,我们希望有意识地将基金会的决策和步骤相结合,以确保决策者了解并借鉴基金会之外的声音。外部人员能够为相关问题带来自己的经验、智慧和判断。在确保工作会定期接受外部审查方面,一些基金会做得很好。然而,总体而言,大多数基金会在这方面都做得有些不太如人意。我们的最初采访结果,以及参加基金会和教育百年纪念大会的与会者也都表明了以上的观点。

我们最初使用"同行评审"这个术语来表明我们所思考的方法,但很多百年大会的与会者告诉我们,这个词承受了太重的包袱。进行硬性和数字化的评估非常有必要,也更为明智。我们认为,可以采用一系列有效方法,获取那些知识渊博的局外人的看法和理解。

当然,外部审查人员是否理想取决于审核内容。如果一个基金会正在寻找一些新颖的方法,那么,那些在安逸环境中工作的人可能不是最好的选择。但同样是这些人,也许能够针对激进方法在传统组织中可发挥的作用提出合理化建议。

我们建议基金会使用外部评审人员——在教育机构有相关工作经验的个人——来评审每个阶段的工作。这种审查可以给整个过程带来一定程度的信任度和专业化知识。外部审查可以带来客观性和前瞻性。外部评审人员应该提供自己的补充建议,而不是代替基金会董事会、管理人员和工作人员做出判断。

在制定基金会的基础政策时,就应该开始进行外部评审。一个外部评审组能够确保政策的制定是基于以往最佳研究和其他基金会的经验的。这意味着其最终目标大胆而合理、手段可靠实用、政策阐述明确。这同样有助于申请者和其他读者理解政策制定者的意图。随着资助标准的制定,评审过程也应该向前推进,有助于确保资助标准的清晰明了,也能够吸引那些在工作中追求卓越的人参与进来。外部评审还有助于确保项目申请指南反映出那些最强潜在申请者的目标。

随着时间的推移,对各项规划进行外部审查可以提供简单审查不能提供的重要意见。尽管不能通过长时间的外部审查来获得这种连续性,但这样的尝试在任何时候都是有用的。最后,还应该让外部评审人员也对资助结果进行评估。

我们不会低估实施这一建议的难度,但也不建议将其应用到每个项目和资助当中。通常情况下,评估一个领域现在处于何种水平,之前又是怎样的发展状况,要比评估单个项目更有可能产生有益的观点和见解。这同样也可以有效地利用外部评审人员的价值。他们可以将更多的思想和声音带入目前封闭的基金会申请过程。

在评估中,基金会之间和教育机构之间的合作与资助同等重要。外部审查,特别是在基金会之间的合作,将有助于建立一个共同的、有效的知识库。基金会可以将这些知识投入该领域,并在此基础上确定未来的资助,增加教育资本,减少对与知识体系没有关联、过于分散的项目的投入。

建议四:专业发展

从事基金会项目官员和主席专业职位的人越来越少。这些职位没有规定的入职准备或明确的职业发展道路。鉴于这两个职位的担任者将参与向教育机构提供资助,其候选人通常会从其中一个机构(通常是顶尖大学)或另一个基金会中进行选择。特别是项目官员,他们是该领域中有关基金会利益、战略目标和决策标准的主要制定者。同时也是基金会的"准入过滤器"。在这两个角色中,项目官员在与申请者的关系中掌握着很大的实权。

通常,基金会要求工作人员具备与资助领域相关的经验。一个或几个教育机构积累的仅是很少的一部分经验。利用机构工具在实地工作与用资金远距离影响他人存在很大不同。而新项目官员通常对基金会目前和以往的工作缺少了解。一旦被基金会聘用,个人在学习如何高效工作上就要依赖在职培训或是自主学习。我们认为,想要对所有水平的教育机构(从小学到研究型大学)产生影响,项目官员所做的准备工作还远远不够,更别提达到优秀的程度了。

- 我们建议由主要基金会财团、中小学和高等教育领导人和教育资助者共同合作、协同工作。通过网络平台、课程规划、实习和类似方法开发网络课程,以此来开展培训工作,促进基金会工作人员在专业上的持续发展。

这些努力的主要目的是提高项目工作人员和领导者的战略敏锐度,为基金会愿景的实现奠定基础,并与教育机构建立牢固和富有成效的关系。

在某个基金会支持下建立教育资本知识,需要对向教育机构提供资助的个人提供教育和指导,让他们知道过去都完成了哪些工作,获得了哪些知识,以及会如何有效运用这些知识。我们在本章的第一部分描述的所有要素都是专业发展应考虑的内容。专业发展的目标是将个人的经验融入教育实践的智慧当中,使其成为建立更多教育资本的基础。

除此之外,我们还看到了其他益处,比如通过参加专业发展项目形成人际网络,并将这些项目扩展到与其他校友进行合作。另一个益处是引入新思想,鼓励项目官员、基金会负责人成为自我批判的观察者、学习者和践行者。专业团队往往具有共同的专业标准、技术和策略,并对彼此和所在领域及基金会负责。鼓励和促进个人成为这种团队中的成员,不但会增加个人丰富的智力因素,还有益于提高教育实践。而专业发展为项目官员带来的益处,也会间接对基金会主席产生影响,因为其成员所学到的知识会反过来影响整个基金会的流程、风格和运行情况。

建议五:合作

每个教育机构都具有自己的特性和需求,但也都有共同关注的焦点问题。创建教育资本就意味着要关注这些共同问题。这也意味着在投资时要进行专门的设计,既要从过去的经验中吸取教训,又要为未来的投资提供有用的智慧。在大多数情况下,当基金会投资于某个教育机构时,该投资所产生的知识会为机构内部人员带来益处。

我们将以下建议分为三个部分。第一部分侧重于基础教育(简称 K-12 教育);第二部分侧重于高等教育;而第三部分则着重于从学前到大学教育的阶段(简称 K-16 教育)。在美国教育体系中,中小学教育与高等教育的诸多深层次分歧集中在教育机构如何发展层面,却很少考虑学生和当今社会对教育的需求。然而,对我们而言,这三种方法似乎都是必要的。我们在建议的第三部分强调,基金会投资应把教育视为一个统一体,将从幼儿园启蒙到大学的教育(获得学士学位)看成是一个有机结合、一体化的过程。

K-12 教育

很少有公立学校或基金会有时间或能够持续关注一些旨在实现重大变革的复杂资本建设计划。针对这个问题,本书分别在

第四章选取洛伯曼和巴凯蒂的文章,在第五章选取了霍夫曼和施瓦茨的文章。而哈奇和利伯曼分别在第七章和第八章中阐述了与学校相关的时间和能力问题。这些挑战在短期内不会减少。人们越来越提倡使用第三方来扩大和实施这些促成变革的策略。我们认为应该鼓励这种趋势。

- 我们建议基金会和中小学应该利用现有的,或创建新的中介组织(1)培养申请者实施和维持项目改进的能力;(2)向基金会就如何提供越来越有效的资助提出建议。作为公共教育系统的关键部分,基金会应该鼓励和培养建立这类组织。公共教育系统的宗旨是支持改善教学,提高学生成绩,缩小成绩差距。

霍夫曼和施瓦茨在第五章指出,可以把各种各样的组织归为中介组织,而且并不存在一个人们可以普遍接受的定义。他们提出这样的定义:"中介在各组织之间进行调节和协商以促进创新、改进和实践。"由于财务和其他原因,这项功能不能被纳入公立学校。除非在一些界定非常明确的事情中,否则基金会做这件事也没有任何意义。中介组织并不一定总是私人的非营利性组织。根据具体情况,这种中介组织还可以是公共机构,如县、区或大学的公共教育附属组织。除了有我们在上述建议中所阐明的那种优势,中介组织还有能力在特定领域积累深厚的专业知识,并使这些知识传递下去,从而避免在今后申请资助时重新整理。另外,中介组织还可以通过和很多合作伙伴一起工作积累经验,并在教育改革中发出相对公正的声音(公正的代言人)。

虽然中介组织的职能越来越完善,但教育领域的中介组织依然不够成熟、不够系统化。另外,中介机构在理念传播和教育资本创立方面面临很多困难。而且,很多中介机构都面临财务状况不稳定的困扰,并且有些机构质量不高。这些都是一些值得思考的问题。在某些领域,公立学校被要求将所有时间都集中在教学上,几乎没有给探索和创新留有任何余地(在这样的领域中,基金会往往只雇佣少量员工),变革和持续改进之间存在着一定差距。无力变革会导致执行能力下降,又反过来促使采取更加严格的管理和规定。高质量的中介机构遍布学校教育的关键领域,将会是一种更好的方式。

高等教育

长期以来,个性化的大学校园是基金会资助的主要对象。基金会资助的大多数理念和项目可能对其他大学也是有益的。然而,一些成功举措往往只在受助者的学校实施,该学校也很少告知其他机构自己所发生的变化,或是传播其他机构可以利用的知识。在高等教育机构,一些在普通问题上不做任何努力的基金会,和一些认为纯粹靠地方经济支持就已经足够的大学,都大大低估了基金会资助的巨大潜力。基金会和各教育机构之间应展开更多的合作,有目的地利用联合会、地区和国家级协会来提高主动性和合作性。人们对这种杠杆力量存在迫切的需求,却迟迟得不到回应。

- 我们建议,基金会应提前规定:提供给高等学校的资助要用以开展多学校、多地区和多个协会间的合作。

> 这种想法在特定情况下是不成立的,但应该由该个别学校的申请者来证明与其他学校直接进行合作是不可行或不切实际的。

关于增加合作一事,我们经常听到的顾虑都来自高等教育领域。教师强调在学校内推广合作是一件非常困难的事情。他们认为,跨校合作更加困难。我们对此也表示认同。但贝克汉姆和哈钦斯在第十一和第十二章提供的案例研究,及韦斯布克在第十五章的探讨都以不同的方式提供了相反的例证。在这两个案例研究中,中介组织都有助于促进合作。我们还指出,全国学生参与度调查(National Survey of Student Engagement)在基金会支持合作方面提供了实例,这种合作已经让许多学校在教学和学习方面获得了益处。

从基金会拨款到发展为教育资本,通过集体合作实现的可能性,要远远大于仅和某所学校合作的可能性。当然,如果多所学校参与同一个项目,它们将会互相分享学到的经验和教训。如果一个全国性或地区性组织可以提供帮助和支持,则会带来更丰富的智力资源、经验和不同的理念,这将有助于创建高质量的教育资本。

K-16合作

中小学教育和高等教育彼此需要。从教与学的角度来看,它们是一个统一体,而非互相独立的两个阶段。此外,高等教育是个体实现经济自主的路径,是公民能力和社会凝聚力培养的重要因素。韦斯布克在第十五章、霍夫曼和施瓦茨在第五章中的描述,以及全国具有多样化背景的学生群体为取得大学的成功所做的努力,都可以证实这一点。基金会的特殊定位是要加速和扩大学前到大学教育阶段(K-16)校际间的合作。

- 我们建议基金会播撒合作的种子,与中小学教育和高等教育合作。特别是:(1)改善高中和大学低年级教学和学生的学习;(2)支持学生不断取得进步,从高中阶段就要给予支持,并至少持续到学生大学毕业,获得学士学位为止。

我们认为,下列发展表明基础教育和高等教育已准备好接受这一建议。首先,基金会、社区学院、四年制学院和大学之间的活动将上大学的准备工作和人生志向联系起来。第五章和第十五章谈到的盖茨基金会的早期学院高中项目(Early College High School Initiative)就是一个很好的例子。一些高等院校专注于帮助学生在早期阶段取得成功,而不是通过类似淘汰赛的比赛来分类、挑选学生。在特许学校和地区学校中,学校的做法是从低年级就加强中小学教育。如此一来,无论高中毕业生是否做最终选择,他们都有进入大学的机会。

如果小学、中学和高等教育之间没有更多经过深思熟虑、富有针对性的合作,就很难清楚地了解这些情况:教育质量、高等院校录取资格、提高各年级教学需要做出的改进、开启个人丰富职业生涯的方法等。在这种合作中,基金会可以成为一个强有力的刺激因素。人们可以通过这种合作学到很多东西,并以此为基础做出重大且有益的改变。

建议六：发挥教育资本的作用

如何才能使教育资本有计划地在更广阔的领域里发挥优化作用呢？长期以来，关于在教育中传播和使用优质理念的问题在改革优先事项清单上反复出现。然而在实践过程中，一直很难找到改进实践的最佳方案。很多方案都建议利用某些形式去扩大规模。一些失败可以归因于：对某领域和基金会的关注时间过短、地方性差异打乱改革的逻辑、潜在用户回避或消极抵抗等。这些因素使许多有前途的理论和一些经过检验的实践坐上了"冷板凳"，没能真正在现实中得到应用。

在提出建议时，绝对不能无视经验。在这里，我们要分享两个带有警示作用的观察结果。首先，教育机构和基金会在微观层面上体现了社会生活，并且二者在很大程度上都是独立、各自为政的（这也是它们引以为傲的方面）。在体系和人际网络方面，基金会和教育机构都具有局部性，通常各自独立（也相对僵化）。其次，由于缺乏可靠、以用户为导向、能将理念在各个领域付诸实践的方法，基金会和教育机构通常会依赖各自员工的知识储备和人际网络。这些是相当可观的资源，但在工作效率方面存在巨大的差异。由于独立性和思想相对僵化的限制，员工寻找新理念的动力不足、成果不显著。因此，为了提高教学质量，应该尽早努力，以明智的方式利用教育资本，以改正思想相对僵化的问题。

与其说期待教育工作者在自己或同事的实践中成为改革的推动者，不如说希望他们能够进行一定程度的沟通和传播，在教育资本的使用方面提供激励策略。作为教育资本的投资者，基金会也需要在教育资本的流通和使用上进行投资。否则,他们就是在浪费资金。

- 我们建议各基金会通过单独或合作的形式,利用信息技术,加强与中介机构的合作,在将教育资本投入到实践方面承担更多的责任。

幸运的是,在教育资本运行这一重要过程中,各个机构都不是从"始发站"(零基础)出发的。为满足人们对各种教学理念、工具及改进教学的专业知识的需求,各个组织、机构、期刊和会议都开始投入大量精力。与此同时,依然还有大量的工作要做。这是一些从我们的建议和正在进行的工作中得到的可以借鉴的例子。

利用信息技术

信息技术会对想象力产生巨大的吸引力。基金会要主动为受助者建设重点领域成功研发的项目数据库,开发适用于他们的研究结果、彼此交叉的检索系统和搜索引擎。教育问题的有用信息也可以像法律、医学、图书馆,甚至是商业领域的数据库一样发挥作用——这一天能在前述工具的助益下尽快到来。

近年来,我们卡内基教学促进基金会的同事,通过知识媒体实验室,为中小学和高等教育教师开发出一系列有用的技术资源和工具(http://www.carnegiefoundation.org/KML)。我们与谷歌和亚马逊存在很大的差距。他们只需要敲几下键盘、点几下鼠标就能够提供信息。但是,我们现在已经认识到技术应用在教学当中的强大作用。

鲁米娜教育基金会（Lumina Foundation for Education）在支持社区学院方面提供了基金会做出努力的一个重要例证。该基金会在实现梦想计划（Achieving the Dream Program）中，与中介机构及其他基金会一起，共同促进社区学院提高入学机会，取得各种成就。同时，该基金会也通过项目来鼓励进行各种有益的实践活动，包括和其他机构建立互联网链接（详情请参见 www.luminafoundation.org）。此外，教育机构还设立了一个教育知识经理人职位，其职责是促进教育资本发展。教育知识经理人是不断壮大的专业群体之一，他们专注于收集和提供经过验证的知识，以改进教育实践。知识管理者是一个重要职位，因为教育理念并不是自我实现的。要是没有付出特别的努力，这些教育理念就不会取得任何成效。幸运的是，有效组织资助者计划（Grant Makers for Effective Organizations）这一全国性组织正在致力于为知识经理人提供支持（详见 www.geofunders.org）。

对于大规模、复杂和长期资金不足的状况，信息技术更像是专利，而非处方药。然而，其开发潜力是巨大的。能够对所需信息进行选择性检索的电子系统，比我们所能想到的任何其他系统都更有可能使投资获得回报。当然，也不能完全依靠系统本身。

运用信息技术和知识管理是有效延展教育资本的重要前提条件。除了基金会本身之外，还有其他的探索手段和场合，我们将在下文进行进一步探讨。

行动一致

世界上大约有 200 个基金会教育拨款机构。这些教育拨款机构是致力于帮助基金会"学习有效的教育策略和有效的资助策略"的组织。教育拨款机构最近成立了一个基于网络的知识中心，该中心可以发布和访问信息、与他人连接、使用共享程序，以及使用在线图书馆。虽然教育拨款机构的业务是在某一领域展开的，但还可以与其他具有共同利益的基金会开展合作，形成无可比拟的巨大资源。开发库存和搜索引擎能够帮助教育者或项目专员了解有关特定主题的已知信息，从而有助于进一步开辟新领域。这样的信息可以包括有效的做法、运营地点，以及如何才能发现更多信息的方法。如果要将教育资本建立在研究和经验的基础之上（标准一），诸如此类的资源就是必不可少的。

通过中介机构代理

各级教育都存在中介机构。有些中介机构的范围很广，如中小学课程和教学协会（the Association of Curriculum and Instruction in K‐12），或美国大学和学院协会（the Association of American Colleges and University，简称AAC&U）。大多数都是专门协会，如特许经营组织或中小学阅读教学中心，高等教育历史、数学或物理协会等。有些协会跨越了教育的几个领域，正如"未来工作"组织的项目那样。

在其他领域也同样存在差距。在这种情况下，中介机构可能是填补差距的理想解决方案。为获得利益，中介机构可以提供稳定、专业和广泛的支持，在教育资本的组成和流通上为其成员做出重要贡献。比如，一个中小学的中介机构可能会利用它对小规模学校的了解，以及如何在小型学校开展更有效的教学，与学区进行合作，提供技术协助、辅导及开展形成性评估。高等教育的中介机构可以与学校教学中心合作,利用技术来加强教学、实施有效的补救计划,或在机构间利用技术来扩大合作机构的智力资源。

支持专业组织

虽然与我们讨论过的有部分重叠,但专业组织可以为教育者提供其他组织无法提供的教育资本。美国国会图书馆的"美国记忆项目"(The American Memory Project)就是一个实例。该项目在全国范围内,为老师提供了无与伦比的资源。通过与其他组织相互关联,一些专注方向较窄的专业组织得以和知名的专业组织对接,从而简化了访问程序。该项目全方位了解教师的工作,并从图书馆的馆藏中提取出数百万份数字化资料。如此一来,建立示范性课程和建立教育资本的过程就不会那么漫长。区域性的实践科学组织,如旧金山探索博物馆或加州大学伯克利分校劳伦斯科学馆,也可以为教育资本的创造提供肥沃的土壤和渠道。

其中有很多策略(虽然不是全部)在某种程度上要依赖于信息技术。如何利用技术,使其与丰富资料相联系、增加连贯性,是一个巨大的挑战。虽然通过网络获取教育资本的多种方式代表着进步,但这种多样化也很容易变得支离破碎,并最终导致教育工作者对某种资源的存在一无所知。我们不是空想家,并不期望在短期内就建立由搜索引擎驱动的大型教育资本数据库。通过点击鼠标,就能把更好的想法、策略或实践方案传递到教育者手中,以供人们随时使用。然而,我们认为这是基金会应该选择的一个重要方向。

与此同时,即使教育资本大量存在,且易于理解,我们还是要强调需要采取激励措施鼓励教育工作者利用教育资本。当然,个人层面的主要激励是有意愿进行提高和改善,但这并不足够;从制度或系统层面来看,采取更多有形的激励措施往往是至关重要的。幸运的是,相对少量的资金通常可以在传播教育资本方面带来重大收益。这些资金主要来自各学校、学院和大学。但是,基金会扮演着重要角色,一方面要坚持在教育项目提案中进行宣传;另一方面,还要鼓励教育机构对其教师采取激励措施。

在着手本书这个项目时,我们让一组领导者来评估基金会和教育的关系,许多人的回答都是负面的。因此,需要一种特殊的批评机制来刺激,并告知大家进展情况。对话需要具有包容性,要基于对问题的共同看法和共享的关键术语。相关参与者需要互相鼓励,建立和深化能够推动对话向前发展的理念。

本书希望能够为构建术语和对话提供先决条件。针对教育资本及其标准,我们希望能为不同的资助找到有助于其成功的共同要素。在资金给予上不要过于谨小慎微,要坚持开放的态度,鼓励产生新理念,鼓励大家用心、用文字去体现新理念。中介机构,从概念上来讲是新的,但实际上是一种旧形式,如果要实现其潜力,则需要更多好的支持。我们建议邀请外部评审,是在努力用语言来表达我们的意图。我们相信,在开放的环境下,外部评审可以为基金会和教育关系引入新的理念和行为。

在某种程度上,"专业发展"会扼杀我们所提倡的大部分建议。为了取得成功,专业发展必须要基于各种专业素质。目前,基金会工作的专业性主要体现在项目工作人员应具备的智慧和诚信素质上。如果无法从功能上真正理解精益求精的内涵,那么,仅凭智慧和诚信是很难发挥作用的。我们针对合作领域提出的建议是对专业化理念的进一步延伸。如果没有专业化组织,每次的合作从头到尾都将是临时性的,而且还可能会花费过多时间和精力来完善协议。

当然,如何将教育资本投入教育实践,关于这点的最终建议取决于之前项目的进展情况。但这并不意味着会影响教育领域中良好理念一如既往地传播开来。相反,我们坚持认为,当今各种理念、发现和项目的发展都比较随意、松散;因此,尚未能以更系统的方式提升教育事业。

希望这些建议和随后的文章能鼓励大家重新审视基金会在教育中的作用。风险是巨大的,进展可能是缓慢的,但这使得我们从现在就开始行动变得更为重要。

(雷·巴凯蒂 托马斯·欧利希)

参考文献

Bain, K. *What the Best College Teachers Do.* Cambridge, Mass.: Harvard University Press, 2004.

第三章　安德鲁·卡内基可能想对比尔·盖茨说的话？关于卡内基教学促进基金会成立100周年的反思

概述

我们可以从推动重要基金会发展的历程和加强教育的奋斗史中学到什么？在编辑的邀请下，埃伦·康德利夫·拉格曼和珍妮弗·德·福里斯特对过去的百年，尤其是二战后时期进行了回顾，重点研究了基金会是如何帮助塑造教育的（包括基础教育和高等教育）。他们尝试回顾历史，从而获取高效基金会的运作以及其在尝试有目的地使用资金时的经验。

拉格曼教授是哈佛大学美国教育史的查尔斯·沃伦（Charles Warren）讲座教授，他是研究基金会和基金会对美国教育的影响方面的领军人物。珍妮弗·德·福里斯特教授在弗吉尼亚大学教育学院任教，专门研究慈善和教育方面的奖学金。拉格曼和德·福里斯特在他们的章节中回忆了安德鲁·卡内基创立卡内基教学促进基金会的时代背景，以及之后一个世纪所发生的变

第三章 安德鲁·卡内基可能想对比尔·盖茨说的话?
关于卡内基教学促进基金会成立100周年的反思

化。他们把过去的100年划分为以下四个时期:一是1890年代—1920年的"科学慈善时期";二是1930年代—1945年的"分散慈善时期";三是1945年—1960年代的"战略慈善时期";四是1970年至今的"运动慈善时期"。最后一节简要讨论了保守派基金会在教育中的作用,我们将在第十四章展开更全面的研究。

本章作者并没有得出简单的结论,而是鼓励"新慈善家们在慈善事业正热门的当下表现出更谦逊的态度"。我们认为,他们的见解支持了我们有关创建教育资本的重要性以及在此基础上需要做长远考虑的论断。

试想一下,如果安德鲁·卡内基现在还活着,他一定会对像比尔·盖茨这样的慈善家的所作所为感到欣慰。这些慈善家似乎一心想找到人类问题的根源,并直接从根源上解决问题。在卡内基50岁时,他决定把当时世界上最大的一笔财富捐出去。其当时的雄心壮志一定不亚于现在的盖茨之辈。

尽管盖茨在公开声明中显得相当谦逊,但我们也听到一些所谓"风险慈善家"的辩称,认为他们所做的事情与众不同且新颖。准确地说,他们的目的就是影响世界。风险慈善家表示,他们与传统慈善家不同,他们不愿仅仅为眼前现成的创意投资,而是会主动地分析问题并制定战略来改善现状。与他们的上一辈不同,风险慈善家主张他们要做的不是仅仅捐钱,而是要与那些他们打算长期合作的人和组织建立伙伴关系。

还有这么一群被安妮·E.凯西基金会(Annie E. Casey Foundation)的拉尔夫·史密斯(Ralph Smith)称为"强势慈善家"的人。在2002年7月,三个匹兹堡的基金会——格拉布尔基金会(Grable Foundation)、亨氏捐赠基金(Heinz Endowments)和匹兹堡基金会(Pittsburgh Foundation)在撤回对匹兹堡公立学校的支持时,展现了他们的集团控制力。基金会表示:"作为投资者,我们已经无法确保学校会合理地利用我们投入学区的每笔资金,并最大限度地造福学生。因此,我们现在继续资助这一区域的学校是不负责任的。"

这一消息宣布后,市长召集了一个蓝丝带委员会来调查这一问题。委员会发布了一份报告,并提出了一些建议。匹兹堡公立学校也正在努力改进。据史密斯说,基金会的直言不讳,以及他们在此事中的强硬斡旋取得了成效。这是基金会之间史无前例的合作所促成的结果。作为"传统基金会实践"的一次重要转变,许多人认为强势慈善的创新程度不亚于风险慈善。(Smith,2004,26)前几代慈善家或许会再一次为此感到欣慰。

100年后的慈善事业自然会有些许变化,但事实上,早期慈善家的意图甚至是做法与当代的慈善家并无二致。尽管这听起来像早就预见到这一切的历史学家的陈词滥调,但我们还是想指出这一点。新慈善模式的一些创新点被夸大了。下文所列举的3个案例发生在一个世纪前,从中都能看到今天风险慈善家和强势慈善家的印记。

在许多方面,易贝(eBay)创始人皮埃尔·奥米迪亚(Pierre Omidyar)的慈善事业与安德鲁·卡内基的慈善事业有异曲同工之妙。卡内基一直刻意拒绝从事传统的慈善事业。他不肯施舍穷人,因为他深知授人以鱼不如授人以渔。他转而致力于建立能让穷人自我提升的机构,这能让他们在未来不再需要救济。这是他建立公共图书馆以及创造每个信托基金的理由。其中包括卡

第三章　安德鲁·卡内基可能想对比尔·盖茨说的话？
关于卡内基教学促进基金会成立100周年的反思

内基教学促进基金会。在卡内基看来，基金会的目的是彰显大学教职的崇高。他把教授塑造为"英雄"，以此鼓励他人效仿这种为了他人谋求福祉的高尚工作。卡内基纠正了前人浪费且无效的行为。与他相似的还有皮埃尔·奥米迪亚和他的妻子帕梅拉（Pamela）。他们正在把慈善事业组织得比传统的基金会更有效率。他们的顾问洛娜·拉斯拉姆（Lorna Lathram）认为，上一代基金会有"充足的产品——钱"，但他们缺乏"像样的分配机制"。（Lathram，2004，1）

早期的卡内基慈善事业与匹兹堡三个基金会的行动几乎一样"强硬"。当安德鲁·卡内基试图改进上一辈慈善家的捐赠方式时，基金会的第一任主席亨利·史密斯·普里切特（Henry Smith Pritchett）反而试图改变"这个老人的"想法。（Lagemann，1983，49）卡内基对为教授提供养老金这件事很感兴趣。这在当时是一项不寻常的福利。普里切特则认为应该从全国多样化的大学和学院中建立一个类似金字塔的高等教育"体系"。普里切特邀请了他的密友——时任花旗银行副行长的弗兰克·范德利普（Frank A. Vanderlip）来说服卡内基任命那些大学校长为基金会的理事，并给予他们分配资金的自由裁量权。这使得普里切特可以通过高等教育机构来组织养老金计划。如果高校想让自己的教授们获得养老金，就必须按照基金会的要求行事。然而事与愿违，在卡内基意识到普里切特的所作所为后，并没有如其所希望的那样把剩余的资金留给基金会，相反，他创造了一个更大的财务给付型基金会——纽约卡内基教学促进基金会。尽管细节上会有所出入，但我们可以大胆猜测：卡内基早期慈善事业中至关重要的那些传奇事迹，其强势程度不亚于一些现代基金会。

最后一个例子从另一个方面显示了当代慈善家和他们上一辈的作风之间的相似性。1916年,克利夫兰基金会(Cleveland Foundation)邀请了一个更大型的全国基金会——拉塞尔·塞奇基金会的首席统计学家莱昂纳德·艾尔斯(Leonard Ayres)来克利夫兰进行中小学调查。艾尔斯同意与克利夫兰基金会合作,并召集了哈佛大学、芝加哥大学和哥伦比亚大学师范学院的教育专家。经过2年的统计和测量后,艾尔斯团队出具了一份25卷本的报告,并将这份报告向克利夫兰市民和新闻界发布。这份报告引起了轰动。舆论迫使市长不顾学校董事会主席的反对解雇了当时学校的负责人,并最终使艾尔斯团队的盟友接任了其职位。(Lagemann,1990,83—87)

细节上的差异并不重要,重要的是两代慈善家有相似的作风。与匹兹堡的情况相似,为了改善克利夫兰学校的运营而成立的基金会联合撰写了一份最终改变了学校领导层的公开报告。80多年后,一批与他们相似的慈善家采用了类似的方法以改变现状。尽管时代变了,但是"万变不离其宗"。

不懂历史的人注定要重蹈覆辙。不管这种陈词滥调在事实上是否正确(实际上这句话确实是对的),我们认为,基金会历史知识的普遍缺乏,对学术研究和慈善实践来说都是一个重大问题。这是历史学科的一个问题。历史学科中缺乏与美国文化、科学、教育相关的写作,与其没有考虑到基金会的实践不无关系。我们相信,这对于那些参与慈善事业的人而言,同样也是一个问题。

与从过去吸取经验教训相反,参与慈善事业的人更倾向于重复过去。因此,在过去的一个世纪里,我们利用慈善基金改善教

第三章 安德鲁·卡内基可能想对比尔·盖茨说的话？
关于卡内基教学促进基金会成立100周年的反思

育或医疗卫生以及其他领域的能力并没有显著提高。针对上述情况，鼓励历史学家进行更多的批判性历史写作是合乎逻辑的反应。但这种合乎逻辑的反应可能并不是解决问题的正确方法。起码从1957年开始，默尔·科蒂（Merle Curti）便领导了一项叫作"需求和机会"的研究，在这项关于慈善事业历史进程的研究中，不乏针对研究基金会历史的呼吁，可这些呼吁却并不被人理睬。究其原因，一方面，这或许说明基金会不愿意向外部监察组织公开其文件。另一方面，这也可能是缺乏优质文献而导致的后果——优质文献才可能催生出更多优质研究。然而，无论出于何种原因，有关基金会历史研究重要性的箴言似乎并没有对填补这一严重知识缺口提供多大帮助，甚至资金的援助也无济于事。

鉴于此，基金会在项目评估和改进此类评估工具方面投入更多资源或许是明智之举。作为全面批判历史的另外一种替代方式，鼓励更多的项目评估或许更合情合理。项目评估在20世纪80年代开始流行。当时许多基金会拒绝给没有评估计划的项目投资。无论某种尝试是一时兴起，还是长久的努力，项目评估都可以被用于了解其目标与结果是否匹配，从而追踪其过程的变化。此外，让这些评估方法更新换代并变得更加精确的必经之路就是：首先提出方案，再迎接一项新的挑战，接着再改进。这里就不赘述测量方法演变史了。一言以蔽之，当我们回顾这段历史，（例如爱德华·桑代克[Edward Thorndike]在个人测量方面所做的开拓性工作到后来的程序测量工作的发展以及层次线性模型的发明者，史蒂芬·劳登布施[Steven Raudenbusch]和托尼·布里克[Tony Bryk]）我们的观点将不言自明。当实践与学术界的更多理论问题相结合时，研究方法将得到最大程度的发展。

不管研究方法如何,我们想要表达的论点是:历史是很重要的,这对慈善事业也不例外。我们相信历史学家和实践者都需要找到方法来确保历史既不会被遗忘,它提供的经验教训也不会被忽视。

从科学慈善到运动慈善

那么,历史能教给我们这些相关从业者什么呢?历史提醒我们,基金会与支撑基金会存在的社会有着不可分割的关系。一方面,基金会希望改变其周围的社会。另一方面,基金会由生活在这个社会中的工作人员和受托人组成,并以各种方式被社会上流行的思想、价值观和潮流所影响。为了阐明这种关系是如何随着时间的推移发挥作用的,我们将详细描述捐赠模式的转变以及20世纪的捐赠模式。

美国基金会在近一个世纪的发展中势如破竹并趋于多样化。20世纪40年代,美国基金会的数量刚过1 000个。而到了20世纪70年代,基金会增长至6 906个。截至1980年,基金会数量达到11 238个。截至1990年,基金会数量超过了16 000个。[1](Frumkin,2002,112)除了经济大萧条之后的一段时间,美国基金会的数量稳步上升,且没有迹象表明这种趋势会减弱。

那些写过基金会相关文章的学者和记者经常会被问:基金会是引领变革还是响应变革?它们是通过"冷却"激进的想法来巩

---

[1] 此项统计结果仅计入资产达到100万或已捐出10万以上捐款的基金会。(Frumkin,2002,112)

第三章 安德鲁·卡内基可能想对比尔·盖茨说的话?
关于卡内基教学促进基金会成立 100 周年的反思

固现状,还是推动变革?作为精英组织,基金会是促进民主和思想百花齐放,还是对民主构成威胁?尽管正反双方都能给出有理有据的答案,但我们的观点是,基金会不可避免地会与它们所处的环境相关联。

19 世纪 90 年代至 1920 年:"科学慈善时期"

大约从 1890 到 1920 年是基金会历史上的第一个分期。这个时期慈善事业的特征是一种清晰而连贯的慈善模式。我们把它称为"科学慈善"时期。在这个时期,约翰·D.洛克菲勒和安德鲁·卡内基创立了最早的信托基金并将创始人的个人哲学以及初代经理人的抱负和价值观代入其中。在这种情况下,设计这些信托基金的人都肩负着改变甚至重塑美国人口统计学、人口密度和产业结构的使命。

伴随着经济增长、资本重组、技术进步、人口扩张和社会多样性增加,科学慈善在 20 世纪初出现。此外,源自科学并与之相关的新思想开始把"岛屿社区"(island communities)(Wiebe, 1967)变为"伟大社会"(The Great Society)(Wallas, 1914)。基金会的慈善事业顺应了这种转变。它源于一个历史悠久的传统——慈善应致力于建立价值观,塑造信仰,并找到一种将人们团结到一起的方法。然而,它也代表着在定义并满足大众利益时要更加谨慎、更加以国家为本。

科学慈善也源自对 19 世纪的某些慈善组织的反击,这些慈善组织通常与新教教派有关,例如:美国家庭传教士协会(American Home Missionary Society)、美国圣经协会(American Bible Society)等。尽管没有正式声明属于某一教派或多个教派,这些 19 世纪的慈善组织仍然可能暗含着新教倾向。举个例子，公立学校就是这样。尽管他们是"公立"学校，也是非宗教学校，但像《麦加菲读本》(*McGuffey Readers*)这样的课本会给读者传递新教的价值观，还会教授新教圣经的章节。正是这种暗含新教倾向的公立学校文化在 20 世纪中叶促成了天主教学校的建立。随着大量东欧犹太人和南欧天主教徒的到来，新教文化霸权开始衰落。因此，一些以避免从属于某教会或某派系为目标的基金会相继成立，例如：1901 年成立的洛克菲勒通识教育委员会（Rockefeller's General Education Board）、1905 年成立的卡内基教学促进基金会和 1907 年成立的拉塞尔·塞奇基金会。知识的权威现在越来越需要"科学"来证明，声称某一知识源自宗教中的"真理"已不足以使其具有权威性。（Hammack，1999，43—68）

1925 年田纳西州的斯考普斯审判（Scopes trial in Tennessee）戏剧性地标志着人们对知识本质的信仰的转变。在那场审判中，以进化论为代表的现代科学战胜了以威廉·詹宁斯·布莱恩（William Jennings Bryan）为代表的原教旨主义。当他表示自己真的相信一头鲸鱼吞下了约拿，约书亚让太阳静止不动时，他显得很可笑。[1]

当然，尽管科学正在取代宗教成为美国社会权威的来源，但不同的科学概念在竞争中大相径庭。早期的基金会也在决定谁的科学才是最合法的科学，并支持"真正的"科学继续发展下去的时候起到了重要作用。正如下面这些案例，基金会做出的选择

---

[1] 历史与新媒体中心（http://chnm.gmu.edu/courses/hist409/scopes.html）提供了一份完整的记录，记录了威廉·詹宁斯·布莱恩和克拉伦斯·达罗（Clarence Darrow）在斯考普斯审判中的辩论。

第三章 安德鲁·卡内基可能想对比尔·盖茨说的话?
关于卡内基教学促进基金会成立100周年的反思

影响了知识生态系统的设计以及更新,性别问题也在此时集中出现了。

我们可以非常清楚地从纽约卡内基教学促进基金会做出的决定中看出这一切。这是安德鲁·卡内基于1911年成立的最后一个也是最大的慈善信托机构。1921年5月,公司董事会决定停止受理社会安置申请。事实上,这种看似无害的行为在大学和"智库"科学中成为了主流,并排除了更偏向实用实践和行动导向的科学形式。19世纪末安置所在英国成立以来,一直是年轻人生活和努力改善"邻里"生活的地方。居民们认为安置所的工作是科学的。他们收集了有关社区问题的"事实",而这些事实将使他们能够游说市政府官员或其他人进行各种改革和改进,以解决日常生活中的实际问题。

举个例子,纽约莉莲华德亨利街社区(Lillian Wald's Henry Street Settlement)的护士发现有相当多的孩子从学校被送回了家。这是为什么呢?经过调查,护士们发现这是因为学校里没有人能够区分传染性和非传染性的疾病。了解到这一点后,护士们依靠市政府的力量为学校配备能够区分两者的护士。随后,学生的缺勤率下降了。

虽然这种研究在20世纪20年代初确实符合科学的准则,但到了20世纪20年代末,科学正朝着更理论、更抽象的方向发展。卡内基教学促进基金会决定停止为社区提供资金的行为反映并加速了这一趋势。企业受托人主要由男性组成,社会安置部门则主要由女性组成(Lagemann, 1989, 66—67)。因此,即使是那些在学术界有一席之地的女科学家,也很难获得研究资助。因为大多数女科学家在女子学院工作,她们享受不到基金会慷慨赠予的

资金。因此,20世纪初的女科学家几乎只能向私人求助以获得研究经费。(Dzuback,2005,120—121)

20世纪30年代至1945年:"分散慈善时期"

从大萧条到第二次世界大战结束的这几年间,基金会继续通过资助科学研究来推进正式知识的发展。然而,人们普遍怀疑科学研究是否能解决像经济崩溃和美国国内暴力这些宏大的社会问题。此外,在这一时期,四分之一的美国基金会倒闭,那些捱过了经济混乱的基金会开始艰难地兑现先前的承诺。(Frumkin,2002,112)因此,在这一时期,为了应对这些重大挑战,慈善事业不可避免地被贴上了实用主义或者机会主义的标签。因此1923—1941年被纽约卡内基教学促进基金会主席弗雷德里克·P. 凯佩尔(Frederick P. Keppel)称为"分散"时期。

实际上,战争年代的慈善战略和基金会普通捐赠之间的差异也可以通过赫伯特·胡佛(Herbert Hoover)和富兰克林·D. 罗斯福(Franklin D. Roosevelt)之间的差异反映出来。胡佛是一位工程师,他坚持找到真相并制定出周全的策略。相比之下,罗斯福是个务实的人,他愿意尽一切努力寻找可行的解决方案。不同于传统历史的表述,他们的差异更多体现在性格上,而不是意识形态上。除非胡佛确信某个提供救济的计划会奏效,否则他不会去尝试。在采取行动之前,他需要可信的、有说服力的证据。相比之下,罗斯福会听取智库成员的意见,并迅速做出尝试。新政计划列举出的一系列字母缩写代表了一系列实验,罗斯福希望从中找出可以应对并缓解令联邦、州和地方政府无能为力的大萧条的措施。

第三章 安德鲁·卡内基可能想对比尔·盖茨说的话？
关于卡内基教学促进基金会成立100周年的反思

面对20世纪30年代的这场国家危机,基金会努力维持对"根本问题"的研究,来避免退化为普通的慈善机构。同时,社会安置所也面临着这一挑战,它们很有可能倒闭。那些与人们现实中的苦难关系较远的基金会反而能够更好地继续其使命。以经营型基金会(有别于捐赠型基金会)的性质运作的拉塞尔·塞奇基金会的董事会如是说:

> 经决议,拉塞尔·塞奇基金会制定了应对当前紧急情况的政策:一如既往地与各机构开展广泛合作,旨在通过研究改善生活环境和社会环境,并不直接开展救济。因此,本基金会并不会对紧急救济委员会出资。(Glenn, Brandt, and Andrews, 1947, 489)

由于基金会的运营资金大大少于20世纪20年代的"兴旺"时期,基金会开始派出专人去协助政府机构或支持重大公共问题的研究。在20世纪30年代,随着权力从州和地方转移到联邦政府,联邦当局需要在不同派系之间进行大量调解工作。(Smith, 1991, 81)例如拉塞尔·塞奇基金会的工作人员对总统紧急就业委员会(President's Emergency Committee for Employment)进行增援,与此同时将基金会统计部门的主管也"借"给了纽约紧急救援局(New York Emergency Relief Bureau)。正如拉塞尔·塞奇基金会官方历史沿革所显示:"这一时期……紧急需求常常会打断长期计划,先是经济大萧条,然后是战争。"(Glenn, Brandt, and Andrews, 1947, 494)20世纪20年代,洛克菲勒和卡内基教学促进基金会投入了大量资金,建立了独立的研究机构,其中包括国家经济研究局(National Bureaus of Economic Research)和布鲁金斯研究所(Brookings Institution)。但整个20世纪30年代,洛克菲勒和卡内基教学促进基金会只能眼睁睁看着社会科学家一个接一个地去到华盛顿特区为联邦政府的相关组织工作。

在战争期间,基金会除了支持联邦在管理中发挥更大的作用外,还将注意力集中在文化传播上。这是当务之急,因为基金会相信:通过对成年人进行阅读和艺术相关的继续教育,可以培养其价值观,引导他们承认精英治国的益处。此外,还有人担心,如果不经过有意干预和领导,市场将会主导文化的发展。如果任由市场驱动,低品味的作品会挤走高品味的作品,爵士乐会挤走古典音乐,哥特式小说会赶走古典小说,再版会取代原作。在20世纪30年代,大众对文化的衰落和混乱有着真正的恐惧。基于上述理念,基金会大力支持那些能够捍卫传统文化标准的组织。

在卡内基教学促进基金会,这体现在大量资金被用于支持像美国图书馆协会这样的组织,以及创建像美国成人教育协会这样的新组织。具有讽刺意味的是,这也产生了基金会最引以为豪的风险项目之一——对"黑人教育和黑人问题"的研究。这个项目促使1944年冈纳·迈达尔(Gunnar Myrdal)撰写的多达两卷的研究报告《美国的困境》(*An American Dilemma*)问世。杜波依斯(W. E. B. Dubois)称其具有"里程碑"意义。布朗诉教育委员会案(Brown v. Board of Education)(1954)也曾引用过它。《美国的困境》认为所谓的"黑人问题"是由"美国信条"(the American Creed)与美国实际将该信条转化为实践的方式之间的差异造成的。

当然,在美国人对自己文化的理解中,"美国信条"的概念已经变得司空见惯。尽管最近,许多人主张对不同的信条采取更多样化的观点。然而,卡内基教学促进基金会内部在很大程度上还是忽略了权威的迈达尔研究。正如公司秘书萨拉·L.恩格尔哈特(Sara L. Engelhardt)在1975年所说,在公司开始吹嘘其赞助迈达尔研究约15年后,"公司未能跟进迈达尔研究可能是其历史上错失的最大机会,让人遗憾至今"。[1] (Lagemann,1989,146)尽管《美国的困境》最初的目的可能是解决有关非裔美国人学习能力的问题,但它最终却揭示了美国文化的核心矛盾。迈达尔从多个角度研究了种族关系问题,一针见血地指出这是美国不平等问题产生的根源之一。

经历了二战,新一代战略慈善家约翰·W.加德纳(John W. Gardner)和麦克乔治·邦迪(McGeorge Bundy)可能会对二战期间用于支持美术和成人教育的大笔资金感到吃惊,这一点也不足为奇。在那一段分散的时期,基金会似乎花费了大量的资金,但收效甚微。这推动了下一代捐赠者走向"战略性"捐赠。

1945—1960年代:"战略慈善时期"

如果说科学慈善比之前的那些慈善机构更具有目的性的话,战略慈善同样是产生于对先前慈善活动间接或直接的批判。科学慈善产生的时代与当今十分相似,因为它的推动者们刻意并当机立断地以不同于早期慈善家的(也确实更好的)方式来解决重大社会问题。而在第二次世界大战结束后的这一时期,情况也是如此。当时也有一些人自觉地朝着使慈善事业更加高效的方向

---

[1] 关于迈达尔研究的完整描述,见拉格曼(Lagemann,1989,123—146)。

努力。研究慈善事业的历史学家们一致将这个大约从1945年持续到1969年的时代称为"战略慈善"时代。[1]

卡内基教学促进基金会曾经是美国的巨型基金会,但二战后却被其他私人基金会以及国家科学基金会等新成立的公共基金会所超越。在这一时期,联邦政府开始直接向大学提供研究经费,这再次挑战了该公司先前的特殊地位。为了应对上述挑战,卡内基教学促进基金会尝试设计项目或制定政策,让其他公共或私人机构去实施。这被视为一种能发挥资金杠杆作用、高效利用赠款的战略方式。

与当下的风险慈善家和强势慈善家的洞察力相似,二战结束后,基金会的高管和董事会成员也意识到了知识应用和生产的紧迫性。他们仍然沉浸在投放到广岛和长崎的原子弹所带来的恐惧之中,并且深信人类应当不计一切代价地阻止未来的战争。人类现在所具备的巨大破坏能力,使慈善家们本就严肃的目标更具责任感。随着美国再次卷入"与苏联的冷战",这种担忧也进一步加剧。

战后的数年间都笼罩在这种紧迫的氛围中,从大量的公开声明里也可以找到这些显著的变化。时任哈佛大学校长的詹姆斯·布赖恩特·科南特(J. B. Conant)认为,那些尝试理解"作为社会动物的人类行为"的学者就像在攻克一个"战略要塞"一样。(Lagemann,1989,148)作为美国领先的社会学家之一,芝加哥大学的塞缪尔·A. 斯托弗(Samuel A. Stouffer)在一场名为"社会学

---

[1] 参见道伊(Dowie)和弗鲁姆金(Frumkin)的文章。另参见珍妮佛·德·福里斯特"校园保守主义的兴起:约翰·M. 奥林基金会的转型",2006,38(2),第32—37页。

第三章　安德鲁·卡内基可能想对比尔·盖茨说的话？
关于卡内基教学促进基金会成立 100 周年的反思

与社会科学战略"的演讲中也提到,我们需要"一门社会科学,它的工程应用将有助于规范这个由物理科学与技术所打造出的复杂文明"。(Lagemann,1989,148)

这种对战略思维和计划的强调在基金会内部得到了回应。它们也同样赞同这一理念:对社会和行为科学方面的投资本身就是对社会进步的战略投资。这些理念与战后的紧迫感产生了共鸣,这再次说明基金会是扎根于其所处的社会环境的。它们对捐赠方式和捐款的意义都产生了深远的影响。例如,1946 年,约翰·W.加德纳刚来到卡内基教学促进基金会。当他调查了想要得到公司捐款的项目之后,他写道:"现在,当一个新项目出现时,仅仅知道某个非常有能力的人提出了这个项目,或者仅仅知道它是一个社会需要的项目,又或者仅仅知道它可行且构思成熟,是不足以让我们决定投资的。"这些旧的标准仍然是必要条件,但不是充分条件,加德纳补充到:"我们想知道这个项目是否与我们的根本战略有关,在我们实现公司目标的过程中,资助此项目是不是合乎逻辑(至少是必要的)。"(Lagemann,1989,148)加德纳的言论很不同寻常,他说出了这个新时代的主题。此后,卡内基教学促进基金会和其他基金会要求受赠人将接受拨款的原因作为更大战略的一部分加以详细阐述。

战后,在加德纳的影响下,卡内基教学促进基金会内部推行的拨款策略反映出科南特和斯托弗所强调的有关社会科学和行为科学的发展前景。20 世纪 40 年代末,该公司将大量资金集中在社会学科的发展上,包括有关不同地域的跨学科研究和调查。卡内基教学促进基金会也是哈佛大学社会关系学系的重要资助者。

然而,到了50年代初,资金规模更大的福特基金会进入了社会科学领域。福特公司1936年成立于密歇根州,自创立以来,它一直深耕当地的社会问题。直到1950年,福特公司重组并迁至纽约市,高调地出现在公众视野之中。福特激进的捐赠方式深刻地影响了20世纪后半叶美国基金会的格局。

20世纪60年代的动荡事件催生了美国的第三部门(指不属于政府和企业的非政府组织),尤其是庞大的福特基金会。在此期间,福特基金会采取了一种新的战略,将采取行动而不是调查研究作为解决社会问题、反映时代潮流的工具。在麦克乔治·邦迪的领导下,福特基金会对旨在促进社会公正的项目进行了资助,并参与了一系列包括环境主义、妇女运动和黑人研究项目在内的人权事业。(Dowie,2001,31)1967—1968年,福特基金会还向刚刚被暗杀的罗伯特·肯尼迪(Robert Kennedy)的前工作人员和克利夫兰种族平等委员会拨款,以激励俄亥俄州的选民登记。(Rich,2004,58)

许多观察者认为,福特基金会的行为超越了基金会的角色。它非常直接地对国家政治产生了影响。福特基金会的活动也客观上促成了1969年《税收改革法案》(Tax Reform Act)的通过。该法案限制了基金会对任何公司的所有权,限定了最低年度支出,并削弱了基金会在影响立法方面的特权。根据彼得·弗鲁姆金(Peter Frumkin)的论述,这些改革反过来导致了一种"范式转变"。在这一转变中,基金会的工作人员变得日趋专业化,而资助趋于官僚化。(Frumkin,1999,70)我们还需补充的是,由福特基金会领导的20世纪60年代的战略型慈善在美国慈善事业中引发了一场保守的抵抗运动。

第三章 安德鲁·卡内基可能想对比尔·盖茨说的话?
关于卡内基教学促进基金会成立100周年的反思

70年代至今:"运动慈善时期"

20世纪60年代末,保守的慈善家开始反对福特等慈善基金会,并对那个时代的动荡事件做出回应。巴里·戈德沃特(Barry Goldwater)彻底失败后,保守派精英开始思考如何增强他们的政治权力和公众影响力。虽然在60年代,政治左派的活动可能更为明显,但右派同时也正在掀起一场势头强劲的运动,它既支持保守的慈善事业同时也受到保守慈善事业的支持。因为从这一时期产生的捐赠活动与美国保守主义运动的兴起交织在一起,并且延续到现在,所以我们把它定义成"运动慈善时期"。

虽然运动慈善的产生有很多的触发因素,但其中有一份文件标志着这一阶段的开启。1971年,在被理查德·尼克松(Richard Nixon)提名进入最高法院的两个月前,刘易斯·鲍威尔(Lewis F. Powell)给美国商会教育委员会写了一份备忘录。在这份被一些人视为宣言的备忘录中,鲍威尔敦促保守派抑制激进分子对大学校园的影响。鲍威尔督促相关美国企业组成一个联盟,用来反对消费者权益倡导者拉尔夫·纳德尔(Ralph Nader)和新左派哲学家赫伯特·马尔库塞(Herbert Marcuse)等对自由企业的攻击。鲍威尔还敦促商人和慈善家对那些反对自由市场经济或反对个人财产权的筹资行为保持警惕。

1977年,亨利·福特二世(Henry Ford II)践行了鲍威尔备忘录的精神。他从福特基金会董事会辞职并抱怨基金会已经变得反资本主义。福特解释说:"我只是认为这套使基金会成为可能的系统是非常值得保留的。"(Miller, 2001, 40)同样在20世纪70年代,诸如奥林基金会(Olin)、史密斯·理查森基金会、布拉德利基金会(the Lynde and Harry Bradley)和莎拉·梅隆·斯凯夫基金会(Sarah Mellon Scaife)等也成为了美国基金会中较为明显的保守派。他们增加了对诸如胡佛研究所和美国企业研究所等智库的资助,并帮助创建有影响力的新企业,包括有独立思想的传统基金会。作为一个群体,这些基金会继续共担促进公益事业的愿景,旨在促进自由企业发展,保障个人自由以及建立一个有限的联邦政府。[1]

关于高效的慈善事业,历史能教我们什么?

我们还不能断言我们所做出的努力已经使慈善事业有了显著的改善。换言之,我们希望所做出的尝试可以切实地让慈善活动变高效。然而,不幸的是情况似乎并非如此。在改善教育、健康和其他方面,刻意提高工作效率并不一定会产生明显的系统性差异。例如,尽管一些特立独行的校长在右翼、左翼或是中立的基金会帮助下创建了示范学校,但大型城市的学校系统仍然受到许多由来已久的社会问题的困扰。而与上述问题有相同根源的社会问题,50年前甚至100年前的改革者就曾面对过。

例如,沃尔特·安南伯格(Walter Annenberg)为改善公共教育捐款5亿美元。这种史无前例的做法似乎的确掀起了一些波澜。安南伯格有意把他的慈善事业与安德鲁·卡内基和约翰·洛克菲勒的慈善事业相提并论。他在留给后代的一份文件中提到了

---

[1] 政治科学家安德鲁里奇发现,在1996年,45.4%的智库可以被归类为非意识形态的,而其他的智库则可以被清晰地识别为保守派或自由派。(Rich, 2004, 20—21)

他的慈善原则,这一原则与卡内基和洛克菲勒之前的理论相呼应,即"不搞零散的慈善事业,专注于对'实质'有重大影响的项目"。(Ogden,1999,550)当被问及他对公共教育的捐赠时,安南伯格的解释是:他担心教育正在崩溃,文明也将付之一炬。因此,他想做出引起国家领导人和公众关注的举动。"我想把大学预科教育作为国家的优先事项。为了实现这一目的,我觉得我必须引起舆论上的轰动。这是我作为公民的责任。"(Ogden,1999,539)

让我们再来回想另一个关于安德鲁·卡内基的有些悲伤的例子。卡内基建立的许多机构都是为了促进和平。他的目的不仅仅是帮助人们提升自我,促进和平才是其巨大赠予背后的动机。卡内基曾经是一个乐观主义者。有一段时间他似乎真的相信直接通过海牙国际法院这样的机构并且间接地参与图书馆的建设,能使大众相信世界正朝着和平的方向发展。

第一次世界大战爆发后,卡内基陷入了深深的悲伤之中。这种悲伤从此再也没有痊愈。他曾在1914年8月写道:"人们像野兽一样互相残杀。"(Lagemann,1989,24—25)他于1917年去世,同年美国向德国宣战,并开始要求美国的年轻人应征入伍。卡内基会认为他的慈善事业是成功的吗?尽管我们无法确定,但有证据表明,在他生命的最后,他认为自己没有成功。

在"战略慈善"时代,对社会科学和行为科学的信仰为何在基金会中如此明显?当然,由于基金会的慷慨解囊,社会科学和行为科学蓬勃发展。更多的学者进入这些领域;一些学者开发出了许多跨领域(包括健康、教育和环境)的研究范式。尽管取得了这一进展,人们仍很难坚信社会科学和行为科学有助于达成国家统一和国际和平,这也是二战后慈善家迫切寻求的。随着美国"红州"和"蓝州"之间出现明显的分歧,战争在伊拉克、中东和非洲肆虐,显而易见,二战后的慈善事业失败了。

最终,我们迎来了"运动慈善",还有那些或许是它带来的成就。在教育领域,运动慈善推动了代金券实验和特许学校,并努力设立传统核心课程。在大学层面,它们资助了法律、经济以及联邦制社会方面的项目,以及各种旨在培养年轻保守派领袖的计划。然而,尽管运动慈善家可能声称对里根革命负有某种责任,但是他们发现,对于如何脱贫和扫盲等根本问题,他们仍然无法拿出一劳永逸的解决方案。

如果我们的分析是正确的,那么困扰慈善家的便是:接下来怎么办?我们应该放弃消除贫困、治疗疾病和扫除文盲的努力吗?当然不是。结论并不是我们应该停止用金钱来在世界范围内做好事。我们的建议是,人们应该更好地理解为什么一些赠款会产生巨大的影响,另一些则不会。然后在这种理解的基础上,发展出千禧一代的希望和梦想。

我们认为,慈善事业的成功取决于内部研究、思考和规划(加德纳所描述的思维方式)以及"战略"和不可控的外部环境。迈达尔研究可能是出于各种各样的原因而成为了经典,但这些原因都与发起人的初衷毫无关系。在捐赠效果的影响因素中,时机、与主流舆论环境相适应的程度至少与精心规划并实施同样重要。

《国家在危机中》(*A Nation at Risk*)的报告达到了它的目标,并对美国的教育理念产生了巨大影响。然而,要知道,这种影响很大程度上是源于它危言耸听的语气,以及一系列不可预见的

第三章 安德鲁·卡内基可能想对比尔·盖茨说的话?
关于卡内基教学促进基金会成立100周年的反思

事件。在《国家在危机中》出版一个星期后,其他研究教育的团体也开始了对它的研究和解读。这些现在已经被遗忘的研究,将《国家在危机中》推向了风口浪尖。然后是著名的玫瑰园新闻发布会,在会上,罗纳德·里根总统声称,《国家在危机中》支持他有关关闭教育部以及其他保守主义教育的举措。当然,这份报告没有提到关闭教育部。记者们知道这件事是因为他们有这份报告的副本。这种不一致激发了他们的兴趣,并且加强了对《国家在危机中》的报道。

当新慈善家了解到,试图有目的地通过投入金钱来改善世界的这种行为必然存在着不确定性时,他们行事就会更为谨慎,而不是像现在这样,将慈善行为视为一种风尚。随着这一点的出现,人们可能会认识到,有效的慈善事业必须将基金会本身的项目与地方项目相结合。这门艺术就在于不断地尝试在两者之间建立正确的组合和恰当的平衡。"安南伯格挑战"项目是一个非常好的例子。它由基金会牵头,在纽约、芝加哥、旧金山等参与挑战的地区设立了"中介机构"。

在本书芭芭拉·切尔沃纳所著的章节中,她通过追溯从通过评估地方改革的行动到安南伯格大使的捐赠这一段历史,分析了这一挑战。我们相信,这一挑战不仅例证了我们认为最有效的组合,对于我们不断呼吁的继续开发更多更好的项目评估方法也是一种支持。一些社会企业家在教育领域的捐赠进一步鼓励了我们。这其中包括奥米迪亚最近向塔夫茨大学提供的1亿美元赠款;该计划旨在刺激全球小额信贷,与此同时对大学进行资助。

对慈善事业所达到成就的期待更为谦虚和现实,也会让慈善家们认识到,我们这个国家和世界各地所面临的重大问题不会轻易地或在一夜之间得到解决。以教育为例,我们在美国教育方面所面临的挑战与我们期望做出的改变息息相关。虽然人们曾经认为,为所有孩子提供平等的教育机会就已经足够了,但现在的期望是:所有孩子能够切实地得到高水平的教育。重担已从学习者身上转移到了教师身上。这是一个巨大的转变,是史无前例的。对于一个至少目前仍然是世界上最富有和最强大的国家来说,这是一个合适的转变。但是,我们不会因为未能实现新的、更高的目标而自责。我们会清楚地认识到,在将来的几十年中,我们必须稳扎稳打、改善教育。

我们的雄心壮志很可能总是超出我们的能力。这并不是说我们不应该为了确保今天学校里的每个孩子都得到良好的服务而坚定不移地工作。相反,慈善家在选择了某一慈善事业之后就应持之以恒,尽心竭力。这可能比设定了一个目标后,期望在短期内实现它更有效。希望我们对过去和现在相似之处的反思能够对慈善事业的发展有所助力。

(埃伦·康德利夫·拉格曼　珍妮弗·德·福里斯特)

参考文献:

Curti, M. "The History of American Philanthropy as a field of Research." *American Historical Review*, 1957, 62(2), 352 – 363.

De Forest, J. "The Rise of Conservatism on Campus: The Role of the John M. Olin Foundation." *Change*, 2006, 38(2), 32 – 37.

Dowie, M. *American Foundatiuons: An Investigative History*. Cambridge, Mass.: The MIT Press, 2001.

Dzuback, M. A. "Creative Financing in Social Science: Women Scholars and Early Research." In A. Walton (ed.), *Women and Philanthropy in Education.* Bloomington: Indiana University Press, 2005, 105 - 126.

Frumkin, P. "Private Foundations as Public Institutions." In E. C. Lagemann (ed.), *Philanthropic Foundations: New Scholarship, New Possibilities.* Bloomington: Indiana University Press, 1999, pp. 69 - 98.

Frumkin, P. *On Being Nonprofit: A Conceptual and Policy Primer.* Cambridge, Mass.: Harvard University Press, 2002.

Glenn, J., Brandt, L., and Andrews, F. E. *Russell Sage Foundation*, 1907 - 1946. Vol. 2. New York: Russell Sage, 1947.

Hammack, D. C. "Foundation in the American Polity, 1900 - 1950." In E. C. Lagemann (ed.), *Philanthropic Foundations: New Scholarship, New Possibilities.* Bloomington: Indiana University Press, 1999.

Lagemann, E. C. *Private Power for the Public Good: A History of The Carnegie Foundation for the Advancement of Teaching.* Middletown, Conn.: Wesleyan University Press, 1983.

Lagemann, E. C. *The Politics of Knowledge: The Carnegie Corporation, Philanthropy, and Public Policy.* Middletown, Conn.: Wesleyan University Press, 1989.

Lagemann, E. C. *An Elusive Science: The Troubling History of Education Research.* Chicago: University of Chicago Press, 1990.

Lathram, L. "The Radical Philanthropist" (Forbes.com), Aug. 14, 2004.

Miller, J. "Goodbye, Mr. Olin: When Conservative Funds Dry Up." *National Review*, June 11, 2001.

Ogden, C. *Legacy: A Biography of Moses and Walter Annenberg.* Boston: Little, Brown, 1999.

Rich, A. *Think Tanks, Public Policy, and the Politics of Expertise.* New York: Cambridge University Press, 2004.

Smith, J. A. *The Idea Brokers: Think Tanks and the Rise of the New Policy Elite.* New York: The Free Press. 1991.

Smith, R. "Muscular Philanthropy." *Education Week*, Feb. 11, 2004, 26.

Wallas, G. *The Great Society: A Psychological Analysis.* New York: Macmillan, 1914.

Walton, A. *Women and Philanthropy in Education*. Bloomington: Indiana University Press, 2005.

Wiebe, R. H. *The Search for Order, 1877 – 1920*. New York: Hill & Wang, 1967.

第二部分

基础教育与基金会

第四章　创建教育资本提升基金会影响力

概述

在本章中,作者研究了基础教育阶段基金会拨款低于标准效能的原因,并探讨了有可能增强其拨款效能的方法。50年来,一大批雄心勃勃的基金会一直试图提高公立学校,尤其是那些服务于低收入家庭学生的公立学校的教育水平。对资助和项目的渴望很容易表达,因为它们通常能够吸引公众的目光。然而,项目实施结果却往往与现实中学校的复杂性交织在一起,被教师和管理者的竞争所减弱,并且常常由于缺乏可靠的研究而被遮蔽。因此,基金会发现自己经常在为一些重复性的工作服务,往往在一开始十分热闹,之后便偃旗息鼓了。

西奥多·洛伯曼在斯图尔特基金会担任主席多年。雷·巴凯蒂之前曾在威廉和弗洛拉·休利特基金会担任教育项目总监。两家基金会在加利福尼亚州都有很高的地位,其影响力也扩大到了加利福尼亚州以外的地区。此外,两家基金会共同分享了系统改革目标,这也是本书的主旨。

本章将描述教育资本在哪里创建以及如何创建。通过引用多个能反映出教育资本特点的由基金会资助的项目，作者就如何改善教育资本的前景进行了探讨。在此基础上，他们重点提出今后应努力提高基金会投资的效率，从而增加其价值，为该领域带来一系列收益。

40多年来，越来越多的基金会想要从根本上大规模地变革公共教育。它们的主要但并非唯一的目标是，关注低收入家庭学生的表现，改善他们所接受的教育和其他服务。在几千家有过资助公共教育相关项目经历的基金会中，大约有200家在制定远大目标、实施支持自身发展的规划和财务工作等方面的表现非常突出。[1] 大多数的基金会和捐赠者只为很少一部分学生或教师提供了临时性的资助服务。而目光长远的捐赠者则打算帮助解决广泛存在的、重大的系统性问题。像改革、制度变革、战略等字眼经常会出现在其内部和公共文书中。

我们认为，如果这些基金会能更多地关注所制定的不同战略之间的相互依存关系，更加努力地从过去的工作中汲取经验，并在其受赠者所做工作的基础上继续努力，互帮互助，那么它们就更有可能实现这些目标。我们将其称为"资本创建"：一方面，它

---

[1] 200家雄心勃勃的基金会的评定过程如下：基金会中心发现，捐款超过10 000美元的100家基金会的捐款总额几乎占基础教育捐赠基金总额的三分之一。大约有200家基金会来自教育资助者协会（GFE）（一家致力于提高基金会在教育中影响力的协会）。在该协会里，并非所有成员都能跻身基金会中心年度资助名录汇编的前列。我们把该评定方式与教育资助者协会的评定方式相结合，并提出基础教育的大部分捐款是由一少部分基金会贡献的。

传达了字面意思(即随着时间推移能产生复合收益的资产),另一方面,我们是想区别于那些用于指导当今雄心勃勃的基金会的非常宽泛的概念,例如资金杠杆和强大影响力。资本创建不仅需要捐款时的相互合作,这种合作往往只是在同一个项目或组织中进行共同投资,合作程度非常低。为了以更快的速度积累资本,基金会应将自己的身份重新定义为长期战略合作伙伴,而非单独的代理人。在下文中,我们将通过多个案例探讨资本创建,并分析其中或简单或困难的战略和实操转化。

效用挑战

基金会的工作内容之一就是从根本上、大规模地变革公共教育,这一工作内容分别于20世纪60年代末和70年代被确定和完善。当时,政府几乎有求必应,进入了大量传统意义上由基金会资助的领域。基金会期待自己识别的很多重大问题和提出的有前景的解决方案可以得到政府的重视及回应。当时,和现在一样,很多观察家和重要基金会的执行人认为,在制定投资战略时,基金会应把自身的独特优势考虑在内,包括独立性、灵活性以及捐赠资金的财务安全。基金会应具备某些特定的能力,能够支持社会上的一些创新和变革,因为就政府而言,很难通过政治手段来推动这些创新和变革;而对于其他捐赠者来说,这些创新和变革又过于抽象和复杂或代价过高。事业单位应发挥自身优势,合理分配资源,制定适宜政策,增进大众福祉。相较之下,基金会应是"社会的风险投资家",或者从更激进的角度来说,是"社会的加速器"[1]。

  与所设立目标的难易程度和想要影响的机构体量相比,基金会在基础教育上的预算是远远不够的。尽管每年都有一些基金会拨款数百万美元,但它们很少会把这些资金直接投资在学校和地区的运营中。由于基金会通常只是扮演"助推者"和"播种者"的角色,因此,它们会避免使自己的员工和资金陷入没完没了的责任之中。它们通常在 5 年或更短的时间内资助内容有限、时间有限的项目。受赠对象主要是大型学区或中间组织(如协会、技术援助供应商等)。资助的款项最常被用于设计、建立和测试政策和实践中的创新成果,并对有价值的创新成果进行推广。政策和实践中的创新能否获得长足发展取决于舆论环境,因此,基金会十分注重资助拥护者,并通过改变学校的哲学、政治、经济和优先事项等来培养自己的追随者。

  要使目标看起来切合实际(无论是对于受赠者还是它们自身来说),基金会制定的战略必须能够带来通常所说的杠杆效益,也就是说,它们至少有一部分投资能够带来收益。要取得成功,首先,基金会必须获取他人以及受赠者的支持,使各项提案得以顺利实施。其次,捐助所带来的效益不能仅局限于捐助期间内,或者从另一个方面来说,基金会的捐助为受赠者及其参与者带来的

---

[1] "加速器"(passing gear)这一比喻来自保罗·伊尔维萨克(Paul Ylvisaker),一位在当时基金会领域广受推崇的智者。20 世纪 90 年代末股票和风险投资市场蓬勃发展,"社会风险投资家"一词也再度流行起来,一些科技巨头开始向社会捐钱。在广为传阅的《慈善事业新议程:创造价值》(*Philanthropy's New Agenda: Creating Value*, Harvard Business Review, 1999)一书中,克雷默(Kramer)和波特(Porter)提出,基金会必须提高自身的影响力,证明其享受的税收优惠和与捐赠资金相关的管理费用是合理的(第 122 页)。

效益应该是长期性的。捐赠者通常把这种效益称作可持续效益。最后,基金会还应为整个教育系统创造其他效益。

这种看得见却又无法准确测量的涟漪效应是最能带给人成就感的。由于这些效益通常也超出了受赠者的范围,其不确定性也是最大的。要想在重要事项、政策和惯例方面进行根本性的变革,即使没有阻力,也总是会面临激烈的竞争压力。基金会可以先从改变受赠者的行为方式开始,获得有利的宣传效果和当地的政策支持。然而,一旦基金会(或其受赠者)无所作为,一切就成了纸上谈兵。

可持续性效益和涟漪效应不仅依赖临时性的资金、拥护者、项目和例证,还需要来自教育者、立法者、社会精英、父母和公众的高度理解、认同和有效支持。这些群体的价值观和需求有很大差异。要使其接受变革(更别说让其为变革付出实际行动了),就必须让其看到变革带来的直接的、有实际价值的效果。学生考试成绩不断提高就是一个例子,它对于大多数公众来说是具有明显意义的;其他的例子还包括,学生对学习的兴趣日益浓厚,行政人员看到了变革的效果并对其大加赞赏,项目评估师对收回成本有了信心。最重要的是,这些创新以及人们为了实现创新而做出的努力会得到延续,因为那些每天奋斗在前线的人,其行为势必会影响周围的人。高质量的执行方案和宣传工作,甚至还包括学生成绩的提高,这些只是系统变革取得的临时性成果。其长远的目标是,形成一种广泛共识,即他们的变革是可取的、行得通的、值得投资的,或者用商业人士的话来说,"创意拥有翅膀可以飞翔"。

基金会所支持的创意方案通常是拥有翅膀的,只不过这些翅膀不是很强大罢了。基金创建者必须是乐观的一群人,而事实也是如此。每当他们把新的项目设计方案和资金预算提交董事会，一旦通过，掌声随即而来。与此同时，他们也总是对受赠者的工作表示认可——包括他们的项目设计，承诺的事项以及近期的成果。例如，最近基金会就把工作重心放在了加强对教学和学校领导层的关注；提高家长参与度和学校的决策水平；缩小因竞赛和分班而造成的成绩差距；提供社会、医疗和青少年发展服务；制定学业标准和评估标准。

然而，我们会发现坚信结局就在眼前的捐赠者并不是很多。一般来说，基金会更擅长的是帮助推广改革理念和为改革者提供后援，而不是亲自开展旷日持久、牵涉甚广的具体改革工作。我们私下与很多捐赠者交谈过，他们为解决系统性问题制定了一系列战略，但效果不佳，他们为此感到很失望。受赠人、研究人员以及其他熟悉基金会领域的人员一致认为，基金会的捐助仅能带来临时性的效益，而且受益者仅限于少数学校、地区和教育援助团体，而不是像预期的那样能够产生涟漪效应[1]。基金会的一位董事曾坦言："项目主管说我们的拨款很重要，但却无法改变体制。既然如此，我们为什么还要继续这样做呢？"

之前提及的目标，还有很多其他目标（例如提高学生的文化素养和帮助他们顺利完成大学学业）都远未实现。20世纪70年代，福特基金会的拨款在促进学校财务公平方面取得了重大胜利，但由于低收入家庭的学生集中在城市而学校筹款集中用于郊区，这些胜利也受到了冲击。更多投资是否真能帮助城市学校提

---

[1] 这些观点和观察主要来自于我们为基金会工作以及和基金会合作的经验，最近针对捐助者、其顾问和受赠者所进行的访谈，以及2005年11月由卡内基教学促进基金会资助的会议上对本书的评述。

高办学水平？正是因为带有这样的疑问,很多纳税人和立法者迟迟不愿拿出更多的经费。

三个最主要的教育资助方:埃德娜·麦康奈尔·克拉克基金会(Edna McConnell Clark Foundation)、皮尤慈善信托基金会和大西洋慈善总会都从基础教育领域撤了出来(尽管盖茨和布罗德等其他大型基金会又加入其中)。现在很多捐赠者正在通过教育券计划来削弱(如果不能彻底清除)政府(创始人除外)对公共教育的干涉。丹佛斯基金会(Danforth Foundation)、礼来捐赠基金(Lily Endowment)等一些基金会已经慢慢从国家层面的计划中退出,以回应更为紧迫的地区性需求。许多基金会已经改变了战略,并非因为他们觉得自己已经取得了成功,而是因为董事会和新员工想要尝试截然不同的、更有效的战略。

很多志向高远的基金会的捐助计划会让人们倍感失望,原因主要存在于两个方面:一是未能有效地利用现有的知识、技术和已达成的共识;二是未能吸引他人参与建设。如果基金会能更多地关注其目标和战略之间的相互关联性,将彼此定位为解决共同问题的长期战略伙伴,而非目标不一致的独立代理人,那么其创造的效益就会大大提高。要想获得更好的资金积累效果,就要加强合作,改变以往"以自我为中心去审视影响力、获取影响力"的态度。为了解释和进一步说明这样一项艰巨的任务,我们首先需要探讨本书第二章中提到的教育资本这一概念。

创建教育资本

教育资本由经验、知识、能力、价值观、态度、规范以及其他社会因素构成,这些因素决定了教育工作者如何对待学生,想要达到何种效果。教育资本作为学校运作背后的力量,塑造和指导着学校的工作。建立资本是以上述因素的有效性为前提的,也就是说,在教育工作者和教育系统中的其他成员看来,这些方面更具可行性,更能带来效益,是其他因素无法代替的。改革的持久性和广泛性——即基金会的目标——取决于资本的积累,这并非一个线性过程,也非某个人的"独角戏"。

创建教育资本的五个标准

试想你是一个相对较大的基金会的项目主管。该基金会想要提高小学生的写作能力。你阅读了很多新闻、专栏文章和读者写给编辑的信,其中很多(几乎所有)文章表达了愤怒、失望甚至痛苦。因为在不久的将来,很多成年人(现在的学生长大成人)的写作将会是乏善可陈和杂乱无章的。你一定知道写作能力很重要,尤其是当学生想要在学术、社会和经济领域有所建树之时。可是要提高学生的写作能力并非易事。关于提高学生的写作能力,你可能在这方面也有所了解,例如:

- 有大量关于教授小学生写作的非常完善的理论、教法和教学材料。
- 将一些研究成果运用在不同种族、经济和地理背景的学生群体中似乎是有效的。
- 写作水平是可评价的,因此提高写作水平是证据驱动的。

你也会了解到:写作常常与天赋有关,而不是教出来的;许多辅助技能和情感态度会影响写作(比如能流利地表达自己的想法、自信地去体验生活,富有想象力以及清晰的逻辑思考能力);

许多教师写作水平不是(并且他们自己也不认为)很高;不同的写作类型(包括说明文,回忆录,诗歌,报道和叙事)需要不同的技能和思维方式。(这里提到的有关写作的案例能帮助阐释这五个标准,在案例中作者借鉴了诺伊斯基金会[www.noycefdn.org]的示范项目"每个孩子都是读者和作家")

该案例所面临的挑战是,要在现有的认知水平上,为基金会制定出一套方案,通过改进、组织和积累必要的知识和技能,创造出能带来更高效益的资产,即设计一个专门针对小学写作教学的项目,未来可以在很多学校实施,并产生良好的效果。

要想为创建教育资本创造最佳时机,项目主管的资助战略应该符合五个标准(这些标准在第二章中也有谈及)。我们将在接下来的内容中探讨项目主管的战略。

确立项目设计依据。教育领域的进步很少完全独有、不依赖他者。相反,这些进步往往建立在现有知识和经验的基础之上,添加一些其他元素(这些元素有可能是创新的),并以更为有效的方式将各个要素重新整合。资本建立需要遵循以下步骤:(1)辩证地评价已知——在这个案例中具体指哥伦比亚大学师范学院的露西·凯尔金斯(Lucy Calkins)和她的同事建立的有关写作教学的完备知识体系,以及很多相对丰富的项目;(2)以模范教师为榜样,审视课程开发和推广面临的挑战,如教师培训、政策制定和课程设置,这对英语学习者来说尤其重要;(3)确定在何处、如何建立资本。例如继承或否定现有知识体系,或建立新的知识体系用于改善写作课程的薄弱环节。(Calkins, 1994)

在确立项目设计依据时需要回答以下问题:如果之前的工作还不够充分,在哪些方面还需要补充?如果之前已经确立了理念和战略,又为何没有得到全面实施?如果研究成果无法付诸于实践,原因又出在哪里?如果已经有完美的替代方案存在,为什么学区还需要向基金会求助制定新方案,而不是使用这些替代方案?

接下来需要进一步阐述原理。如何通过很多人都能接受的方式来提高写作的教与学?应该开设怎样的课程将当前的核心知识与增强教学能力的理念结合起来?具体而言,写作课程中所涉及的自我表达能力、想象力、语法能力、编辑修改能力(使写作思路更清晰、表达更有力)、理解写作题材的能力、分析作家的写作意图和写作技巧的能力等诸多方面,如何通过课程有效整合在一起。

如果越过建立依据这个阶段(或者仅将其视为引用别人研究成果的过程,而不是睿智地借鉴和学习的过程),制定的资助指导方针就会变得无足轻重,甚至毫无用处,也会在无意中产生毫无价值的提案。如果基金会不确立依据,它就无法判断哪些提案会产生最大的教育资本。如果申请者不建立依据,他就无法把自己的提案与他人的提案相区别;确立依据能让一个设计方案进展得更顺利。当地的捐赠者也可以帮助学校建立资本,但是与那些雄心勃勃的基金会拥有的资源相比,占很小比重;学校还有很多技术方面的薄弱环节需要提高,很多差距需要填补,还需要把很多有价值的新理念应用于现有课程和学校的日常规范中。随着基金会推出各自的项目并宣布相应的预期目标,可以利用的教育领域资源更多了。申请者不仅有了行动的动力和努力的方向,而且还知道了如何更高效地争取支持。

确定贯穿始终的核心。旨在提高学习能力的策略和技巧必须忠实于初始概念,并且要考虑到这些策略和技巧之间的关系。

某个项目或战略想要获取资助,就必须在众多相互依存的要素中确定能产生预期结果的核心要素。尽管教师们普遍倾向于把课程涉及的各个方面与现行教学大纲相融合,但这种做法往往会破坏课程的逻辑性,从而削弱课程的价值。在一个复杂的、涉及多所学校的试验性项目评估报告中人们经常会发现这样的问题:他们会把符合项目设计方案的案例与那些偏离项目设计方案的案例区分开来。前者的研究结果会受到重视,而后者的研究结果往往被认为是混乱的、不一致的,因为它在实施过程中混淆了变量之间的因果协同作用。要想改变这种情况,就必须在实施过程中运用正确的方法,正确对待变量之间的关系。

当贯穿始终的核心要素到位时,(一般而言)其他要素也会随之就位。志向高远、影响力强的慈善基金会有一个标志,就是它们能够跨越不同的学区开展有效的工作。捐赠投资要想得到回报,它们必须能够产出有吸引力、可信、(最重要的是)有用并且可以为他人所用的资本。因此,有效性和适用性要求核心资本要素需要为教师留出判断和调整的空间。同一"规模"的教育资本并不适合所有项目。"主题和变化"更为重要。写作教学的目的是希望通过充分利用精心开发的、体系完备的核心要素来培养学生具备那些伟大作家的思维模式。这些核心要素包括:高度关注学生背景、教师的想象力和经验,以及提高学生在不同的时间和主题下、使用不同文体进行表达和写作的能力。

相对于写作来说,老师们常常更擅长阅读。因此在写作课程开始时,很多教师对自身的知识和能力并不确信。正如当兽医不一定非得了解马,教授写作也不一定非得是作家。事实上,教师自身在写作上遇到的挫折往往会让他们更富有同理心,辅之以适当的材料和培训,她(他)会成为一个更有能力、更值得学生信任的写作老师。因此,写作课程创建资本的方式之一是向教师讲授如何教学生写作。例如,了解整体写作框架下的各个构成要素(如有关作家的研讨会、题材、修订版本、作家之椅[1]);掌握学生在特定年级的学习模式轨迹;将学生潜在的想象力与学术标准相结合;在忠实于课程设计的同时,教师在教学中加入自身经验,表现出亲和力。

确保持久力。想要确保持久力,必须进行适当的创新。创新一旦取得成功,受赠者会在基金会资助结束后继续为项目提供足够的支持。确保持久力会面临很多障碍,包括来自个人和组织的阻力,教师和管理人员的调动(通常资源匮乏的学校人员调动率最高),以及不稳定的学区或州政策(通常对教师专业发展和课堂任务造成影响)。如果没有组织行为学专业学生所称的懈怠(积极懈怠)——在这种情况下,指有时间和机会进行反思、实验和计划——教师面对变革就会准备不足,不能很好地进行创新,这样一来,就会对改进产生质疑。基金会投资的项目以及在这个过程中产生的有价值的提案必须正视这些困难,并通过政策的制定确保稳定性和持久性,否则消解的力量就会慢慢占据上风。基金会的议事日程也必须正视这些困难。

具体到学生写作项目中资本创建的案例,在基金会的指导方针中需强调:基金申请者须说明在教师离开时如何保持课程的连贯性(例如通过新教师培训和指导);如何及时有效地利用数据

---

[1] 作家之椅(author's chair)指的是让学生将他们的作文读给其他学生、在课上展示、分享作品的活动。——译者注

第四章　创建教育资本提升基金会影响力

改善实践;如何在学校或整个学区建立一个同行共同体,为推进项目提供支持。激励措施也至关重要。其中最主要的是通过学生的学习结果来激励教师。根据我们的经验,没有比学生成绩的提高更能让教师感到愉悦和自信了,这会让他们自愿参与变革。此外,学区的重要性也同样需要在申请中体现。学区往往在帮助学校开展写作课程和帮助师生提高必要的组织行为能力方面,扮演着重要角色。

制定阶段性评价标准。如果方案的效果得不到印证并且也无法复制,那么它就无法创建资本。评价可以将"这应该有效"和"这的确有效(无效)"的情况进行区分。以随机的现场试验和严密的统计分析为代表的"硬"性证据具有很大价值。同样,有资质的观察者所采取的"软"性考察方式,例如系统性的考察,也具有很大的价值。这些手段均可以帮助很多领域创建资本,例如学校或课堂(如让适龄学生参与决策)以及行为规范(如相互尊重)中的基于价值观的实践(如公民技能)。一经验证,它们也可以算作资本。此类评价可以辅以书面工具,例如学校氛围调查表。但评价不应仅限于调查量表和客观测试。

在创建教育资本的过程中,有两种评价方式是很有必要的。一种是在项目进行的过程中采取措施确保效果,即形成性评价——根据定期的评价和反馈,在一段时间内跟踪并不断改进实践。一种是总结性评价。它会告诉我们预期的目标是否实现——实践是否沿着既定的路线进行。总结性评价有很多形式,其中有一条黄金准则即随机分配研究,在其他类型的定量和定性研究中处于领先地位。如果能够给予这两种评价方式以高度重视,在课堂内容和条件允许的情况下,任何一种评估方式都会有助于提高提案的价值和功能,并有助于新的教育资本的产出。

想要真正提高写作水准——了解并能够运用有效的写作技巧,即像作家一样思考和写作——就要在学习中加入评价环节。自我评价很重要,因为在写作过程中,它会促使笔者不断尝试直到找到合适的词,或改变句子和段落结构以达到理想的效果,或尝试新的写作题材。在此过程中,评价会以多种形式呈现,它会涉及教学的很多方面,对学生自身也会产生影响。

促进各要素相互融合。学校是一个有机整体,资本各要素之间相互依存。教师能帮助开发出课程的最大价值;学校领导层需要学区的支持,这样校长才能更好地发挥教学的领导作用;制定的政策应该与教育目标保持一致,这样才不会浪费资源、违背初衷。缺乏这些了解或者忽视这些要素之间的相互联系,教育资本的创立就会遇到阻碍。

就写作课程而言,写作既是艺术也是技巧,发挥着说明和阐释的作用。该课程的影响不仅会辐射其他课程,而且会跨越各个年级,影响学生成长成才。一篇关于加州早期西班牙人影响力的文章会对四年级学生的社会学习产生影响;一篇关于双眼视觉与动物食物获取行为关系的文章会影响五年级学生的科学学习。小学学到的写作技能会在初高中得到拓展和延伸。理想情况下,学生能将写作技巧和动力内化,通过写作建立自己的世界观。要想实现这些目标,资本各要素必须在学校这个背景下实现相互融合。

制定资本创建计划的框架

如果基金会能够按照上述五个标准资助和跟进小学写作项

目,那么它和小学学区最终会共同创建一个资本产品。而这个资本产品特质同样也会在教授五年级学生如何写作的项目计划书和实操指南中有所体现。然而,让我们回到提出、资助和评估这一基金会项目之前的时光,想一想:对基金会而言,为一个资助项目的资本创建提前制定计划意味着什么?这与考虑全面、经验丰富的基金会当前正在做的工作又有何差别?五个标准又如何在基金会的战略优先事项上体现?

诚然,上述问题的回答,取决于基金会的风格和基金会员工的专业程度——换言之,基金会作为一个学习型组织的程度。尽管如此,我们仍期待看到基金会做如下努力:首先,基金会需要回答以下问题,例如,基金会对于该项目有多少了解,为什么会把它放在优先地位,它希望通过该项目达到怎样的目标(用教育资本术语回答)。其次,需要将创建教育资本的五个标准通过基金会的指导方针反映出来,证明其不但适用于解决上述问题,而且还适用于其他学校和学区。最后,资本创建的思维方式也会对评估产生影响。评估通常是一种控制和验证工具。同时也会改变捐赠者个人或在与他人合作时,对前人成果的看法。

在资本创建的最后阶段将会面临的挑战是,如何将该项目成果汇编成册并在更广泛的实践中进行推广。例如,在那些有写作课程改进需求的学校当中推广该成果,或者在那些学生写作水平较低的地方扩大需求市场。即使是好的创意也不会被立即接受和应用,因此该过程最大的挑战在于基金会如何才能将新创建的教育资本告知公众,被其所用。在推广和宣传新创建的教育资本时,学区可以继续作为使用教育资本的示范和培训中心,而基金会可以通过该学区的中间组织、公共代理机构(例如,县或者区教育办公室)或者依靠自身能力的提升来帮助宣传。无论哪一方承担推广教育资本这一任务,均能够在该过程中深化和拓展各自的专业知识,并从中获得创建资本的经验。

基金会创建教育资本的领域:公共教育中的关键领域

为了阐释教育资本的五个标准,我们引入了小学写作项目这一案例,该案例与我们的目标具有一致性。然而,学校改进的机遇并不都是同时出现的。不论从哪个角度去审视学校的本质,它都是一个复杂而且要求高的地方,需要来自不同领域的个人、专业和组织的力量参与。各个构成要素之间相互影响,当从资本创建的角度来审视这些构成要素时,局部变革也可能促成整体变革。

接下来,我们将探讨经常需要创建教育资本的八个领域。这些领域代表学校能力的核心,也是内部和外部相互关联的关键(托马斯·哈奇在第七章中进行了论述)。基金会和基础教育捐赠者需要经常在这些领域展开合作,并探讨它们之间的相互关系。我们按照这些相互关系进行分类,并提供了已创建或有可能创建教育资本的相应案例。

教师专业化。教师专业化是指通过加强并发展新的实践、技能和目标(这些也是提高教学和教育领导力的源泉和动力),建立并巩固那些使教学发展成为一项更加坚实的事业的要素。

有很多机会可以促进教师专业化,包括改进教师准备项目,强化自我评价和推行集体质量控制措施,以及提供终身教育发展服务。国家专业教学标准委员会(NBPTS)就是一个资本创建项目,它针对优秀教师所需知识和能力的评定制定了严格标准,同时为符合标准的教师提供国家志愿体系认证[1]。另一个例子是新型教师中心(New Teacher Centre),总部设在加州大学圣克鲁斯分校(University of California, Santa Cruz)。该中心在全国范围内推行了一个新任教师的援助计划,即在教学早期阶段通过培养教师的技能和信心来提高其留任率[2]。通过这些工作,教师职业发展的要素得以确立和发展,教师可根据这些要素进行自我提升,从而获得公众认可。

这些代理机构为教学方法和教学目标做出重要贡献的同时,也为小型基金会、学区和学校以及教师培训(教师职业的起点)提供了范例。例如,国家专业教学标准委员会的认证使当地基金会能够资助参与认证过程的教师,并与学区开展合作,有效利用认证合格的教师。将国家专业教学标准委员会的标准转化为教师教育的框架将会成为创建教育资本的另一种方式。它可以吸引更多有能力的本科生,使其将教学作为一个富有吸引力的挑战。从教师发展和其他方面来看,教育资本的创建可以对地方性基金会的工作起到辅助作用——使基金会的工作更加成熟完备、具备更高的水准和成效。

课程。课程是指为学生发掘、筛选、组织和呈现教材的有效方法,其应用范围很广,不局限于某些特定的学校,并且教师可以根据自己的经验和判断对其进行调整,让学生更好地参与课堂教学。

---

[1] 引自国家专业教学标准委员会网站,上次访问日期为 2006 年 3 月 30 日 (http://www.nbpts.org)。
[2] 引自新型教师中心网站,上次访问日期为 2006 年 3 月 30 日 (http://www.newteachercenter.org)。

课程资本的形成建立在教学内容和方法与可被验证的教学设计相结合的基础之上。例如核心知识基金会(Core Knowledge Foundation)的创始人、"课程连贯性"的倡导者小艾瑞克·唐纳德·赫希(E.D. Hirsch Jr.)所做的研究工作。"课程连贯性"强调小学生应通过广泛地涉猎知识来获取更高层次的技能,如批判性思维、解决问题的能力等[1]。西奥多·赛泽(Theodore Sizer)创建的(一个学校整体改革方案)"要素学校联盟"提出了10项"基本原则",包括善于思考、培养个人的学习习惯以及关注课程内容的深度而不是宽度[2]。该联盟提供了替代以学科为中心和结构化教学计划的另一种方式。另一个例子是,由国家科学基金会(National Science Foundation)和区域性、通常是大学附属或独立的科学中心联合开发的科学课程。对上述领域有一定了解的读者也会注意到,上面提到一些案例还需要通过进一步研究验证其有效性。一些其他的有效要素(例如关于学校教育与民主或社会正义间关系的哲学基础、态度和信仰),如果要算作资本,则应具备完善的理论基础,能够经得起公众的监督和考验。但并非所有资本创建的实践都需要形成共识,尽管它往往会朝着这个方向发展。当教育工作者对彼此的工作进行深入研究,提出值得改进的实践方案和值得共同研究的问题时,创建教育资本的可能性就会大大增加。

---

[1] 有关对赫希观点的总结可以参见文章"Not So Grand a Strategy," *Education Next*, Spring 2003, PP. 281 - 301,以及核心知识基金会网站(http://www.coreknowledge.org/)。
[2] 参见要素学校联盟网站,上次访问日期 2006 年 4 月 23 日(http://www.essentialschool.org)。

教学方法。教学方法是指教师培训和拓展教学技巧的方法,旨在强化教师的技能,有助于他们拓展和深化技巧,不断学习新的技能,并将这些技能有效地应用到学生身上。

尽管教师专业素质可以延展到教学的方方面面,但是教学方法通常特指某种教师能力。以此为名目开展的一些临时性活动,例如让教师有偿参加周六上午为培养学生多样化才艺、弥补学习短板或学习使用计算机而开设的讲习班,并不能算作资本创建。与上述这些仓促形成的想法相反,在教学方法领域创建真正的教育资本是以长期变革和对变革原理、策略形成深入理解为标志的。

与教学方法相关的例子有很多,包括培养以问题为导向或批判性思维方式的教学方法、发展自主学习能力的教学方法以及基于小组和小型学校开发的教学方法等。已故学者伊丽莎白·科恩(Elizabeth Cohen)关于教学复杂性的研究结果表明小组合作具有非常丰富的内涵,解构和重组小组要素,可以促进异质分组、智力发展、社会学习,以及提高学生的学习效能[1]。当然,成功的教学方法其核心是将课程内容与激发学生学习有效地结合在一起。当教师同时完成了其他的目标(例如当课堂管理成为教学策略的有机组成部分,而不是强加的一部分)时,效率和效果可以同时实现,从而创建一个好的基金会投资项目。

组织协调。组织协调是指让整个体系服务于课堂,为教师教学和学生学习创造最佳环境。

---

[1] 参见 Elizabeth Cohen's *Designing Groupwork: Strategies for the Heterogeneous Classroom*。

电影公司的独特之处在于,从售票处到服装设计师,再到布景师、导演和演员,所有参与者都知道舞台上的工作才是最重要的。让教室成为舞台,所有幕后工作最终都会通过教室得以体现。这样的案例包括:(1)实施针对学校领导层的计划,旨在建立新模式或改造原有模式(例如,帮助校长学习教学领导技能,并与校监合作,为实践这些技能明确行政方案);(2)定义、实施、评估和完善学校和学区的学习社群,使有价值的创意和实践得以传播,为教育工作者提供专业帮助,让绩效数据和其他高价值的信息成为专业对话的主要内容;(3)制定培养教师领导者的计划,使教师在学校和地区中发挥更大作用。

布罗德基金会管理研究所(Broad Foundation's Superintendents Academy)是一个典型的例子,它诚邀公司总裁、政府官员、非营利公司主管和教育工作者齐聚一堂,通过政策规划、组织领导、学生成绩、学校变革和基于数据的决策等话题,探讨未来教育管理者应具备的能力[1]。

组织协调和政策通常不能直接帮助学生提高学习能力,而只是促成这一目标的条件之一。1996—1997年,加利福尼亚州仓促地缩小了K-3年级的班级规模,但却没有帮助教师学习和使用那些更适用于20人而非原来的30人班级规模的教学策略。这一昂贵的改革代价(估计花费12亿~16亿美元)在帮助学生改善学习方面收效甚微。同时,小规模班级带来的资本创建和资本使用的机遇在很大程度上被浪费了,至少在短期内是如此。

---

[1] 参见博德基金会网站,上次访问日期2006年3月15日(http://www.broadfoundation.org)。

社会资本。社会资本是指存在于学校结构之中,能够产生信任、互惠、规范以及社会道德等的要素。

尽管人们对这一概念的理解差异很大,但没有一个教育者或家长不清楚,学校的教学和学习在一定程度上要依赖于学校内外的社会条件。与身心健康、爱与关怀、责任、信任相关的一些规范对于教师的教学和学生的学习具有重要的意义,在表现较差的学校中更是如此。例如,学术、社会和情感协同发展协会(Collaborative for Academic, Social, and Emotional Learning)(www.casel.org)提出,要想提高课堂成效,建设校风、培养教师和学生技能以及提高学术能力三者应同时进行,而不能仅仅强调学术。通过研究发现,通过为父母和教师制定指导方针,该协会最终成功创建了教育资本。

在社会资本这一原则的指导下,基金会可以帮助教育工作者学习如何改善学校的社会环境。与其说这是一个目标,不如说它是一种手段。也就是说,不能仅仅把创建社会资本当成一种目的,而应通过其解决一些长期以来饱受争议的问题,例如,如何在提高学生学术能力的同时,帮助他们积累知识、树立价值观、磨炼意志,为将来的就业以及承担社会和公民责任做准备。教育资本和社会资本之间的联系没有人们通常想象的那么紧密。这种联系往往通过影响学生的学术态度、参与度和表现进而对教学产生影响。此外,它还与一些普遍关心的社会问题有关,如学生吸毒、犯罪、性行为等。总而言之,社会资本的一些构成要素,如学校环境、相互尊重、爱与关怀、性格培养,仍然是创建教育资本的主要对象。我们意识到社会资本和教育资本在这些方面有交集,但我们也相信,争论中的各方在探索实践和寻找有力证据方面都存在利害关系,都发挥着建设性作用,这些都表明在课堂上有许多因素会影响到学生的学习。

政策。政策领域是指通过资助确立和拥护能够为相关有效实践提供支持的各级政策。

美国智越公司(Achieve, Inc.)帮助各州提高学术标准、改进评价和加强问责制,为所有年轻人将来接受高等教育、进入职场、以及承担公民责任做准备。[1] 实现这一目标需要政策的支持。教育信托基金(Education Trust)高度重视财政和教学的公平性,并以此为依据制定政策。美国国家教学中心(The National Center for Teaching)和美国未来计划(America's Future)记录了教师个人资质对教育成果的重要影响。在学区和地方层面,一些组织阐释了复杂的学校改革问题(例如,高中课程的重新设计和阅读方面的争议)。一些组织教授公民有关学校财政、特许学校、英语语言学习等方面的知识。还有一些组织在互联网上发布了学校和地区信息,让公民参与创建和评估教育政策的过程,从而创建一种特殊资本形式[2]。

政策也可能会带来难以预料的负面影响,其中包括在强调竞争性的同时就会对实践造成一定的阻碍,例如过于强调教师评价就会打乱原定的教学计划。所以必须对政策进行监督。此外,国家和州级政策(例如,教师认证政策和《不让一个孩子掉队法案》)会在很大程度上影响地区的选择,并且会束缚地方委员会的决策能力。这种情况下就需要基金会参与。创建教育资本不

---

[1] 参见网站"About Achieve"栏目,上次访问时间 2006 年 5 月 18 日(www.acreach.org)。
[2] 参见 http://www.edsource.org 和 http://www.schoolmates.com。

仅需要合作、不断探索和尝试,还需要实事求是。这些做法能提高政策的连贯性,并对学校产生有益的影响。一旦政策拥护者试图通过更激烈的争论来解决分歧时,就会使为创建教育资本而制定的政策失去价值。在这种情况下,基金会可以通过重新搜集证据、明确负面影响、增强论据的接受范围等措施来进行弥补。

研究和研究工具。这一领域是指拓展新知识、从其他研究(元分析)中提取意义、评估特定项目以及通过开发资源推动评估实践的过程。

为研究注资会加重基金会的负担。有些基金会把资助研究作为工作的重心,例如斯宾塞基金会和拉塞尔·塞奇基金会。与美国国家健康研究所(National Institutes of Health)和美国国家科学基金会(National Science Foundation)等政府性资助机构致力于投资那些评估研究设计、研究者能力以及当下所进行的研究重要性的同行评审项目有所不同,大多数私人基金会通常依靠申请者的自我评估,拒绝投资那些涉及领域广、持续时间长、能产生令人瞩目的成果的大型研究。由于研究通常是一项交叉性的工作,涉及教师的专业度、课程、教育学、组织协调和政策等诸多方面,基金会在帮助其进行改进、推广、融入政策、付诸实践、开展有关教育发展的专业对话(在基金会内部或者与受赠者一起)等方面发挥着重要作用。为了不让一个好的创意失去生命力,一些基金会会不停地向某项研究注资,并希望能通过新闻报道最终打动公众。然而,如果不能拥有足够的受众,研究也无法创建资本。

组织学习。组织学习是指利用和发展教育资本,使学校、地区和基金会成为学习型组织,从而实现可持续发展。

彼得·森奇(Peter Senge)认为,学习型组织是一个能够同时看到其现在和未来的组织,因此它会立足于现在,专注于未来,而不受外界的影响。[1] 这一愿景对于那些监管过度、财政拮据、政治上陷入困境的学区或寻求产生影响和获取支持的中介机构来说是非常有吸引力的。然而,由于公立学校归根结底是属于公众的,因此我们对于学习型组织的态度需更为谨慎,不能将其简单看做一方最终控制和影响另一方。我们将学校、学区和基金会这些学习型组织的定义稍作修改,改为:通过不断建构、利用和重新定义知识,帮助学生提高学习能力的组织。

抱着试试看的态度去建立"学习型组织"的组织,要比那些愿意付出长期努力来实践该理念的组织多得多。美国国家写作计划(National Writing Project)就是一个有毅力、目光长远的学习型组织,关于这一点安·利伯曼在第八章中也有提及。另一个例子是位于旧金山的国际学校(Springboard Schools in San Francisco),它源自"安南伯格挑战"计划的资助,把"调查周期"作为学校和地区的工作中心。[2] 在建立学习型组织的过程中,基金会常常受到人事变动和战略变化的影响。州和联邦政策、学生流动性以及预算紧缩等外部因素都会给学区的长期学习计划造成巨大的障碍。正如哈奇在第七章中所述,这些挑战只是加剧了其中的困难,并不会减弱组织学习的重要性。

提高资本创建的预期

我们对于基础教育阶段基金会拨款成效的评价一般是低调

---

[1] 参见 Peter Senge, *The Fifth Discipline*, 14。
[2] 参见 http://www.springboardschools.org。

而谦虚的,究其原因,主要有两点:首先,总有例外存在(尽管我们总是与那些说"你们不应该如此谈论我们"的人意见相左)。第二,因为我们所接触到的有关基金会工作的信息通常是不完整的和经过过滤的。这就意味着在创建资本时,我们需要面对拨款过程中的各种挑战。

公立教育的现状

改进教育设施容易,但要想改进教育系统中与教学成果相关的很多其它要素却绝非易事。政策、实践、技能、观念和社会关系等要素之间相互影响、纵横交织。教师的教学能力和教学理念会受到培训、政策、教学动机、行政和家长压力、学校规范以及同行支持度等多种因素的影响。教师的教学行为及其产生的影响,取决于学生:他们的学习动机、社交能力、自信心,以及由其他教师、同学、家庭成员或许多校外人士为其带来的激励。任一要素的改变都需要综合考虑到其他众多要素。除此之外,这些要素还隶属于不同的管理部门。

公立教育系统,尤其是那些面向低收入家庭生源的学校很难开展创新和持续性变革(那些配有出色领导人和教职员工的特许学校和常规学校除外)。因为在此过程中他们会遇到诸多障碍,例如:各方利益之间的激烈竞争;学校重点部门内部和部门之间拥有不同的理念和预算使用规划;领导层和员工更替造成先前的努力付诸东流,扰乱改革进程;学校很难判断工作的实施质量,无法采取改善措施;在教师中普遍存在的面对改革的惰性和怀疑;体验式学习的资源、员工投入的时间和基础设施虽然在增加却仍然供不应求;家长和公众无法看到教育工作者为提高学生成绩所做出的努力;对责任的不同理解可能会妨碍团队合作;对中央各部门数据采集和各种工作评估持不同看法,通常会使常规数据收集与科学调查的结果相抵触。

改进意味着有价值的实践代替无效实践,让有能力的人发挥作用,缺乏能力的人让贤。与许多其他领域相比,公立教育改革获得的制度支持较少。尽管教育领域出现越来越多令人惊叹的研究,例如关于大脑功能和学生学习之间关系的研究。然而,关于教学的优先任务、教学方法,尤其是教育支出的问题长期以来争论不断。持各种主张的人在领导层和董事会中进进出出,侵蚀了公众的信心、期待以及从联邦到地方的制度。正如大卫·泰克(David Tyack)和拉里·库班(Larry Cuban)在其1995年的著作《修复乌托邦》(*Tinkering Toward Utopia*)中所述,即使是那些与公立教育联系紧密并且会无条件支持它的人都不得不承认,公立学校的工作重点一直饱受争议,而且这些争议每隔100多年就会再次出现。

寻求制度改革的捐赠

那些寻求彻底、持续且广泛的变革的捐赠者通常充分了解上述情况,尽管他们的经验常常是从惨痛的经历中获得的。他们知道系统分析对于制定目标和战略的重要性。雄心勃勃的基金会总是会把调查研究和规划放在战略实施之前。一方面,它们会聘请项目负责人进行理论准备工作;另一方面,它们会留出预算用于咨询、出版、走访受赠人和相关机构、参加专业会议、加入捐赠者协会等。它们通常根据"白皮书"来判断和界定拨款项目并制定预算,还会向教育界领导者和其他基金会咨询如何有针对性地选择和解决问题。它们认同建立行业联系网的重要性,并通过举办会议来制定战略。它们要求对拨款进行评估,有时甚至会花费几年的时间来评估项目的战略。

20世纪90年代,(以经济上或其它形式为代表的理性思想)制度变革浪潮席卷了包括基金会在内的公共事业和非营利部门。很多因素对基金会产生了影响:年轻企业家和金融家在"新型慈善"中进行着广为人知的创新;大力提倡通过代金券或管理特许学校将学校私有化所获得的收益;董事会成员和员工(越来越多的员工受到商业或公共政策项目的培训)的偏好。与此同时,研究人员和政策制定者更倾向于具有理性主义特征的教育改革,这些改革往往以标准、政策协调和激励措施为特征,这些也日益成为各州和联邦教育政策的重要内容。

为了充分了解新市场,基金会不惜花重金制定战略规划和聘请机构顾问。它们提高了规划的标准,把提案审核变成了"尽职调查"。基金会往往会要求申请者使用"行动理论"或"逻辑模型"等工具来"不断改进"申请过程,同样基金会自身也会这样做。很多基金会还聘请了评估人员来帮助受赠人,提高评估过程的客观性。一些基金会还雇用"知识型管理者"并安装网络设备,方便员工进行内部思考和从外部获取资源。为了实现目标,并鼓励受赠者,许多基金会还在网站、新闻通讯和新闻发布会等媒介交流方面增加了预算。此外,它们还创建了一些协会[1],来

---

[1] 例如,学前教育集团(The Pre-Collegiate Education Group)约成立于1983年,后来改组为教育捐赠者(Grantmakers for Education)(http://www.edfunders.org);捐赠者评估网络(The Grantmakers Evaluation Network)成立于1995年,高效组织捐赠者协会(Grantmakers for Effective Organizations)成立于1998年,二者于2002年合并(http://www.geofunders.org)。

探讨如何改善评估工作和提高组织效率。

地方层面捐赠的系统性思维必须是"全面"的,更要确保受赠人已经落实了与项目成功相关的各个要素。基金会通常需要中间组织为大量当地学校或教育工作者提供服务,选择具备有利条件或可以创造有利条件的对象。它们还不断动员政策制定者、家长和公众,以便大家能在某些问题上达成共识。

申请人和受助人发现,由于捐赠人想要降低失败风险,他们会做更多的准备工作。经验丰富的受助人对于完成任务也越来越没有信心,这就在很大程度上解释了在其他章节中提到的捐赠关系变得紧张的原因。

尽管有些人会抱怨,不断提高工作中的理性和严谨性会增加申请人的负担,减弱直觉的作用,还会带来一些其他风险,但大多数基金会的工作人员对这一改变都很满意。[1] 然而,即使是很多基金会内部人士也不清楚这样做是否会带来更好的结果,或者说,与靠直觉、相信捐赠者相比,他们不确定这种理性和严谨性是否会带来更好的结果。但是这样做确实有一定的益处,例如,减少了因缺乏对术语的理解而造成的错误假设,以及未加说明的迁移性假设、期望、风险和逻辑跳跃。强有力的战略规划会使拨款项目所有成员之间形成高度共识,意见和行动保持一致,当捐赠任务结束时产生更多共鸣和获得更多满足感。

创建资本需要借助可靠的捐助经验,这些经验必须足够详实,可以满足各方的需要,并且可以与其他相关经验进行对比。

---

[1] 参见 Mike Schmoker, "Tipping Point: From Feckless Reform to Substantive Instructional Improvement," *Phi Delta Kappan*, 2004, 85(6), 424-432; 可访问网站 Phi Delta Kappan (http://www.pdkintl.org)。

我们认为,基金会重视规划和学习会增加创建资本的可能性,但要想成功创建资本,这些努力还远远不够。

接下来,我们将探讨制约基金会拨款效能发挥的4种情况。

碎片化的工作(有意或无意)。作为独立的参与方,不同基金会往往导致公共教育领域优先次序的混乱以及各项努力相互稀释。人们通常认为公共教育对很多领域都至关重要,包括提高国防和经济的竞争力、社会凝聚力和社会公正,增加就业机会,降低社会、医疗保健以及环境保护成本。这意味着任何基金会的捐赠者、董事会及工作人员都可以从中选择与自身慈善事业重心相匹配的学校领域。事实也确实如此。越来越多的基金会在利用日益完善的通信技术来化解压力、完成自身目标的同时,也开始寻找自身区别于其他基金会的(或多或少)独特之处。

由于大量基金会的涌入,改革领域开始变得愈来愈拥挤,改革的焦点不仅限于标准化和高风险的测试,而是趋于多样化。尽管许多基金会和政府拨款项目是独立的,它们的目标可能相同或不同,但它们通常影响到的是同一批受赠者。当捐赠者拜访受助学区的项目主管或是向立法者寻求支持时,他们似乎没有注意到另一个捐赠者也刚刚来过。捐赠者多样化的目标有时与建立高学业标准和实施测试所要达到的目标一致(例如,在数学或识字方面),有时相互竞争(例如,在推进未经测试的课程内容方面),有时甚至完全相悖(例如那些能够提高学生的学习兴趣,但在提升考试成绩方面却效果不佳的教学方法)。在许多情况下,即使捐赠者的目标与建立高标准和开展测试的目标一致,基金会之间也会相互争夺学校和政策制定者的注意力和资源。当意识到那只强有力的"看不见的手"是在这样不利的情况下推动创新和持续变革的,亚当·斯密也一定会很沮丧。

基金会总是会在有可能成为领导者的领域开拓市场。尽管基金会的很多拨款战略通常是根据严谨的白皮书制定的(白皮书会将过去的工作和平行开展的工作考虑在内),但它们也常常按照自己的意愿行事。诚然,为了增加特定学区的拨款规模和提高注资的连贯性,它们偶尔会联合资助同一个项目或创办联营企业;有时项目主管的立场足够坚定,会拒绝接受与其主体规划不一致的资助。然而,一般来说,基金会间的工作在本质上是相互依存的,除了避免重复性外,彼此之间没有太大差别。

信息质量不高、缺乏对比和获取途径。 当前,基金会方面与大家分享的大部分信息(几乎包括所有出版的)都是它们的抱负,例如基金会将要解决的问题以及基金会精心设计的项目。基金会们对它们新的战略和捐助十分自豪。它们也很乐意通过宣传为受助人带来更多资金上的支持。这一过程也会帮助受赠者减少顾虑。正如基金会理事会(Council on Foundations)所宣称的,要争取更多公众支持,减少对基金会监管和征税的力度。虽然这样的信息对基金会宣传自身的重点工作和受赠者都有益,甚至可以激励其他基金会,可它本身并不有助于提高有效性。

缺乏坦诚是其中的问题之一,尤其是在那些关乎成败的信息方面。获得捐赠者好感与每个人都息息相关。战略和拨款评估报告通常由基金会或受赠者起草给外行人看,这些报告中通常会省略创建资本的详细信息。评估人员私下里表示他们常常会帮客户过滤掉一些报告,因为他们知道客户们并不愿意受内部审查的制约,更不用说同行评审了。公众通常会批评基金会的决策方式(例如,不是独裁就是随波逐流)和对优先事项的安排(例如,它们通常不够大胆或对学校缺乏兴趣）。[1] 那些想要通过改革提高基金会工作效率的人应该把公共的资料考虑在内，而不是只关注提案和基金会内部的文件，因为这些是远远不够的。

热情，尽管有利于开展合作，但同时也为实际测试和提高效率带来了障碍。尽管基金会对学习的兴趣日益增加，但程度普遍较低。拨款和战略信息对于捐赠者来说可能已经足够，但从已出版的报告来看，这些信息不足以让旁人信服并用于创建资本。正常的商业投资要素往往被忽视了，例如事前成功的标准和全部预估成本（并非仅限于拨款）。此外，基金会的目标和评估工具很难与过去经验相比较，或很难与目前具有相同目标的工作相比较。受助人和捐赠人定义和使用的数据与重要受众群体的评估兴趣不符，可信度也受到质疑。这并不是说公开发表的拨款和战略报告毫无价值，只是说它们并不是很有影响力。相反，一些基金会采用独立的方式来评估某部分工作，这些评估结果还被编入具有较高可信度和影响力的研究文献之中。我们只是认为，在制定目标和评估方案时，如果捐赠者只考虑到自己和受赠者的需要，那么他们就有可能失去创造出更有价值的成果的机会。

很多基金会通常会以会议或书面的形式交流"经验"。这些经验的标准化程度往往比较低。"我们发现，实际需要的时间比我们预想的要长"，在项目实施阶段我们经常会听到这样的言论，如果能在项目开始之前对所需时间做出正确的判断，这样的言论可能会更有价值。"你应该更仔细地挑选捐赠对象""你必须获

---

[1] 参见 *With the Best of Intentions: How Philanthropy Is Reshaping K‐12 Education*, Frederick M. Hess 编, 总结于网站 American Enterprise Institute for Public Policy Research (http://www.aei.org)。

得项目主管的支持",像这样没有意义的总结通常会被人误认为是经验之谈。真正有价值的经验应该是交代如何更仔细地挑选捐赠对象,这样做需要付出怎样的代价,拨款的效率能提高多少,如何定义并衡量主管的支持等。很多经验有时只是简单地对捐赠者先前的假设进行重复("我们原本认为将项目的各个组成部分结合起来进行规划会更有效,而且结果也确实如此")。真正有价值的经验应该说明与以前的拨款项目相比,本次项目带来了多少收益,以及在创造这些收益时付出了多少时间、金钱和政治成本。尽管成功的项目其经验具有很多相似的特征,但关于如何改进无效的项目并提高相关人员的工作效率,人们的看法各不相同。如果基金会能将其项目的资助方案、流程、结果与自身以及其他基金会之前的工作进行对比,那么这些经验就会更有价值了。

过度强调"完成任务"或"结果"。董事会成员,尤其是那些具有商业背景的董事对受过良好教育的专家型员工都有不同程度的偏爱,这一点并不奇怪。这种偏爱可以提高效率,但有时因为董事会成员希望看到一些有形的、可以衡量的进步以及对于"商业类收益"的渴望,往往会造成一种长期的紧张局面。而员工必须暗中忍受这种不公平待遇,必须耐心地对待复杂的环境,还要对一起工作的教育工作者毕恭毕敬。当拨款或项目需要续签时,这些矛盾就会激化成为阻力。然而,如果在解决这些矛盾时能尊重各方的意见,那么这些矛盾就会向好的方面转化。这样的做法也可能有利于创建资本。

测量问题往往会加剧预期中的矛盾。当然,拨款也是一种投资,但如果把它简单地看成金融投资就会引发问题。在教育方面,学生的经济状况,出勤记录和考试成绩都是公开的,而且大多数都是可信和可比的。然而,很多重要的中间因素(如家庭稳定性、学生动机、学校氛围)和对于许多受众来说尤为重要的结果(例如,渴望接受新的学习挑战和与他人合作的技能)则恰恰相反。如果可能的话,自我评估报告应该取代客观评估。成本是一个主要的制约因素:用以评估教师对培训项目的看法的成本要比评估该项目为教师和学生带来的影响的成本要低很多。这就解释了为什么对于客户或捐赠者来说,大多数商业培训和课程产品几乎或根本无法提供可靠的有效数据。

急于完成任务("我们想帮助孩子,想知道我们的投资起到了哪些作用")会使建构知识的过程缩水。知识建构需要高度尊重与市场效率相关的可信的研究;而这么做也会付出一定的代价,需要审核许多看似很复杂而通过研究却又发现微不足道的评估报告。但是最终,只有详尽、可信的努力和成果才是推动技术创新或政策变革并最终消灭反对声音的关键。有商业头脑的慈善家需要了解在学校的世界中解决问题的方法不止一个。之所以不了解,源于慈善家不了解该领域,以及他们并不相信越来越好。技术和规划很重要,但技术和规划背后的理念和经验更为重要。

强调个性和隐私,反而限制了资本创建。教育系统的现状很大程度上表明基金会的战略是令人失望的;而基金会固有的传统和倾向也同样令人失望。我们需要关注基金会领域普遍重视独立和隐私的传统,这也是编者在本书第二章中提到的需要增强透明度的地方。

美国慈善事业的多元化特征主要归功于基金会的独立性。申请人,特别是企业家,总是试图"打开新世界的大门"。企业家之间的竞争是推动社会进步的最大动力,这种信念深深植根于我们的文化中。此外,获批的极大可能性促使捐赠者纷纷创建基金会。个人主义和竞争,促使董事会成员和员工们更加关注利基性工作,热衷于充当"领导者"。隐私不只是一种权利,它还会在某些方面使基金会避免遭受批评(不必将信息完全披露),同时也鼓励着基金会去承担政府和其他捐赠者不愿承担的风险。然而,尽管受赠人和其他观察者均对捐赠者的诚信、职业道德和履约感到习以为常,但由于他们对自身利益的关注,还是会导致透明度的缺失。

诚然,强调独立和隐私所带来的益处货真价实,但是同样也付出了代价。强调独立和隐私阻碍了基金会之间通过合作来解决共同的难题,引发了教育系统内部的不良竞争,并因此影响甚至削弱了基金会的工作效率。此外,它还会导致客观评论和对比的缺失,而这些恰恰是对市场有效运行至关重要的。

目前我们尚不清楚有多少基金会致力于通过不断学习而不断改变和调整战略。无论答案如何,我们都认为,在教育改革方面迈出的步伐太小的主要原因是基金会在增加透明度和通过合作解决共同难题之间进行了折中。

当受赠者面对基金会之间的合作时,心情往往很复杂。一方面,他们十分享受用创意敲开新世界大门的过程;一方面,由于基金会很少为他们的项目提供足够的资金,受赠者不得不将各方的赠款拼凑在一起,同时还要设法满足不同项目报告提出的各种条件。寻求长期资助的受助者必须不断分割和重新整合他们的工作以吸引新的捐赠者。通过基金会间的合作可以帮助他们解决这一难题,但这也可能会招致他人的投诉。基金会之间的合作有可能因被看作是"羊群效应"或"卡特尔"[1]行为,而使资助被列入"黑名单"。因此,我们主张基金会间的合作可以通过试验的形式在特定的项目中先实施,而不宜直接在整个基金会领域推行。有些人可能会担心,为了创建资本而开展过多的合作可能会使基金会领域因同质化和申请者的胆怯而缩水[2]。我们认为,基金会现有的独立和隐私机制存在着风险,如若无法完全规避,至少应该提前提醒风险的存在。

创建资本的建议

对于那些对组织学习和变革仔细研究过或有所涉猎的人而言,下面的建议即使不容易实施,但也应该比较熟悉。也会有其他人对基金会拨款和学校改善之间的关系持不同看法——强调相互依存。我们的目的仅限于激发斗志,而不是对症下药;我们单纯是想培育出最佳实践,找出那些优秀的实践案例,汲取经验,不断进步。

内部规划与运营及与同行和受赠者合作

资本创建取决于功能各异的多个构成因素之间的协调与合

---

[1] 操纵价格或商品供应的企业集团。——译者注
[2] 受赠者面对基金会之间的合作往往心情复杂。一方面,他们享受因创意被资助而获得施展抱负的机会,他们常常抱怨基金会的"羊群效应"或"卡特尔"行为减少了创新者的机会;而另一方面,由于基金会很少为他们的项目提供足够的资金,受赠者不得不将各方的赠款拼凑在一起,同时还要设法满足不同项目报告提出的各种条件。寻求长期资助的受助者必须不断分割和重新整合他们的工作以吸引新的捐赠者。

作。以下9项建议旨在帮助基金会更加谨慎、高效地处理内部各要素之间及与不同受赠者之间的相互依赖关系。

1. 将资本创建标准融入捐赠战略。在申请书的指南以及阶段性和最终报告中,明确基金会想要在受赠机构内部甚至更广泛领域内创建知识和形成共识的意图。设定资本创建的目标和指标,其中需要包括可被评估的学习目标(这么做能让它们更认真对待这件事)。虽然创建教育资本的涟漪效应本身很难预测,但是还是有可利用的工具的。例如,可以通过模拟测试发现更多的可能性、助推因素或需要引起注意的障碍物;利用同行对提案进行评估,提高资本创建的可行性。

资本创建战略在制定的过程中可能会涉及很多复杂、抽象、模棱两可甚至盘根错节的问题,这些都需要董事会的谅解和包容。因此,董事会必须对资本创建战略的具体内容有所了解。资本创建的行业标准对董事会来说也是至关重要的,能让一个基金会满意的标准同样也会对其他捐赠者大有裨益。无论谁获得认可,基金会都应该寻找并推广创建资本好的案例。

2. 把受赠者看做资本创建的合作伙伴而不仅仅是提案的执行者,并将其纳入基金会的战略之中。让地方学区和学校能在自己的领域之外参与领导决策,贡献智慧。

3. 在规定与灵活性之间找到平衡点,按部就班的同时创造惊喜。将学习目标具体化,让员工和受赠者去思考什么是学习的重点,以及"工作是否有效"。重大成果和有价值的发现的出现往往会出乎意料。因此,拨款和评估的问责流程应该具有灵活性,这样才能有意想不到的收获。

4. 寻求合作、解决共同难题。基金会应主动关注不同目标之间的相互关联,特别是那些具有相同潜在挑战的目标(例如,改善以学生为中心的教学技能,鼓励和帮助学生参加标准化考试,增强学生和学校数据应用的能力,利用数据诊断问题并提出解决方案,强化捐赠评估标准等)。由于基金会之间常常有共同的捐赠对象,因此应根据自身的专业知识和运用不同的解决问题的方法共同制定资助计划。例如,对改进教学课程内容感兴趣的基金会可以与对职业发展方法或教师招聘和留任感兴趣的基金会合作。多年来,主张"渐进式"解决社会问题的人惊讶于基金会高效的工作方式,称其具有"战略性、协调性、纪律性和良好的财务能力"。[1] 为何改善公立教育的工作不能赢得这些评价呢?

5. 确保拨款项目和计划的关键受众(包含但不限于受赠者)都能接触到有用且可靠的信息。资本创建工作的可持续性取决于这些关键受众(如家长、教师工、社区领导等)的理解和认可。基金会应列举出一些关键受众,使其作为代表帮助确立项目和拨款进程中的一些可信指标。关键受众不仅想了解一些做法是否有效、是如何发挥作用的,他们还想知道这些做法会产生怎样的效果,会对谁有益,以及在此过程中付出了多少时间、金钱和政治成本。学区财务部门通常不会出现在拨款的谈判过程中。但是当示范性拨款项目完成,后期的实施费用需要学区独自承担时,财务部门的重要性就显现出来了。雄心勃勃的捐赠者应该将项目结构化,提供可以让预算官员信服的收益和成本信息。

---

[1] 引自罗姆·斯坦(Rom Stein)2005年5月29日在《纽约时报》发表的文章"目标达成,捐赠者关闭商店"。更多关于"从众"问题的评论,参见科温顿(Covington)的"移动公共政策议程:保守派基金会的战略慈善",国家响应慈善委员会,1997年7月。另见本卷第十四章。

6. 利用更有效的信息对战略进行评估。想要完成复杂目标的基金会需要拥有类似于股票购买、持有和交易的自信。董事会所渴望的行业标准是建立在与以往经验进行对比的基础之上的,这与制药公司和高科技公司要想生产出新药物和新设备就必须要有战略评估环节的情况相类似。

7. 言行一致。当我们建议基金会实施可比较的资本创建目标、计划和评价标准时,申请者将十分高兴。让基金会员工做出示范,往往可以增进捐赠双方的相互理解和尊重。尽管基金会不参与实际工作,然而,在把资本投入更广泛的流通领域时,它们仍与所有受赠者保持着潜在的高效关系。

8. 收集并公开一些研究基础,以备申请者在提交提案时用。例如书籍文献、研究或调查摘要等会为项目申请者提供不同类型的参与方式。此外,这些还有利于让同行和申请人了解战略和拨款选择背后的依据。

9. 在员工更替期间维持教育资本和组织学习。过去失败的学习经历应让新加入的员工引以为戒。在基金会内部,需要建设强有力的学习能力,能够确保同项目专员的更替、项目和跨项目学习目标的发展,以及解决方案的变化等与时俱进。为了更好地担负起责任,基金会需要对工作人员进行管理并提供支持。离任的教育者和捐赠者应该把开展项目的相关经验留下;新加入的人需要主动去了解该项目是如何发展的,以及是否还能对其进行改进。

交流沟通

接下来的 6 项建议承认了交流沟通在实现资本创建目标方面的重要性。沟通不仅要清晰,还要考虑关键受众关注的焦点,开诚布公地提供足够的细节(诚然,有时会比较复杂),使其具有说服力和实用性。

10. 提供有助于学习的信息。期望值至关重要。因此,基金会所制定的战略应认真地、诚实地将知识建设与那些所谓的宣传目标区分开来。基金会和受赠者的出版物需要将希望、可衡量的目标和有关意图的表述与实际的结果进行清楚区分,并将捐赠结果与解决具体问题的进展相联系。为此,它们需要对可以解决某一类问题的设计方案和结果进行比较。基金会还应有意识地通过关键受众所信赖的媒体进行信息传播。多个基金会间的合作可以提高同行的信息传播水平,使更多的基金会自觉地参与其中,并有助于公众了解重大问题的进展以及背后的技术。如果基金会可以准确表达想要自身或他人所学的内容,就更有可能促进信息的传播,这样也会为这个领域增加价值。

11. 在推广教育资本时,需要指明可以确保其在当地获得成功的没有商量余地的条件。过于严格的要求会招来反对的声音;过于宽松的要求可能会导致令人失望的结果。

12. 对基金会工作的不断进步进行宣传。美国人,包括新闻编辑在内,对于谁赢谁输以及谁在争论最感兴趣。与媒体在宣传科学和技术领域所取得的成就相似,基金会的宣传工作也是一个循序渐进的过程,通过分享那些在长期目标的指导下所取得的小进步,可以帮助公众认识到进步的真正本质。

13. 不同阵营间相互对话。多数有关学校需求和改革的消息都是由不同的意识形态阵营所发出的。不同的阵营所讲述的故事往往是对立的——并没有折中,而恰恰多数公民是持中间立场的。基金会和受赠者应该学会使用专业的术语以及了解不同的价值观和理念,来跨越分歧和隔阂进行交流,确保在规划拨款和项目评估时各方关心的问题都可以得到解决。例如,当描述所做努力和结果时,基金会可以暗示它们能解决一些分歧。而在关于课程和教学方法创新的资助提案和报告方面,可以将学术目标和学生能力纳入其中,而不仅只谈个人和社会责任。

14. 随访。人们过去经常抱怨新闻媒体只提供负面信息,现在需要新闻媒体在公共教育里面发掘正面信息。遗憾的是,很多好消息仅在新政策或项目启动时出现,通常强调要解决的问题、方案的设计和意图。记者们很少会将那些受人称道的项目进行比较,也很少会将其与那些在州或联邦绩效标准方面取得显著进展的学校相联系。公众对教育改革不信任的原因有很多,但其中一个原因可能是大家不知道那些曾被公开报道的有前景的创新方案在实际操作中取得了哪些效果。新闻报道很少会带给观众任何知识正在建立的感觉,这方面需要学习自然科学的相关报道。此外,基金会还可以帮助记者和评论员创作有关教育的历时性故事,正如它们在测试分数时所做的那样。

15. 发出合作的信号。基金会的出版物通常不会提及同一项目的其他捐赠者,以及它们从同行那里学到了什么经验。受赠人会把捐赠者的名单全部列出来,但很少会指出基金会间的不同利益是如何在工作中实现融合的。拒绝承认他人的付出和成绩这一习惯似乎能让独立的捐赠者满意,并有可能依靠对这些成绩的独享(即使不完整)来维持公众对基金会的尊重。但同时它也表明基金会是以单打独斗的方式开展工作的。首先捐赠者(然后是受赠者)相互之间应尝试开展交流,这能体现他们彼此之间的关系是相互依赖和合作的,而不是彼此孤立或竞争的。

以提升系统的学习和共识能力为目标

学校建设中普遍存在着压力和优先事项冲突,加之人们对数据质量及其价值的怀疑,使组织学习面临重重困难,即使是在改革进行的时候,情况也不乐观。除非学校可以获取完整、可信和有说服力的信息,否则组织学习就无从谈起。如果完全出于"问责"目的进行信息建设,也将事倍功半。

16. 支持建立共时和历时数据,鼓励不同数据库之间相互交流。尽管基金会在人们眼中是一个"投资"者和"问责"者的形象,但它们通常对改善临床或研究能力的数据并不感兴趣。诚然,在成本、技术和保密性方面需要付出很高的代价,而这些代价主要由公共部门承担。但是,资本创建,包括基金会拨款的评估工作在内,会从更完善的共时数据中受益。与政府或其代理人合作,可以使基金会加速历时数据系统的发展,并有助于社会服务、刑事司法和卫生系统获取更有价值的指标和成果。

基金会间相互学习

独立性往往导致偏狭,加之偶尔的演讲、小组演示或华而不实的报告,最终导致基金会错失相互学习的最佳时机。认真观察、向别人学习是成功的第一步。

17. 运用案例研究提高捐赠技艺。以解决常见操作性问题为重点的案例研究和讨论被证明是帮助教师改进的好方法。[1]

---

[1] 教育捐赠者刚刚开始建立有关教育捐赠的案例研究。印第安纳大学慈善中心项目就是一个很好的例子。

那这为何不能运用到有着共同利益的基金会身上呢？鉴于前面提到的赠款复杂性问题，如果由具有不同专业知识的独立作者编写，案例研究将会是非常有帮助的。作者不仅需要了解现任员工，并仔细研究董事会成员的讲话内容，还需要了解以前的员工，并获取书面记录。理想的案例应该涵盖下列内容，如：基金会是如何设计项目的；如何实施项目（对比内部观点和外部观点）；比较工作成果与基金会和受赠者的预期；该领域内具有相似目标的项目（包括被基金会拒绝的）；基金会如何从拨款项目中学习经验并做出改变，以及这些改变是否产生了更好的结果。案例中有很多内容都有助于解决共性问题，并有助于同行评审[1]。

创建资本：积累经验与相互依存

教育系统的所有构成要素，包括基金会捐赠者，需要不断学习和提高。基金会和一起共事的教育领导者对于该原则没有明显的分歧。然而，真正的实施需要强大的动力支持。在当前公共教育体系下，那些在私立学校、特许学校或其他特殊学校备受推崇的创新通常不会产生广泛和持久的影响。由于价值观、捐赠者和供应商之间存在分歧，优先事项的安排总是会招来争议。我们所提倡的创建资本的方法与融资不同，其特征是积累经验

---

[1] 参见网站 Breakthrough Series Collaborative, Institute for Healthcare Improvement(http//www.ihi.org); "Peer Review in Philanthropy: A Road to Accountability and Effectiveness", P. A. Patrizi and others, unpublished paper for California Endowment and David and Lucile Packard Foundation, Sept. 2005.

和相互依存。总体上看,基金会领域拥有的资源和战略灵活性——简言之,一种能力——可以为基础教育体系的改善做出更大贡献[1]。然而,它们需要不断提高学习的能力,并加强合作。

多年来,许多指责基金会的人会说:基金会变成了"投资者"和"风险投资家",丢掉了慈善的本职;认为它们自视过高,天真地忽略了公共教育中价值观的冲突,从而导致一方面将公众的期待提高,一方面却并没有相应的资金投入。我们相信,理性或经济思维尽管会使受赠者头疼不已,但并不会对基金会的效率构成障碍。数据分析技术无论是在为公共利益服务上,还是在为私人利益服务上,作用一样强大;自尊可以激发卓越,同样会制造隔阂。在取得成功时,基金会不应该沾沾自喜,把所有的功劳都归功于自己。在为基础教育领域的创新和多样性做出贡献的过程中,基金会自身的目标确实能服务于公共目标,但也会付出代价。慈善事业以自我为中心会导致对学习的忽视、减少或滞后。同时,这也会阻碍拥有不同目标的基金会通过合作来解决重大问题。简而言之,它阻碍了资本的形成。

基金会文化中注重个人主义、所有权和隐私权,这些与在雄心勃勃的基金会之间建立合作并不冲突。基金会可以适当为自己"松绑",但又不需完全摒弃之前的传统。在加强公共教育领

---

[1] 我们获悉一个估算,即1998—2052年间,超过32万亿美元的财富将易手。金融领域已经做出了回应,建立了诸如富达投资集团(Fidelity Investments)这样的公司。该公司旨在建立一种由捐赠者直接进行投资的慈善基金(与社区基金会竞争捐赠者),配备大量咨询师,帮助富人"有策略"地捐赠,并且将儿童也纳入了慈善社区。

域方面,加强合作所带来的潜在收益一定会大于风险。

(西奥多・洛伯曼 雷・巴凯蒂)

参考文献:

Calkins, L. *The Art of Teaching Writing*. Portsmouth, N. H. : Heinemann, 1994.

Cohen, E. G. *Designing Groupwork: Strategies for the Heterogeneous Classroom*. New York: Teachers College, Columbia University, 1994.

Senge, P. *The Fifth Discipline*. New York: Currency/Doubleday, 1990.

Stein, R. "Goals Reached, Donor Closes Up Shop," *New York Times*, May 29, 2005.

Tyack, D., and Cuban, L. *Tinkering Toward Utopia*. Cambridge, Mass. : Harvard University Press, 1995.

第五章 基金会和学校改革:调和文化差异

概述

本章的作者长期以来一直在基金会、教育机构及中介机构工作,因此他们有着丰富的经验。同时,他们在与基金会和教育相关课题的政策和学术方面也都颇有研究。丰富的经验使他们思路清晰、认识深刻,我们从他们的文章中了解到"基金会"和"学区"两种组织文化中的差异对教育改革的影响。这些差异的根源在于两种组织形式在优先处理的事情、组织形式、经营模式以及所承担的责任方面不尽相同,因此我们不难发现这些差异会给两个机构的日常合作带来困难。为了避开这种窘境,大规模的基金会资助不再直接流向学校或学区,而是流向中介机构,因为这些机构能够起到协调的作用,帮助双方互利互惠。

从某种程度上来讲改革并不容易,基金会有效的改革举措大体分为三种类型:以标准为导向、以市场为导向以及建立相互合作的关系网。本章的作者认为推动三种举措形成和发展的动力大部分来自学校以外。他们发现,与某个单独的学区相比,覆盖面广且应变能力较强的组织机构在促进中小学教育改革方面发挥了更大的作用。与此同时,对于学校改革,提供一些实用且详细的经验和建议往往比粗略地列出某种方法或组织机构更有帮助。作者指出,由于文化差异,基金会和学校是需要中介机构的。同时,他们深刻地分析了许多尚未完成的任务:基金会和学校如何履行各自的职能以及它们如何在两种组织结构中间承担起应有的责任。

过去的几十年里,负责基金会和教育机构各项工作的人比之前更重视组织文化这一概念。其原因在于之前一些理性的机构改革措施往往收效甚微,而人们将这些失败归咎于对要改革一方的特定组织文化缺乏了解。在相关的文献资料里,我们也只能找到一些简要的记录,这些记录往往将组织文化与个性特点相等同。(在和组织机构相关的文献资料里,个性特点被广泛地用来代表文化。)

了解组织机构个性差异的最好方式莫过于走访位于波士顿第五大道上的一个写字楼中位于22层的洛克菲勒基金会办公室,抑或去位于法院街26号的波士顿公学总部看看。在洛克菲勒基金会,当走出电梯,办公室的玻璃门慢慢地向两边滑动,你仿佛置身于一个城市的香格里拉,喷泉的水声十分悦耳,低矮的桌子上堆放着精美的印刷出版物,上面印有一些贫困非洲人的照片。接待你的是一位不打官腔的人:"请问您来找谁呢?"在波士顿,访客们常常不清楚哪个门是前门,之后进入一个办公大厅,来到一个标有"咨询处"的办公桌前——这里没有工作人员。接待厅有几个贴着不同的标识:"富裕阶层需要代表穷人"和"官僚机构代表每个人,抑或不代表任何人"。

但上述的这些差异并不能完全说明不同组织机构的个性特点。它仅仅从表面上界定了一个组织机构的基本设想、价值观和经营模式。在传统的定义中:

(组织文化)是团队在解决外部适应和内部整合问题时所学会的,并被大家所共享的一种基本假设。因其有效性,所以被大家视为正确的经验传授给新成员,使其可以感知、思考和感受相关问题(Schein, 1992,12)。(沙因[Schein]在第二章中曾指出,组织机构的文化层次包括基本假设、价值观、行为规范、行为模式及假象和符号。)

我们之所以关注这一定义,是因为它是完成工作的关键。随着基金会和学校加大合作力度甚至朝着相似的目标努力,它们在组织文化之间的差异往往难以被识别和消除,从而引发了一种紧张关系。然而,一种新的组织形式——中介机构——的出现,在缓和双方的紧张关系方面发挥着越来越重要的作用。

这是个很好的发展趋势。在本章核心部分的两个案例研究中,我们重点讨论了中介机构在两个大型多站点项目中所起的作用。有一个项目已经接近尾声,我们从中获得了一些有关如何利用好中介机构的经验和教训。另一个项目仍在进行,中介机构的作用还在持续发挥和不断调整,但我们可以得出的结论是中介机构确实有用。两个案例给我们的启示是,中介机构抑或是"翻译者"、中间人和创造性力量,无论我们如何称呼它们,这些群体都有利于促进学校的改革。

关系紧张的原因

从基金会和学校之间的文化差异来看,导致双方关系紧张的最明显的三个原因是:(1)这些组织机构的使命和目标不同;(2)它们的管理和决策模式不同;(3)职责不同。

使命和目标

基金会主要从事的是研究和开发方面的工作,专注于拓展新领域和新知识。顾名思义,它们致力于"行善",并不受约束地向公众宣传其价值观和工作重点——自由的、保守的或宗派的——按照它们的判断来改造社会。学区(这一术语用来形容城市中的某一大型行政区域)主要服务于低收入的年轻人群,通常着眼于当地和当下,将学生的权益置于优先地位。尽管学区想从实践中学习,但是它们获取和利用新知识是非常困难的,更不用说承担风险投入大量资源用于研究和开发了。知识开发和提供服务本质上是相互矛盾的。换言之,某一机构是应该如最初的目标那样生产最佳产品,还是致力于超越——彻底用一个新的范式——尽管后者的目标是使整个系统日常工作得"更好"。这些形成鲜明对比的工作方针塑造着不同的日常实践和思维方式,即工作模式。

例如,基金会的一个普通且合理的实践方式是通过资助一个创新型的学校设计理念,并在多个不同地域的社区中同时实施,最终比较一下在哪里实践最成功以及原因是什么。从基金会的角度来看,这是一个聪明的实验。尽管基金会看起来非常有实力,但它们提供的资金仅占大型学区预算中的小部分。因此,它们的策略往往是给出"存在证明"——证明某一特定的改革理论在实际工作中有效并且将记录在案——然后推动公共资金的广泛应用。在设计这个证明的过程中很少需要对社区有深入的了解,也并不需要应对各方的反对意见和观点。事实上,基金会的工作通常是努力发掘有潜力的案例,记录并"证明",然后努力强化这个模式并"扩大规模"。在本章中我们提供的两个案例——由皮尤慈善信托基金会和比尔及梅琳达·盖茨基金会资助的两个项目——充分说明了基金会这一策略,即先搜集和提供"证明",然后巩固政策改革。

一个较大学区的首席学术官员可能对下一步需要推进的事项(如一所学校的理想模式或专业发展实践的理想模式)有着类似的看法,但会认为上述"证明"在一个学区内可能无法带来什么实质性变化。尽管基金会经常为无法进行"深入改革"而惋惜,甚至它们有时声称自己正在进行深入改革,然而即使超过常规3~5年的大型捐助,也只能触及某一学区的表面,很难对学区的正常工作,如人力资源管理、改进会计程序或数据收集等,造成很大影响。而多数学校领导可能会把精力集中在创新和知识的发展上。日常工作,尤其是在城市地区,大体上就是确保不出差错,确保一切按计划进行,并且保证日益增加的变化仍然符合计划或议程安排。

管理和决策

造成基金会和学区关系紧张的另一重要原因是每个基金会和学区所必须承担的责任、决策过程和时间安排的差异。这些差异导致了双方在管理和决策方面的重大分歧。私人基金会只对自己负责,即它们的委托人或捐助人。从决定资助项目开始,受助者很少有权知道决策是如何做出的,以及由谁做出的,尽管他们十分了解董事会的时间及会议上做出的决定。因为基金会在封闭的房间里处理事宜,它们的决定象征着一种权威及法令,其中既有理论依据也有观点上的分歧。为此,优秀的项目官员都接受过正规的教育和训练。他们通常态度谦和,彬彬有礼,善于倾听,而不表现出任何怀疑、困惑或不满。而基金会网站上有关策略方面的白皮书上也只是提供一些有关权限、资金和决策选择方面的信息。

相反,学区其实需要满足多方的要求:学校董事会、家长、学生、员工及工会、特殊利益群体、政治家、企业领导、市长、市议会以及媒体等。这些群体很难达成共识,他们善用的一套说辞是每一种想法都应被倾听,每一方都有权参与制定议程——往往从各自的议程出发。无论他们与某基金会的议程和钱有何种关系,管理者必须首先做好自己的工作,他们常常发现自己被夹在市长和学校董事会之间,既要推动学校改革(但是资金太少),还需面对基金会方案自带的风险和争议。

此外,学区被神化,被视为(也的确是)我们民主的基石。这意味着,它们的日常工作应该公开透明,而不是在封闭的房间里做决策;它们应该公正,考虑和兼顾到各方的观点和需求。人们也期望它们能够高效地完成工作。它们不仅服务于国家的年轻一代,也应该兼顾纳税人的利益。

大多数学区的选民即使知道基金会,也很少将其视为参与者,不会将它们看作是资金或提供新想法的来源。为什么波士顿

第五章 基金会和学校改革：调和文化差异

要转向规模较小学校的投资项目？尽管地区领导人已经认同这种普遍的做法，家长们却并不知道梅琳达·盖茨基金会在鼓励和推进这个决策的深入实施，其提供的资金支持着学校新的设计团队，有些家长和他们的孩子也在为这一团队服务。此外，学区官员尽管有时执行力很强，但往往受一些集体谈判达成的协议的约束，他们无法偏离民选官员的方针。学区做决策的过程与那些被广泛宣传的基金会董事会议决策的精确性和可预测性完全不同。很多早报上都曾报道，在闹哄哄的学校董事会议上根本无法做出决策，由于大家都在行使言论自由权，根本无法达成一致。

基础教育在美国是相当于5 000亿美元的产业。甚至最大的私人基金会拨款也仅仅是不到百分之一的学区预算。教育机构和基金会双方的领导者对于这些私人资金在结构复杂的大型城市体系改革中的实际作用有着截然不同的看法。当然，基金会也夸大了它们设想投入的资金总额。于是，双方因管理和决策形成了紧张状态。基金会自视甚高，认为自己是关键的利益相关者，自己是出钱方当然要享有话语权。而另一方面，学校主管认为没必要让基金会代表参与学校董事会的决策。即使校长和学校董事会认为基金会的观点令人耳目一新——认为其观点从某种意义上验证了学校主管关于教育改革议程的看法——许多学区仍在纠结于为什么给了钱的人可以指示学校领导该怎么做。正如我们在这篇文章后面将要提到的，如果管理得好，中介机构可以在基金会和学区之间起到"缓冲"作用，并化解一些阻力。它们可以作为内外部参与者撰写捐款提案，并在决策会议上同时代表两方观点。

职责

在过去几年里,基金会和学区谈论的其实都是一回事。现在它们都认为自己在领导和推进变革,而不是简单地维持现状。双方都使用商业语言,自称创业者,认为在与外部组织机构关系问题上自己有影响力和竞争力。双方都已从投入措施转向产出,并开始使用责任制这个术语。同时,双方也都承诺要创建一个为全体儿童提供良好服务的新时代。尽管如此,如其中一个案例所说明的那样,高风险以及显而易见的结果是双方在谁应对谁负责、对哪些内容负责以及对结果记录有哪些实际要求等方面仍然有分歧,进而造成双方关系紧张。

现在,学校的经营模式是以考试为基础的责任制,在这种环境下,为了迅速提高分数和实现适当的年度进度目标,大家都面临着巨大的压力。许多州正在实施全州范围的学校检查、审查和问责制,要求收集数据、自学、组成访问小组并公开审查过程。这些要求其实对学校收集资料以及重视解决已发现的问题没有任何帮助。

基金会越来越沉迷于自己提出的测量结果,但是它们的衡量标准通常不是考试分数和适当的年度进度报表,因为这些可以从公共资源中获得。此外,一些基金会认为这些并不能充分衡量和展示改革成果。基金会需要十分精确的数据来显示它们投入的资金的用途。对于那些新进入此领域的基金会,如企业型基金会,这些数据可能需要结合行动理论,进而引发原理的改变,最终影响测量。例如,有多少学生能完成代数1,或者有多少教师将作业布置得越来越难。

大多数学校的人没有接受过上述思考方式的训练。此外,许多基金会还聘请专业的评估公司和组织机构,以满足自身数据收集的要求。为了使这些机构尽可能客观地评估,基金会并不知道正在收集的是什么数据,甚至最负责任的外部公司也有可能和委托人的意愿背道而驰。

双方都标榜自己"重视数据",而学区却因受束缚无法满足信息方面的需求。很多学区抱怨评估方并不彼此沟通,不去了解相同的数据因格式不同、地点及保密规定等原因会产生不同版本,反而不停地要求学区工作人员提供数据。在学校层面,许多教师缺乏收集和提供数据的技术或工具,既没有电子资源,也没有时间。本来可以利用这些有用的数据进行反思,从而进一步推进和完善项目和学校改革,大家却认为这是为了应付差事的负担。正如其中一个案例所显示的,中介机构能起到沟通作用,帮助减轻这些负担,让委托方能够制定更加透明的制度。

基金会与改革策略

基础教育与基金会领域在组织文化上的差异如何影响基金会在支持教育改革方面的工作?为了回答这个问题,我们首先为大家介绍一些主要的基础教育改革策略,并举例说明与每个策略相关的资金资助方案。

鉴于美国教育体系的规模、多样性及分散性等特点,教育改革本身也是多样化的。自20世纪90年代初以来,至少有三次(派)主流的教育改革运动,彼此竞争以获得公众的支持和关注,他们各自对美国教育的核心问题都有自己的理解、分析及相应的解决方案。

最显著的一次改革,至少在联邦和州府的政策方面,是以系统或标准为基础的。系统派改革者认为学校的核心问题在于改革目标和结果不具体。他们指出,基础教育想要变得更好,只能学习其他部门,采取组织有效性原则:制定明确的目标;使所有可用的资源与这些目标保持一致;定期根据目标检查进展情况;利用数据进行适当的中期调整以及采取教育工作者对改革结果负责制。一直以来,州长、立法者和企业领导都十分提倡这种方法,也正是这些理念构成了20世纪90年代几乎在所有州颁布的教育改革法以及联邦《不让一个孩子掉队法案》的基础。

另一次改革运动是以市场为基础的。简单地说,这些改革者认为,美国公共教育的核心问题在于它是一种垄断形式,只有通过引入竞争机制、父母选择和其他形式的市场压力,才能使学校变得更好。他们的策略是削弱垄断的力量,把更多的权力交给消费者,新建更多高质量的学校,从而迫使现有学校对它们的客户更负责,否则就不得不面临倒闭的风险。越来越多的人因支持这项改革措施而形成联盟,这其中包括一些标准导向的改革支持者,如托马斯·B.福德汉姆基金会(Thomas B. Fordham Foundation)的切斯特·芬恩(Chester Finn)。

第三种改革运动很难总结其特点,大体上是通过建立相互合作的关系网进行的。这些改革者与前面提到的提倡以市场为基础的改革者一样,认为"体制"是根本问题,给家长选择权是必要的,而学校是分析公共教育的关键。这些改革者指出,如果与其他秉承相同教学理念和价值观的机构建立合作关系网,学校自然而然会经营得更好。他们认为,与通过立法授权和颁布各个州或

第五章 基金会和学校改革：调和文化差异

学校改革策略相比，和志同道合的教育工作者并肩作战更有益于学校的进步。这一点同样适用于前面提到的两次改革运动，通过建立合作关系网，吸引更多的教育工作者（如爱迪森学校、探险学习学校、核心教育及要素学校的老师），大家集思广益，共同进步。

尽管这种定义当前教育改革的方式过于简单，但它为我们提供了一个很好的切入点，去分类和分析支持基础教育改革的私人基金会的工作情况，因为基金会在推进每一种改革方式的过程中都发挥了至关重要的作用。虽然在基础教育改革中，我们不能说这些主要的基金会都是属于这三大改革阵营的，但在这一章节，我们可以通过研究参与这几次改革运动中的一两个主要机构及其方案，了解基金会的支持到底可以起到怎样的作用。

也许最能体现合作关系网型学校改革的机构是要素学校联盟，它是由布朗大学的西奥多·赛泽创建的学校联合体。要素学校联盟是基于 20 世纪 70 年代末对美国高中的调研活动建立起来的，其主要领导人是西奥多·赛泽，并由一个基金会联盟共同资助。该调研产出了一系列书籍，其中之一是《贺瑞斯的妥协》(*Horace's Compromise*)。在书中，赛泽和同事们提出了一系列核心原则，高中需要围绕这些原则组织起来，从而帮助所有学生养成良好的思维习惯。从 20 世纪 80 年代初起，在基金会的支持下，要素学校联盟成员从几所学校发展到现在的一千多所，通过全国性会议、出版刊物和专业发展产品等方式建立起区域合作网。

要素学校联盟建立了一套共同原则，作为所有加盟校共同遵守的准则。尽管它可能算是全国性学校联合体的最典型代表，却不是唯一的例子。在 20 世纪 90 年代还有其他一些接受资助的学校联合体，如由耶鲁大学的詹姆斯·柯默（James Comer）领导的学校发展计划(School Development Program)、由亨利·莱文(Henry Levin)(当时在斯坦福)创办的艾克利中学(Accelerated Schools)以及由约翰霍普金斯大学的罗伯特·斯莱文(Robert Slavin)创办的全员成功计划(Success for All)。除了全员成功计划是由联邦资助的研究中心投资,其他项目的早期发展都得益于基金会。要素学校联盟和学校发展计划都是通过巨额捐献和单个捐赠者的持续支持不断发展起来的,其中大西洋慈善总会为要素学校联盟提供资助,而洛克菲勒基金会为学校发展计划提供资助。

系统改革派的最佳案例是由两个有影响力的基金会——国家专业教学标准委员会(NBPTS)和新标准项目(the New Standards Project)——资助发起的提案。在1986年,卡内基教学促进基金会赞助的教学专业工作组(卡内基小组)发表了一个题为《准备就绪的国家》(*A Nation Prepared*)的报告,该报告首次提出建立一个全国性委员会的理念。卡内基教学促进基金会随后向该工作组提供了两项资助:一项是帮助成立国家委员会;另一项是资助有助于评估"成功"的教学体系的早期研究及发展工作。当国家委员会建立起来,早期研究和发展工作启动后,其他许多全国性的私人基金会和公司基金会也跟随联邦政府加入了这个队伍,而如今国家专业教学标准委员会已经成为提高行业标准的主要力量。

新标准项目是匹兹堡大学学习研究与发展中心(University of Pittsburgh's Learning Research and Development Center)、国家教育与经济中心(National Center on Education and the Economy)以及近20个州和城市学区之间的合作项目,旨在创建一个新的国家绩效评估体系。虽然这一项目是由来自两个全国性中心的领导

第五章 基金会和学校改革：调和文化差异

者——劳伦·雷斯尼克（Lauren Resnick）和马克·塔克（Marc Tucker）共同组织发起的，但皮尤慈善信托基金会和约翰·D.和凯瑟琳·T.麦克阿瑟基金会（John D. and Catherine T. MacArthur Foundation）的教学总监也都积极参与设计该项目。这两个基金会还是整个项目的主要赞助者。尽管在多个州使用国家绩效评估体系的最初设想并未被通过，但随着过去10年标准运动的发展，新的国家绩效标准、评估标准、专业发展研究机构和全国会议对政策和实践产生了深远的影响，尽管其产品和服务在教育市场上所占份额不大，却十分有影响力。

在以市场为基础的改革运动中，考虑到这一领域活动的高度分散性，我们很难挑出一两个示范项目，但基金会再次起到了重要作用。例如，如果没有布拉德利基金会的大力支持，尤其是在密尔沃基，教育补助金券和择校就不会受到严重的考验。特许学校运动的启动尽管不需要基金会的支持，但像"风险"（Aspire）慈善机构的投资，例如特许经营组织"知识就是力量项目"（Knowledge Is Power Program，简称KIPP）这样的新型学校风险基金，在决策者看来，起到了稳定改革运动并使之合法化的作用。

有个别基金会将它们的教育投资集中在这三种改革策略中的一种，这种决定具有一定的特殊性，反映了基金会的历史、董事会的意识形态和个别项目官员的政策偏好和专业经验，但我们还是可以总结出与每次改革运动密切相关的基金会的一些信息。然而，需要注意的是，正如一些主要的改革组织和领导者不能仅仅集中在一个改革阵营中，基金会的情况也是如此。

在基础教育资助中有着悠久历史的基金会最有可能支持基于合作关系网的学校改革，如卡内基教学促进基金会、福特基金会和洛克菲勒基金会。这些基金会非常了解这个领域的情况,并且认识该领域的著名领导者,如赛泽、科默(Comer)和霍华德·加德纳(Howard Gardner);它们曾支持课程和教学创新,并且对较为系统的自上而下的改革以及以市场为基础的改革理念在公共教育领域的应用都持怀疑态度。所有这三个基金会都坚定地致力于公正和平等,并长期支持有公平议程的教育组织,同时对公共教育的民主目的坚信不疑。它们的目标是使公立学校更有效地为所有儿童服务,而不是支持某种体制的发展,或为私有化开绿灯。从某种程度上我们可以概括出这些受人尊敬的基金会中高级项目领导者的价值观,这些价值观往往是基于20世纪60年代的社群活动和社会正义思想,以及尊重秉持以大学为本教育思想的领袖的专业知识,而学校改革的合作关系网正是围绕着这些思想领袖而建立起来的。

虽然系统派改革在政府活动和支持方面仍占主导地位,但基金会中支持这一次改革流派的人数最少。这可能是因为私人基金会的资助没有起到明显的作用,而联邦政府和几乎每个州都对这项改革措施投资了大量资金。正如我们所提到的,在20世纪90年代初,卡内基教学促进基金会、皮尤慈善信托基金会、约翰·D.和凯瑟琳·T.麦克阿瑟基金会作为国家机构基础设施重要部分建设的主要投资者,支持示范学习、教学标准和评估体系的发展,这些投资在过去10年里对各州和地区的工作起到了指导作用。近几年来,卡内基教学促进基金会和麦克阿瑟公司只把它们的系统性拨款集中在学区,而信托公司则把教育工作集中在学龄前阶段。近年来兴起的唯一对全国性系统改革感兴趣的新组织是威廉和弗洛拉·休利特基金会。与信托公司和麦克阿瑟

第五章 基金会和学校改革:调和文化差异

在 10 年前一样,高级教育官员之前的政府工作经验在很大程度上推动了基金会参与到系统改革中去。

如果说对系统改革感兴趣的基金会在过去的几年里有所减少,那么对以市场为基础的改革感兴趣的基金会则呈现出明显相反的趋势。基金会对选择和竞争的支持,不仅体现在开办学校方面,而且在为诸如教学(如美国教育和新教师计划)、校长领导力(如新学校新领导)和监督(如布罗德督学院)等寻找新发展途径方面,也取得了长足发展,这主要归功于过去 10 年中兴起的新基金会和风险慈善基金。虽然一些老牌比较保守的基金会,如奥林基金会和布拉德利基金会,长期以来一直秉持着自由市场和更少政府管制的理念来投资教育改革,但是像布罗德基金会和新型学校风险基金这样的新兴慈善机构很少受这种意识形态的影响,它们更希望在教室、学校和地区注入更加具有创业精神和冒险精神的领导力量。新基金会的创立基金主要来自"新经济"领域,其成员往往是具有工商管理硕士学位而不是具有教育学位的人,而且这些基金会的灵感更多来自于 20 世纪 90 年代初高科技的繁荣发展,而不是 20 世纪 60 年代的社会行动主义。

一些老牌基金会认为低绩效学校只有在竞争的威胁下才能进步,认为不受学区管辖的学校可以更好地为贫困孩子服务。对于这些老牌基金会来说,如何更好地调解基金会和学区之间的文化差异问题在很大程度上是无关紧要的。它们提供资助并不以建立与学校领导的工作关系为前提,其立场常常是公开对立的。然而,对于新型学校风险基金和布罗德基金会以及致力于系统改革或合作关系网式学校改革的基金会来说,建立文化交流的桥梁和调节文化差异是至关重要的。

因此,全国性基金会越来越倾向于用中介机构帮助实施其改革构想,尤其当改革措施涉及多个地点时。

中介机构的作用

中介机构的工作很重要,它们在教育改革中起到了帮助调节基金会和学区之间文化差异的作用,尽管如此我们还是很难找到关于中介机构的相关文献资料,而且也没有明确的术语来定义这类机构。虽然在不同领域的非营利性工作使各个中介机构的特征略有不同,但是大家普遍认为中介机构这个名称源于其职责和功能,即为促进创新、改进和实践变革而在不同组织之间进行调解和协调。换言之,它们是组织化的"绩效提升者"。

中介机构会尽力在各机构之间进行调解,有时候是中介机构在基金会和学区之间进行调解;也有时候是在基金会、其他中介机构,或只是间接地在学区和学校之间进行调解。中介机构负责给出各机构相互都能接受的观点和改革理论、行动理论、实施战略并对结果负责。它们可以提供政策咨询和技术援助,也可以作为评估者和爱挑剔的伙伴,这些不相关联的功能很重要,通过这些功能可以成功地解读与其共事的机构实体的价值观和愿景,从而使各方的做法透明化。[1]

---

[1] 见麦夸里(McQuarrie)、格思里(Guthrie)和赫斯(Hess)在2006年发表的论文,该论文是正在进行的中介机构研究的一部分,由福特基金会和社会科学研究理事会资助发表。根据布迪厄社会学理论,在这篇尚未发表的论文中,作者将那些承担了特殊任务(如学术发展或创业计划)的机构与那些笼统传递任务、愿景和实践的机构进行了重点划分。

第五章 基金会和学校改革:调和文化差异

中介机构是相对较新的实体,是不断发展和变化的非营利行业的组成部分。它最初是在20世纪60年代,由福特基金会发起的,旨在扩展基金会的职责范围来推动低收入群体的改变,如今中介机构在教育、劳动力发展、青年发展、医疗保健、社区发展等领域中扮演着重要"中间人"的角色。在教育领域中,中介机构的发展伴随着大规模改革举措的推进,尤其是以城市学区为重点的改革措施。在此,我们对中介机构进行了简单区分,包含早期定义的中介机构,和以美国选择(America's Choice)和要素学校联盟(CES)为代表的"改革支持组织"(Reform Support Organizations,简称RSOs)。

中介机构能为基金会、学校和学区做什么呢?简单地说,它们有时充当这些基金会的财政代理人,因为这些基金会的章程禁止它们直接资助政府实体机构,或者其董事会不愿直接和大型学区官僚机构打交道。深层次看,中介机构可以受基金会的委派,为其设计一个方案,在不需要与负责的项目官员有过多接触的情况下,完成选择和资助受赠者、监控项目绩效,并对结果负责。中介机构更常做的工作是为基金会的客户管理一些资金,如下文我们提到的案例里中介机构所负责的工作。值得注意的是,虽然主要是为出资者服务,但中介机构的下列职责同样加强了学校和学区的能力:

- 确保基金会和受助者之间方案的界定和概念的一致性。
- 推动改革的进程——推进改革的进行,保证改革按时间进度完成。
- 帮助学区或学校理清它们在国家大环境中的创新或变化,同时确保基金会理解当地不同的条件。

- 提供足够的信息和眼界,提醒基金会和地区都不能只关注眼下。
- 协调资源或提供技术援助及专业发展方案,为学区规划发展目标和愿景,并使其明确可能发生的变化情况。
- 为学校提供所需资源来拓展学校的能力,与学区或学校一起呼吁基金会给予额外拨款或重新分配预算,以满足新出现的需求。
- 让学校参与调查的整个过程,努力在基金会对知识发展的需求与学区为了不断前行而面临的压力之间寻找共同点,并不断收集和分析数据。
- 帮助学区获得基金会的持续投资,特别是帮助学区将创新纳入其预算及长期计划。

尽管我们提供的这两个案例侧重于为多个基金会服务的全国性中介机构,但这些观察结果同样适用于与单一学区合作的最有实力的地方中介机构,尤其是像纽约的新视野(New Visions)和波士顿卓越计划(Boston Plan for Excellence)这样的地方教育基金。

好的中介机构好比是"双重客户组织",有自己的议程和观点。它们并不是简单地根据一个学区的需要或者根据一个基金会的需要来调整它们的服务。它们通常既要考虑到提供资助的基金会的利益,也要考虑到自己有责任推动其改革的学校和学区的利益。作为"内部-外部"组织,它们两边协调。它们必须与合作的学区充分同步,以便制定地区改革计划和实施战略;同时,它们也必须足够独立,能够引入不同寻常的理念和做法,这些理念和做法也许会引发紧张局面,继而带来变化。它们还必须能够说实话,抵制基金会有时不切实际的要求和期望,帮助项目官员了解城市学区生活的混乱现实。要想取得成效,它们必须做到八面玲珑,穿梭于第五大道和法院街之间,或洛克菲勒基金会和波士顿学校部门之间。

中介机构:两个案例分析

在接下来的两个案例中,我们从参与者的角度来分析。第一个案例是由皮尤慈善信托基金会资助的以标准为基础的皮尤改革合作关系网,负责撰写的作者是负责设计该计划的基金会资深官员。第二个案例是由比尔及梅琳达·盖茨基金会和其他主要基金会资助的早期学院高中项目,作者是在中介机构中负责项目管理的高级官员。毫无疑问,如果站在参与这些项目的中小学领导者的立场的话,侧重点会有不同,但我们尽可能全面地融合了各方的观点——各个项目中其他主要组织参与者的观点以及我们自己的观点。

第一个案例的侧重点是支持全学区的改革和进步。而第二个案例的侧重点是新学校的发展,在这里我们几乎看不到学区的作用。从这个意义上说,这些案例为我们提供了支持不同改革理论的基金会之间的对比:皮尤慈善信托基金会属于系统改革派,比尔及梅琳达·盖茨基金会(该基金会是 2002 年项目开始时的主要资助者)则属于以市场为基础的改革派和合作关系网式改革派的阵营。随着该项目以及其他小规模学校项目的发展,盖茨基金会开始认识到绕过学区的学校发展战略的局限性,于是逐渐开始关注系统改革问题。

案例一：以标准为基础的皮尤改革合作关系网

该项目的构想源于皮尤慈善信托基金会高级管理层任命的外部审查委员会的建议，该委员会在上世纪90年代初对皮尤慈善信托基金会教育项目的资助策略进行了审查。在此期间，基金会不仅是新标准项目的主要投资者，同时资助了侧重于标准导向改革的其他若干全国性倡议和组织机构。尽管由麻省理工学院已故教授唐纳德·舍恩（Donald Schön）领导的外部审查小组总体上支持教育项目的资助策略，但他们认为，除非有足够的证据证明，基于标准的改革能够真正成功地大幅提高学生的成绩，否则它依旧是如何提高学校教育水平的几个相互竞争的理论之一。

因此，教育项目的工作人员决定启动一个项目，以证明在各种城市环境中认真实施以标准为基础的改革可以大幅提高学生的成绩。早在1995年初，基金会便开始寻找和选择少数学区，这些学区不仅遵守标准化改革的核心原则，而且已经落实了一些关键要素，即具有挑战性的标准、课程框架和统一的评估体系。经过一系列过程，包括传阅计划大纲、提名候选学区、提交意向书，以及实地考察最具发展前途的地区，8个学区获得了资助资格。

在1996年6月提交了实施建议并进行了第二轮实地考察之后，基金会董事会批准了员工的建议，为8个学区中的7个学区提供了为期四年的资助。事实上，这7个学区中有两个从属于大城市学区（纽约市的第二学区；圣地亚哥的桑迪戈高中区）。其他几个学区是中等规模的学校（有15 000到50 000名学生）；它们服务于不同的学生群体，具有稳定的领导班子，并致力于基于标准的改革。

第五章 基金会和学校改革：调和文化差异

从一开始，基金会教育项目的工作人员就意识到，这个项目规模大且比较复杂，无法由基金会直接管理。因此，甚至在启动选址程序之前，基金会就决定了选择教育发展中心（Education Development Center，简称EDC）作为项目的中介结构。教育发展中心的工作人员与基金会的工作人员合作选址，管理项目的规划阶段，并最终作为基金会在该项目实施阶段的代理。基金会之所以选择教育发展中心承担这个任务，是因为其在专业发展方面（而不是针对整个学区体制改革方面）拥有丰富的专业知识，基金会的工作人员认为这是迄今为止许多基于标准的学校改革工作中最急需的。在授权该项目的实施阶段，教育发展中心收到了850万美元，并将其中的550万美元重新拨给7个学区。剩下的300万美元主要用于向各学区提供技术援助和专业发展支持，以及用于教育发展中心的日常经营。基金会的另一项单独评估拨款则给了海湾地区研究小组和斯坦福国际研究院（SRI International）。

一个项目，两种观点。在项目规划阶段8个学区第一次管理者会议上，大家发现基金会目标与学区目标之间的差异十分明显。基金会认为这是一个示范项目，各学区应承诺合理使用基金会提供的额外资源，强化自身在当地落实标准化改革的能力。学区获得资助所需具备的资格标准之一是它们应该隶属于新标准项目合作伙伴所在州，而招股章程中明确规定的一项要求是，各学区应该参与管理新标准项目的绩效评估，当时该绩效评估正处于开发阶段。这意味着各学区原本计划用在其他方面的部分资金已经事先被预支了出去，同时表明基金会的目标底线是能在一个共同的衡量标准上确保这些学区的学生成绩实际上有所提高。

学区领导人虽然很高兴被选中参与这个项目,但他们却有着不同的期望和优先考虑事宜。尽管没有明说,但他们很现实地明白每年增加20万左右的收入不太可能对学生成绩产生很大影响。他们把这个项目视为一个机会,用来发展伙伴"学习社区",相互帮助,解决如何在基于标准的改革环境下改善教学和学习的难题。他们希望教育发展中心和基金会为自己提供一个由技术援助和专业发展专家组成的国家级团队。正是本着这种精神,学区领导提议将项目组织成一个"合作关系网",并由该网络的领导者在项目管理方面发挥主要作用。为了获得学区监管机构的支持,基金会的高级教育官员同意了这一提议——这一决定只会使中介机构的角色变得更加复杂化。

几个月后,当学区工作小组聚在一起研究项目实际工作如何开展时,这些紧张的关系再次显露出来,矛盾的焦点集中在中介机构的角色和工作方面。教育发展中心是为基金会还是学区服务?教育发展中心是主要作为一个把控的代理机构以确保基金会的设计原则得以实施(尽管有时候这些原则不十分明确),还是负责满足学区提出的援助请求?这确实是个问题,因为技术援助的资金仍然是由教育发展中心支配的,并没有直接拨给学区。此外,面对学区的请求,教育发展中心的第一反应总是从自己的机构里选择人员而不是像学区所希望的那样,向国家顾问团求助。

日渐加深的隔阂。随着项目的发展,基金会和学区之间的期望差异越来越大,双方对中介机构的不满也越来越大,关系更加紧张。这些责任、治理和目标方面的问题,即我们在本章开篇所描述的紧张关系,随后由于大量的人员流动而加剧,首先是基金会(在 1996 年 6 月授权投票期间两个负责项目的教育官员离职),然后是监督者和中介机构也出现了一些人员变动。

结果。在其高级职员离职后,基金会与基础教育领域一位德高望重的资深政治家一起继续该项目,尽管他为该项目所做的贡献很突出,但这个项目仍然为基金会的领导者带来了苦恼。该项目直接影响了基金会今后的决策,也就是说项目结束后,基金会打算将教育资助的重点转移到学前教育领域。

从合作关系网的领导者(主要是学区高级管理人员)角度来看,该项目确实为同行学习提供了一次不同寻常的机会。他们对此表示感谢,并且合作关系网成员共同发布了一个令人印象深刻的最终报告,总结了他们所在学区所经历的改变以及自己的集体学习成果。我们现在都知道,在整个学校和学区的课堂上实施基于标准的改革所面临的挑战,比我们大多数人在 10 年前所理解的要困难得多,而且项目的定期评估报告清楚地阐明了这些挑战。在围绕标准化改革主导理论做了修改后,评估人员的最终报告所得出的结论是,只有此前(接受资助前)已经在教师知识和技能方面进行了大量投资的学区证明了其学生在学习方面取得了稳定和显著的进步。其他学区都没能在基金会基本举措的帮助下取得类似的进步。

案例二:早期学院高中项目

2002 年 3 月,比尔及梅琳达·盖茨基金会,在纽约卡内基教学促进基金会、福特基金会和凯洛格基金会(The W. K. Kellogg Foundation)的支持和帮助下,资助了一项临时性实验,旨在增强基金会与小型学校的合作关系网。它们拨款 4 000 万美元创建了

70所学校,将高中和大学的前两年结合在一起;这些学校计划帮助贫困生和后进生在不到6年的时间(从九年级到十四年级)里获得60个大学学分或副学士学位。盖茨基金会选择了8个机构共同合作,并让其中的"未来工作"组织全权代表。

3年半后,即2005年8月,盖茨基金会的投资已增至1.14亿美元,此外还有其他国家资助者提供的1 000万美元资助金。目前有13个组织或机构作为中介机构,约180所学校正在筹建中,还有24个州的大约75所学校正在建设和运营中。将学校九年级至十四年级的学业相合并的创意,具有相当大的政策推动力,激励了很多州和教育机构即使在没有外部资金支持的情况下,也积极推动此类学校的建设。结果还没有定论,但"未来工作"组织和盖茨基金会认为,在未来几年内,应该有充足的学校和学生的成功案例来证明其存在的合理性。

全国性中介机构的作用。盖茨基金会负责早期学院高中项目的指导、管理并进行政策变更,而作为该项目全国性中介机构的"未来工作"组织代表皮尤标准化改革合作关系网,与教育发展中心有许多相似之处。一个大型基金会选择一个具有数十年经验的全国性中介机构作为其外部员工,共同打造一个横跨多个州和地域的项目,必然拥有一个宏大的目标,那就是要致力于推广从根本上进行变革的、尚未经过检验的新学校理念,并为它们打造一个关系网络。基金会希望该项目能证明,高中后进生也可以成功完成大学的学习任务;正如皮尤合作网学区的改进成果可以证明标准化改革的成功那样,学校学生不断提高的成绩便是实实在在的证据。

具有领导地位的中介机构通常在业界享有很高的声誉,有着

第五章 基金会和学校改革：调和文化差异

多年参与项目管理的经验。在本案例中，"未来工作"组织因倡导和支持青年人和成年人完成就业过渡和提倡家庭工资而闻名。此外，20世纪90年代，它还因领导了"从学校到工作"运动而受到了全国关注。它还刚刚完成了一个项目，发掘出很多为无所事事和没有受过良好教育的青少年提供优质服务的学校，其中很多学校都将高中和高等教育相结合。因此，与教育发展中心一样，"未来工作"组织的专业知识使其成为一个可以信赖的中介领导机构。此外，通过组织同行学习为所有中介机构提供支持是该组织所列出的众多能力的第一项。和教育发展中心一样，该项目的最终目标——建立新型学校——也从来不曾出现在"未来工作"组织的历史上。

从"未来工作"组织的视角出发，直至这个示范项目的中期，中介机构的角色都很复杂。面对一个富有的基金会、基金会所选择的其他不同中介机构以及建立早期学院高中项目合作关系的学校、社区组织、学区和高等教育机构等各方不同的文化差异，"未来工作"组织采取了一种微妙的、有时并不令人舒服的平衡做法。对于基金会和合作网中的其他中介机构而言，"未来工作"组织充当着引导者和拥护者的作用，就像"缓冲器"和"减震器"，是多元文化之间的沟通者，也是至今质量的保证者。

"未来工作"组织主要扮演了两类角色：在第一阶段，项目开展比较顺利时，它更像是一个支持者或是技术援助组织，而不是真正的中介机构；在第二阶段，"未来工作"组织和基金会一起重新定义了合作网中其他中介机构的关键职责，将"绩效管理"作为关键职责之一。

项目面临的挑战。早期学院高中项目在拉瓜迪亚高中

(LaGuadia Middle College High School)吹响了启动的号角。该中学是位于皇后区拉瓜迪亚社区学院校园内的一所小型试点学校,也是盖茨基金会早期学院高中项目的设计灵感来源之一。这所学校创建于20世纪80年代,学生是有高中辍学风险的年轻人,学校利用现成的场所——社区大学的校园,帮助这些孩子实现他们的学业目标,使其逐渐成熟起来,并在他们准备好后为其提供免费的大学课程。盖茨基金会提到的第二个可以证明早期学院可行性的例子是纽约市的巴德高中早期学院(Bard High School Early College),它从早期学院高中项目启动前的几个月即2001年秋季开始,招收了250名九年级学生和十一年级学生。

除了上述两个例子外,盖茨基金会教育执行董事汤姆·范德·阿克(Tom Vander Ark)还写了一篇三页纸的文章,对高年级委员会关于"高中最后一年通常是浪费时间"的说法表示赞同,他认为来自低收入家庭的学生在高中同样应该拥有获得大学学分的权利,而长期以来,只有富裕家庭的学生才可以获得大学学分。尽管范德·阿克的观点听起来有点冒险,但也为基金会增添了威望。而且事后看来,在一些学校的重要政策问题上尽管他的观点是完全正确的,但他的这篇文章中仅包含了抽象的原则,未涉及实际的学校设计方案。除了全美大学先修高中(Middle College National Consortium)之外,坦率地说,盖茨基金会寻找的合伙伙伴(包括"未来工作"组织、拉美裔全国委员会[National Council of La Raza]、知识与工作基金会[Knowledge Works Foundation]、伍德罗·威尔逊基金会等),虽然对获得资助受宠若惊,但它们想当然地认为盖茨基金会清楚如何实施,所以它们并没有充分地考虑如何实施该项目;其中也有组织持保留意见,认为整个创意非常的耗时费力,但想着在实践的过程中可能会不断得到改良。

此外,学校一方对让高中落后的年轻人加速进入大学这一想法深表怀疑,潜在的大学合作者的态度也是如此。因此,作为领导者,"未来工作"组织不得不负责调节分歧问题——基金会喜欢冒险的企业文化与受资助者奉行的现实主义不一致。

项目的参与者在项目启动之初发现,建立和维护早期学院高中在学术、财政、结构和政治等方面都面临着巨大的挑战。当因高等教育的需求而加速和推动课程建设时,如果找不到固定的资金资助,建立起中学和高等教育的伙伴关系,就很难把课程做好。与此同时,想要让急切的先行者稳住步伐也非常困难。

项目开始运行。第一个任务是创建一个"完全信任"的团队,并以范德·阿克的原则为指导,就中介机构所签署的协议发表一份声明。在项目启动后的 6 个月内,"未来工作"组织编写、商讨和敲定了(尽管不是全员通过)核心原则文件,将既定原则确立下来:加速,即 2 年同步提供免费大学学分与高中文凭,以及消除高中和大学之间的过渡。团队作为一个整体拥有统一的信息和公共目标。

第二个任务是使学校运作起来。从一开始,"未来工作"组织就担心项目的中介机构如何证明新学校的学生达到了既定目标。在项目的第一年,参与者(盖茨基金、"未来工作"组织和中介机构)采取了所有预期的步骤。基金会兢兢业业,发送通信数据包,建立报告结构,并声称与"未来工作"组织和其他中介机构合作是明智的选择。为了响应各州和学校创建者的热情,盖茨基金会在最初的 7 家合作机构基础上又增加了几家中介机构,并为"未来工作"组织提供了更多资金。"未来工作"组织通过召开同行学习会议,建立了广泛联系。与此同时,它们还通过指导中介机构、阅读针对学校的建议以及提供及时帮助等措施,增强了中介机构开办学校的能力。上述中介机构通过发送项目需求建议书,在全国范围内寻找愿意创办此类学校的合作伙伴,最终建立了第一所学校并展开了学校规划。这些机构都参加了"未来工作"组织举办的同行学习会议。

每个参与者当众都会表现出面对当下挑战的勇气。其中的多数,包括那些来自"未来工作"组织的人在内,在与盖茨基金会打交道时会表现得十分礼貌且含蓄,但是在私下里却会质疑这个项目。能力的差异、不同群体之间不同的经营方式,以及缺乏对学校每个阶段发展的明确规定等,导致合作关系网中出现了一种自我保护的氛围。这也是一种普遍现象。

现实情况出现。然而就在第一年年底,在各中介机构领导参加的一次会议上,矛盾分歧突然爆发了——主要围绕资助学校过程中发生的一些始料未及的问题。"未来工作"组织想要学校提供预算,但是学校无法提供。合作伙伴说出了心里话:他们中的大多数人在开办学校的时候并没有关于支付高等教育学分、书籍和交通费用等方面的规划。2003年12月,盖茨基金会邀请"未来工作"组织向领导层汇报工作。"未来工作"组织在会上表示了担忧,并准备坦率地反对项目的进一步扩张。一些学校在筹备开学,但很多学校决定暂缓脚步。在过去的一年里,"未来工作"组织发现了一些限制早期学院高中发展的重要州政策和融资障碍。此外,每天都有人向盖茨基金会申请启动早期学院高中项目的额外资金,这些要求占用了"未来工作"组织大量时间。"未来工作"组织担心一个真正优秀的创意会因至今无法提供证明而被质疑和打击——吸引的关注远超实际预想。"未来工作"组织的声誉也岌岌可危,它希望盖茨基金会进一步明晰项目的实施。

在项目初期,"未来工作"组织曾与盖茨基金会一起提倡建立一个学生信息系统,对学生进行长达10年的纵向追踪,但并未引起重视。在会议上,"未来工作"组织努力推进,并与盖茨基金会就两个问题达成了一致:一是该项目将从大规模的创建学校转变为精心规划和记录可以展示项目水平的最佳案例;二是盖茨基金将资助学生信息系统的建立。受助者要求资助者不要贪多,只需同意让中介机构专注于帮助他们把已经开始的事情做得更好,这一行为在捐助领域并不常见。

每个人开始从现实出发,项目也在过快扩张的边缘止步,工作重点也开始调整。"未来工作"组织和中介机构把所有的精力投入到创建学校而不是扩大规模上。这意味着要找出合作伙伴组织之间的优势、弱点、差距和发展潜力,并制定明确的计划,通过定期检查来明确每个中介机构的能力,以了解工作是否可以保质保量地完成。这也意味着在签署新的中介协议之前,要就资金和政策条件进行磋商。

重新定义关系。一年后,即2004年春天时,与盖茨基金会达成一致后,"未来工作"组织开始转变与其他中介机构的关系——从原来的支持者和合作关系的拥护者转变为真正意义上的中介机构;在盖茨基金会及现在更名为"学校发展组织"(school development organization)的基金会之间进行协调。绩效管理(基金会定义新关系的术语)不仅针对早期学院高中项目,对其他受资助者也是如此,尽管这让一些人耿耿于怀。然而,角色和期望的明确，盖茨基金会对"未来工作"组织更加清晰的支持以及两个组织对其他中介机构更加明确的支持，都表明基金会、合作网中的其他中介机构和早期学院高中学校方之间形成了进一步的共识。

"未来工作"组织将其他中介机构纳入小型工作组，为学校起草行业标准，并为每个合作伙伴制定了技术援助计划。在盖茨基金会的帮助下，"未来工作"组织完成了一个包括下列三个部分的年度评审：年度报告、与基金会高级官员面对面的三小时对话以及后续的技术援助计划。此外，所有中介机构都同意将学校和学区的数据融入学生信息系统。这项工作的"绩效管理"阶段迫使资助者、"未来工作"组织和其他中介机构之间展开一场诚实却又痛苦的对话：需要什么样的技能储备和经验才能开办早期学院高中并达到预期效果；针对创业计划、读写能力培养和政府官员仲裁等互不相干的领域，基金会和"未来工作"组织该如何消除其中存在的差距。有些中介机构可能会在其资助的学校建立后终止与该项目的合作关系，因为它们不想参与学校的运营。这样的决定并不意味着失败，相反，这是一种坦诚的态度——允许中介机构有其他目标，不在扩大规模上提升自我能力。

"未来工作"组织现在可以更好地将参与这一富有挑战的项目中的各方公开（私人）观点相结合。对于项目中的许多参与者来说，有一种解脱的感觉。没有人能把这项工作做得完美无缺，从根本上讲，把真相（或通过从学校收集的数据来讲述真相）告知基金会，要比所谓的"友善"工作态度更有效率，这种工作态度往往会粉饰太平，弱化实现变革所面对的困难。将期望透明化和坦率的谈话方式能够在一定程度上（即使不能完全）消除各机构企业文化上的差异。值得称赞的是,盖茨基金会已经采取了一种非常有益的公开立场,它公开承认实施这项工作是非常困难的,明确指出其预期的结果以及在何种情况下调整是合理的。

如果有人打算采访中介机构和学校员工并想得到真实评价的话,他们的感情一定是复杂的。归根结底,是否成功取决于学校是否有能力让那些后进生完成两年大学学业。在盖茨基金会和"未来工作"组织之间及在其他中介组织和学校之间慢慢传播的这个创意显然是雄心勃勃而又有些冒险的,也并不那么实际。但是,"未来工作"组织和盖茨基金会在反思过程中建立起来的学校发展责任制,使得大家能够更坦诚地面对如何具备一些必要的客观条件这一问题。同样,未来基金会也不会因只有一部分学生最终完成目标获得了两年大学课程学分而大惊小怪。

经验教训和反思

上述两个案例讲述了全国性基金会如何聘请中介机构帮助它们实施大规模、雄心勃勃的改革计划,我们从中可以发现一些相同点和一些明显的不同之处。在两个案例中,基金会决定通过与中介机构合作来开展日常工作,其中的原因如下:首先,两个基金会都没有足够的能力独立管理复杂的跨领域项目。例如,皮尤慈善信托基金会只有两名具有相关知识和经验的高级项目官员,而且两人本身都已经在处理很多其他捐赠项目。盖茨基金会仍处于初创期,还在为行使常规的捐赠职能,满足每年国税局的支出要求而疲于奔命。

第二,也是更重要的一点,这两个基金会都不具备专业知识来帮助合作伙伴解决每个项目在实施方面的巨大困难。事实上，有人可能会说，如果基金会有这样的专业知识，那么项目的设计就会大不相同：时间周期会更长，项目成果也更实际。但也正是由于这两个项目雄心勃勃的目标，使基金会在选择中介机构时不惜成本，非常重视对方是否具有一定的知识、技能和动机，可以帮助地方的合作伙伴将基金会的广泛愿景转化为切实可行的计划。

鉴于每一个基金会在实现目标时对中介机构的依赖程度不同，人们可能会认为中介机构是通过仔细筛选和审查来选择的。然而事实上，很少有非营利性组织有能力实施如此规模庞大和复杂的项目，而且这两个案例所涉及的项目都要求受助人从实际出发去做很少有人知道如何做的事。两家基金会都没有通过选拔程序来选择中介机构。皮尤慈善信托基金会选择教育发展中心时，眼光独到，清楚地知道它要求中介组织做的是一项尚无先例的学区层面的系统性工作；它也知道，教育发展中心可能不得不调用目前分配在几个不同项目办公室的员工来保障所需的专业知识。盖茨基金会甚至下了更大的赌注选择了"未来工作"组织，该机构主要以从事从学校到职业衔接的工作而闻名，在中学到大学的衔接领域并不擅长。然而事实上，盖茨基金会的选择比皮尤慈善信托基金会更成功，这是为什么呢？

关于这个问题，我们从很多基金会那里获得了一些经验启示：基金会不仅需要在选择中介机构方面投入时间和精力，而且也需要帮助中介机构增强能力，使其成为基金会项目实施过程中强有力的合作伙伴。

第五章 基金会和学校改革:调和文化差异

了解中介机构

我们从皮尤慈善信托基金会的案例中得到的教训,与其归咎于中介机构本身,不如说是基金会对教育发展中心的文化评价有误差。在选定教育发展中心时,它是一个预算为3 400万美元、员工超过400人的组织。它的收入完全来自赠款和合同,它拥有14个办公中心,在世界范围内运营着250个项目。尽管该中心员工在技能和经验方面,尤其是在专业发展方面,与皮尤改革合作关系网的目标非常吻合,但这些员工往往同时分布在两个或三个不同的中心,也同时在参与别的项目。尽管教育发展中心主席真正感兴趣的是利用皮尤慈善信托基金会的项目来加强自己机构的组织能力以便今后从事更系统的工作,但是该中心的官僚结构和文化导致很难实现这一点。与教育发展中心的组织规模相比,皮尤慈善信托基金会的资金规模并不足以推动其自我变革。与许多基金会一样,皮尤慈善信托基金会的教育员工人数较少,自主权很大,而且他们灵活机动、富有创造力。的确,基金会也经常在资助方和学区人员面前抱怨:分属不同独立机构的员工似乎很难聚在一起,为推行一个连贯、统一的系统性改革战略而努力。

相比之下,在盖茨基金会选择"未来工作"组织的时候,后者只是一家拥有约600万年度预算和40个员工的机构。和教育发展中心一样,"未来工作"组织的预算依赖于赠款和合同,但它只有两个项目——一个是针对过渡期青年群体,另一个是针对成人群体。针对青年过渡群体的项目过去和现在一贯的目标都是使无法受教育的青年在26岁前获得大专以上学历。

因此,早期学院高中项目之于"未来工作"组织的意义并不似皮尤改革合作关系网项目之于教育发展中心那样仅仅是一个项目。早期学院高中项目为"未来工作"组织提供了一个在全国范围内实施自己改革理念的重要机会。能够被盖茨基金会聘请和管理早期学院高中项目,对于"未来工作"组织而言意味着一个重大成就,同时也是在"执行任务"。此外,与教育发展中心的工作相比,"未来工作"组织做了更多真正意义上中介的工作,而不仅仅是开展研究、提供技术援助或开发新产品。

寻找共同点

有明显差异的第二个方面是:在盖茨基金会的推动下,"未来工作"组织在基金会和合作机构中发挥的积极性和指导作用要比教育发展中心大得多。就在项目开始之前,"未来工作"组织专门成立了一个战略规划小组,专注于运用营利部门的方法从事非营利性开发。此外,"未来工作"组织十分擅长拟定战略文件,具有改革性的理论,并将早期学院高中项目纳入过渡期青年群体更广泛的目标和衡量标准中。同时,"未来工作"组织的工作人员通过战略思维语言推动基金会考虑改变工作和实施战略。盖茨基金会的工作人员借鉴了"未来工作"组织的专业知识和经验,从该组织了解了许多中介机构创办学校时遇到的实际情况,并从自身的教育投资中学习到了很多经验。

十分幸运的是,作为一个新基金会,盖茨基金会也在摸索着前进,并不断发展。该基金会不仅思考早期学院高中项目问题,还考虑了关于学校改革的所有工作。它朝着以成果为导向的战略思维方向发展,这需要不断吸取教训并根据外部环境的变化不断修订计划和方针。因此,皮尤慈善信托基金会和教育发展中心的合作与盖茨基金会和"未来工作"组织的合作最大的区别在于,后者共同创造和改造了早期学院高中项目,并在继续预设未来。回到我们的研究框架,"未来工作"组织的决策方式更像盖茨基金会,而不是教育发展中心。在我们看来,"未来工作"组织和盖茨基金会之间的交流与合作,尽管也会有关系紧张的时候,但却为一个高效中介组织增加了价值。

利用中介机构搭建桥梁

对中介机构的兴趣和需求在很大程度上取决于基金会选择支持的改革策略。皮尤慈善信托基金会通过国家研究和开发项目(如新标准项目)和皮尤标准化改革论坛的工作进行体制改革,该论坛是一个正在进行的研讨会和智库,大家一致认为该论坛为这一新型的改革运动提供了学术领导和政策指导。在持续支持体制改革 5 年后,皮尤慈善信托基金会决定实施皮尤改革合作关系网项目。与此同时,基金会大力投资费城学区的高中改革,这一经历几乎每天都在提醒人们,推动一个根深蒂固的中央官僚机构和一个抵触改革的教师群体所面临的挑战和挫折。信托基金会和其他大型全国性基金会一样,面临着来自高级管理层和董事会越来越大的压力,要求它们"衡量结果"——项目人员面对这种压力有时会过度保证和承诺。皮尤改革合作关系网项目的一个讽刺之处在于,从某种意义上说,基金会和受助者的角色仿佛对调了:受助者认为该项目本身是一个很好的学习机会,同时也是一种解压方式,可以缓解他们面对的来自国家和学校董事会日益增多的责任和压力。而基金会主要关注的是考试成绩和其他可以证明学生学习成绩有所提高的证据。这时候需要一个有办事效率的中介机构来弥补这一差距,至少使基金会能够认可项目本身所取得的成绩。但不幸的是,基金会和受助者双方都将中介机构视为造成问题的原因之一。

信托基金会随后与其他几个全国性基金会一样决定退出基础教育领域,这一决定反映了捐赠者对城市教育进展迟缓所表露出的无力和失望。正如我们在本章开头提到的那些原因,对那些致力于系统改革战略的基金会来说,各部门之间目标和期望的不匹配是最明显的,而所有改革的重要手段都在系统内部。盖茨基金会的早期学院高中项目则很有趣,尽管它本质上是一种合作关系网式的改革战略,但同时它也是一种基于市场的改革战略,提供选择和竞争。因为盖茨基金会的雄心从一开始就不仅仅是大规模提供优质高中教育的机会,尤其是针对低收入和少数青少年群体,更重要的是,要在全国范围内改造城市高中教育。它的战略如今也变得系统化了。作为基金会的中介机构,包括"未来工作"组织在内,都面临着使学区对新学校承担责任的挑战。盖茨基金会帮助创立了这些新学校,并将它们整合到一个更大的系统中,使其得以生存和繁荣。而之前在皮尤慈善信托基金会、中介机构和学区之间存在的一些文化分歧也正开始显现。"未来工作"组织和参与早期学院高中项目的其他合作机构是否能更成功地应对这些分歧和差异,这仍是一个悬而未决的问题。

弥合文化分歧:使基金会的资金发挥作用

拥有不同文化的组织机构其实都需要中介机构。对城市教育大规模改革和改善感兴趣的基金会需要强大的中介组织来帮助它们实施计划。比尔及梅琳达·盖茨基金会的工作人员和领导层发现,即便是那些认为自己主要在支持改革合作关系网或特许学校的基金会,如果想要将其项目制度化并维持下去,它们最终也需要加入到更大的系统中。

城市学区需要这样的中介机构,帮助它们完成着眼于标准化改革运动而进行的雄心勃勃的改革。即便是拥有最好的组织力和领导力的城市学区,也很少有能力反思自身,去获取外部专业知识,或者处理类似组织协调和一致性这种至关重要的问题。好的中介机构可以帮助学区做这些事情,也可以帮助它们获得私人资金,这些资金通常是城市学区唯一的灵活资金来源。

遗憾的是,能同时为基金会和学区充当经纪人,并发挥协助和转换作用的中介机构是有限的。增加此类机构的数量应是任何对城市教育改革感兴趣的基金会优先考虑的事项。

(南希·霍夫曼　罗伯特·施瓦茨)

参考文献:

McQuarrie, M., Guthrie, D., and Hess, A. "Intermediary Organizations and the Coordination of Social Practice." Paper presented at the ASA Annual Meeting, Philadelphia, Aug. 14 – 16, 2006.

Schein, E. H. *Organizational Cultures and Leadership*. San Francisco: Jossey-Bass, 1992.

第六章　力不从心：大规模推广"安南伯格挑战"资助计划

概述

芭芭拉·切尔沃纳于1994年1月—2000年9月担任"安南伯格挑战"资助计划的协调员。在本章中，她强调安南伯格大使的崇高动机和非凡的雄心壮志。遵照编者对本书的要求，芭芭拉深入分析了那些充满竞争压力和亟需资助的城市公共教育（也包括农村）在申请非固定资助时所面临的复杂性与困难程度。

这一资助计划在诸多方面都反映出其背后的宏远目标。该计划咨询了许多专家（得到了很多不同的反馈意见）。资助发起者尊重当地的想法，并鼓励其他基金会负责人共同参与设计。他们不惧怕打破慈善事业的某些条条框框。计划之所以能够顺利推进，主要在于对实施速度的把控。在处理紧急问题时，需要迅速采取行动。

资助群体多元化是一个预料之中的现象。多元化有些时候看似是分散混乱的，但有时却又表现为创意绝佳、人才济济、资源

第六章　力不从心:大规模推广"安南伯格挑战"资助计划

丰富,且鼓励革新。正如托马斯·哈奇在第七章观察到的那样,尽管改革可以滋养新观念,但也可能会制造一些"混乱"。而这些"混乱"势必会给具有良好意愿的活动和有益的改革举措带来不利影响。

本章结尾尖锐且富有针对性。作者通过提出一些尖锐的问题,并从"安南伯格挑战"资助计划角度对这些问题做出回应,来指出"经验和困境"。这种分析本身就具有启发性。然而,一旦将重点从忠于安南伯格的愿景和实施方法,转向专注于教育资本创建,有趣的问题就出现了。如果教育资本发展是它的目标,那么应该如何分配5亿美元的资助呢?不管如何分配,多大的教育资金规模能从整体上有助于该计划的策略制定及受资助机构的选择呢?(例如,我们知道要素学校联盟提出的一些标准、小规模学校的工作、以及一些能够缩小教育成就差距的理念。)经费规模与教育资本建设时间有何关系?学校、各学区、中介机构与基金会等多元主体应该如何相互作用才能有效推动教育资本构建?应如何建设、扩大教育资本,才能更好地推广资助活动?

> 项目设计与我们一直秉承的观点一致吗?我们是根据项目设计而行动的吗?
> 我们实现项目目标了吗?我们喜欢最终的成果吗?
> 我们需要进行怎样的反思?
> ——唐纳德·舍恩(1930—1997,"安南伯格挑战"资助计划跨区评估首席研究员、麻省理工学院名誉教授)

"安南伯格挑战"资助计划始于1993年,是美国历史上针对公共教育投资规模最大的私人资助项目。沃特·安南伯格向美国最贫困的城市学校慷慨捐献了5亿美元,旨在改善这些学校的教育现状。安南伯格先生希望能引起社会的关注,而他也确实成功做到了这一点。他的捐助资金主要运用在选定的城市中,其中一些城市的资助金额高达5 000万美元。安南伯格希望点燃希望之火——即使是那些最失败的学校或学校体系,也可以变得卓越。尽管他发起的计划所提供的私人捐赠对于大城市及其学校来说就像是沧海一粟,但无论如何,他实现了这一愿望。

"安南伯格挑战"资助计划在短时间内不仅重燃起希望之火,也引来了批评之声。最初的质疑者认为,该项计划缺乏针对性,且目标不明确,而且这一质疑也持续时间最长。其实,质疑产生的原因非常明显。在开展之初,就无法对该计划进行简单的描述,因为它具有多元性且跨地域性。"安南伯格挑战"资助计划在全国共确立了包括芝加哥和查塔努加市在内的18个资助点。在芝加哥,当地社区、大学与基金会历来秉持的是激进主义教育观念;而在查塔努加市,人们就市级和县级学校联合的问题进行了民主投票,首次开始考虑推进学校改革。

项目试点覆盖范围非常广,包括南佛罗里达州三个最大的县、旧金山海湾地区的28个学区,以及从阿拉斯加州到路易斯安那州范围内的数百个农村社区。改革政策充分反映了当时最具前景的几个方面:建立小型学校,将大型学校(兼大学与其附属学校的建校模式)调整为12年基础教育(K-12),建设"地方本位"教育,把培养认读能力变为改革的驱动力。

我们不仅很难阐释与理解"安南伯格挑战"资助计划的内涵,也很难对其进行评估。即使是在一所学校,要自信地回答干预措

第六章 力不从心:大规模推广"安南伯格挑战"资助计划

施产生了何种影响也非易事。想要找出有哪些干预对提高学生考试分数(学生眼中的"圣杯")有影响,绝不会如想象的那样简单。而评估该项目产生的总体影响更是困难重重。几年前接受"安南伯格挑战"计划资助的几个机构均面临上述状况。12年前,安南伯格先生站在白宫玫瑰园宣布他将捐赠5亿美元,而在12年后的今天,情况依然如此。

不过,在项目开展的初期,"安南伯格挑战"资助计划已明确扩大规模的重要性。回顾过往,该项目扩大规模的决心正如一开始设想的那样,已经成为学校改革推动者经常提及的术语。规模化已成为该项目的最大特色。20世纪90年代初,学校改革的积极分子与研究调查人员,在诸如皮尤慈善信托基金会教育论坛之类的集会上讨论未来发展时一致认为,设立模范学校(狄波拉·梅耶尔[Deborah Meier]称这类学校为"萤火虫")已无法满足需求。他们认为,接下来更巨大的挑战是建立大量有前景的学校,并确保这些学校的光芒永不暗淡。基础教育(K-12)的创立者也支持上述观点。但鲜有人知道该如何更快地传播这一观点(甚至没有现成证据能够证明其可行性)。不论对错与否,"安南伯格挑战"资助计划成为了传播该观点的先行者。

"安南伯格挑战"资助计划的决策者与研究人员每两年召开一次大会,交换意见并评估进展情况。当时,各大型基础教育基金项目组首次召开跨区会议,如今已成为惯例。在会上,他们经常谈及在达到规模时,如何在广度和深度之间取得平衡。在书面介绍"安南伯格挑战"资助计划时也同样会提及这一两难问题,本文也不例外。一位曾经为该计划提供过资助的项目负责人感叹道:"这么庞大的一个项目难道只有这么一两个'故事'可说吗?"实际上,"'故事'远超过我们所知、所讲,同样也远远多过我们的分析与理解"。

来自一位绅士的礼物

1993年12月,安南伯格先生在前总统比尔·克林顿的陪同下,宣布向美国公立学校捐助5亿美元作为圣诞礼物。当时,美国公立教育正处于低谷期,大城市的学校更是陷入了难以摆脱的困境之中。早在10年前,《国家处于危险之中》的报告就曾警告美国中小学要提防平庸。而如今,这股平庸之风似乎正在抬头,而且丝毫未减。安南伯格想要传达的思想很简单:我们应该采取行动阻止这种趋势,我们也具备阻止的能力。同时,他呼吁其他富有的美国人及其他基金会加入到这场教育改革中来。

慈善项目中有近十分之一的计划是需要花费数月时间进行环境考察、撰写咨询报告,然后才能确定计划的细则和建议指南的。尽管认为自己的观念是最新的,可以不用参考过去的经验教训,但几乎所有基金会都会事先执行这两个流程——进行环境考察和撰写咨询报告。但安南伯格先生在启动资助计划时,并未开展这两项准备工作。他认为今后也不必如此。

安南伯格邀请了另外两位顾问加入到他的慈善计划。他认为这两位最值得赞赏的是其对教育充满激情。他们认为每一个美国孩子,无论在什么样的环境下成长,都有权利接受良好的教育,并且公立学校理应是民主的平衡之轮。时任布朗大学校长的瓦尔坦·格里格瑞恩(Vartan Gregorian),在担任宾夕法尼亚大学教务长时就是安南伯格的挚友。瓦尔坦一直是公共机构的捍卫者,曾担任纽约市公共图书馆馆长长达 7 年之久。在他的领导下,纽约市公共图书馆一直处于核心位置。另一位专业人士是西奥多·赛泽,要素学校联盟的联合创始人,同时也是当时布朗大学教育系的主任。赛泽先生支持之前所说的那些民主观念,知道如何办好学校,掌握学校改革的核心举措。

安南伯格依靠两位关系密切的顾问来塑造他的捐赠精神,避免聘请外部规划顾问来敲定细节(他们是基金会的兼职项目官员)。这种做法可能会令人吃惊,但恰恰是安南伯格先生一直以来的做事风格。

坚持原则

1993 年圣诞节,安南伯格先生在白宫宣布,将挑战资助计划的责任权转交给格里格瑞恩先生与赛泽先生。当时,两位负责人采取的第一个行动便是尽可能多地从教育家、活动家、研究人员和有远见的人那里寻求建议,制定了一个为期 6 个月的运营计划。这些人往往会问到以下问题:我们已经从学校改革中得到哪些经验?学校改革应基于哪一层面,学校、学区、地区还是慈善机构层面,抑或可以将这些融为一体?仅在一个地方与在几个地方同时实行计划会各有什么后果?我们对学校变革中的公众参与了解多少?如果说校改的核心在于改善教学,那么改善教学的关键是什么?

这样的问题层出不穷,答案也是千差万别。给出答案的人包括国家教育机构代表,如大学理事会的首席执行官;社区组织者,如麦克阿瑟基金获得者欧内斯托·科尔特斯(Ernesto Cortes);教育研究者,如哈佛大学的理查德·埃尔莫尔(Richard Elmore)和多伦多大学的迈克尔·富兰(Michael Fullan);特许学校的拥护者西奥多·科尔德里(Theodore Kolderie);具备丰富教学经验,"加速学校"(Accelerated Schools)、"新美国学校"(New American Schools)等校改机构的领导和教师;以及像狄波拉·沃兹沃斯(Deborah Wadsworth)、罗伯特·塞克斯顿(Robert Sexton)这样的公众参与专家。

赛泽和新成立的安南伯格基金会的工作人员,面向全国进行首次校改行动,并整合了挑战资助计划。他们对波士顿、芝加哥、底特律以及洛杉矶等城市进行了所谓的"侦察"行动。召集当地的基金会负责人、政界、商界领袖、大学院长、教职员工、中小学教育家及学校改革活动家,组织大家就当地具体情况、建立基金项目的可能性等进行了一整天的讨论。他们还召集了农村教育领域的领导人,共同探讨农村挑战资助计划应涵盖的内容。

该项目设计阶段本应持续数月,但安南伯格对该项目提出了一个特殊要求,即加快速度。如果美国的公共教育状况确实很紧急,那么我们就有义务为学生及其家人尽快采取行动。通过紧锣密鼓地开会与讨论,形成了关于何为优秀学校,以及如何让学校迅速扩大规模等6个相互关联的建议。这6个建议成为"安南伯格挑战"资助计划永远坚持的六大原则。

原则一,如果想要在竞争日益激烈的学校改革领域赢得关注,凸显地位,进而产生影响,安南伯格基金会就必须提供前所未有的资助金额。大多数被资助方在捐款规模的需求上都比较大,包括美国最大的学区,这些地区的改革可能惠及数百万学生。事实上,这些地区也往往都是存在问题最多的地方。这意味着"安

第六章 力不从心:大规模推广"安南伯格挑战"资助计划

南伯格挑战"资助计划将在最困难的地方和最需要改变的地方得到证明。

然而基金会也会预留出一小部分基金以备特殊需要。这些情况一般需要安南伯格基金会与一到几个地方基金会一起合作。比如在查塔努加市创立一个全新的学校系统;在盐湖城成立一个独特的教师专业发展中心;在纽约发展民间艺术组织与学校伙伴关系;在马萨诸塞州切尔西建立两代人读写教育计划。

原则二,资助项目必须利用地方改革的努力,而不是取代它。地方改革也应该释放新的理念和创造力。这些自下而上的改革需要尊重当地的条件与关系,反映安南伯格先生、格里格瑞恩先生与赛泽先生对于民主进程的坚定信念。这似乎也是激发地方改革生根发芽的根本动力源泉。

对于纽约来说,这就意味着需要依靠小规模学校积累十多年的改革经验,并且让学校数量增加一倍。同时建立一个实验区。在那里,模范的小型学校将在更大的系统中享有自主权和影响力。在芝加哥,挑战资助计划会继承1988年的改革运动,赋予地方学校更多自治权,并通过社区伙伴关系让民众参与教学创新。由于农村学校和社区处境艰难,农村挑战资助计划旨在振兴乡村学校与社区,资金项目要支持针对当地经济、环境和文化的举措。

原则三,安南伯格的资助项目必须产生系统性的影响力。想要实现此目的,唯一方法就是让所有相关群体同时加入到项目中来,包括学生、教师、学校、家长、中介机构、社区合作者、商界领导、地方基金会、普通群众、国家和地方教育管理者、教育组织与教育决策者。研究小组共同制定了第一个涵盖所有资助试点的文件,它就像一个"影响地图",概述了每个挑战项目希望影响到的5个层面。第一层面是学生;第二层面是学校和班级;第三层面是学校体系以及其他"中介"组织;第四层面是学区和其他政策决策者;第五层面是社区和家长。

原则四,资助计划需要促进新的慈善推动力的产生。当安南伯格先生在白宫宣布自己的"圣诞礼物"时,他向全国的富人呼吁道:"我认为在接下来的五年内,安南伯格基金会捐赠的5亿挑战捐款项目,并不能完成所有的校改计划。'挑战'应是面向整个国家的……那些拥有庞大资金的基金会应该感受到加入到改革中的使命,共同促进国家向着更好的方向发展。"(1993)因此,所有安南伯格捐款都会有相应的要求,需要被资助组织筹集新的私人捐赠和公共捐赠,通常私人募捐与公共募捐的比例为2∶1。安南伯格先生希望地方基金会在支持当地中小学教育的同时,积极响应安南伯格计划的改革行动。这与地方基金会通常支持零散的项目有很大的不同。格里格瑞恩先生与赛泽先生希望地方基金会能积极响应资助计划,成为他们积极的合作伙伴,而这种角色定位地方基金会并不适应。

原则五,基金会将资助那些对优质教学有共同理解的学校。秉承要素学校联盟的"共同原则","安南伯格挑战"资助计划的设计者一致认为,优秀学校应与中介社区合作,合理管理资源。这样,学校才能了解每个孩子,然后利用这些资源打造每个孩子的教育,并为所有学生制定高标准的学术要求。首先,要仔细考量学生的实际表现,如实评价每个学生的进步;然后,再利用这些评价提高学生的学习成绩,并每天展示作为民主和支持性社区的理想。

"优秀"学校的愿景决定了挑战资助计划将对学生产生的最终影响。挑战计划资助的学校采取多种措施评估学生,仅依靠考

第六章　力不从心：大规模推广"安南伯格挑战"资助计划

试分数还不足以衡量学生的进步。同理，挑战计划也会考虑学生的个性化，及学校采取民主措施时对学生产生的影响，或给学生带来的利益。挑战计划策划者还认为"深层次"的创新需要一定时间才能体现在学生的学术成就上。

原则六，在这些挑战资助计划的原则中，策划者增加了机构的干预，即雇用中介机构来督察每个试点的改革行动。尽管挑战资助计划不是首个尝试利用中介机构的慈善改革行动，但它设想的中介实体以及支持的方式与众不同。在最基础的层面，安南伯格计划将提供财政监督，确保挑战资金不会简单地从现有的组织渠道向下流动，或填补学区赤字。该计划还会将资金直接拨给面临一项或两项风险的学区。再者，他们给自己的定位既是旁观者也是参与者，有时参与到计划中来，有时则完全置身事外。当获得系统外部人员富有创造性和参与性的重大新投资时，挑战计划工作人员和中介机构就必须改变系统内部人员之间的态度及彼此间的关系，来保证成功。项目人员也需要在一些重要但"进退两难"的地区发挥影响力。这些地区往往缺少并急需进行合作和对话。

在此之前，还没有任何学校改革进行过如此大规模的由内而外的"战略性"尝试。事实上，挑战计划的创始人并没有预见到他们对中介组织的投资会带来如此重要的组织经验，包括跨越机构间的障碍和促进系统上下变革。激发愿景、聚焦变革、提供支持、施加压力等都是非比寻常的任务。

不仅仅是挑战

安南伯格在白宫宣布捐赠 5 亿拨款的 9 个月后，安南伯格基金会下拨了第一笔款项,向一家新的实体机构——纽约学校改革组织(New York Networks for School Renewal)提供了2 500万美元的资金,以鼓励纽约建立大批的小规模学校。基金会紧接着向费城、芝加哥、洛杉矶拨款5 000万。1995年秋,"挑战资助"计划涉及的地点数量明显增加,包括旧金山海湾地区、全美所有农村地区、两大艺术机构(一个是坐落在纽约的市级艺术机构,一个是国家级艺术机构)、巴尔的摩和查塔努加市。两年后,5亿美元的资助已经全部分配了出去,受资助方包括安南伯格学校改革研究所(Annenberg Institute for School Reform)和新美国学校研究所(New American Schools),拨款数额共计5 000万美元;美国各州教育委员会(Education Commission of the States),拨款数额共计1 350万美元。(表6.1列出了计划资助的所有项目)

"安南伯格挑战"资助计划在一些城市举行了盛大的拨款开幕式,希望点燃"落实改革"的希望之火,这一设想也十分伟大。当然,实施过程中遇到的阻碍也随之而来。在追求扩大规模过程中遇到的难题,也如同大海中的层层巨浪:一波未平,一波又起。

表6.1 "安南伯格挑战"资助计划资助的项目

地点	项目名称	资助金额(百万)	日期
大城市拨款			
旧金山湾区	旧金山海湾区学校改革协会计划	2 500	1995年7月
波士顿	波士顿卓越计划(波士顿"安南伯格挑战"资助计划)	1 000	1996年1月

续　表

地点	项目名称	资助金额（百万）	日期
芝加哥	芝加哥"安南伯格挑战"资助计划	4 920	1995年11月
底特律	21世纪的学校	2 000	1996年11月
休斯顿	休斯顿"安南伯格挑战"资助计划	2 000	1997年1月
洛杉矶	洛杉矶"安南伯格挑战"资助城市计划	5 300	1995年11月
纽约	纽约学校改革组织项目	2 500	1995年1月
费城	儿童接受挑战项目	5 000	1995年1月
南佛罗里达	南佛罗里达"安南伯格挑战"资助计划	3 340	1997年1月
农村学校改革			
国家范围	农村学校和社区基金	4 675	1995年7月
艺术教育拨款			
明尼苏达	艺术成就计划	320	1997年7月
全国范围	透过艺术挑战改变教育	430	1996年9月
纽约	艺术教育中心	1 200	1996年7月
特别机会拨款			
亚特兰大市	城市亚特兰大联盟协定	1 200	1997年6月
查塔努加市	密尔顿县公共教育基金会	250	1995年7月
	领导力发展项目	150	1998年7月
切尔西市（马萨诸塞州）	波士顿大学、切尔西伙伴关系计划	200	1996年7月
盐湖城	"埃尔克斯-安南伯格挑战"资助计划	400	1996年12月
西巴尔的摩	西巴尔的摩全新小型学校计划	100	1996年4月

后勤保障

"安南伯格挑战"资助计划在执行创建工作中,依然强调速度的问题。其遇到的第一个阻碍就是如何以最快的速度建立起一个能实现最终目标的中介机构。尽管安南伯格基金会最终同意各试点将其工作时限延长为 6 年,有的甚至是 7 年。但一开始大家普遍认为计划的总时长应为 5 年。大多数试点为推进计划争相填写非营利性企业记录单,招募董事会成员和员工,设立办公室,制定提案请求和谅解备忘录。波士顿与查塔努加市则是其中的少数特例。它们将计划拨给的资金运用到已有的公共教育基金中,实现了快速起步。

除了关心扩张规模的速度,安南伯格基金会一开始还认为不需要太多管理人员,早期多数试点的负责人数量很少,但这一政策在后期有所调整。

创新性与一致性

另一个迫在眉睫、亟待解决的问题是如何平衡自下而上的创新以及上层管理的继承性和连贯性。安南伯格金基金会和研究所向潜在的受资助者明确了申请该计划的规定、目标,以及何为优秀学校的定义。对于安南伯格先生、格里格瑞恩先生、赛泽先生来说,这才是他们的初衷。由最了解当地情况的人负责改革构想,以及鼓励"因地制宜"推行创意一直是他们所秉持的改革理念。然而,这也让地方改革规划者绞尽脑汁去思考"安南伯格计划到底想要什么样的项目",从而导致计划试点出现了多元化特点。

第六章 力不从心:大规模推广"安南伯格挑战"资助计划

当安南伯格研究所试图在个别地点指导工作时(或在最后一笔拨款下拨时想要影响提案的审批),这种紧张关系就又出现了。安南伯格基金会为此烦恼不已。当地的创新并不一定能保证提出深思熟虑的理论和有效的战略,当地机构也不能确保关键参与者都会积极参与共同的改革议程。随即,"安南伯格中心人员"(Annenberg Central)这个术语被创造出来,这里指的是负责监督挑战项目的少数研究所工作人员。在上述18个项目中,他们都扮演了"爱挑剔的朋友"的角色,从而保证了大多数项目具有连贯性和专注度。例如,当南佛罗里达挑战计划(South Florida Challenge)构建了一套以校企合作为中心的变革理论时,安南伯格中心担心,该战略将催生出一堆杂乱的小项目,不会促成全校性的变革。然而,它所能采取的唯一纠正措施就是劝说。因为从一开始,格里格瑞恩就坚持认为,研究所的作用是协调,而不是指挥,它对这些独立机构没有任何权威。

从地方层面上看,地方在创新性与一致性之间的权衡主要体现在学校为争取获得资助所制定的计划上。安南伯格基金会和安南伯格研究所,要求申请试点将改革计划与自身特殊情况相结合,地方也对其区域内的学校提出了类似的要求。这与大多数改革计划的实施相冲突。在这些改革计划中,计划与项目的细则由高层(国家或地区教育权威)决定,或者由改革对象以外的人员(如社区组织、高校、基金会)决定,而学校只能执行这些计划。当地方创立了一个确切的改革想法想要实现,并将想法明确传达给当地的学校时,学校一般会给出针对性的改革方案(哪怕不那么健全)。在旧金山海湾地区,学校要想申请改革资金,必须做到以下三点:一是向旧金山海湾区学校改革协会提交一份有十足把握的计划书;二是符合协会成员提出的其他要求;三是参加专业能力培训活动。乡村挑战资助计划招募富有经验的咨询师。这些咨询师选中的往往是那些懂得"真正意义上的优秀乡村学校"理念的乡村试点。他们会帮助当地学校与村民制定符合上述观点的详细校改计划。一旦计划的关注点集中在地方层面,学校给出的校改计划就会针对不同方面,因此不会有一个准确的方向。

广度与深度

随着计划规模的扩大,对于计划的广度与深度(指一个项目可以推动下一个项目的形成)的要求也出现了两难境地。在"安南伯格挑战"资助计划中,最大的争论主要是获得拨款试点的数量。这些获得拨款的地区反过来也要起到推动计划广度与深度的作用,然而这项工作却非常艰巨。在费城,"安南伯格挑战"计划提供的资助基金主要用于由大卫·霍恩贝克(David Hornbeck)负责的"儿童成就挑战资助计划"(市级),理论上所有学校都可以参加该计划。波士顿有48%的市内学校得到了资助。芝加哥有40%的市内学校得到了资助。在旧金山海湾区,该区学校改革协会决定确立"领先学校"理念,并且对这些"领先学校"投入建设支持。协会将挑战计划提供的资助发放给该地区86所学校(该地区学校总数为1 214所),仅占学校总数的7%。在另一案例中,乡村挑战资助计划"侦察小组"从阿拉斯加州与阿拉巴马州挑选出40多所学校,他们将给这些学校提供大量资助。

学区关系

"安南伯格挑战"计划在实施过程中非常依赖中介机构。这

第六章　力不从心：大规模推广"安南伯格挑战"资助计划

就使人们产生误解，认为该计划中没有"学区决策"权，即任何一个计划都没有将学区视为学校改革的参与者。事实却要比这种假象复杂得多。在一些资助点，挑战计划的资金实际上是被地方教育改革计划占用了。最典型的例子就是费城。在波士顿与查塔努加市，中介机构与学区之间的关系非常紧密，其中也包含着激烈的竞争关系。波士顿卓越计划在记录波士顿当地教师专业能力培养的失败案例时，会呼吁当地的公立学校踊跃报名，但该计划的主要负责人托马斯·佩赞特（Thomas Payzant）对此持批评态度。

从计划发起之初，纽约的市长与校长便联合声援由最新成立的人文教育中心（Center for Arts Education）发起的"安南伯格挑战"人文计划。然而拉蒙·科帝内斯（Ramon Cortines）校长依旧宣称他支持纽约学校改革体系坚信的目标，即创立一个道德规范区。在该道德规范区中，体系成熟的小规模学校有权监督彼此严格遵守教育标准（尽管在下一任校长鲁道夫·克鲁[Rudolph Crew]上任后，这一目标便作废了），教育委员会当时成立了新学校发展办公室，并推行纽约最富教学经验的几所小规模学校遵循的一些标准。在休斯顿，学区与安南伯格计划之间的关系一开始就十分紧密，如今两者在当地已然成为了一个整体。在南佛罗里达州，布劳沃德、迈阿密与达德地区的代表均为安南伯格计划贡献计策，他们一同设计了地方挑战计划理事会，向"安南伯格挑战"计划南佛罗里达州项目申请资助基金，并获得批准。

学区的参与本身并不会遇到阻力，当其想要将参与转变为在政策和实践中进行友善变革之时，才会遇到阻力。回顾过往，我们的期望值往往过高。例如，安南伯格研究所城市学区未来特别工作组，将重新规划学区视作改革的唯一目标，却低估了对根深蒂固的官僚主义观念进行改革时会遇到的重重困难。

然而，"安南伯格挑战"计划选定的这些地区（这里单指包含城市学校的学区）既处于一种混乱状态，又站在风口浪尖上。一旦出现混乱，即便挑战计划的参与者希望能携手合作，它们还是会呼吁实施新的改革，调整项目主要负责人和学校理事会成员，更改国家授权细则，处理基金会中的异常情况。这些问题都会将这些学区推到危险的边缘，使它们更加担忧改革的进展。底特律学区便是最典型的案例。底特律挑战计划的一家中介机构——"建设21世纪学校"一直试图与当地领导建立紧密的合作关系。但是，底特律学区当时的社会氛围非常混乱（由于该学区面临破产并且面临被州政府收购的可能性，当时学区的公民都非常灰心丧气），合作只会是一种拖累，对计划的推行没有任何好处。

挑战资助基金的各个项目本身就处于混乱状态。当计划呈现的是一种对抗状态，而非推动状态时，官僚主义就像是一片早就钉在地上的金属围栏，阻止计划的推进。而这些学区还呈现出一种安全、稳定、有序的假象。当计划的目标发生变化时，为了平衡稳定与混乱，需要中介机构与项目覆盖的学区迅速调整相互关系。

安南伯格拨款数额较大，一般为2 000万到5 000万美金不等，主要是拨给大城市的资金。因为资金额度大，对其资助的教育体系改革状况的期待也相对要高。在改革积极分子与一些期待彻底变革的人们眼里，这些大额拨款肯定能引起受资助地区的关注。而且还能鼓励公立基金会与私人基金会携手共进，共同实现大范围改革的目标。实际上，正如格里格瑞恩常说的那样，"根据每年试点学校的预算,安南伯格基金会拨款一直以来都'算错了数额',这大大影响了我们原本的实力"。例如,统计显示纽约的城市学校资助预算占挑战计划总资助额的 0.05%,洛杉矶占 0.09%,芝加哥占 0.28%。

慈善机构的参与

各个挑战计划的试点地区需要满足当地慈善基金会希望获得挑战资助基金的请求。例如旧金山海湾地区、波士顿和底特律,这些地区原本就有一些私人慈善基金会,它们需要安南伯格基金会加入其合作。查塔努加市的一些市民、私人基金会以及公司在短短几周内筹集到的 500 万美元捐款,再加上安南伯格拨给的 250 万美元,被用来共同资助当地学校改革工作。也有一些地方,当地的私人基金会之前从未向公共教育给予过资助(典型地区如洛杉矶和南佛罗里达州),这些地区花费了 5 年时间才实现私人资助与安南伯格计划资助协同运作。在试点机构的不断尝试下,它们让从前不愿为公共教育提供资助的基金会加入了公共教育的资助计划。安南伯格先生曾经提出希望他的这份捐款能激励更多的人加入其中,显然实现这一愿景还需再接再厉。

然而,让当地基金会对校改项目无偿给予大力支持或者直接将资助交给安南伯格中介机构,这些想法是基本不可能实现的。而这也是可以理解的。当地基金会坚持向中小学教育投资。而且,它们也希望能继续资助那些之前已经启动的项目。确实,我们也不希望当地基金会顾此失彼。因而,只要它们的资助决策稍微与安南伯格计划挂钩(它们通常会注意我们的计划),就将其资助视作与我们的合作。然而有一些地区,只有在强迫下才会与我们建立合作关系。这类合作已然偏离了原本的计划,还可能占用另一项计划急需的资助基金。

旧金山海湾地区属于特例。该地区的慈善基金会积极响应挑战计划的实施。家在海湾区的威廉·R.休利特(William R. Hewlett)及其所在基金会在计划一开始便向旧金山海湾区学校改革协会捐献了250万美元,这是史无前例的额度。他慷慨的行为鼓励了当地更多的基金会尽其所能给予海湾区学校改革协会资助。而海湾区学校改革协会也乐意与当地基金会共同合作,与它们定期会面,共享信息,共同探讨基础教育资助计划带来的成效。

评价与调查

安南伯格研究所没有聘请兰德(RAND)这样的全国性研究公司对计划进行整体评估,而是要求各试点建立自己的评估团队。评估小组由附近大学富有经验的校改研究人员组成。这一决定符合挑战资助计划自身的复杂性与多元化特点,同时也响应了尊重地方创新的原则。计划初期一些核心研究人员和项目负责人一致同意使用"理论兼实践"的方法进行评估。随后,地方调研者与项目人员紧密合作,共同确定项目的各项指标,制定研究设计,并建立提供形成性反馈的系统。通过这种方法,计划试点能获得实施具体改革后的数据,这些数据都非常深入、详细且及时,同时还能对其进行灵活的中期修正。尽管这种方法无法得到挑战计划的总体评估,却可以利用多种方法得到地方年度计划评估。而且,在某些试点还能就某些案例进行开创性研究,比如对教师布置作业质量的调研,或对小规模学校成本效益的调研。

然而,这种复杂的评估策略使得我们很难对"安南伯格挑战"

资助计划是否取得了成效给出一个简单的答案。正如学区青睐的改革措施也同样需要一定时间才能在学生考试成绩提高或学区的改变上有所体现。那些直言不讳的批评者认为，安南伯格计划的失败早在有证据证实之前就已出现迹象。《洛杉矶时报》(*Los Angeles Times*)的一篇社论曾说，挑战计划的试点学区会拒绝对他们的工作进行评估。(Reilly, 1998)

培养能力

如果中介机构是"安南伯格挑战"资助计划执行的关键所在，那么，计划能否成功便取决于机构中员工与董事会是否能协力共事。他们是巨额私有基金的捍卫者，这一点赋予了他们权力和社会公信力，而其他优秀的非营利性机构需要花上数年才能建立起这些。但募捐、管理和发放资金只是挑战计划中介需要精通的众多领域中的一个。更为重要的是，它们需要培养与参与方相关的能力——在适合的时间和场合为参与方提供意见、给予关注和支持甚至施加压力。要更好地履行上述角色，它们必须从不断的尝试和失败中学习。

中介组织需要成为改革的倡导者，团结教师、管理人员、家长和社区领导人，要知道他们的需要以及针对如何实现目标达成共识。这不仅需要维系良好的社会关系，还需要转换角色、成为教育者，促进所资助的教师和校长提高自身专业能力。它们要成为政策推进者，调解各种政策决策者之间的关系，从州教育部和学校董事会到工会和社区活动人士；要成为计划的维护者，敏锐察觉内部需求，并按照需求调整计划；要成为管理培训师，将愿景转化为可衡量的、值得实现的目标，并营造注重责任感的企业文化；

还要协助以高校为平台的研究部门进行评估工作。

这是一项艰巨的任务,挑战计划中介机构的工作人员长期感到不堪重负。在洛杉矶,洛杉矶安南伯格城市项目(LAAMP)一天的议程包括:考察洛杉矶中南部的3所学校,这仅是该计划资助的28所学校的冰山一角;此外,他们还需要与学校改革机构(LEARN,该机构在洛杉矶安南伯格城市项目开展前就成立了)达成所涉及领域的冲突方面的和解;与商界、政界领导召开内部会议,讨论即将进行的学校董事会选举(通常争议性较大)。在休斯顿,当地挑战计划项目的日常工作包括:确定面向全校数百位教师的专业能力培训内容;与负责评估的得克萨斯大学奥斯汀分校的调研小组成员开会,选定哪些学校可以成为该计划的"灯塔"学校(榜样学校);策划募捐活动,募集更多的资金等。

传递交接棒

正如之前提到的,"安南伯格挑战"资助计划一贯秉承的一大原则就是:利用而不是取代地方原本富有成效的改革措施。同样地,当各试点将拨款用完时,它们希望能亮出自己的长处,可以通过新的资源和新的组织继续拿到拨款。实际上,挑战资助计划就像是一场马拉松接力赛中间的一棒:计划试点会收集改革的想法和活动,维系其中相关部分,并传递到下一个接棒人手中,或者重新整合队伍,进行新一轮接力赛。

在纽约,纽约学校改革组织项目的主要合作伙伴——公立学校新愿景(New Visions for Public Schools)——继续孵化新的小型

第六章 力不从心:大规模推广"安南伯格挑战"资助计划

学校。在"安南伯格挑战"计划结束时,大约5万名纽约市的学生在140所小型公立学校就读。这140所学校均是由"安南伯格挑战"资助计划建立并资助过的学校。自2002年起,在比尔及梅琳达·盖茨基金会、卡内基教学促进基金会,以及开放社会研究所(Open Society Institute)所提供的3 000万资助金的帮助下,"公立学校新愿景"新建了100多所小型学校,并将纽约的一些大型高中拆分为规模相对较小的学习机构。纽约市艺术教育中心(New York City Center for Arts Education)成立于1996年,当时获得了1 200万美元的挑战拨款,该中心致力于帮助维系5个学区的学校和艺术机构之间的合作,并一直为5个区的校企合作提供资金支持。2002年,因对纽约州的文化福祉做出杰出贡献,该中心荣获"州长艺术奖"(Governors' Arts Award)这一殊荣。

在旧金山海湾地区,海湾地区学校改革协作计划(BASRC,2005年更名为起点学校)依旧致力于消除各学校之间的差距,向学校教师与管理者提供改革需要的工具。无论是过去还是现今,改革的基石一直处于一个"探究式循环"当中。它要求教育工作者反思实践,做出改变,然后重新思考这些改变会给海湾地区学校改革协作计划带来哪些变化。海湾地区学校改革协作计划对该地区的项目不断调查、改进,并号召更多人加入进来。它的这些举动得到当地慈善机构的大力支持,包括来自威廉和弗洛拉·休利特基金会的2 500万美元和来自安南伯格基金会的1 500万美元。协会过去两年关注的重点包括:一是开设网上课程,对教师、学校管理者进行线上培训;二是为负责人、校长、特级教师提供建立"重点地区伙伴关系"的培训;三是展示一些最佳示范机构。

农村挑战资助协会（Rural Challenge）（现在更名为农村学校与社区信托基金会[Rural School and Community Trust]）认为国家政策常常忽视农村学校与社区,严重阻碍了"真正的优秀农村学校"数量的增加。挑战计划向"农村挑战资助协会"承诺在每年资金预算中预留一部分,为乡村挑战计划成员提供更完备的政策体系。这一项举措只针对农村项目,以此来支持农村相关学校的改革行动。此后的几年里,农村学校与社区信托基金会的行政管理者在基金会给予的巨额资助下,委派调查小组,就影响农村教育的严峻问题进行研究,如乘坐长途公共交通带来的影响;收集和整理关键法庭案件中"法庭之友"的简报;支持在6个州针对资助中出现的不公平现象组织的社区活动,并就各州资助或支持农村学校的表现发布年度报告。

波士顿、休斯顿和查塔努加,以及各机构支持的中介组织,都是比尔及梅琳达·盖茨基金会和卡内基教学促进基金会促进高中改革赠款的受益者。每个试点对当地的改革都越来越得心应手,也能更好地把握"参与者兼局外人"的角色。明尼阿波利斯市与盐湖城是相对小一些的试点,这两个试点目前依旧和安南伯格资助计划合作,推动公共基金会与私有基金会的融合。

挑战计划各试点也从来不曾意识到一旦资助停止,改革计划也将变得前途暗淡。为了尽其所能地扩大安南伯格资助的影响,洛杉矶开启了一个新的计划,但却因未能提供足够的远见、关注点和支持,欠缺推行力度,调整不够及时等,导致最终未能真正实现洛杉矶安南伯格城市计划的目标。费城的挑战计划项目与大卫·霍恩贝克发起的"儿童成就"计划类似,因过度扩张,导致愿景太过细化、关注不够、计划推行力度不够、得到的支持不足,以及执行过程中遇到的反对者过多。该计划在霍恩贝克先生卸任费城学校总负责人一职后便停止了。芝加哥"安南伯格挑战"计划也没有将其在初始阶段作为出资人的辉煌传承下去。在最后一年,它用剩余的资产创建了一个地方教育基金会。在底特律,挑战计划基金数十年来也没有解决城市学校投资不足以及学区领导层管理不善的弊病。

不管"安南伯格挑战"资助计划最后一棒传递得如何,各个试点都在最后的比赛中倾尽了全力。通过它们的努力,提高了地方针对优秀学校建设的意识,并促成了地方的对话;扩大了当地组织间的合作,提高了教育工作者的专业能力,明确了未来的标准、方向与责任,制定了资助计划评估体系与学区相关政策。"不管大家承认与否,如今的慈善改革工作是站在安南伯格宽阔的肩膀上进行的,得益于他所促成的有关学校改革的对话。"芝加哥一位长期参与学校改革的人员评价道,"在'安南伯格挑战'计划之前,从未有过身份迥异的这么多人,一起如此奋力地谈论——或争论着学校改革这一话题。"

经验教训与困境

"安南伯格挑战"资助计划在实施的过程中不断遭遇困境,积累经验教训。大多数经验教训都有一个相似之处:学校改革是一项艰巨任务,其中教师素质与专业能力是学校改进的关键,可以有效满足学生对学校的期待值,不断提高和化解落后的学校领导力等问题。计划面对的许多困境也是可以预见的,在之前的案例分析中我们也有所提及:如何平衡好计划的广度与深度?是自下而上进行改革,还是自上而下进行改革？是传承已有经验还是支持创新？对改革究竟应该给予包容,还是加速推动？

以上这些大家很少关注的问题正是这篇文章最想与读者分享的内容,因为这些与中小学教育慈善计划的实施息息相关。托马斯·哈奇2002年发表了一篇颇有见地的文章,题为《当改进计划发生冲突时》(When Improvement Programs Collide),该文章提出了下列思想与问题：

- 一个项目过于巨大,究竟是好还是坏？"安南伯格挑战"资助计划中的任何一个项目都是比较庞大的,主要体现在它的预期目标、项目选定城市或地区(比如整个洛杉矶)、参与计划的学校(超过2 500所)等。有人会就此提出质疑,认为计划太大了。挑战计划确实对于其工作人员来说既是一个机会,又是一个挑战,这些承受计划压力的工作人员包括：中介组织的员工与理事、地方基金会成员、地区政府、地区学校校长与教师、高校调查小组成员以及社区合伙人。如果不过分吹嘘计划的未来前景,扩大计划还是值得支持鼓励的。计划试点向安南伯格基金会提出的议案常常颇具野心,地方学校提案也总是自信满满。但安南伯格基金会并未帮地方试点或学校认清现实,调整计划。基金会向它们介绍了一个新的概念：希望那些关键试点能成为一个跨地域的整体,可以自行举办会议、活动,并向基金会提出请求条件。然而,鼓励跨地区交流与学习又进一步增加了需求。在这种情况下,一个雄心勃勃的基础教育慈善计划——也不必像"安南伯格挑战"计划那么规模宏大——如何既能够设定高目标和高期望,还能够确保思考

第六章 力不从心：大规模推广"安南伯格挑战"资助计划

和行动切合实际呢？即便是小规模学校的改革计划，往往也会过分追求凸显性和社会影响力。

"安南伯格挑战"资助计划也体现出"庞大"的善变本质。由于计划过于庞大，很难进行有效的管理。正如之前提及的，与学校与学区的公共预算相比，它的资源是极其有限的。

- 我们所说的"系统性改革"是什么意思？它的目标是什么？我们如何衡量进步？挑战计划启动之时，有关系统性改革的讨论刚刚开始触及学校改进的相关讨论。十多年后，这种讨论变得越来越响亮，引发的问题与给予的回答一样多。体制外的资助者和改革者如何同他们寻求改变的官僚机构——学区、州教育部、教师工会和教师教育项目——建立牢固的关系？官僚体系改革范围包括学区、州教育部、教师联盟、教师工会和教师教育项目。采取什么样的行动理论看上去最具信服力？局外人在何种场合和事件中可以产生有益的影响？体系中的各种改革之间是如何相互影响的？如何衡量所产生的影响，衡量的标准又是什么？

挑战计划试点自诩其所取得的实质性胜利便是竭力触发了系统变革。例如，洛杉矶安南伯格城市计划创建了新教师培训项目，该计划将学校系统与加利福尼亚大学联系在一起，建立快速通道，并提供学历认证；农村挑战计划致力于通过提供令人信服的证据，实现农村社区普遍接入互联网；挑战计划针对学校规模和学生成绩的研究继续吸引着政策制定者的注意。当安南伯格中心描述上述成就以及挑战计划试点所取得的其他成绩时,充满骄傲与现实主义色彩地说他们在教育体系中留下了一个个"小脚印"。然而,"小脚印"一词,却被质疑者视为挑战计划试点没有产生系统性影响的证据。

- 由地方来预设和实施变革战略会导致怎样的倾向?从始至终,挑战计划就是一种自发的实验,该实验希望证明学校改革能否(抑或在多大程度上)依赖地方的创造与设计。所谓的地方主义给人的初步印象就是多元主义,它从本质上违背了一致性和连贯性的价值观。这是安南伯格计划愿意做出的妥协,我们已经在前文解释了原因(希望可以利用当前正在进行的改革以激发地方的主人翁意识)。然而,地方主义同时也假设了地方设计中会存在一种内在的"善意"——离行动最近的人往往了解得最充分。将其放到挑战计划的具体语境中,就是指地方合作和协商的过程会使呈交到安南伯格基金会的每一个提案都具有包容性。当然,这些假设也都是从大处着眼,事实上并不能保证会覆盖所有计划试点。例如,当商界领袖介入,帮助制定计划时,他们所倡导的战略通常缺乏与学校变革研究相关的实质性知识。在一些城市,地方学校改革领域中改革观点层出不穷,组织也十分多样,挑战计划也会承袭这些压力;在有明确改革议程或组织的地方,制定计划的过程就会缺乏包容性,不太会引入新的合作伙伴或参考新理念。

- 我们如何提升培养能力的水平?如果挑战计划是一个方程式,那么各试点的中介机构就是最关键的变量。如前文所述,中介机构的作用包括提供愿景、给予关注与支持,以及适当地施加压力。多数情况下,这些中介机构的工作人员并没有参与制定计划的过程。因此,对他们能力的第一个考验是,充分理解安南伯格基金会曾经批准的提议,即便其中有不足之处,也要一以贯之。然而不久,挑战计划的中介机构就会意识到要想将宗旨贯彻下去,不仅要充当计划的执行者与管理者,还要成为能力培养者——包括所资助学校在内的所有成员。此外,他们既不完全在系统外部,也不完全在系统内部,这就要求他们协调不同的观点,有策略地行动,并找到需要特别注意的中间地带。

然而,对于每一位工作人员来说,这都是一项新工作。最终敲定的改革决策实际上非常复杂。这也就意味着清楚了解这些决策也并非易事。当资助者在多个地区的基础教育领域大刀阔斧地进行改革之时,中介机构的能力将变得至关重要。资助者会常常会一厢情愿地认为在不同领域拥有强大声誉的机构会是自己亟需的中介组织。有时,一些技能是通用的或容易获得的;但通常情况下并不会如愿。

最后,学校和学校系统是无法分割的生态系统,我们如何在生态系统之中制定改革计划?托马斯·哈奇在《当改进计划发生冲突时》中写道:

> 将学校视为生态系统的一部分是十分有意义的,在这个生态系统中,许多不同的实体试图共存。从这个角度来看,改善计划、地区和州的行动不能被视为改变努力的"起点"。改革一直在持续,没有停止。在这种情况下,无论是来自地

区、州、改进计划还是其他方面的新举措,我们都必须像考虑新物种和新发展将如何影响生态系统那样加以仔细研究。

哈奇所提出的问题也正是挑战计划的主要构想者在回顾过往工作时所提出的问题。我们是否还有能力执行挑战计划新发起的项目?在拓宽以及深化计划中采取的措施是否有成效?是否存在过高的需求或者隐性成本,会对我们的项目造成不利影响?"安南伯格挑战"资助计划的影响范围到底有多大?我们还有哪些尚未达成的目标?

唐纳德·舍恩是麻省理工大学的名誉退休教授。在1997年逝世前,他一直协助推行"安南伯格挑战"计划并调控跨区域评估工作。他曾经向从事跨区评估的工作人员解释为什么他认为努力反思自己的成就和不足是如此重要:

> 如果所在群体具备可靠的探究能力,能够利用自身优势、各种知识和直觉——当身处危险之中,并忧虑该如何采取行动之时,可以拥有必须采取行动和团结一心的意识——在这种情况下,我们是最有理由去希冀未来的,因为此时人类的理解力和感知力得到了解放。(1996)

由于我们一直在不懈地追求,想要为所有孩子提供满意的学校教育,所以舍恩的上述话语至今仍然具有启示意义。

(芭芭拉·切尔沃纳)

参考文献：

Annenberg, W. A. Statement delivered in the White House, Dec. 17, 1993. The Brown University News Bureau.

Hatch, T. " When Improvement Programs Gollide. " *Phi Delta Kappan*, 2002, *83*(8), 626 – 634.

Reilly, P. J. "Annenberg's 'Challenge' Is a Bust: The Philanthropist's Big Grant for Public Schools Does Little Except Line Bureaucrats' Pockets. " *Los Angeles Times*, Apr. 7, 1998.

Schön, D. A. Personal communication, Sept. 21, 1996.

第七章　提升学校自我改进的能力[1]

概述

在哥伦比亚大学师范学院教师托马斯·哈奇看来,学校为获得基金会以及中介机构的资金和技术支持付出了沉重的代价。尤其是当一个学校同时接受多个机构资助的情况下,学校常常为满足机构提出的各种要求疲于奔命。为了响应(通常是应付)机构的要求,学校不得不重新分配管理层以及教师的时间以应对创新所需的额外工作,因此往往负担沉重。第三方当然不会耐心地等待它提出的措施在学校环境中发挥作用。除了要满足高强度的日常需求外,学校还必须响应学区的优先事项以及国家政策的要求。

根据哈奇的观点,在"动荡"的环境下,我们往往很难平稳地

---

[1] 本章的写作得到了威廉和弗洛拉·休利特基金会、斯宾塞基金会和卡内基教学促进基金会的支持。感谢李·舒尔曼、安·利伯曼、雷·巴凯蒂和托马斯·欧利希在项目开发和文章写作方面给予的帮助。这些结论完全是我个人想法。

推进改革。通过对6所不同形式学校的研究,他确定了一些对基金会措施的成败具有关键影响的因素,其中包括学校、外部环境及二者的关系。其中一些因素指向了教育资本。有些因素直接关系到教育资本的建设或应用。例如,根据特定课程需要创建专业发展项目,为基于项目的教学设计模型,或者为学校的改革提供探究式模型。有些因素则为推动教育资本不断前进创造了条件。例如,推动社区资源向学校倾斜;通过合理管理资源,为资本改革提供时间;或者在学校和学区之间建立合作关系,确保改革影响力的持久性。

在某种程度上,现实主义是受欢迎的,因为它正是学校改进计划所欠缺的。哈奇认为良好的愿望与令人眼前一亮的创意仅仅是圆凳三条腿中的其中两条。如果没有第三个结构要素——管理计划的能力,学校和基金会将难以确保教育资本得到足够的重视和关注并发挥其自身价值。对于基金会而言,将一个潜在有效的创意发展成为谨慎管理一个成功的捐赠,需要系统地关注受赠方的能力。

1996年,旧金山湾区查尔斯顿高中一位新上任的校长,发现该校参与了4项由不同的地方性基金会和全国性基金会资助的改革计划。它们分别为:海湾地区要素学校联盟(简称BayCES,现称为海湾地区公平学校联盟)、海湾地区学校改革协作计划(简称BASRC,现称为起点学校)、硅谷合资企业协会(Joint Venture Silicon Valley)以及通过个体决心自我发展计划(Advancement Via Individual Determination,简称AVID)。校长需要同时兼顾这4个项目,仿佛被这些项目"一分为四"(Hatch,

2001,44)。这些项目在为学校提供发展所必需的资源和专业技术支持的同时,也迫使校长和其他工作人员在这些项目上花费大量时间和精力;这些项目常常把学校推向不同的发展方向;它们还要求学校完成各种不同的评估和报告;资助者们会置学校的需求于不顾,通过增加或削减拨款来彰显其主动权。与此同时,查尔斯顿高中还必须配合许多学区、州和国家的改进工作。这其中包括实施新的专业发展计划和课程大纲,制定新的毕业要求、考试要求和评估标准等。

查尔斯顿高中并不是唯一一所为了协调各种改进计划而疲于奔命的学校。事实上,当时的一项针对旧金山湾市区学校[1]的调查显示,超过一半(占全部问卷的51%,共回收77%的问卷)的校长回复说他们的学校正在同时进行3项及以上(由基金会或其他外部资源资助)的改进计划。在所有问卷中,15%的学校表示它们参与了6个及以上的改进计划。在加利福尼亚州的一个对比区和得克萨斯州的两个对比区中进行的调查显示,各区63%的受访学校都参与了3项及以上的改进计划,27%的学校参与了6项及以上的改进计划。在某地区,18%的学校同时与9个及以上的项目展开了合作(Hatch,2002)[2]。与查尔斯顿学校相似,这些学校也是在一个充斥着大量改进项目,不得不联合和协调新的学区或州提案的政治环境中开展工作(Fuhrman and Elmore,

---

[1] 该地区名称、学校名称、学校成员姓名均为化名。
[2] 这项调查只要求校长汇报他们所参与的44项改善计划。改善计划出自《学校改革模式目录》(*Catalog of School Reform Models*)和一些当地知名的计划(Northwest Regional Educational Laboratory,1998),并没有考虑其他计划、项目或其他伙伴关系。

1990; Spillane, 1996)。在这种环境中,基金会资助的改进项目有可能以破坏学校自我改进而告终,并且这种破坏的能力不亚于它们最初试图增强学校自我改进的能力。

在动荡的环境中学校改革所面临的挑战

20 世纪末,尽管人们对"系统性"改革感兴趣并投入很多精力,但学校所处的动荡环境使得包括学校成员、资助者以及改革者在内的各方难以达成统一。领导层、政策、经济形势和公众期望的不断变化使人们难以为未来做好准备,预测当前的方案可能产生的影响,以及猜想未来可能推出的新方案。进一步说,动荡的教育和经济环境也影响着资助者和改革者。在这种情况下,学校的资金、领导力和内部能力均存在着很大的变数。这可能迫使其改变战略,甚至使得本来打算坚持到底的项目"被迫中断"。

最终,从资助者和改革者的视角出发,他们提供的资源和帮助,实施策略的最终导向均是与州和地方的措施保持一致的。但是,作为实践者的校方仍然会感到自己被资助者同时向不同的方向拉扯。他们并不知道如何将各方的要求有机地结合在一起。换句话说,校方认为资助者和外部机构无法与校方在思想上达成一致;校方只能尽其所能为学校争取最多的支持,并尽可能地减少随之而来的冲突。

在这样一个动荡的环境中,学校必须有能力找到所需的资源,管理所面临的各种相互冲突的要求,并做好应对瞬息万变的大环境的准备。这些环境因素包括政策、领导层、资助者和拨款次序等(1991 年 3 月)。简而言之,学校需要为自己的成功创造条件。正如迈克尔·富兰所说,"我们不能等着别人来改变环境。我们所有人都可以在一定程度上改变当下我们周围的环境。这迫使我们开始走上转型之路"(2003,29)。从这个立场出发,对教育感兴趣的资助者和改革者面临的问题是如何在教育方面进行有效的投资,并在提供实用帮助的同时避免增加学校的负担或者加剧学校当下面临的动荡局势。

基金会及其所支持的改革者可以通过帮助学校发展基础组织功能来解决这个问题。这会使他们的改进持续而有效。但是,做到这一点需要学校重新界定做出改进所必需的能力。为了帮助学校进行界定,我将在文中提供6所学校的经验。从这些经验中我们可以看出,学校能够做出改进并长期维持取得的成果。同时,这些经验也反映了学校在提升改进能力时会遇到的挑战。即使是那些已经做出了显著改进的学校也会面临这些困境。这也表明人们需要重新思考一些关于学校改革的传统观点。

如何通过管理外部需求提升学校能力

面对动荡的环境,学校应如何应对并做出长期且可持续的改进?让我们以市政供水系统优化策略的演变为例,做个类比。20世纪初,为了满足不断增长的人口和新兴工业化社会的需求,城市需要增加水资源供应。政府最初的策略是尝试通过建造更多的水坝和水库并增加水资源储量来提高供水能力。然而,他们很快发现出于经济和生态环境方面的考虑,这并不是长久之计。

因此,政府将优化策略扩展到降低市民用水需求方面,其中包括开发节水型电器和其他设备,向公众宣传节约用水的好处。

这种新策略通过减少用水需求,降低了待建的新水坝和水库数量。从这个角度来看,在任何给定时间内可用的自来水量都只是决定供水能力的一方面;而供给能力是由可用资源(在这种情况下是水)和现存需求共同决定的。此外,水资源管理者必须从整体上考虑可供调配的水资源,而不仅仅只考虑某一个水库的供水能力。他们必须考虑到可能影响水需求的各种环境因素,包括天气变化、生态变化、新技术的产生以及人口变化。如果不系统地看待这个问题或重视这些因素,将无法确保整个系统长期、稳定地满足公众需求。

尽管供水系统和学校系统之间存在着巨大差异,但将两者进行类比能给学校能力的提升提供参考,为资助者和改革者实现学校长期、稳定的改进带来一些重要启示。

第一,学校的能力不仅取决于学校内部的资源和特征,还取决于学校与周围社区之间的关系,即外界对学校期望的改变会直接影响学校为达成目的所需的资源和努力。

第二,尽管我们通常认为学校能力的发展需要额外的资源或内部发展机制的建设,但学校也可以通过改变外界的需求来解决这一问题。因此,学校总体能力反映了学校落实某些特定政策与实践的能力以及应对并改变周围环境的能力。简而言之,改变外界对学校的需求将改变学校为实现其目标所需的资源和付出的努力。不断提高绩效需求(例如提高标准)可能意味着一些符合先前需求的学校需要不断获取新的资源、建立新管理架构,或从事其他能够提高绩效的工作。相应地,那些能够管理外界需求的学校可以不必提升自身能力或花费大量的精力来试图满足新需求。

第三,尽管研究往往只关注学校将学生的学业水平提高到某一程度所需的能力,但学校必须具备一系列其他的能力以面对错综复杂的外界需求(Hatch,2001)。这其中包括来自学区、州、支持者等对某项举措的明确需求(管理条例、合同、政策等形式)。同时,学校还需要满足董事会成员、教育工作者、社区成员和公众的期望以及对运作方式的需求。因此,管理外界需求不仅包括管理绩效标准,还需要管理要求的合规性和一致性。这些因素均可能对学校实现目标产生影响。从这一点来说,管理外界需求对学校来说尤为重要,因为其拥有的资源是有限的。资金、时间和合格的教师不会像自来水一样源源不断地涌进学校。

第四,关于学校能力的观点还需要强调时间维度。那些旨在通过高质量的教学实践来满足某一时间点绩效提升的政策和实践,与那些旨在确保学校在长时间内维持某种绩效水平的政策和措施存在很大的差别。特别是那些旨在支持学校长期能力建设的政策和实践,不仅需要检视学校内部资源和其他特征,还需要考虑到不断变化的外部条件。

简言之,学校的总体能力取决于学校规划资源供应、外界需求管理以及在长期内对组织结构进行调整和改善的能力。换句话说,表现良好的学校既不完全依赖也不完全独立于外部环境带来的需求、压力、资源和机会。它们与环境密切相联并能够改变和应对外部需求和压力(Fullan, 1999; Hargreaves & Fink, 2004)。

学校如何做出改进并保持良好的表现

上文提及的针对旧金山湾区6所学校的研究结果阐明了学

校在不同的社区背景、监管环境以及教学理念中改进和适应动荡的环境所需的因素。这些案例包括2所位于不同城市地区的包含幼儿园到初中二年级的学校(简称K-8学校),分别为艾默生学院(Emerson)和城市学院(City),和2所位于富裕郊区的包含幼儿园到小学五年级的学校(简称K-5学校),分别为杜威学院(Dewey)和半岛学院(Peninsula)。这些学校都有着良好的声誉和25年以上的优秀表现。其中2所学校(每个学区各有一所)始建于20世纪70年代。它们都有着开放的办学思想或先进的教学方法。其他2所学校与其建立时间相近,但是采用了更为传统的或回归基础的教育方法。以上4所学校都是"自选学校"(schools of choice)。它们通过学校自主申请和机构随机抽取的方式参与整个研究。该研究还包括一所屡获殊荣并拥有5年历史的城市特许高中——曙光中学(Horizons)。这所学校重点关注具有特殊学习需求的学生。另外,此项研究还包括一所常规公共系统下的城市双语学校——曼扎尼塔双语学校(Manzanita)。这所学校因在一个相当混乱的城市地区坚持改革,并将改革成果维持了8年而著名。

尽管这些学校都成功地建立了声望,但是学校的自我改进并不是一蹴而就的,更似一场持久战。在过去15年中,这些学校不得不改变它们的做法以应对招生规模和学生群体的变化、资助水平的大幅波动、州和学区认可的课程大纲和评估方法的变化以及新政策的颁布,例如降低低年级班级的规模和全面禁止双语教学。这些变化转而导致了一些学校面临危机,包括倒闭、合并以及裁员;教职员工和领导人的频繁更替(一所学校曾在8年内更换了5名校长);家长和教职员工之间的紧张关系;教师无法得到足够的支持,大多数情况下他们只能依靠自己来完成教学任务。换句话说,这些学校并不一定能避免出现问题,也无法保证自身一直保持高效的运转。它们与其他学校的区别在于,它们能够做出改进并解决因改进而不可避免产生的一些问题。

虽然这6所学校在很多方面都不同寻常,但从它们的经历中可以总出6个值得我们学习的关键点。这6种做法值得任何想要做出改进的学校进一步检验。这些学校所做工作如下:

1. 发展、监督和重温董事会的使命。重温这些使命和阶段性的努力,并与大家分享这些信息,为领导力的传达和使学校社区中的众多成员能够做出符合学校方针和路线的决策提供了基础。

2. 寻找或创造符合学校需求的专业发展机会。必要时,这些学校会为职工提供内部职业发展机会,其中包括研究小组,学生工作反思会议,以及从医学教育中发展而来的类似"会诊"模式的案例讨论。

3. 管理人员的招聘和更替。与柯林斯(Collins)研究的"伟大"企业类似(2001),这些学校聘用了"对"的人。无论学区或官方所规定的岗位职责如何,学校都能设法人尽其职。

除了这3项内部活动外,学校的教职员工(不仅是校长,有时还涉及家长和社区成员)还需要在学校外进行以下3种活动来帮助学校开发资源和管理外部需求:一是提高公众对学校任务和需求的了解程度;二是与当地行政人员和资助方谈判并说服他们调整对学校的需求;三是加强团队合作以应对特别棘手的外界需求(Honig and Hatch,2004;实践见图7.1)。

如图所示,这些内部和外部措施密切相关。内部措施使这些

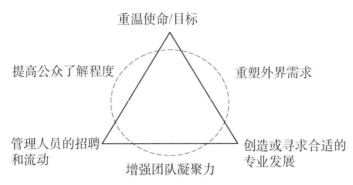

图 7.1 使学校能够实现持续性改进的关键"内部"和"外部"措施

学校能够提高公众对其工作的了解程度,重塑外界的需求和机会,并在必要时加强团队合作。反过来,这些学校管理外界需求的能力使其更容易达到目标并持续下去;吸引合格的员工,并帮助他们寻求合适的专业发展。这种循环关系说明了为什么学校能力的发展需要其已有的能力来推动。这也有助于解释为什么那些没有能力管理外界需求的学校很难达到自己的目标(Elmore, 2002; Fullan, 2003; Hatch, 2001)。

一个有关基金会支持和学校自我改进的案例

一些学校能够在没有基金会支持或大量外部援助的情况下做出改进。事实上,位于富裕郊区的杜威学院和半岛学院以及位于市区的采用传统教学方法的城市学院就没有寻求或依赖大量的外部支持。然而,另外 3 所较少依赖传统教学方法的市区学校曾尝试寻求且确实得到了许多基金会直接或间接的支持。

一方面,这种支持能通过为学校提供其所需的资金、时间、技术支持和必需的外部联系来帮助学校提升总体能力,帮助学校建立属于自己的专业发展路线并让员工各得其所、尽展其长。另一方面,这些学校似乎也具备与其资助者、支持方进行持续谈判,进而确保所得资助满足学校需要的相应能力。

艾默生学院是一所位于市区的 K-8 学校。它的经历为我们提供了一个具有参考性的范例。它能够解释学校如何利用和协调来自不同渠道的外部资源,从而改进自身。

从 20 世纪 70 年代到 20 世纪 90 年代初期,艾默生学院成功地在多样化的家长群体中培养了一群认同学校办学理念的坚定追随者。他们认为以社区为基础的决策方式(这所学校没有校长,由教职员工的集体表决以及一个由老师轮流担任的"领头教师"共同做出决策)能够推动学校的发展。与此同时,外部环境的变化,包括招生规模的改变、教师团队老龄化以及该地区政治和领导层的变化,都给学校带来了巨大的压力和危机。有时,学校必须进行好几次激进的游说活动才能获得资源。同时由于入学人数缩减和相关设施缺乏等问题,校方必须在学区有可能被当地政府取消的风险下维持学校的运营。

此外,在经历了很长一段拥有稳定、经验丰富的教职人员的时期后,学校在 20 世纪 90 年代遭遇了重大师资结构调整:在那时,每 9 名教学人员中就有 5 名是新教师(由于学区为学校分配了额外的学生,其中一名教师在临近 9 月份开学前才被录用)。正如学校的前任首席教师黛安·基尔希(Diane Kirsch)所说,与今天的艾默生学院相比,"(早期的艾默生学院)真是一个非常与众不同的学校。人们关心孩子,充分重视社区和家庭,充分了解孩子。而且班级多是混合年龄的,教师们能够不受干扰地教授他们想传递的知识"。

为组织关键的实践提供支持

为了回应上述问题,艾默生学院在20世纪90年代启动了一系列计划,并且得到了一些基金会的支持。这些计划对学校的使命、教学方法和职业发展结构的发展至关重要。这些改进工作起源于学校运用学区资金。这些资金专门用于中学的校本管理,并且在员工管理的中学里已经得到了实施。员工利用这些资金在周末和夏季举行会议来回顾学校的历史以及展望他们10年后的目标。

与仅仅出台一份报告或制定任务宣言有所不同,上述会议的重要结果是有效利用了"2061计划"(Project 2061)——发展项目式教学模式。该模式由教师群体(包括一名来自艾默生学院的教师)、来自艾默生学区的管理人员和研究人员共同参与。"2061计划"是美国科学促进协会提出的一项全国性战略计划。它由纽约卡内基教学促进基金会,约翰·D.凯瑟琳·T.麦克阿瑟基金会、皮尤慈善信托基金会等基金会提供资金担保。

虽然(通过名为"SB 1274"的倡议)向加利福尼亚州寻求资金资助的诉求没有被接受,但学校还是有效管理了时间、金钱和资源,开发并实施了自己版本的"2061计划"模式。此外,学校员工从国家教育改善基金会(the National Foundation for the Improvement of Education)和诺伊斯基金会等组织获得了几笔小额赠款(约10万美元)。这些资金同样帮助学校建立了很多的计划,例如资助了一项有利于推广全校性展示活动的评估项目,该活动现已成为项目式教学法的重要环节。

学校通过向各方筹集资金,开发项目式教学法的行为也促进了一系列组织实践和集体活动的发展。这使得员工可以将职业发展和日常工作有机地结合起来。事实上,在开始实施项目式教学之前,教师也会召集员工每周召开一次会议,讨论实地考察、社会活动和学校行动等问题。但是当这个项目开始后,教师们制定了一个范围更广的会议计划。其中包括每周一的全体员工会议、年级组教师的周会(教师们分为幼儿园至二年级,四年级至六年级,七年级至八年级3个组)以及两周一次的委员会例会。委员会例会包括"专业发展团队会议"和"领导团队会议",会议目的一般是制定规划。

像滚雪球一样,艾默生学院在学区中逐步塑造了善于运用项目式教学法的城市学校的鲜明形象。这不仅吸引了许多其他支持者和资助者的注意,也为学校提升自我改进能力创造了机会。例如,学校创新合作伙伴(Partners in School Innovation,简称PSI)向其派遣了美国服务队(Americorp)。他们作为员工会议的外部(和中立)协调员,帮助教师解决项目发展方面的意见分歧。然而,两年后PSI的财政危机导致其无法同时与大量的学校保持合作。它选择结束与艾默生的关系,并将资源集中投入到其他地方。

艾默生继续与海湾地区学校改革协作计划(其资金主要来自"安南伯格挑战"计划和威廉与弗洛拉·休利特基金会)和海湾地区要素学校联盟(目前是一个致力于在湾区建立小型学校的独立组织)建立了密切的合作关系。这些合作为学校提供了大量的技术援助和新创意。这有助于实施一些新举措,例如:利用探究式教学法进行职业发展,追求教育公平。此外,这些合作关系带来的资金以及额外的私人资助使学校能够继续负担其在会议和教职员工发展方面的重要投入,并使学校能够专门设立一个"改革协调员"岗位来为其他教职员工提供帮助和支持。

建立外部联系与获取社会资本

随着学校声誉的不断提高以及与当地和全国范围内的主要支持者之间的关系日益紧密,学校得以与其他许多资助者、志愿者、准教师和记者等建立联系。这些联系能够帮助学校进一步优化目标。尽管这些外部联系远不如直接收到美元那么实在,但它们帮助学校获得了社会资本。这使学校不仅只是被动地适应环境,而且开始主动地影响环境。举例而言,通过与强大的地方和国家组织建立联系,学校可免于遭受某些地区一味追求更加传统的教学方法的相关政策或行动的影响。"我们需要外界的认可,"基尔希解释道,"我感到我们很难真正从学区管理方得到支持。因此,我们迫切地需要与学区外的支持者结盟。这样我们就不必再担忧学校会被关停。"

此外,学校改革的信息经由社会传播后,为学校提供了大量的教师人才储备,帮助学校更好地应对教职人员的招聘和流动。因此,随着该地区就业机会的增加,学校能招聘到对该校已有一定了解,也相信该校项目式教学法优越性的外地教师。这样可以缩短新教师职前的专业培训期和适应期(但一定的培训期和适应期仍然是必要的)。

最后,教职员工获得了许多向学校和湾区以外人士学习的机会。这使他们可以早于许多学校了解到最新的研究、实践、政策理念和融资机会。从某种意义上说,这些活动使他们能够"详细调查"周围环境（Honig & Hatch，2004），并且开始重视最终可能会影响各地政策和需求的理念和规划。

学校在管理外部支持方面的作用

艾默生学院得到的外部支持是有代价的。基尔希回忆说，学校在20世纪90年代开始与外部合作伙伴建立关系。当时，艾默生学院的教职员工也像其他人一样认为外部援助"不会带来多少额外工作，也不会将学校引入不同的方向。"后来教职员工不得不花费大量的时间和精力来筹集资金，满足拨款者提出的要求，报告他们的支出和活动，与合作伙伴商讨互利共赢的方案，以及向各种团体和个人汇报学校工作。

从一定程度上说，学校在得到大量基金会支持和外部援助之前已经具备了一定的自我改进能力。这些能力使其可以更加有效地应对相关要求。具体而言，学校拥有一个相对强有力的社区，一个相对独特和先进的发展方向。同时，学校使教职员工和社区成员能够充分了解学校的发展方向，并与该地区的重要团体和个人之间在教育和政治上建立了联系。因此，学校的教职员工并没有被动地等待资助，而是主动地承担起了许多关键职能（在一般学校通常是强势的领导层独揽这些职能）。例如寻求资金、引进相关技术专家和人员、建立大众对学校使命和方针的理解。这使学校能寻求到合适的合作伙伴，必要时也有与之谈判的筹码。

发展共识并创造外部支持

项目教学法所获得的资金和支持主要由罗莎琳·伯德

(Rosalyn Bird)在"2061计划"赞助的学区会议上筹得。罗莎琳·伯德是艾默生学院一位经验丰富的老师。这些会议给了她一个走出学校、向全国各地的教育工作者学习专业知识的机会。同时,她也能够向其他的教育工作者(通常是有影响力的人物)宣传艾默生学院的工作。

艾默生学院的教职员工也在海湾地区学校改革协作计划和海湾地区要素学校联盟湾区业务的拓展中发挥了重要作用。在20世纪90年代中期,这两个组织都仅仅开展了部分业务。它们并没有像现在这样对合作伙伴提出明确的需求,这使得当时的艾默生在这段伙伴关系中受益匪浅。例如,在海湾地区学校改革协作计划的帮助下,艾默生开发出了一套校本教研项目(school-based inquiry process)。正如基尔希所说:"海湾地区学校改革协作计划想知道他们应该用什么教学方法来改善教育,所以我们和他们一起在寻找。"此外,艾默生的教职员工直接接触到了海湾地区学校改革协作计划的重要领导人并受益良多。这些重要领导人当时直接参与工作的学校数量还是非常少的。

尽管前期的工作有很强的自主性,但他们还是承受着巨大的压力:他们必须在短期内将工作扩展至区域内大量的学校。这使他们难以逐一和学校建立灵活的"个性化"关系。最终,海湾地区学校改革协作计划为那些想得到资助的学校建立了一套有着明确规定的正规流程,包括准备申请资金的资料、接受特定形式的调查、并在组织联系会议上分享教学成果。此外,高层领导——在协作计划相关要求设置上拥有特权,可以灵活处置——已经没有时间像帮助艾默生学院那样与每一个学校建立联系并了解它们的需求。

教育与基金会

寻找机会,重塑需求并管理外部支持

尽管最初艾默生学院在寻找合适的合作伙伴和利用外部支持的过程中处于相对有利的地位,但教职员工仍然需要协调各种合作项目,使之符合学校自身需求和目标。除了"2061计划"、海湾地区学校改革协作计划和海湾地区要素学校联盟项目外,艾默生学院在20世纪90年代末期还从其他渠道筹集了资源和资助,例如提供数学课本、配备学校辅导员和专门的改革协调人,提供员工职业发展培训课程,以及获得家长们捐赠的户外花园。

艾默生的教职员工花了很长时间来管理所有的捐款,尽力保证他们得到的资助物尽其用。有时,这些努力会得到好的结果。例如,当时的核心教师特里·埃文斯(Terry Evans)解释说,想要保证教师们在校期间可以交流教学经验,就需要学校发放更多的工资,然而这是学校管理人员在向基金会申请资助时没有预料到的。为了应对这一情况,她并没有花时间(冒着被拒绝的风险)向投资者寻求额外的资助,而是擅自重新分配了捐款。"我就这么做了,"她说,"我在呈递年度报告的时候解释了这件事。基金会回应说'没关系,但下次需要事先告知我们'。但我可能没法这么做。"她接着说:"因为我们没法预测未来会发生什么。"

然而,即使是艾默生学院,与资助者的谈判也不是一帆风顺的。例如,艾默生学院花费了大量的精力与一家公司斡旋。该公司愿意为该学区的学校提供资源,出于对艾默生的定位和声誉的认可,他们希望艾默生学院成为试点学校并承诺可以提供资源,即在每一个教室里都安装电脑。埃文斯解释到:"我们不希望在每一个教室里都安装30台电脑,我们清楚地知道对我们而言最重要的是人,而技术不能代替人。"最终,经过与该公司和学区的不断抗争,学校图书馆的媒体中心做出了妥协,安装了20台电脑。"我们不希望那里有20台无人管理的电脑。"埃文斯说,"我完全不想去看它们……我至今还没有去看它们,虽然它们就在那。"

即使这些合作进展顺利,但教职员工往往也花费更多的精力和时间来处理小概率事件和突发事件。例如,随着学校与资助者关系的发展,艾默生的教职员工在资助者的关系网中承担了越来越重要的责任。艾默生学院成为了可供其他学校访问学习的"领头羊";教职员工参加了一些重要的社交团体并经常到其他学校进行指导访问;教职员工时常在各种合作伙伴会议上介绍典型案例,担任演讲者或主持人。随着学校名声大噪,越来越多的记者、教育工作者、资助者等应合作伙伴的邀请来学校参观。教职员工花费了大量时间参与了许多研究项目,包括撰写多篇论文、数不清的评估、拍摄一系列视频以及参与上文所提及的改进计划。这其中的每一个项目都伴随着无数的采访和视察。

未来的前景

尽管本案研究充分表明,艾默生学院曾经拥有自我改进的能力,但21世纪初动荡的环境和艰难的形势使其再次面临严峻的挑战:学校是否有能力在未来继续做出改进,以及其他学校是否能继续效仿其做法。特别是在多种因素的共同作用下,学校对职业发展的种类和数量的需求都有了前所未有的提高。艾默生在探究式学习和公平方面的新举措需要员工掌握新技能和新方法。事实证明,对参与海湾地区学校改革协作计划和海湾地区要素学校联盟项目的学校来说,开展富有成效的调查并将其与课堂实践的变化相联系是非常困难的。这需要额外的时间和更多的外部援助。

此外,在过去 5 年中,许多资深教职员工的离职以及新教师或教学经验不足 5 年的年轻教师大量涌入,意味着学校必须想方设法提供更多的专业技能培训以维持学校一直以来引以为傲的项目教学法。同时,学区、州和联邦政府的测试标准和需求大幅提高。与海湾地区要素学校联盟共同工作时所追求的教育公平促使艾默生确立了雄心勃勃的目标:他们要确保学校里所有孩子在学区、州和联邦政府所规定的测试中都排在前 3/4。以上种种因素导致了年轻教职员工的压力日渐提升,紧张情绪日益加剧。因此,教职员工的在校时间和工作量成了亟待解决的问题。"如果我们依赖的是那些可以每周四天都在这里待到晚 8 点的没有家庭的单身女性,这种办学方式就不是可持续的。"学校的海湾地区要素学校联盟顾问之一劳拉·卡迈克尔(Laura Carmichael)解释道。

即使艾默生学院能够适应这些不断变化的需求并持续改进,其他学校获得或利用外部支持,成功做出类似改进的可能性似乎也很小。艾默生不仅得到了强有力的外部支持,而且正好遇上了经济和改革蓬勃发展的时期。学校受益于早期参与的几个重要的区域计划,拥有了一个与众不同的发展目标、一群高素质并且忠诚的教职员工以及大量的外部合作伙伴。这些都使艾默生学院有能力发展并管理上述关系,并借此做出改进。

通过建立联系而非规定提升能力

此研究中涉及的所有学校经验均表明,无论学校是受到了严格的管理(如双语学校)还是很少受学区法规约束(如特许学校),都无法决定学校是否拥有改进的能力。

这6所学校都面临着巨大的压力,简单把学校从一些规定中解脱出来并没有使其突然获得比其他学校更强的改进能力。曙光中学——一所特许学校——花费了大量的时间和资源与周边学区建立起富有成效的关系,以便获取资源满足学生的学习需求。这是他们的核心任务。相反,即使是曼扎尼塔双语学校——位于规范严格的学区——也要在课程、评估和职业发展活动中竭力争取一定的灵活性。之所以如此,是因为校长、教师和家长都在努力争取让学校免受那些存在问题的学区政策的影响。他们努力另辟蹊径,联合当地与其在教学理念上志同道合的改革者和社区领导人,共同为学区发展摇旗呐喊。

比政府的监管力度更为重要的是,学校与当地政府、其他支持者和资助者在目标、教学方法和组织实践方面的"契合程度"。由于城市学校和半岛学校等更为传统的学校所运用的教学方法与其所在学区所提倡的教学方法相匹配,学区政府为它们提供了很多资源和培训机会。这使它们在没有大量外部支持的情况下得以生存。然而,案例中的其他4所学校的教学理念和教学实践与当地许多学校都格格不入。只有杜威学院展现出管理外部需求的能力,并在没有明显外部支持的条件下仍然做出了改进。

影响:重新思考基金会在学校自我改进中的作用

艾默生学院等学校的经验表明,有效地利用基金会资助和外部援助并非易事。因为这需要学校随时满足投资者提出的需求,而且很多的资助也会为学校不断地招致一些它们尚无力满足的新需求。由此可见,能从基金会支持中获益最多的学校似乎是那些已经具备了寻找资源和管理外界需求能力的学校。

虽然上述分析指出传统的为学校提供资金和外部支持的方法存在一些棘手的逻辑问题。然而这6所学校的经验也表明,基金会也可以通过其他方法解决学校在自我改进时遇到的困境。

首先,从这些研究案例可以看出,即使是成功的学校,也会经历严重的组织混乱,无法实现绩效目标的时期。与其称之为失败,倒不如说这些案例真实地反映了它们在动荡时期的工作状态。而政策和项目执行方经常忽略这一点。在这些情况下,资助者、政策制定者和从业者必须将重点从实施、扩大和监测具体政策和项目的执行情况,转移到帮助学校发展基础组织职能上来。这会帮助学校妥善应对周围不断变化的外界需求和抓住发展机会。

第二,对学校能力的检验表明,一次性达到绩效目标与长期进行持续性改进所涉及到的能力不尽相同。资助者、政策制定者等需要认识到,对教学成果狭隘的界定、过度的监督以及推给学校过多的责任往往会催生许多短期需求,这些短期需求学校往往没有能力满足。这种短期压力可能会使表现不佳的学校难以在优化组织结构、发展深度的专业技能培训以及设立持续性改革目标等方面进行长期的投入。

第三,通过案例分析,我们可以看出这6所学校之所以能够做出改进,是因为它们在下列方面的与众不同。它们摆脱了烦琐的需求和死板的监督并获得了稀缺的资源,包括高效的教师、强势的领导层、高质量的专业技能培训、有力的外部援助、政治上的影响和基金会的资助等。在大多数情况下,这些资源都较为稀缺。因此,在这些资源得到更充分地利用和更公平地分配之前,我们不能指望许多学校大幅提高其教学表现。在这种情况下,基金会需要在经济、政治和组织建设等方面投入更大精力来改善学校条件。这将有助于解决重大的公共政策问题,例如如何更加公平地分配专家型教师。

第四,我们也认识到了学校面临各种各样的外界需求,比如迎合公众期望。这说明基金会需要协助学校加深公众对学校教育的理解,而不是控制舆论或宣扬学校在教育表现上的数据。公众的理解是学校面临的众多外界需求的主要来源。如果学校做出的改变没有得到大众的理解,那么外界需求只会变得越来越严苛。学校就必须投入越来越多的时间、精力和资源来管理它们。相反,即使政策制定者和其他人执意对学校施加压力以期提高其表现,许多学校,尤其是优势社区中的学校,也可以通过迎合公众期望的运营方式来满足公众需求。即使这种运营方式无法发挥学校最高的运营水平或者无法使其每个学生都取得很好的成绩。如果公众并不要求学校面向所有学生提供真正的高质量、高水平的教学,那么用"高质量"来描述多数教学,给低水平的教学打上"精通"和"胜任"的标签,将仍是常态。

因此,我们不难理解为什么很多基金会发现很难将重点放在提升基础组织职能、长期绩效和公众理解程度上。因为对这些领域的投资将使基金会更难聚焦或介入所参与的具体项目和计划。同时,也很难证明所进行的投资或实施的具体举措与短期内学生可量化的成绩提升之间存在直接的因果关系。与学校的处境相似,基金会也面临着同样的困境。它们也同样受到来自经济、政治和公众舆论的巨大压力。这些压力迫使其承担更多的责任,实施一些快速、可量化的改进措施。

此外,基金会必须愿意接受失败。这意味着基金会的领导层、董事会和一些批评家需要能够将本应避免的、可预见的失败和因开发新课程和新教学方法在试验阶段产生的失败区分开。尽管未能实现规定的绩效目标通常是投资终止的原因,但至少在某些情况下,失败可能正说明需要更多的资助。

那些试图做出一些新尝试的学校可能不符合公众的期望或政治的需要,但它们需要的也许是更多的支持和自由度,而不是更严格的控制、更烦琐的需求和更短的实践周期。一个区分某项举措是否有助于提升学校能力的方法是看看学校和其他机构是否可以通过利用基金会的投资将人员、机制和外部关系理顺,通过有效利用这些要素开发、监控和反思有意义的任务和目标,招募称职的教职员工并建立恰当的专业发展体系。归根结底,基金会可能是教育领域中唯一能够容忍甚至培养失败的组织,因为失败是成功之母。

(托马斯·哈奇)

参考文献:

Collins, J. *Good to Great: Why Some Companies Make the Leap and Others Don't*. New York: HarperBusiness, 2001.

Elmore, R. F. *Bridging the Gap between Standards and Achievement: The Imperative for Professional Development in Education*. Washington, D. C.: Albert Shanker Institute, 2002.

Fuhrman, S. H., and Elmore, R. F. "Understanding Local Control in the

Wake of State Education Reform." *Educational Evaluation and Policy Analysis*, 1990, *12*, 82–96.

Fullan, M. *Change Forces: The Sequel*. London: Falmer Press, 1999.

Fullan, M. *Change Forces with a Vengeance*. New York: RoutledgeFalmer, 2003.

Hargreaves, A., and Fink, D. "The Seven Principles of Sustainable Leadership." *Educational Leadership*, 2004, *61*(7), 8–13.

Hargreaves, A., and Fullan, M. *What's Worth Fighting for Out There?* New York: Teachers College Press, 1998.

Hatch, T. "It Takes Capacity to Build Capacity." *Education Week*, 2001, *20*(22), 44, 47.

Hatch, T. "When Improvement Programs Collide." *Phi Delta Kappan*. 2002, *83*(8), 626–634.

Honig, M., and Hatch, T. "Crafting Coherence: How Schools Strategically Manage Multiple, External Demands." *Educational Researcher*, 2004, *33*(8), 16–30.

March, J. "Exploration and Exploitation in Organizational Learning." *Organization Science*, 1991, *2*(1), 71–87.

Northwest Regional Educational Laboratory. *Catalog of School Reform Models*. Portland, Ore.: Northwest Regional Educational Laboratory, 1998.

Spillane, J. P. "School Districts Matter: Local Educational Authorities and State Instructional Policy." *Educational Policy*, 1996, *10*, 63–87.

第八章　国家写作项目:培养奉献精神与能力[1]

概述

　　国家写作项目(NWP)是美国运行时间较长的教师职业发展项目之一。它之所以能够长期存在,其中一个很重要的原因是基金会在该项目32年(还在持续增长)的生命周期中发挥了不同寻常的推动和辅助作用。在大型国家基金会的帮助下,该项目得以启动。之后依靠评估和项目发展专项拨款,项目不断发展壮大。小型基金会则帮助当地的倡导者开始采用国家写作项目的模式,将学院和大学的教师与基础教育教师联系起来,以提高(据最新统计)全国189个项目点教师和学生的写作水平。基金会制定了一项堪称典范的公私合作战略,帮助项目在各州和联邦层面筹集资金,用于培养基础教育中教师与学生的写作能力。

---

[1] 我要感谢从国家写作项目的许多参与者处所获得的巨大帮助,特别是理查德·斯特林(Richard Sterling)、朱迪·布坎南(Judy Buchanan)和爱丽丝·艾德曼-阿达尔(Elyse Eidman-Aadahl)在本人观点的组织和概念化,以及事实和数据的收集上给予的巨大帮助。

第八章 国家写作项目:培养奉献精神与能力

安·利伯曼之前在哥伦比亚大学师范学院工作了很长时间(在马萨诸塞大学安姆斯特分校和华盛顿大学也有短暂的工作经历),目前在卡内基教学促进基金会工作。她特别关注教育工作者合作的方式,这一点在本章中有所体现,同时,她还关注各种重要因素如何相互配合,发挥作用。利伯曼从时间和地点两个维度出发,对项目自身的力量和资助者的敏锐度进行了研究,这两个因素在过去的30多年里一直相互交织,最终产生了国家写作项目。经过多年发展,项目保留了可行性高的内容,摒弃了不可行的内容。

利伯曼的这一章以回顾的视角不经意间揭示和阐释了教育资本的产生。当我们用第二章和第四章阐述的教育资本的5个标准去探究这个案例时,发现所有标准的要素都显而易见。在国家写作项目这个案例中,令人特别感兴趣的是硬资本(教师所具备的并不断发展和乐于分享的知识和技能)与软资本(鼓励教师合作和支持教师冒险的工作关系)结合起来的方式。在最好的教育项目中,这两种教育资本是整合在一起的,教与学中的个人因素、职业因素和知识因素实际上是一个整体。

国家写作项目可以说是美国有史以来最成功的基础教育职业发展项目,介绍它的发展与筹资历史就像打开一个俄罗斯套娃。当前的国家写作项目及其支持的根基从地方到国家都是层次分明、互相协调的,每一层既是独立的实体,又与大的整体相连。如果我们追溯这一网络在过去32年的发展历程,就会发现,有3个主题主导着国家写作项目的发展历程,可以帮助我们解释这个复杂且持久的网络的发展:

1. 写作项目体现的知识和社会实践吸引力培养了教师们超乎寻常的忠诚度和责任感。

2. 私人和公共资助的最终联合帮助建立了全国性网络,并帮助地方的写作项目点不断传播和深化。

3. 地方资助对写作项目点的重要性体现在使多元而复杂的地方支持与地方的发展目标和利益相结合。

通过分析这些主题之间的相互作用可以帮助我们理解写作项目在 32 年的历史中是如何发展壮大并获得越来越多的资金支持的。从项目网络建立的初期起,所有地方项目点均使用"既定模式",使它们既具有相似性,又在不同的历史和环境下具有独特性。

基金会和国家写作项目的早期发展

1974 年,经过 5 周时间的研究,一种新的职业发展方式诞生了,它植根于教师在工作中的知识水平而不仅仅是外部专家拥有的知识体系。国家写作项目的创始人吉姆·格雷(Jim Gray)召集了加州大学伯克利分校的一群教师,把新建立的写作项目称为湾区写作项目(BAWP)。第一个暑期研修班是由加利福尼亚大学资助的,致力于提高教师学员的写作技能,并提供一些推广服务。

第一次暑期研修班呈现的基本要素和核心活动在随着时间的推移经过多次完善后成为了写作项目"暑期邀请研修班"的通用模式。在这次暑期研修班中,(从小学到社区大学的)教师向他们的同事展示了成功的写作教学法。他们分成小组进行写作和会议讨论,并接受反馈。与此同时,他们也从事研究成果和相

第八章 国家写作项目：培养奉献精神与能力

关文献的阅读、写作和研讨。不久之后，这些教师便开始在当地社区指导学校同事的专业发展。这一写作项目模式成为了一种可视的并可以不断推广复制的范例：为教师示范了如何参与自身发展，如何调动周围的学习者组成一个学习共同体，并成为中学-大学伙伴合作关系的一部分。

湾区写作项目在写作和创作圈子中立刻获得了知名度。想要建立写作项目点的其他学校和从事写作研究的学者纷纷开始联系格雷和他的同事。虽然早期的项目领导者专注于改进项目模式，并且想要提出一些方法来支持其他人开展自己的项目，但是通过与一系列资助者的对话后，他们还是决定筹集资金来扩展项目。在第一个研修班成立两年后，美国国家人文基金会（NEH）提供了第一笔捐赠，帮助在整个加利福尼亚州建立了 8 个写作项目点，形成了一个州网络，而且在其他州也建立了 3 个项目点。美国国家人文基金会又提供了一笔 15 000 美元的小额赠款，要求一对一匹配。这笔资金足够结成伙伴关系的中学-大学开办一个暑期研修班。虽然美国国家人文基金会的资助一直持续到 1984 年，但启动资金的基本资助模式保持不变，同时要求各项目点根据当地资源建立自己的财政支持，这种模式成为了扩大项目网络的既定模式。在最初的 10 年里，基金会的支持对于新的写作项目的发展是至关重要的。反过来，基金会对项目的启动资金也有助于从当地大学、中学学区和其他基金会筹集配套资金。

写作项目网络的早期发展也引起了其他资助者的注意。1976 年，在第一个暑期研修班成立的两年后，卡内基公司以不同的初始资助方式资助了一项为期 3 年的湾区写作项目评估计划，旨在探究写作项目吸引教师的原因和评估项目的影响力。在评估总结中,加州大学伯克利分校的一位杰出评估研究员迈克尔·斯克里文(Michael Scriven)指出:"这个写作项目是全国现行最好的旨在改善写作教学的大型项目,同时也是拥有大量可用数据的最佳项目。"(Gray,2000,113)。自写作项目诞生之日起,大量评估工作就为其奠定了坚实的研究基础,并为该项目吸引了更多的关注。卡内基公司对项目的资助持续了6年(1977—1983)。与此同时,美国国家人文基金会还使安德鲁·W.梅隆基金会也了解了这一写作项目。在项目发展的早期,该基金会不间断地资助该项目长达9年。

因此,资助的故事始于基金会帮助在全国大学校园中创建新写作项目点方面扮演的重要角色,这使得原本只是示范的一个项目扩大成一个影响广泛、持续进行的项目网络。然而,尽管拥有一些资金来源,但正如格雷所说,国家写作项目的最初几年是在担忧资金来源中度过的:

> 尽管有许多资金来源,但我们总是需要更多的钱,我们似乎总是处于险境。项目一直在发展,为了满足发展需求,我们在接受美国国家人文基金会资助的前3年里不断拟定新的拨款提案和新的修正案。(Gray,2000,134)

要最大限度地扩大网络,就必须不断得到公共资金和当地资助者的支持。这需要公共和私人资助者来支持他们感兴趣地区的项目网络的发展。就在伯克利第一个暑期研修班成立5年后,州级资金帮助在加州新建了13个项目点。大学和中小学都从合作中获益,写作项目成为了一个有吸引力的推广项目。其他州的写作项目吸引了来自州级财政收入和大学预算的各种形式的投资。经过前10年的发展,全国的写作项目点基本实现了自治,项目网络变得松散。直到今天,之前的各种资金来源仍在支持当地项目点的工作。

国家写作项目的知识实践和社会实践

然而,持续的财政支持并不能解释为什么教育工作者会不断需要并认同写作项目。要继续探究国家写作项目的发展,不仅需要了解网络内部是如何运行的,更重要的是了解它是怎样发挥作用的。

许多人写过关于国家写作项目的文章,每个人都试图阐释它获得成功的原因(McDonald, Buchanan, Sterling, 2004; St. John, 2004; Lieberman & Wood, 2003; Fancsali, Nelsestuen, Weinbaum, 2001; Gray, 2000)。其中一个比较显著的原因是:参与写作项目的教师,在学校中往往是孤立无援的个体,他们基本上是一个人在与不可避免的教学困境做斗争;在暑期研修班结束时这些教师们成为互帮互助的职业共同体中的一员。

第二个原因便是一年一度的暑期研修班的常规做法[1]。这些被业内人士称为"工作内容"或"模式"的常规做法,对于理解写作项目为何"吸引"教师以及他们为何会认可这种生活方式至关重要。暑期研修班其实产生的是一种文化影响,帮助教师转变

---

[1] 项目点往往由中学和大学的合作关系发展而来,大学是该项目点的合同代理人和主办方。每个项目点都会收到一笔拨款,因此需要将暑期研修班的工作计划和全年持续性工作进行记录。

对教师职业和同事意义的认知(Lieberman & Wood, 2003)。

每年在国内的每个项目点,教师们都要申请参加附近大学或学院里为期5周的暑期班。每年夏天,每个项目点的研修班都会为选出来的"暑期教师"提供3个核心活动,这与1974年首次暑期研修班的活动相同。有参与者说,活动的举办方式为研修班施了"魔法":"它改变了我的教学生涯,改变了我教学之外的生活,不夸张地说,真的改变了我的一生;它赋予我力量,我因此结识了更多朋友;获得了写作的动力和重返教学的信心。"(Lieberman & Wood, 2003, 32)

在组织研修班时,每个项目点的主管都会将创造一种充分尊重教师知识的氛围作为项目的起点,之后再开始正式的学习。第一天这样做是为了给之后研修班的学习建立一个模式。到了第二天,教师开始互相传授他们的最佳教学策略,分享文章写作的初稿供同事评价、阅读并讨论,还会听取一位经验丰富的教师顾问的意见[1]。随着时间的推移,当学员学会了如何关注自己和同事的思想以及应对面临的挑战之时,他们就开始自己组织研修班。根据教师的专业知识和他们目前对读写领域现状的了解来制定研修班的课程内容。对此最好的理解是,课程内容强调学习是一种社会现象,而教学是一种集体责任。(Lieberman & Wood, 2003)

教学示范让教师有机会分享课堂策略或方法。资深教师顾

---

[1] 教师顾问是指已经参加过暑期研究所并积极为学校和学区提供职业发展帮助的教师。他们中的很多人已经在某一特定领域成为专家,如评估或面对异质课堂,同时他们作为专家和同事参与暑期研究所的工作,是每个项目点的领导组成员。

问指导教师学员,给他们示范如何为同行做展示,如何吸引听众使他们处于共同学习的最佳状态,如何将教学实践的讨论与"为什么某些教学方法是有效的"理论观点结合起来。随着这些示范的展开,学员在集体了解了专业知识后,常常重新思考和修正自己的教学实践。写作并接收反馈,在探究和研究的情境中相互学习等这些活动,虽然会暴露教师在教学中的困难和问题,但也会激励他们增长教学知识、帮助更新教学观念。这些活动为一系列重要的社会实践奠定了基础,随着时间的推移,参与者通过实践在职业共同体中相互联系、收获帮助、分享知识和互相学习。研修班的各种活动也使参与者认识到在职业共同体中学习对一个人的成长和发展至关重要。对于许多参与者来说,这是他们第一次感到自己是这样一个团体的一分子,于是也就不难理解为什么许多人认为他们在这个机构的经历具有魔力,声称它具有"革命性"。

除了暑期研修班,所有的地方项目点还开展其他两项核心活动:(1)本地服务区在职教师职业发展活动;(2)连续性项目以丰富项目点内容、关注教师在特定情境中遇到的问题。此外有一些国家项目的任务是帮助教师培养一些诸如在信息技术方面的新能力,一些地方项目点参与了这样的国家项目。此外,它们还参与了对新教师的特殊帮助,并与国家特殊关注网相连接,密切关注解决项目点遇到的难题和困扰。这些特殊关注网关注的内容有:英语学习者、城乡背景以及教师的探究性教学能力(最近关注)。地方项目点在获得了国家所提供的学习机会和帮助的同时,地方资源和需求的相互作用也为其创造出独特的培训内容。

实践共同体中的学习和领导力

温格(Wenger)曾写过关于"学习是一种社会参与活动"的文章,文章指出参与实践共同体"不仅会影响人们从事的工作,而且会帮助其塑造自我认同,使其更好地理解自己的工作"(1998,4)。这些共同体成为职业学习的地方,因为人们为活动注入了共同的意义,使参与者产生了一种归属感,并创造了一种自我认同的全新思考方式。在国家写作项目中,"社会实践传达了规范和目标——属于一个共同体意味着什么——在这个过程中,这些实践塑造了职业身份"(Lieberman & Wood,2003,21)。在这样一个共同体中,教师学会了将自己的写作教学法展示给他们的同事;与同事共同探索能够更好地满足学生需求的教学方法。许多教师发现他们乐于把自己在课堂上的收获分享给他人。

这无数的活动形成了一套社会实践,创造了一种相互协作和专业的氛围:

- 尊重教师的知识,把每位同事视为潜在有价值的奉献者。教师在工作坊、会议等类似场合互相学习。他们学会了分享知识,并认真对待他人的知识。
- 建立教师分享、交流和批评的公共论坛。打破教师相互隔离的关键是学习如何将教师的工作内容展示出来。适时地公开展示、批评、反思和自我批评是共同体中的常规做法。
- 把所有权交给学习者。在研修班里,教师认识到内在的责任感来源于自己掌握发展的主动权。在这个过程中,他们相信职业学习和学生学习是相互依存、相互交织的。

- 把人类的学习置于实践和人际交往中。教师很快意识到学习既是主动的又是联动的。在实践中学习和在人际交往中学习开始成为职业发展的指南。

- 提供多个参与学习共同体的渠道。教师来暑期研修班的原因各不相同:练习写作、获取资源,寻找同道中人或听闻写作项目利于职业发展等。上述这些均为暑期研修班带来了各种各样的观点、兴趣和才能,丰富了共同体。

- 通过对学习的反思来引导教师对教学的反思。教师逐渐认识到他们开始学习并不是源于具体被教授了哪些内容,而是源于他们拥有了时间和空间可以置身于共同体中谈论书籍,进行研究和写作。

- 共享领导权。参加者轮流示范教学策略,今天当老师,明天当观众。轮流领导成为了共同体的规范。

- 提倡一种探究的态度。好的教学(和学习)秉持这样一个基本理念,即提问和探索可以帮助教师即使在遭遇困难和面临棘手的教学问题之时,也可以保持积极。这一理念使参与者不断提高自我,而不是去抱怨困难。

- 重新思考职业认同,并把它与职业共同体连结起来。教师学会了合作和公开教学。这种学习改变了他们对"同行"的看法,并让他们懂得了职业知识可以共享

的道理。(Lieberman & Wood, 2003)

因此,国家写作项目的意义就是学会继续学习和帮助他人学习,将自己的工作内容分享给他人,并不断反思自己的工作。

暑期研修班不仅为这些做法提供了一个开始和实践的场所,而且有意为教师提供了一个发挥领导力的机会。教师的领导力反过来帮助各项目点壮大和发展,也影响到职业共同体的发展及随后与学校的合作。由此产生的改善教育的能力一直是地方和国家各级基金会关心的重点。

地方层面的工作:从基础出发

从地方项目点开始,我们逐渐了解到地方文化是如何形成的、什么是教学实践、教师的领导力是如何培养的,以及基金会是如何继续参与这些发展的。

地方项目点数量的增加让我们了解到了各种各样的地方环境。虽然各地情况不同,但模式基本一致。同时,我们还发现不同的项目点设计了不同的筹资计划,了解到地方基金会在当地项目点的发展和稳定中发挥了怎样的作用。

湾区写作项目的建立和其全国发展不只是一个故事。事实上,在这个松散但又紧密联系的国家网络中[1],有189个不同的故事——一个项目点一个故事。要理解国家写作项目的构成,重

---

[1] 国家写作项目网络并不等同于写作项目的组织发展历史。写作项目最终成为职业发展的典范模式,其所付出的所有努力无法在这个网络中全部体现出来。

要的是要追溯这项工作的起源和发展过程,即需要了解地方项目点是如何不断发展,最终形成一个全国性组织的。与其他组织不同,写作项目的运行和参与者通过文化的社会化都发生在地方层面。很重要的一点是,领导团队是在地方项目点学会了"写作项目的运作方式"。用麦克唐纳(McDonald)等人(2004)的话来说,这个职业发展项目已经学会了通过"比例尺缩小"的方式来"扩大规模"[1]。

值得注意的是,尽管大多数国家写作项目点是成功的,但是在质量和能力水平上存在差异。主办机构的变更、领导层的换届或者模式采用不当等都可能引发许多问题。因此,所有项目点都要接受年度审查。每个站点必须提交一份量化的陈述报告,内容包括上一年的活动安排、预期的计划、预算以及当地合作伙伴和主办机构的承诺函。国家写作项目办公室的团队和同行会审阅这些年度报告,分析优势和劣势,并确定那些有可能不符合模型规定或需要额外支持的项目点,甄别出需要技术援助或在特殊情况下需要重组的项目点。通常放弃资助某个项目点的情况很少发生。

我们可以从以下三个地方项目点着手,了解项目点是如何发展并找到必要的资金资源的:一是纽约市写作项目(NYCWP);二是加州大学洛杉矶分校(UCLA)写作项目;三是密西西比州立大学写作/思考项目。通过分析比较这些地方项目点的异同,可以证明环境和写作项目核心活动的重要性,并揭示环境因素是如何

---

[1] 这种"比例尺缩小"的想法与当前"扩大规模"的想法相反。在国家写作项目中不断开发新项目点属于"比例尺缩小",最终导致国家写作项目不断扩大,参与项目点的数量不断增加,属于"扩大规模"。

影响学区、州和大学生活的。

纽约市写作项目

1978年,格雷邀请现任国家写作项目主任、纽约城市大学雷曼学院的写作教师理查德·斯特林[1]和他的同事约翰·布里尔顿(John Brereton)和桑德拉·珀尔(Sondra Perl),将湾区写作项目的模式应用到纽约。在首次暑期研修班获得15 000美元的专项资助后,纽约市写作项目开启了发展之路。有一点从一开始就很清楚,那就是早期的资金仅够新项目点的建立。除非该项目能找到其他资金,否则这笔钱根本不足以维持项目运行。

斯特林和首次暑期研修班的几位教师开始为纽约市的中学开设讲习班,一是为了维持夏季刚刚成立的这个职业共同体的活力,二是希望通过开办讲习班为这个写作项目点的新活动筹集一些资金。通过这种方式,该项目开始提供有偿职业发展活动来募集资金,创建了"在职"模块。就这样,很多参加过暑期研修班的教师开始在中学和中学学区开设在职写作项目,并担任教师顾问,而在职项目反过来又成为暑期研修班的一个新的重点。事实上,暑期研修班的目标不仅是为教师提供学习经历,也要培养教师的领导力。这种领导力是每个项目点发展的关键,使项目点能够提供各种学习机会并不断适应当地的需求和环境。

在纽约市写作项目成立的早期,一些基金会为教师的课堂教学提供了资助。洛克菲勒基金会和大通曼哈顿银行都为其感兴趣的写作教学法进行了资助,但项目的发展、维持和扩大仍然非

---

[1] 1994年,斯特林成为继创办人格雷之后国家写作项目的第二任主任。

常困难。1980年,纽约市写作项目向联邦政府出资的高等教育改进基金(FIPSE)申请了一笔30万美元、为期3年的拨款。

这项为期3年的拨款用于支持教师写作联盟的发展。该联盟将写作项目推广到了全纽约市5个区的一些高中。项目投入时间最长,耗费精力最大的一项措施便是项目点和中学建立的持续伙伴关系,包括在职课程、课堂辅导和领导力培训方面的合作(Mintz, Stein & Wolfe, 2002)。

在以上案例中,纽约教育委员会都配套了相应的资助,并同意教师顾问在学生上课期间实施新的写作教学策略。纽约市写作项目借此机会开始在全市范围内培养教师顾问的领导能力。教育委员会安排这些教师顾问到全纽约市5个区的高中开展职业发展活动,同时以大学为支撑的纽约市写作项目与这些教师合作,致力于提高课堂的写作教学水平。

不仅中学-大学的伙伴关系模式正在形成,大学与资助方之间的联系也不断地发展,即由中学学区支付服务费用,大学提供让专家教师与中学合作的新方法。这种在全国最大的中学学区(纽约)的推广服务增加了该项目的知名度。这意味着一个既非中学也非大学,但同时代表两大机构的中间组织,可以同时促进基础教育教师和高校人员的职业发展。此外,该模式似乎可以在不同的环境中得到应用,而影响力和成功的前景不受影响。

加州大学洛杉矶分校写作项目

即使在需要协同的州网络环境下,项目模式也能适应多样化的环境。加州大学洛杉矶分校写作项目成立于1977年,是继湾区写作项目(成立于1974年)后,在加利福尼亚州最早成立的几个写作项目点之一。加州大学洛杉矶分校写作项目最早只是"机构与项目学术中心"（一个校外项目，主要针对一些学科的问题）中的一个项目，受到20世纪70年代的早期启动资金和80年代州资金的资助。与纽约市写作项目一样，加州大学洛杉矶分校写作项目的资金也来源于在职项目以及研修班或会议的收费。

然而，1995年加州大学洛杉矶分校写作项目进入了大学校园，进入了加州大学洛杉矶分校教育和信息研究生院的X中心。X中心创立的目的是解决洛杉矶中南部在过去10年中所暴露的种种不公平现象，直接关注有色人种低收入家庭的孩子在学校中面临的不平等的竞争环境。加州大学洛杉矶分校丰富的资源和知识优势为项目的持续发展奠定了基础。加利福尼亚学科项目和加州大学洛杉矶分校的教师教育项目都通过X中心得到过资助，鼓励其创建可以解决洛杉矶具体问题的项目。

因此，加州大学洛杉矶分校写作项目的重点一直是为洛杉矶的不同人群提供服务。洛杉矶这座城市的规模、复杂性和多样性使环境层次多样、内容丰富。尽管洛杉矶项目的负责人坚持国家写作项目的核心原则，但他们也根据自己的环境做出了一些重要的调整。他们开设了一个为期5周的暑期邀请研修班，同时也开办了一个为期6个月的邀请研修班，专门邀请在暑期上课的全年制学校的教师。这些教师在一年中的周五晚上和周六上课学习。项目点负责人还开办了一个西班牙语邀请研修班，学年制开班，并全程用西班牙语授课。对当地社区的重视鼓励着项目点负责人不断扩大核心工作、接触其他教师群体，使写作项目适应不断扩大和多样化的群体需要，同时在项目的日常议程中增加新的关注点。

加州大学洛杉矶分校写作项目的发展历程,一直依赖于当地大学、州和学区资源的稳定支持。它还得益于参与了国家写作项目的一些基金会的资助计划,如专注标准计划,该计划帮助它设计新的方法将学区和州的标准与当地课程大纲相结合。更重要的是,它实现了与大学的深度合作,利用并丰富了大学的知识资源,并在洛杉矶公立学校中推广这种合作关系。

密西西比州立大学写作/思考项目

1984年,桑德拉·普莱斯·伯克特(Sandra Price Burkett)在威廉·E.沃克基金会的资助下,首次成立了密西西比州立大学写作/思考项目。至此,国家写作项目入驻密西西比州。从一开始,伯克特就计划建立一个州级写作项目网,并邀请每一所州立大学为各自的新项目点提交一份提案,而这些项目点最终会成为这个网络的一部分。截至1986年,最大的4所州立大学都设立了写作项目点,有关职业发展网络将大幅度提升密西西比州教师和学生写作教学水平的消息不胫而走。因此,到了1987年,密西西比州教育部致力于促成有关联邦《职业培训伙伴关系法》的提案,并召集了4位写作项目点负责人和12位教师领袖设计教学大纲;他们还为那些教授处于危机之中或来自低收入家庭的学生的教师设计并实施了一项教师发展计划。资助的条件是,教师需要完成为期8周的暑期课程,之后连续8个月观察学生学习到的数学和阅读技能。(Burkett & Swain, 1987)

负责人和项目主任为教授家庭困难学生的教师在春季开设了为期一周的讲习班,在夏季安排4个半天的会议,重点放在写作、阅读、解决问题、考试和数学写作上。作为这个项目其中一部分的1 500名学生的阅读和数学成绩在3年内取得了明显进步。这不仅给州政府和联邦政府留下了深刻的印象,而且使得州政府与写作项目建立了伙伴关系。密西西比州的7个写作项目点现在是密西西比写作/思考研究所(MWTI)协作网的重要组成部分,这个研究所是密西西比州立大学教育学院教育合作中心的一部分。多年来,州级项目网络及其项目点获得了菲尔·哈丁基金会(Phil Hardin Foundation)、密西西比电力公司基金会(Mississippi Power Company Foundation)、惠好公司基金会(Weyerhaeuser Company Foundation)、中南部基金会(Foundation for the Mid South)、农村学校和社区信托基金(Rural School and Community Trust)的资金资助,最近与密西西比公共广播公司(Mississippi Public Broadcasting)也建立了伙伴关系。

通过立法拨款,密西西比州教育部与写作/思考研究所签订了合同,实施符合国家写作项目原则和指导方针的职业发展计划。到1995年,密西西比写作/思考研究所为州内3 500多名教师设立了108个职业发展项目[1]。截至2004年,密西西比写作/思考研究所发展迅速,为全州4 587名教师提供服务,并为密西西比州的教师提供了250余个类型丰富的课程项目(密西西比年度报告,2004)。这7个项目点都致力于发展多种类型的项目,其中包括写作、阅读、科学、历史、数学以及为满足特殊需求而量身定制的项目。

---

[1] 项目、参加者和面授课时的资料详见国家写作项目联邦拨款年度报告。这一数字摘自1995年密西西比写作/思考项目的年度报告。

第八章　国家写作项目:培养奉献精神与能力

资金的作用

写作项目设立伊始,是基金会使其在全国各地的发展成为可能。基金会的资助促成了写作项目在加州和美国其他地区的推广。尽管最初的资助规模不大,从10 000美元到20 000美元不等,但这些资助作为启动资金,帮助众多项目点开设了暑期研修班。随着地方项目点的效率和全国协作不断提升,地方、州和国家的资助金额也不断提高。

项目取得的成效促使联邦拨款

早期发展过程中加利福尼亚州和密西西比州写作项目模式获得的成功,成为一个极具说服力的案例,最终联邦政府决定支持参议员塞德·科克伦(Thad Cochran)(R‐MS)和众议员乔治·米勒(George Miller)(D‐CA)。教师的热情、课堂成效以及自1974年以来项目网络的稳定发展,都促使国家写作项目获批为联邦项目,于1991年获得联邦200万美元的拨款。而由两党共同支持的联邦拨款反过来也将显著改变写作项目的组织方式。[1]

1991年,国家写作项目获得了200万美元的投资。这笔资金旨在扩大对国家写作项目中心的支持,促进落后地区写作项目点的发展。但联邦资金代表的意义远大于此。联邦政府在拨款的

---

[1] 联邦拨款之后增长为每年多达2 000万美元,来自两党的资助者希望未来全国的每一位教师都能参与写作项目点。

同时,还进行强制性的年度评估和资金问责,包括拨款花在何处?方式是怎样的?有多少教师在接受职业教育?活动的性质是什么?基于加利福尼亚州级项目网使用的评估工具,国家写作项目建立了一个严格的同行审查过程,目的是收集数据,建立一个全网问责体系。

在国会两党的支持下,国家写作项目已成为普及识字和职业发展领域的重要参与者。联邦政府的介入也迫使国家写作项目加速建立问责体系,收集学生成绩的定性和定量数据。在这一过程中,国家写作项目已经从一个地方组织转变为一个成熟的国家网络,2005年该网络拥有189个地方项目点。

基金会的持续作用:国家写作项目的深化

既然国家写作项目已经通过联邦资助发展至全国,那么私人基金或基金会的支持仍然有用吗?答案显然是肯定的。国家写作项目网络的成熟度证明了混合资助模式的重要性,不同的资助者在深化国家写作项目和改善项目运作模式方面均发挥着重要作用。这种资助传统在联邦资助开始之前就存在了,一直延续到现在。

从1990年到1991年,雷曼学院文化研究所(纽约市写作项目的联盟组织和研究单位)申请了德威特·华莱士—读者文摘基金会的资助(德威特·华莱士是《读者文摘》的创始人,该基金会现为华莱士基金会),用以支持城市写作项目网络的活动。该网络特殊关注全国城市写作项目点,于20世纪80年代中期开始一直以非正式的方式运行。时任纽约市写作项目主任理查德·斯特林起草的提案,计划从基金会获得一定的资金支持后,组织相

第八章 国家写作项目：培养奉献精神与能力

应活动，并将资金分配到地方项目点。城市写作项目网络的目标主要包含以下三点：一是了解并记录在城市课堂中教师面临的诸多问题；二是增加城市项目点的教师参与者和教师领导者的多样性；三是加深理解城市教师共同体中英语学习者的需求。参与其中的项目点将通过地方和国家层面的共同努力来探索上述问题。基金会的资助帮助国家写作项目成立了一个发展至今的全国性项目。

城市写作项目网络的发展是国家写作项目史上一个非常重要的里程碑，这不仅是因为该网络接受的资助数额巨大（3年超过300万美元），而且还源于它加深了公众对"城市中学所面临的困境"的理解。共有10个城市写作项目点最终参与了此项工作，其中包括加州大学洛杉矶分校写作项目和纽约市写作项目。对国家写作项目中地方项目点的大量拨款，标志着各项目点可以互相借鉴经验，分析相似性并解决共同存在的问题。通过这项拨款，基金会开始了新一轮对国家写作项目点网络的投资。

虽然城市写作项目网络已经积累了很多的经验，但其预设的目标还远不止如此。城市写作项目网络中涌现出的一批领导者已经开始着眼全国，思考国家写作项目网的发展和当地站点的能力问题。国家写作项目提出另外一项名为"外展项目"（Project Outreach）的提案，来继续支持各项目点解决公平和参与途径等更加有挑战的问题。该提案被送往德威特·华莱士—读者文摘基金会，试图面向18个项目点进行推广，包括密西西比写作/思考项目。华莱士基金会再一次提供了200万美元、为期3年的资金资助。至此，华莱士基金会在上述业务中发展了伙伴关系，并从这种持续成功中不断获益。

这两项重大投资在很大程度上改变了国家写作项目的发展方式。通过提供充足的资金，集中精力解决一些特殊问题，与此同时创建了一个新的写作项目网络工作模式。写作项目点可以在国家写作项目中创建特殊的关注网，聚焦于特定问题，培养领导力，并学习如何通过深化这种模式来适应地方的具体情况。在国家写作项目中的外展项目获得资助后不久，类似的农村共同体项目也获得了安南伯格农村挑战计划的支持。该项目命名为"挑战计划写作项目"，为国家写作项目农村项目点网络的建立开创了先河。

公共和私人资助：一套组合拳

基金会可以资助那些联邦政府无能为力的领域，这一共识变得越来越清晰。基金会可以通过资助新的提案，使"模式"更具深度和价值，而联邦资助则可以继续在写作项目点的增加、质量的把控、问责措施的建立以及经验的传播方面有所建树。重要的是公私结合的这种方式持续为国家写作项目的成熟发展提供了大量机遇：不断发现问题，进行自我批评以及解决各种问题。与其他成熟的网络类似，国家写作项目发展认同感的方式是：通过设计一套核心工作模式，不断解决出现的问题，从而丰富核心工作。这种工作方式使网络这个"第三空间"发展为重要且有吸引力的变革模式。它们是新的个体，这种地方项目点结成的伙伴关系不由其所在的官僚机构拥有或控制，而是以更加灵活、更具流动性和更有活力的方式提供服务（Lieberman & Grolnick, 1996; Lieberman & McLaughlin, 1992）。

联邦、州和私人这三种资助对国家写作项目的发展同样重要。联邦政府的资助帮助这个全国性项目建设基础设施。而州级资助不仅是项目点融资的一个重要来源,项目在全州领导力的增强还使其在全州政策的制定中享有了一定的话语权。基金会则继续帮助深化写作项目网络,包括增加重要价值以及培养组织能力等。事实上,国家写作项目已经非常成功,现在正努力将其工作扩展到新的领域。而在这方面,基金会的资助十分重要。

写作项目通过不断努力争取额外的基金资助来扩展业务范围,这也有效防止了资助者对一个历经30年的旧理念感到厌倦。有研究证据表明,参加过写作项目的教师,他们学生的写作水平有了很大提高(Fancsali, Nelsestuen, 2001)。此外,研究人员还发现,教师将从暑期研修班学到的知识运用到了课堂上(Lieberman & Wood, 2003; St. John, 2001),这进一步证明了国家写作项目在职业发展和地方项目点网络建设方面采取的措施取得了成效。鉴于模式的有效性,基金会多年来一直支持着国家写作项目。这些项目与地方项目点不断通过合作研究和共同努力,扩大项目的工作内容和知识基础,从而更好地应对新的挑战和提供更好的服务。

现阶段基金会参与的其他项目主要包括:"聚焦标准计划"(Focus on Standards project)获得了斯图尔特基金会的拨款,其中包括加州大学洛杉矶分校写作项目。同时,W. 克莱门特(W. Clement)和杰西·斯通基金会(Jessie V. Stone Foundation)支持新教师写作项目的拨款。最近,卡内基教学促进基金会向国家写作项目提供了一项为期3年的资助,支持写作项目在青少年识字方面的工作。另外,洛克菲勒基金会计划拨款约80 000美元用于研究写作项目网络中教师的领导力。通过这种方式,国家写作项目

这个案例教会了资助者和教育者什么

尽管本案例只是对国家写作项目的一个简要描述,但它使我们明白教师是如何融入一个互助的职业共同体的,与此同时该共同体又是如何通过项目点负责人和教师顾问的努力而获得发展的。虽然我只以几个地方项目点作为样本进行了阐述,但是仍可以简单明了地看出每段合作关系的细微差别,以及项目是如何受到当地环境的影响的(尽管核心工作在项目点中心)。最终,透过这些艰苦岁月我们发现,网络结构、领导力、核心工作、以及教师的奉献等使国家写作项目成为职业发展项目的一个卓越典范,为包括资助者和教育者在内的所有人传授了重要经验。

国家写作项目的经验

- 职业发展很重要。暑期研修班和整个学年的职业发展始于教师作为学习者和潜在领导者的身份认知。教师通过向他人传授自己的教学实践从而更了解自己的教学,认识到写作是一个过程,他们的同事有很多创意可以帮助其提高教学水平。简言之,这种职业发展方式尊重教师的知识。正是这种尊重帮助教师展示自己的教学实践、参与自身发展,也正是这种社会实践使其相互成为共同体中专业的同事。
- 培养教师学习和领导力的模式必须适用于各种环境。核心工作模式为暑期研修班的参与者提供了活动指导框架。

研修班的核心工作和社会实践适用于任何环境。这是写作项目的一个了不起的壮举。环境的特殊性往往会使很多好的想法得不到实施。而在写作项目中,核心工作奠定了职业发展的基本模式,同时还留下了足够的空间允许根据当地环境进行细微调整。

基金会正是看中了写作项目点可以被应用于各种环境中,而且核心工作模式是可迁移的。而很少项目可以解决上述难题。

- 中学-大学的合作网络是有效且可持续的。国家写作项目中的地方合作关系是真正的地方性网络。它既独立于中学和大学,又依附于中学和大学。这种组织结构更加灵活,更加非正式,为教师提供了学习并创造知识的机会。与此同时,它致力于开发各种合作结构,在互助环境中鼓励冒险(Lieberman & Grolnick, 1996)。这种网络式的组织方式有助于教师(无论是教师顾问还是新"实践共同体"的成员)保持联系。正是这种组织特质吸引了资助者。他们可以支持可见的活动;可以看到地方项目点如何扩展,如何在既定的环境中传播其影响力。他们可以为中学(和教师)和高等教育提供资金,而不必参与其中任何一个正式组织。

- 网络领导力至关重要。在过去30年的发展历程中,国家写作项目幸运地只拥有过两名执行主任。网络领导者学会了建立跨文化中介组织、发展合作关系以及充当文化交流使者。协作和协商在网络领导中非常重要,同时,培养网络各个方面的领导力也同样重要(Lieberman & Grolnick, 1996)。国家写作项目领导力最重要的体现便是在各个层面都在践行。例如,教师、教师顾问和主管都乐于助人,能够从学习者出发,建立参与者共同体。网络至关重要,并且在不断发展壮大,使得很多问题都可以协商解决。通过网络将领导力进行分散的办法总是非常有效的,尽管也会遇到困难,但大家始终在朝着一个民主典范而努力。

关于融资的经验教训

- 基金会的资助是项目启动和发展的关键。这一案例清楚地表明,在写作项目的发展历程中,基金会在两个重要的时期产生了两种重要的资助方式。在写作项目发展的最初几年,基金会为在全国建立新的项目点提供种子资金。事实上,一些基金会常年为项目提供资助,因为它们确信这是一个值得支持的项目。除了多年来提供重要资助外,基金会还在帮助地方项目点培养解决问题的能力以及将创意扩展至其他领域方面发挥着重要作用。基金会对写作项目表现出持续的兴趣,帮助其扩展自身边界,整合现有资源开展新的工作。在这方面基金会的作用无法忽视。没有它们,项目模式和项目网络就不可能发展到一定规模,从而获得联邦政府的资助。
- 在中学与大学的合作关系中,中介组织和配套资金都至关重要。写作项目中有两点相互关联的经验十分重要。一是利用中学和大学的合作关系建立写作项目点是维持和发展国家写作项目的关键步骤。在这个案例中,中学和大学都希望提高学生的写作水平。而建立一个中介组织是获得基金会资助、保持双方兴趣的关键。这个中介组织既是一个接受资金的实体,还拥有足够的灵活性能协助完成工作,从而使基金会相信其投入的钱将会被有效运用在协议承诺的内容上。

二是为地方项目点寻求配套资金是一项重要战略。配套基金不仅为地方项目点提供了双倍的资金,而且使国家项目具有灵活性和地方性(与在大学的情况一致)。当人们为当地投资时,地方项目点就可以筹集到本地资金。虽然这并不能缓解资金紧张,但它确实为地方项目点的运转提供了一个稳定的基础。此外,配套资金向基金会表明,当地人不仅支持该项目,而且为该项目的持续成功进行了投资。

- 支持实施至关重要。与大多数项目相比,写作项目是幸运的,因其尚在"幼年期"就获得了长达10年的资金支持。即使由于不断发展新的项目点,没有时间充分思考工作、模式、教师参与和影响力,但很多经验正是在实施过程和项目的不断完善中所积累的。大多数基金会不想为"学习时间"买单,然而,这恰恰是可以了解工作深度和广度的关键时期。写作项目是幸运的,因为参与者从这个项目的不断发展中获得了既得利益,所以他们努力发展项目,坚持度过了困难时期。实际上,写作项目教给他们的不仅仅是如何写作。

- 低成本也可以培养奉献和能力。写作项目为全国每个州都建立了项目点,每个项目点都与一所学院或大学建立了伙伴关系,而且每年有超过10万名教师获得教育服务,从上述维度进行衡量,发展和维持国家写作项目是一种低成本的教师职业发展方式(St. John, 2004)。国家写作项目网找到了一种方式来培养教师的奉献精神,使他们不断提升教学实践能力。金钱无法买到这种成果,但尊重并让参与者亲自参与自身发展可以做到。

(安·利伯曼)

参考文献:

Burkett, S., and Swain, S. "Final Report: Development of Instructional Management Plan, Staff Development, and Evaluation for Summer Youth Remediation Program." Sharkville, Miss.: Mississippi Writing/Thinking Project, Mississippi State University, 1987.

Fancsali, C., Nelsestuen, K., and Weinbaum, A. "NWP Classrooms: Strategies Assignments and Student Work." In S. Swain (ed.), *National Writing Project Evaluation: Year-One Results.* New York: Academy of Educational Development, 2001.

Gray, J. "Teachers at the Center: A Memoir of the Early Years of the National Writing Project." Berkeley, Calif.: National Writing Project, 2000.

Lieberman, A., and Grolnick, M. "Networks and Reform in American Education." *Teachers College Record*, 1996, 98(1), 8–45.

Lieberman, A., and McLaughlin, M. W. "Networks for Educational Change." *Phi Delta Kappan*, 1992, 73(9), 673–677.

Lieberman, A., and Wood, D. *Inside the National Writing Project.* New York: Teachers College Press, 2003.

McDonald, J., Buchanan, J., and Sterling, R. "The National Writing Project: Scaling Up and Scaling Down." In T. Glennan Jr., S. Bodilly, J. R. Galegher, and K. A. Kerr (eds.), *Expanding the Reach of Education Reforms: Perspectives from Leaders in the Scale-Up of Educational Interventions.* Washington, D. C.: RAND Corporation, 2004.

Mintz, N., Stein, A., and Wolfe, M. "Models of Inservice On-site Consulting: New York City Writing Project." *National Writing Project at*

Work, 2002, *1*(2), 1–33.

Mississippi Annual Report. Sharkville, Miss.: Mississippi Writing/Thinking Institute, Mississippi State University, 2004.

St. John, M. "The Legacies of The National Writing Project (NWP): 30 Years of Developing Working Assets for Ongoing Improvement." Talk presented at the NWP Annual Meeting in Indianapolis, November 2004.

St. John, M., Dickey, K., Hirabayashi, J., Stokes, L., and Murray, A. "The National Writing Project: Client Satisfaction and Program Impact: Results from a Follow-up Survey of Participants at Summer 2000 Invitational Institutes." Inverness, Calif.: Inverness Research Associates, 2001.

Wenger, E. *Communities of Practice: Learning, Meaning, and Identity*. Cambridge, UK: Cambridge University Press, 1998.

第三部分

高等教育与基金会

第九章 守护神还是霸凌者？基金会在高等教育中扮演的角色[1]

概述

本章作者查尔斯·T.克洛特费尔特主要研究的是基金会经费以何种形式对高等教育产生影响，他的侧重点是基金会对大学研究的扶持情况。克洛特费尔特是美国杜克大学的教授，他的研究方向是公共政策、经济学及法学，他还负责领导杜克大学的慈善与志愿研究中心。他就研究型大学以及主要基金会的特点做了大量研究，并思考双方在何种情况下会发生利益冲突。

他发现，虽然研究型大学和基金会二者的目标是相互矛盾的，但大学作为科研机构的职责与基金会的相关目标之间却存在

---

[1] 感谢威廉·鲍恩、乔尔·弗莱士曼、克劳福德·古德温、埃伦拉格曼、迈克尔·麦克弗森、亨利·罗斯基、艾尔·斯利文斯基、玛格丽特·怀斯佐米斯基和编辑为早期稿件进行的讨论和提出的宝贵建议；感谢罗伯特·马尔梅为研究提供的帮助；感谢杜克大学慈善和志愿研究中心。文中观点仅为我个人看法，与任何其他人或机构无关。

着一种良性关系。从他的描述中我们可以看出基金会与高等教育机构之间的关系比较和谐,与此同时我们也发现,这和我们最初为写这本书与基金会和高等教育机构的一些领导沟通时所得到的反馈并不相同。这与我们从基金会与教育百年纪念会议的与会人员那里得到的反馈也不同。本章是要为大家提供一些善意的提醒,以防我们根据这些反馈武断地认为,基金会与教育机构之间必然存在着永恒不变的分歧。

然而,事实上学术研究,特别是健康与自然科学领域及工程领域等的研究,已然成为大学(独立或合作)教育资本使用的竞争舞台,这些领域获得的资金远多于高等教育中教学或其他以学生为中心的领域。或许正是由于这一原因,基金会与寻求基金会支持的大学二者往往因利益一致而结成统一战线。

私立基金会和高等教育机构是美国经济中庞大而根深蒂固的分支机构。在 2003 年,美国有大约 59 000 个这样的私人资助型基金会[1]。它们的合计资产高达 3 990 亿美元,拨款总额为 22.6 亿美元(基金会网站,"1987—2003 独立基金会拨款和资产变化"表)。高等教育的数量较少,这取决于所统计的学校的多样化。据统计,美国有 3 000 到 4 000 所学院和大学(美国教育部,2003,表 171,第 209 页),其所获得的总体捐赠大约是私人基金会资产总额的三分之二[2]。尽管基金会投资的美元数值很大,

---

[1] 此处不包括社区基金会、企业基金会和运作型基金会。
[2] 2003 年,对 723 所拥有至少 100 万美元资助款的高校进行的一项调查显示,它们获得的捐赠总额为 231 亿美元。参见全国高校商业事务官员协会主页(http://www.nacubo.org/x2321.xml),上次访问日期为 2004 年 12 月 20 日。

但是它们在大学和学院收入中所占的份额很小,占总收入的不到3%[1]。这么小的一部分使我们自然而然地想到一个问题:这一小部分资金投入是否意味着其对美国高等教育未来方向的影响并不大?

基金会对教育机构的影响

显然,从美国高等教育领域学者的著作来看,私人基金会是有影响力的。霍利斯(Hollis,1938,294)认为,在20世纪初期的几十年间,基金会通过支持文化变革时期的活动,影响了高等教育的发展。在最近一项评估基金会对高等教育总体影响的活动中,凯特和洛布曼(Cheit & Lobman,1974)指出,"在高等教育的重要赞助人中,没有谁比私人慈善基金会更具有影响力"。他们也提到,"基金会不仅作用重大,而且在许多案例中是美国大学和学院进步的主要贡献者"(1)。

很多人认为,基金会推动着高等教育的变革,是许多重要发展和变革背后的驱动力,其中包括医学教育的变革、南部非洲裔美国人学院的建立和运行、现代社会科学实证研究的发展、国家

---

[1] 2003年,基金会负责高等教育志愿资助总额的28%(Council for Aid to Education, Voluntary Support for Education, 2003 [http://www.cae.org/])。1999—2000年,公共机构的私人赠品、赠款和合同占当前基金收入的4.8%,而在1995—1996年,则占私人机构的9.5%(U.S. Department of Education, National Center for Education Statistics, Digest of Education Statistics 2002[June 2003],表330—332,第372,374页)。假设这些百分比着时间的推移是稳定的,那么基金会的支持大约是公共机构总收入的1.3%,私人机构的2.7%。

教师养老金计划的建立、现代生物研究的发展、网络技术在学术出版领域存储和传播中的应用、以及新的跨学科领域的发展,如区域研究、城市规划、妇女研究、城市研究和公共政策研究。在这些研究中,大家已经认识到了基金会在对一些政府不准备从事的创新活动方面的支持起到的促进作用[1]。人们一致认为,基金会通过为高等教育提供"风险投资",使得一些必要的改革成为可能(Curti & Nash,1965,214)。

事实上,高等教育机构并没有特别乐于接受某些基金会在教育和学习问题上所提出的改革。例如,高等教育一直不愿意或未能成功地按照教育政策制定者的要求在中小学教育层面改善"生产过程"。同样的,无论是在中小学教育还是商业领域,大学和学院对体制改革也没有表现出同样的热情。这种不情愿是否明智仍是仁者见仁,智者见智的问题。

并非每个人都对基金会在高等教育中所起的作用持乐观态度。例如,常有人抱怨基金会的兴趣点变化无常,总是选择新的时尚而不是给予持续的支持[2]。从根本上说,有些人认为基金会是现状强有力的捍卫者,或者充其量是现有机构的胆怯的支持者(Nielsen,1972)。更有甚者将基金会视为统治阶级尽职尽责的"女仆",专门负责高等教育领域工作,利用大学来为富人和特权阶级的目标服务;从这个角度来看,基金会对历史上黑人学院和大学的巨大支持被解释为对黑人教育模式的支持[3]。还有一些人则指出,大学研究支持既定经济秩序的方式实际上是采用了

---

[1] 参见霍洛维茨(I. L. Horowitz)和霍洛维茨(R. L. Horowitz)(1970,227)。
[2] 参见弗鲁姆金(Frumkin,2000,40—41)。
[3] 参见安德森(Anderson,1980,10)。

第九章 守护神还是霸凌者？基金会在高等教育中扮演的角色

意大利政治理论家安东尼奥·葛兰西(Antonio Gramsci)提出的观点。葛兰西认为,统治阶级可以通过影响知识分子的思想间接却有效地发挥其影响力[1]。

在撰写本文时,基金会与高等教育之间的关系并非处处都是平静的。例如,一些保守的基金会抱怨说,大学教师绝大多数都偏向自由主义[2]。对大学拨款的条件也出现了不和谐的情况[3]。更普遍的是,正如编辑在本书的引言中所提到的,一些人已经意识到基金会与高等教育机构之间的分歧越来越大。

我对目前基金会和高等教育之间的关系并没有失望。这种观点上的差异可能源于我们的关注点不同:主编最关心的是基金会对大学教学和一般行政职能的支持,而我的重点是基金会对大学研究的支持。当涉及到研究与政策相关的活动时,基金会和高等教育已经实现了富有成效的互动。基金会提供了资源,大学方面的负责人也做出了相应的回应——有时加强了大学以外组织的沟通和合作。因此,在研究领域,我认为基金会与大学的关系在很大程度上是良性的,但我们也不能简单地评估这一关系。

基于这些不同的观点,让我们大致了解一下基金会在高等教育领域,尤其是研究型大学中所起的作用。基金会和大学最终为谁的利益服务? 就这一问题,我们必须考虑到诸如税收法规,对基金会提出的相关要求以及高校和基金会的组织结构等方面的

---

[1] 参见费舍尔(Fisher, 1980)。如果想参考一些相反的观点,参见布尔默(Bulmer, 1982)、卡尔和卡茨(Karl and Katz, 1987)。
[2] 参见霍洛维茨(I. L. Horowitz)和霍洛维茨(R. L. Horowitz)(1970, 168—227)和鲍尔莱因(Bauerlein, 2004)。
[3] 参见斯特罗姆(Storm, 2004)。

问题。因此,让我们换个说法,这样问:鉴于现有的法律及基金会和大学的性质,我们能否有效地思考基金会对高等教育机构的影响?

高校的相关制度特征[1]

1973 年,詹姆斯·科尔曼(James Coleman)在将大学作为一个组织进行分析时提出了两种组织类型:社区和公司。社区的特点是缺乏等级制度,因此控制权有些分散。相比之下,公司的等级制度很明显,领导者在他的下属面前可以行使自己的职权。科尔曼认为,作为一种始于中世纪的组织形式,大学在许多重要方面更像是一个社区,而不是一个公司。不是所有的决策权都掌握在教师手中,而高校领导在"发号施令"时也有些束手束脚。这主要表现在以下四个方面:一是教师的独立性;二是学科的影响;三是高校管理者的权力;四是无限的机构抱负。

教师的独立性

科尔曼在他的分析中指出,给大学下定义的时候我们发现,最典型的大学工作者,也就是教师,并不是通常意义上的雇员。尽管他们的工资单上写着大学的名字,但与公司的普通员工相比,教师可能将自己看作是独立的"承包商"。我们曾多次听到过这样一种说法:1948 年德怀特·艾森豪威尔(Dwight

---

[1] 更多关于大学及其教师特点的一般性讨论,请参见盖格(Geiger, 1993),克拉克(Clark, 1995),罗索夫斯基(Rosovsky, 1990)和克洛特费尔特(Clotfelter, 1996)。

Eisenhower)被任命为哥伦比亚大学校长,他在教师会议上将参会人员称为"哥伦比亚大学的雇员"。这时一位资深教授站起来纠正他说:"校长先生,我们不是大学的雇员。我们才是大学。"[1]在很多重要的方面,教师对学科和专业协会的忠诚度往往和对所在机构相似,甚至更高,这在研究型大学中更是如此。

当然,促进教师独立性形成的一个机构性特征是终身聘任制,这在很大程度上剥夺了大学自上而下的权力制度。但是,教师的独立性也在其他方面得到了尊重,包括学院(系)对教师的任命和晋升进行投票的传统,以及利用教师委员会就大学问题向管理者提建议。

学科的影响

诸如经济学、物理学和英语等学科在高等教育中起着至关重要的作用,其影响与评估基金会的作用也息息相关。盖格(1986,20—30)指出,在20世纪的最后几十年里,很多学科在专业化的过程中开始联合,这一过程与所谓的法学、神学和医学等学术专业的联合十分相似。然而,学者需要学院和大学来实践他们的学科。因此,各学科的成员组成了全国性的团体,每个团体都有一个调查区域,确立了"相对于该调查标准的权威性"(29),并建立了在形式上极为相似的全国性组织机构。这些机构对高校组织结构和行

---

[1] 引自2003年6月7日康奈尔大学前校长亨特·R. 罗林斯(Hunter R. Rawlings Ⅲ)的话(http://www.google.com/search?q=cache:MuK-84t5MSAJ: www. news. cornell. edu/campus/stateofuniv0306. html +%22Eisenhower%22+%22Columbia%22+%22president%22+%22faculty%22+%22discipline%22&hl=en),上次访问日期为2004年12月21日。

为具有双重影响,分别体现在管理体制和教师行为方面。

在管理体制方面,学科使大学组织结构设置更为合理。例如,几乎每一所大学都有经济系、物理系和英语系,其他几十个学科也是如此。学术专业也是如此,它们通常都是以学院而不是以系为单位。无论是系还是学院,这些基于学科的单位都负责课程设置和毕业要求方面的决策。同时,各学院和系对教师的招聘、留用和晋升也很重要。在做上述决定时,教师都很关注在其他机构工作的同一学科的学者,这不仅是源于学术价值公正判断的重要性,更是因为专门从事某一领域的学者相对比较稀缺。

对学科有影响的另一个因素是教师的独立性。教师更擅长某个专门领域的研究,而国家范围内某个特殊学科领域的人才比较缺乏,这就使教师更愿意与其他机构志同道合的学者建立专业联系。国家和国际的专业组织机构、会议和期刊通常是按学科组织的。因此,学科成为确定学术水平和研究问题价值的重要参考。1961年,保罗·塞缪尔森(Paul Samuelson)在美国经济协会会长的就职演讲中谈到:"经济学者要为唯一值得拥有的本钱(即我们自己的掌声)而努力。"(1962,1)不管这种保守的态度是促进了高学术标准的形成,还是仅仅是脱离实际的不敏感,塞缪尔森的观点在所有已有学科中都是很普遍的。此外,这一点在研究生教育过程中也得到了强化,从而确保了该学科的学术原则能够传递给新的学者。同时,一门学科也为研究论文的质量或求职者提供了合格的评论员。因此,学科联系是同行评审传统的基础,而同行评审又是开展学术研究的核心。

然而,学科的影响可能是一把双刃剑。尽管学科为建立大学提供了一个现成的方案,并通过招聘和晋升严格把控教师资质,但学科也会带来一些组织问题,尤其是对于那些希望进行一些重大改革的大学管理者而言。一方面,学科的影响力降低了学者对当地机构的忠诚,从而加强了教师的内在独立性。也许更为严重的问题在于,当资源短缺时,就像任何组织中的半自治单位一样,院系可能会成为狭隘的"地盘保卫者"。各院系的学科固守着各自的系,并不依赖或欣赏新兴学科的重要性,特别是那些介于传统学科之间的学科。这种学科观对于务实的人来说尤其令人苦恼——这就是人们通常所说的"象牙塔",这个词在这里实际上是贬义的。正如盖格(1986,30)所提到的,"日积月累的深奥知识库使得受过培训的学者对学科领域的理解和对主体的一般性理解之间的差距越来越大"。

高校管理者的权力

尽管教师享有很高的自主性,但院长、教务长和校长才是实际上的掌权者。在大多数教育机构中,上述三者中至少有一人对谁被录用或谁能被长期聘任有否决权,尽管这项权利很少被使用。管理者也可以设定薪酬标准,以及奖励或惩罚教师。他们也可以减少或收回预算经费,不过通常情况下预算经费都是逐渐增加的。尽管如此,管理者手中掌握的主要权力还是来源于其可以自由支配的资金——可用于资助一项新计划或增加某个计划的资金——简而言之,能影响某一机构的发展方向。

可以肯定的是,把一所大学指引到一个新的方向并不容易。这样做就好像是在试图改变一艘巨型远洋客轮的航线;虽然是可以做到的,但很困难,并且很难很快实现。究其原因,一是受长期聘任制的影响;二是受教师以及学术生活的巨大影响。因为这些行政领导,至少院长和教务长通常都是从大学教师等级制度中选拔的,他们被灌输了学科学者的信仰和做法。当这些管理者在管理岗位结束后打算回归教师身份时,这种影响就更大了。因此,为了实现预期的组织目标,做出让教师过于愤怒的做法如削减现有预算,通常是不明智的。最好的办法是获得一些无人认领的资源——这也是各级政府行政人员都会面临的困境。政治评论员欧文·克里斯托尔(Irving Kristol)曾讽刺地指出,"和其他人一样,大学管理者更喜欢自由的生活"(Nielson,1972,432)[1]。这是管理者喜欢基金会提供额外资金的一个原因。

大学管理者和基金会之间关系密切的另一个原因是他们有一些共同的特点。二者都是行动派,而不是活在研究和沉思的象牙塔世界里。因此,两个机构的领导者都对研究的实践性和政策的重要性更感兴趣。为了获取影响力,他们即使不绕过学科,也不得不绕过院系。"凌驾于"院系之上的大学管理者比普通教师更有可能将已建立的院系视为实现学院发展愿望的阻碍,而这些愿望通常出现在学科边缘。因此,只要能找到资金,教务长就可以随时准备启动某项能赶上下一个学术浪潮的计划。

无限的机构抱负

学院或大学的最终组织目标是什么?科尔曼(1973)认为,除了授予学位,大学实际上没有其他目标。科恩(Cohen)和马奇(March)(1974,3)曾明确地表达了这一观点:"美国的学院或大

---

[1] 费尔德斯坦(Feldstein,1993,38)也提出了类似的观点,即与企业同行不同,大学领导者通常不愿意做出令人不快的决策,他们可以接受获得较少回报和在提高效率方面付出更多代价。

学是典型的有组织的无政府状态。它不知道自己在做什么。它的目标要么是模糊的,要么是有争议的。"如果这是真的,管理者就无法做到消息灵通,因为他们常常表现得好像自己知道目标,尽管这可能是一个相当模糊的目标。这一目标只是为了成为"最好的"。[1]

教务长通常有一个值得资助的项目清单,这些项目将提高他(她)所在学院的质量,增加其威望,使学院能够吸引更多的人前来工作,并有助于增加招生数量需求。尤其当有些方案和举措并没有包含在现有预算中时,这些管理者便更加渴望有新的资金来源。其中一个原因是大学之间的竞争一直在持续,尤其是那些排名比较接近的大学。尽管很少有人会承认,但他们还是会通过《美国新闻与世界报道》(*U. S. New & World Report*)发布的最佳大学排名,向受托人或立法者及其社区成员证明,他们的大学正在击败竞争对手。

基金会的相关特征

与学院和大学相比,私人基金会的数量更多,而且显然更多样化,它们在美国的各种机构中占据了有利的位置。由于没有太多的法律条文束缚,基金会在实践其使命时,得以永久自由地经营。特别显著的一点是,与具有一定规模的民选机构的立法相比,基金会通常只需要少量"赞成"票便可以批准下一步的行动

---

[1] 想进一步了解这一问题的更多观点,参见克洛特费尔特(Clotfelter, 1996, 253—254)。

计划。根据法律规定,基金会用于捐赠的资产比例只能占总资产的很小部分;基金会不得支付过多的报酬,也不得从事相当于内部交易的财务安排,基金会只能向经认证的非营利组织提供赠款。这种行动自由,加上它们的巨大财政资源,使我们也想问一个经济学家詹姆斯·杜森贝里(James Duesenberry)在社会科学调查中曾提到的问题:"这些人是谁,他们到底想要什么?"[1]为回答这个问题,我们可以从私人基金会的两个特征入手进行思考:(1)它们的总体目标,(2)它们的实践方向。

是影响,而不是革命

仔细阅读已发表的基金会年报或浏览其网站,我们就可以了解其组织目标。这其中有些是任务声明,也有一些是引用它们的创始文件。还有一些人只是通过描述他们所支持的活动类型来展示它们的具体目标。无论哪种方式,最终都是想产生一定的影响——"有所作为"。像卡内基教学促进基金会、洛克菲勒基金会和福特基金会这样的多功能基金会,其创建目标有很多:促进知识的进步和改善人类总体环境(Arnove, 1980; Geiger, 1986, 1993)。近年来,这些目标被重申为基金会的"核心价值",促使其中一些基金会参与"影响分析"(Bernstein, 2003, 36)。

除了这些宽泛的目标,基金会还希望产生什么样的影响呢?对于绝大多数私人基金会来说,毫无争议的是它们的目标与维持当前社会、政治和经济制度完全一致。用尼尔森(Nielsen, 1972, 316)的话说,它们的董事会"好像是当权派、权力精英或美国统

---

[1] 1970年5月,哈佛大学经济学系圆桌会议上分享了这些观点。

第九章　守护神还是霸凌者？基金会在高等教育中扮演的角色

治阶级的缩影"。当然,在这方面,它们与许多大学没有什么不同,尤其是富有的大学和私立大学。这一可证实的事实是否意味着基金会将继续执行为统治阶级服务的议程,或者仅仅维持现有的制度？这是另一个问题,但这不是我要在这里解决的问题。[1]然而,无论是反映董事会成员的生活史,还是表达了想与最好的从业者打交道的愿望,基金会在与精英机构打交道方面都表现得非常得心应手。同时,大型私人基金会也表现出了明显的改革倾向,即使没有传教士那般的热情,也会使我们想起20世纪早期的进步运动。我们不难看出它们在与高等教育机构打交道时表现出来的精英主义和改革倾向。

实用性

基金会第二个值得注意的特征是,与大学持有的抽象且不切实际的观点相比,基金会往往更注重实用性。建立基金会的捐赠者通常是工业界或金融界的首脑,而在基金会董事会任职的人也往往是那些在学术圈以外比较成功的男性或女性。大型基金会经常会聘用一些具有学术背景的项目官员,尽管这些受托人可能在非常有声望的学院或大学接受过教育或培训,但很少有基金会的管理机构由具有学术背景的人来管理和领导。

当基金会资助高等教育时,这种实用主义倾向会产生两个明显的表征。首先,在确定扶持的优先顺序时,基金会往往比较关注现实问题。学者往往不具备这种以问题为中心的思维方式,因

---

[1] 关于支持基金会为统治阶级服务的观点,请参见费舍尔(Fisher, 1980, 1983,1993)和阿诺夫(Arnove, 1980)。有关相反的观点,请参见布尔默(Bulmer, 1982),卡尔和卡茨(Karl and Katz, 1987)。

为他们通常从学科内部争论的问题中获得指导方向。

此外,基金会的实用性表征还体现在始终对大学是否明确机构的工作重点持怀疑态度。这种怀疑也许并不是普遍存在,但却由来已久。尽管有巨大的潜力,但在面对会引起现实生活中变化的任务时,大学有时候或多或少会表现得手足无措。例如,福特基金会曾借用一名项目官员的话总结说,"大学对美国城市正在发生的事情毫不关注"(Pendleton,1975,3)。基金会坚信在这个问题上"大学需要转变"(8)。美国凯洛格基金会在其网站上表达了类似的观点,解释其为何启动了一项"改变"高等教育的计划:"慈善机构中有一种信念——更多的是担忧——即大学和学院对变化并不敏感,它们只会应对那些对自身利益造成直接威胁的问题。"造成这种集体无能的原因是什么?一个明显的罪魁祸首是教师。因此,伯恩斯坦(Bernstein,2003,37)指责道:"很多有根深蒂固的思维习惯的教师阻碍了学校的改革。"当然,并不是所有的基金会都持上述怀疑态度,如安德鲁·W.梅隆基金会和斯宾塞基金会,这两个基金会管理层感兴趣的领域与高等教育紧密相连。

利益冲突模型

大学与基金会这两种类型的组织机构如何相互作用?我们很容易观察到私人基金会与大学如何互动:征求提案、提交和评审,批准拨款、支付资金、执行项目以及报告结果。大学的收入增加了,基金会的年度报告也随之增加。如果双方只是普通的市场交易,比如购买办公设备,那么我们很容易看出谁是供应商、谁是

第九章 守护神还是霸凌者？基金会在高等教育中扮演的角色

客户。如果我们认为办公设备的市场竞争比较合理，我们同样也会认为基金会和大学之间的竞争比较合理，而不是其中一方的权力凌驾于另一方之上。

但是，竞争市场模式不适用于目前这个情况。相反，对于我们所看到的基金会和大学之间的互动，经济学为我们提供了几种更有用的模型，其中包括双边垄断（bilateral monopoly）和寡头垄断（oligopoly），二者的代理人之间都有冲突，都无法提供解决常见供需竞争关系的有效办法。相反，结果往往取决于双方的议价能力。

另一个涉及双方的模型是委托-代理模型（principal-agent model）。在这里，委托人派一个代理人替他投标，但代理人有自己的想法，因此可能不会完全按照委托人的意愿进行交易。一般来说，经济学能为我们提供一系列可以通过博弈论进行分析的情况，而其结果往往是无法预测的。在每一种模式中，缔约方都有他们希望实现的目标，这就很可能造成利益冲突。

对于基金会和高等教育机构而言，考虑三个而不是两个不同的参与者是有益的。除了基金会，我们可以把教师和大学管理者看作独立的参与者。当然，现实要比这复杂得多。一方面，众多的学院和大学在赠款、教师、学生和知名度方面相互竞争。另一方面，还有许多的基金会，每个基金会都会关注其他基金会的决策。

假定现在有一个基金会及一位大学教师和一个行政部门。在这个最简单的模型中，我们必须承认，这三方的利益不一定是相同的，虽然也可能是相同的。基金会可能有一些宽泛的目标，甚至对其想要资助的项目有一定偏好和倾向。大学行政部门（比如说教务长）也有一些项目，他认为这些项目将提高其机构的质量,为此,资金是必要的。这其中可能包括新的奖学金、教学楼的改造或新的学术计划。最后,教师队伍虽然由许多个体组成,但他们通常都有研究计划,这些计划在很大程度上是基于每个人自己的学科和专业领域的研究方向形成的,其中自然包括正在全国和世界范围内开展的研究。教师主要对自己领域内的研究感兴趣,因此他们心中所想很难契合教务长想要开发的学校项目计划。

教师是从事研究的大学工作者,任何涉及研究的基金资助项目都不可避免地会涉及教师。教师必不可少的另一个原因是质量控制。为了胜任评估任何提案的工作,基金会不得不求助于专家来判断某个潜在产品的质量。由于很少有基金会会雇佣具有这方面专业知识的工作人员,所以基金会不得不依靠学者的建议来确定某个提案是否有资助价值。

学术部门是现成的专业知识来源。因为这些部门在大学里已经成立了,基金会可以直接向各院系提供资助,让它们把研究经费分配给最有价值的研究。但对于大多数基金会来说,这么做并不可取,而大学的教务长对此也不感兴趣。双方的理由差不多:他们不信任大学的学术部门,认为他们不一定能合理利用额外的资金。他们认为,各院系不愿意做出艰难的选择,不愿意走出自己的学科领域,也不愿意采用最新的研究方法来寻求新的研究方向。他们担心,发放给各院系资金后各院系还是一切照旧,并不会带来任何重大进展[1]。基金会对学科的普遍不信任与对

---

[1] 这种避开院系行为的两个例外案例是福特基金会和安德鲁·W.梅隆基金会开展的简化研究生培训。两个案例中的院系都得到了捐赠,并且后者还附加了重要的条件。参见盖格(Geiger, 1993, 227—229)和伯恩(Bowen, 2005, 4)。

教师的依赖是相互矛盾的,二者相调和的一个方法是,基金会对学术部门提供支持,但不允许学术部门以传统方式使用资金。

我们这里谈到的三方之间利益冲突的另一个后果是谈判的氛围会有些不友好。因此,在基金会和大学这两方之间进行互动时,通常可以参考以下原则:大学里的每个参与方(即教师和教务长)都希望所得资金对自己不会有太大的附带影响,即对其他项目产生最小影响。而第三方(基金会)则希望其资助的资金会带来最大程度的影响。基金会试图实现这一目标的一种方式是持续提供支持,为新项目提供"种子资金"(Cheit & Lobman,1974,74;Frumkin,2000,40)。事实上,一些基金会成文或不成文的规定里都会提到,在 3 到 5 年内不为任何活动提供资金,或不提供捐助,从而最大限度地控制其资金的使用方式。据该基金会的一位前项目工作人员说,有一家大型基金会就故意对其大部分捐赠设置这样的时限,理由是大多数受赠人会在一段时间后忘记赠款及其来源和最初的目的[1]。

两种改进方式

基金会大体采用了两种方式,试图改善似乎需要帮助的高等教育机构的日常经营。一种方式是为大学提供资助,不干涉其运营。另一种是提供必要资助的同时,要求大学能够在日常经营方面(如果做不到在组织机构方面)进行重大改变。虽然在实践中

---

[1] 新颖性也意味着目标的独特性;因此,可能出现的趋势是避开了那些从其他渠道获得资金支持的活动,比如那些国家科学基金会资助颇多的领域的研究,参见科勒(Kohler,1987,163)和盖格(Geiger,1993,100)。

很难严格区分这两种方法,但还是为大家举例说明。

强化机构自身

高等教育资助领域有一种观点认为,虽然高等教育机构有很多优势,但其缺乏必需的基础设施和管理资金,以及缺乏根据变化的环境和有限资源做出艰难选择的自知之明。基于此,基金会需要为大学提供必要的资助。其中一种资助形式是为机构提供一般性拨款,如凯特和洛布曼(Cheit & Lobman, 1974, 12)所描述的"营养物质"。其中一个典型例子是少数基金会对一些大学进行长期资助,如杜克基金会对杜克大学的资助、伍德拉夫基金会(Woodruff Foundation)对埃默里大学的资助、韦瑟海德基金会(Weatherhead Foundation)对哈佛大学及其他几所大学的资助[1]。其他基金会则比较关注基础设施建设,如卡内基教学促进基金会和安德鲁·梅隆基金会对大学图书馆的资助[2]。再如梅隆公司于1995年开始以数字化形式搜集和存档过期学术期刊,并提供资料检索,即JSTOR项目(Journal Storage)。利用光学字符识别技术,存储的记录为原始期刊页面提供了精确副本,使

---

[1] 杜克基金会的章程规定,拨给高等教育机构的资金大部分要按特定收入百分比的形式,用于资助4所学院和大学。根据杜克基金会原始合同中分配给每所学校的总收入百分比,这些学校分别是杜克大学(32%)、戴维森学院(5%)、约翰逊史密斯大学(4%)和弗曼大学(5%)(http://www.dukeendowment.org/pdf/ind.pdf),上次访问日期:2004年12月26日。了解韦瑟海德基金会的相关信息,请参阅1997年11月6日的《哈佛公报》(http://www.news.harvard.edu/gazette/1997/11.06/WeatherheadsDev.html)。福特基金会的挑战补助金计划,虽然同样没有限制,但没有长期进行下去。

[2] 参见雷德福(Radford, 1984)。

第九章 守护神还是霸凌者？基金会在高等教育中扮演的角色

高校图书馆不必担心存储空间问题,大大缩短了检索文章所需的时间。虽然该项目并没有以资金形式为学校拨款,但它从总体上促进了大学基础设施建设。

与上述资助类似的是基金会提供的研究资助,旨在通过改进管理技术和对事业本身的理解来提升学校的整体质量。例如,1933 年,美国经济萧条将大学推向金融危机边缘,卡内基教学促进基金会发表了《高等教育中的经济》(Economy in Higher Education),明确提出"合理的相关知识纲要"来帮助学院和大学度过危机(Hill & Kelly, 1933, vi)。这只是该基金会发表的许多研究之一,致力于解决大学和学院面临的普遍性问题。20 世纪 70 年代,卡内基教学促进基金会的高等教育委员会资助了许多涉及高等教育方方面面的研究[1]。综上所述,这些努力对人们了解和认识高等教育产生了深远的影响。

---

[1] 了解卡内基教学促进基金会的高等教育委员会资助的研究所涵盖的一系列问题,参见以下文章:《高等教育:谁来买单？谁会受益？应该由谁买单？》(Higher Education: Who Pays? Who Benefits? Who Should Pay?)、《高等教育管理》(Governance of Higher Education)、《校园和城市》(The Campus and the City)、《校园改革》(Reform on Campus)、《更加有效利用资源》(The More Effective Use of Resources)、《大学机构从 1964 年到 1971 年的变化》(Changes in University Organization, 1964—1971)、《高等教育的未来》(The Future of Higher Education)、《美国校园艺术的兴起》(The Rise of the Arts on the American Campus)、《作为一个机构的大学》(The University as an Organization)、《专业教育》(Professional Education)、《多校区大学》(The Multicampus University)、《高等教育的新萧条》(The New Depression in Higher Education)、《高等教育的财政情况》(The Finance of Higher Education)、《主要私立大学经济状况》(The Economics of the Major Private Universities)、《高等教育机构分类》(The Classification of Institutions of Higher Education)。参见卡内基教学促进基金会网站(http://www.Carnegiefoundation.org/publications/publication_archive.htm#commission),上次访问日期为 2005 年 3 月 28 日。

在选择需要资助的机构时,基金会明显表现出青睐优秀机构的倾向。从20世纪初开始,它们一直侧重扶持一些精英机构,特别是在研究领域[1]。这种对精英机构的偏爱也可以被理解为可以为基金会一段时间内的投资带来稳定性。本章末尾的表9.1列出了20世纪约前三分之一的时间里获资助金额最多的大学(9家主要资助高等教育的大型基金会)(Hollis,1938)。从这些熟悉的名字中我们可以明显看出,受资助的这些大学大体上仍然是当今最负盛名的大学。很明显,这些基金会在过去几十年中所青睐的大多数学校如今都是全国顶尖大学之一——正如盖格(Geiger,1993)所指出的,这一相关性体现了一定的因果关系。

重新定位与改革

基金会资助大学的另外一种方式始于一个完全不同的假设——与缺乏资金相比,大学更加欠缺的是改革所需的清晰思路和睿智。鉴于这种怀疑大学是否有能力规划发展方向的悲观看法,我们就不难理解为什么基金会会从大学外部寻找实施改革的方法了。其中一个途径是资助那些可以展示改革方法的研究。由卡内基教学促进基金会提供资金支持的著名的《弗拉克斯纳报告》(*Flexner Report*),推动了医学教育发展,使其从早期的职业培训形式转变为我们今天所熟知的科学型专业[2]。

---

[1] 拉格曼将其称之为"引领潮流的大学"(1989,154)。像洛克菲勒和卡内基这样的基金会称"走向新的巅峰",也证明了这种观点。参见科勒(Kohler,1987,151)或西博尔德(Seybold,1980,27—34)。

[2] 了解更多的讨论参见拉格曼(Lagemann,1984,第4章)或惠特利(Wheatley,1988)。

第九章 守护神还是霸凌者?基金会在高等教育中扮演的角色

上述为改革所做出的努力导致的一个重要的结果是在大学里创建了独立于传统学术部门的新实体。基金会将这些体制变革作为一种有效载体,成功联合了大学管理者,从一些根深蒂固的学术部门那里获得了部分控制权,同时又没有丧失教师的参与度。出于同样的原因,基金会也找到了通过转向独立的研究型机构从而绕过大学的方法。

四个典型案例

让我们通过分析4个案例来进一步了解这两种方式,这4个案例分别为:(1)美国国家经济研究局(National Bureau of Economic Research);(2)洛克菲勒基金会慈善与社会科学研究和社会科学研究理事会;(3)福特基金会的挑战补助金计划;(4)基于大学中心的资助。

美国国家经济研究局。在1910年至1920年的10年里,商界和一些学术界的领袖一致认为,公众热议的经济学问题需要的是公正的信息,这也是为了扭转当时社会主义和无政府主义观点高涨的趋势。据其中一位领导人亨利·普里切特(Henry Pritchett)称,"必须在公众中传播简单、基本的经济事实,并用大家可以理解的方式讲述,这才是解决办法"(Lageman,1989,55)。于是成立了美国国家经济研究局,该局于1920年被特许为"事实调查机构",部分由卡内基教学促进基金会、联邦基金会和劳拉·斯皮尔曼·洛克菲勒纪念馆(Laura Spelman Rockefeller Memorial)资助[1]。

---

[1] 引自韦斯利·克莱尔·米切尔的笔记(Lagemann,1989,59),也可参见法布里坎特(Fabricant,1984,30)。

基于定量研究和公正判断的原则,并明确摒弃政策推荐,美国国家经济研究局任命哥伦比亚经济学家和商业界专家韦斯利·克莱尔·米切尔(Wesley C. Mitchell)为第一任局长。

1930年,该机构委托米切尔的学生西蒙·库兹涅茨(Simon Kuznets)对国民收入进行研究,作为国民收入核算的基础。尽管美国国家经济研究局董事会中有来自大学的代表,但它始终独立于任何一所大学。然而它的研究活动还是会涉及许多大学教师。2005年,美国国家经济研究局中有大约850名经济学家和其他一些社会科学家,几乎所有人都是大学教师,还有一些研究助理或教师研究员。

洛克菲勒基金会慈善与社会科学研究和社会科学研究理事会。大约在美国国家经济研究局成立的同时,洛克菲勒慈善组织,以劳拉·斯皮尔曼·洛克菲勒纪念馆和后来的洛克菲勒基金会社会科学部为主,积极建立社会学和其他社会科学,突出强调了实证研究、以问题为中心的研究法以及跨学科研究的重要性。它充分利用在大学内外新建的专门研究机构[1],如芝加哥大学的社区研究地方委员会、北卡罗来纳大学教堂山分校社会科学研究所、哈佛大学社会关系系(现已解散)、哥伦比亚大学的俄罗斯研究所、耶鲁大学的国际研究所,以及密歇根大学的社会研究所[2]。从它们的创建情况来看,这些院系与现有院系不同;只

---

[1] 有关讨论,参见布尔默(Bulmer, 1982, 186—191),费舍尔(Fisher, 1983, 219)以及科勒(Kohler, 1987, 142)。

[2] 了解这些研究所的历史,参见柯蒂(Curti)和纳什(Nash)(1965, 231—233)、布尔默(Bulmer, 1982, 189)、罗宾逊(Robinson, 1984, 78)、尼尔森(Nielsen, 1972, 41)及拉格曼(Lagemann, 1989, 166)。

第九章　守护神还是霸凌者？基金会在高等教育中扮演的角色

有社会关系学院(系)在大学中与传统院系类似。

在大学以外的特殊机构中,最突出的是社会科学研究理事会(the Social Science Research Council,简称SSRC),该理事会依靠大学的教授委员会制定研究议程,并授予奖学金以及给予其他方面的支持。社会科学研究理事会主要由国内顶尖大学的教师领导,例如在两次世界大战期间,超过70%的博士后奖学金获得者来自11所大学:芝加哥大学、哈佛大学、哥伦比亚大学、斯坦福大学、耶鲁大学、加州大学伯克利分校、威斯康星大学、明尼苏达大学、宾夕法尼亚大学,密歇根大学以及康奈尔大学(Fisher, 1993, 19)。费舍尔说,洛克菲勒基金会在扶持社会科学研究理事会时,曾试图通过消除学科之间的界限来改变社会科学研究的方法。而社会科学研究理事会则希望能够改变这个存在于已建立学科中的"长期趋势",这个目标至少部分实现了(Fisher, 1993, 23—223)[1]。

福特基金会的挑战补助金计划。随着20世纪50年代末资产近4倍的增长,福特基金会为私人学院和大学提供了一系列巨额资金资助,目的是为高等教育中的私立大学提供财政支持。这笔钱以挑战补助金的方式拨给学校,要求学校按3∶1的比例进行筹款,即基金会的拨款金额相当于该学校自行筹款的三分之一。芝加哥大学、哥伦比亚大学、斯坦福大学和纽约大学作为最大受益者,分别获得2 500万美元的赠款(它们自己从其他渠道筹到7 500万美元)。盖格(1993)指出,除了注入资金本身之外,这个办法起到的效果是让一些筹资企业看到积极投资可能带来的

---

[1] 参见布尔默(Bulmer, 1982,186—191)。

回报,从而鼓励它们参与投资。目前的趋势显示很多大学仍然在继续筹集资金,因此这个计划非常有意义。

基于大学中心的资助。很多基金会建立了以大学为基础的研究中心,福特基金会在此基础上于20世纪六七十年代,尝试通过为各学校提供资助来实现改革,以此促进一些与城市地区、国际问题以及女性等相关的课题研究。福特基金会大胆尝试将大学的注意力集中在有关城市地区的问题上,通过几项重大工作的开展促进相关研究,并鼓励大学关注地方政策问题。其中包括一些公立大学短暂成立的"城市扩展"部门和另外十几所私立大学的研究中心,允许其设立教职。除了这些研究中心所做的研究以外,福特基金会也为研究型的经济学家群体(城市经济委员会)提供资助,并由未来资源研究所进行管理。(Pendleton, 1975)

福特基金会也尝试吸引大学进行国际问题研究和女性研究,其过程一般是从资助杰出的教师和有前途的学生开始,然后转向对机构的资助,帮助其创建区域研究中心(Magat, 1979, 103—106)。同样,福特基金会通过为教师和研究生设立奖学金来支持女性研究,这也是按照其在区域研究中遵循的模式进行的。从福特基金会资助的斯坦福大学和卡内基教学促进基金会资助的韦尔斯利学院开始,到20世纪90年代,福特和其他基金会还支持在大学校园里建立专门的研究中心。[1] 到1990年,超过600所大学开展了女性研究项目。

---

[1] 参见普罗耶托(Proietto, 1999)对这种支持影响的分析。

第九章 守护神还是霸凌者？基金会在高等教育中扮演的角色

近期基金会资助高等教育的主要类型

为了更详细地说明基金会为学院、大学或学术机构的教师及其研究提供的资助类型，我特意将2003年私人基金会提供的资助进行了分类（详见本章末尾表9.2）。为了获得合理的数据，我选择了基金会中心跟踪调查的26个基金会，它们拨款最多的4个学科领域分别是教育、健康与医学研究、公共事务和社会福利以及社会科学。当涉及网站上的每笔捐赠金额时，我都与网站上的描述进行核对[1]，筛选出捐赠额度达到或超过20万美元的所有捐赠。这样做是为了方便统计，然而也可能会造成数据偏差，因为我们可能低估了一些较小数额的资助款项，如奖学金和发放

---

[1] 在这个名单里，我发现2002年资助总额排名前10的基金会投资的主要4个领域是教育、健康和医学研究、公共事务和社会福利以及社会科学（2004年度基金会捐款趋势，表6）。作为补充，我又增加了对高等教育资助总额排名前25名的其他几家基金会（"2002年，为美国本土高等教育、研究生教育、职业教育和教育机构提供资助的前100家基金会"，基金会中心未公布的表格，2004）。为了简化收集数据和对资助金额的分类，我在文章中采用了最低美元数。我在基金会的网站上搜索了2003年（如2003年没有可供查询的数据，我就向前推至2002年）的资助名单。我还搜集了所有有关高等教育或研究中心资助的信息和数据。在表2中列出的26家基金会的名单中，其中19家基金会出现在前30名里，另外还有4家排在第31到60名中。数据来自基金会中心所制表格"2002年，为美国本土高等教育、研究生教育、职业教育和教育机构提供资助的前100家基金会"。剩下3家基金会分别为大西洋慈善总会、理查德·金·梅隆基金会和霍华德休斯医学研究所。
那些熟悉基金会中心信息整理的人指出，这些数据的可靠性受到各个基金会提供的基础报告信息准确性的限制，而这些报告是中心制表的基础。由于基金会在生成既准确又分类明确的数据方面能力存在差异，因此基金会排名列表和提供资助金额方面的数据都有可能出错。

给个人的研究基金。

共有4个基金会为高等教育提供了超过5亿美元的资助,分别为礼来基金会、比尔及梅琳达·盖茨基金会、安德鲁·梅隆基金会和罗伯特·伍德·约翰逊基金会。另外12家基金会至少捐赠了1亿美元。名单中还有杜克基金会和伍德拉夫基金会,它们与杜克大学和埃默里大学关系密切。表9.2并不算是基金会给高等教育投资情况的完整清单。虽然不包括所有捐赠最多的基金会,但它从某种程度上反映了大型基金会扶持高等教育的基本类型。

表9.3(详见本章结尾)为我们提供了更加详尽的信息。根据通常在基金会报告中列出的简述,我将表9.2中的捐赠分成12类。这些类别("本科奖学金""研究生和博士后扶持""教职员工扶持""建设""图书馆""计算机和通信系统"及"对其他组织的扶持")尽管没有被详细描述,但是非常直观、通俗易懂。当然,这些简要的信息可能导致分类不正确。一些资助还包含其他用途,例如项目开发资助中包括建设资金或研究资助金里包含社区推广资金。

表9.4(也在本章末尾)表明4类赠款在解释时存在错误的风险,分别为:(1)个人研究项目;(2)研究中心提供的一般研究支持;(3)教育机构内部的其他项目;(4)教育机构以外的其他项目。由于它们的分类并不精确,而又具有重要的量化意义,还需要进一步的研究。

在个人研究项目这一范畴中(这里我们用"个人"一词是因为现有资料显示与一些获得资助的大型研究相比,这类研究常常围绕特定的主题,而且研究者比较少),有十几个主题是与社会科

第九章 守护神还是霸凌者？基金会在高等教育中扮演的角色

学和医学领域相关的。那些针对研究中心和其他合作机构的资助涉猎领域也非常广泛，甚至包括国际安全和沿海海水养殖等不同的研究领域。

支持教育机构内部项目而非研究的资助主要被用于课程改革、夏季过渡计划以及成立新的系。相比之下，非研究资助则被用于该机构外部的合作项目，例如招募本科生做专业图书馆员，抑或被用于社区推广和宣传，例如禁止生物和化学武器的国际项目。[1]

这些例子表明：一是即使借助于简述，我们的分类也无法做到十分精确；二是基金会支持了种类繁多的大学项目。

表9.3在这种多样性中找到了一种相对广义的分类方式。约6.4亿美元的总资金大致流向了下列几个方向：大约三分之一的资金被用于研究资助，其中大部分用于资助中央管理部门或独立研究单位的一般性研究。另外三分之一的资金被用于非研究项目，这些项目往往不属于其他类别。这一类项目的大部分资金都被用于教育或研究机构内部的活动，其中包括课程和教学。其余的资金则被扩展至社区和世界其他地方。

资助去向的另外一大类是金融资助——资助本科生、研究生和博士后，占总金额的六分之一。另外一个占总金额十分之一的类别是用于建设和翻新。尽管基础设施建设占到了高等教育捐赠的很大份额，但占比最大的类别还是研究和其他类别。需要特别指出的是，基金会很少直接资助系。更常见的做法是，资金流

---

[1] 分类基于基金会公开说明的其拨款情况信息。因为对这些资助的描述都很简短，所以我们很难区分一般研究支持和其他机构以外项目的差别。

向大学内部或外部的独立机构。

启示

结合上述多角度的观察,运用利益冲突模型进行分析,我们在大学和基金会之间的关系方面得出四点启示,我将在下文中一一讨论。

教师是不可或缺的,院系则不是

对于任何涉及研究的项目,基金会和大学管理者都需要有正式的研究学者,他们中的大多数人都是被聘用的大学教师。我们需要这些教师,因为他们不仅做研究,还可以评估其他人所做的研究。教务长雇佣学校以外的学者协助他们聘用教师或给教师评职称;同样,基金会利用大学教师为质量控制提供建议。通过这种方式,基金会可以利用学科标准、现有专业专家以及作为现有国家专业协会重要组成部分的沟通渠道。这种质量控制最常见的方式是同行评审——与政府机构如国家科学基金会和国家卫生研究院拨款过程中采取的方法相似。

尽管有必要利用大学教师来控制质量,但基金会一直不愿进入教师所在的学术部门。它们认为学院(系)是既定学术秩序的捍卫者,并不是实施制度变革项目的理想渠道。无论原因是否如此,基金会通常都会选择支持独立于院系的大学研究中心。基金会可以通过聘用社会科学研究理事会(SSRC)或美国国家经济研究局(NBER)等组织,完全绕过大学的限制。这些机构的官方许可就好像是产品许可证,证明拨款正被用于有声望的学者所进行的有价值的项目。因此,基金会可以解决评估问题,而无需启动自己的审查机构。[1]

虽然依赖中介机构来控制质量会削弱学术部门的权力,但这并不意味着一定会削弱学科的影响力。通过保持研究标准和确立有价值的研究,学科会继续对基金会所资助的各种研究产生影响。

基金会更青睐易于理解的研究

由于基金会领导人的务实倾向和希望能产生一定影响的普遍愿望,与抽象的、理论的和深奥的研究相比,基金会更青睐可见的、实践性强的和易于理解的研究。这种倾向的一个必然结果是更愿意为与所有大学生相关的事宜出钱,如建设维修基金和奖学金,而不愿为博士生和教师的生活提供资助。这样的资助倾向可能对许多基金会官员曾就读的私人精英学校很有吸引力。这些学校的高昂学费使得奖学金的资助变得尤为重要,而缺乏公共建设和革新经费使其迫切需要这方面的资助(Geiger, 1986)。如表9.3所示,奖学金数额占到(我们跟踪研究的)基金会资助的六分之一,而另外十分之一则用于建设和翻新工作。

说到研究,基金会更关心解决世界问题而不是解决学者之间的争论。在学科导向的期刊中有争议的深奥问题或在研究生必修课程中的教学法问题不太可能得到基金会的资助。这一倾向往往导致研究方向跨越学科界限,如地区研究、美国研究、城市研

---

[1] 了解过去如何利用中介机构,请参见霍利斯(Hollis, 1938, 250, 251, 274)、西博尔德(Seybold, 1980, 285)和费舍尔(Fisher, 1993, 206)。

究、女性研究和公共管理[1]。而既定的学科并不欢迎这种跨学科的尝试。例如，施蒂格勒（Stigler, 1967, 273）认为，某些在大学中设立的受基金会资助的地区研究所，"在经济理论或研究方法方面并没有做出任何重要贡献，这些机构也没有吸引或培养出几个一流的经济学家"。[2]

尽管它可能妨碍了与学科的对话，但这种务实的思维方式可能会带来学术界想要的重大进步。洛克菲勒基金会在上个世纪20年代的一个明确目标就是鼓励发展一种新的基于实证研究的社会科学研究。在经济学领域，无论是基金会对大学内部大型项目的资助（包括瓦西里·莱昂季耶夫[Wassily Leontief]在哈佛大学进行的投入产出分析），还是对大学外部项目的资助（如西蒙·库兹涅茨在美国国家经济研究局进行的国民收入核算工作），都为实施不同类型的研究项目奠定了基础，并且开辟了经济学领域的新思路（Stigler, 1967）[3]。

竞争往往会削弱谈判地位

正如竞争对手的存在通常会使某家公司很难将其售价提高至边际成本以上，竞争对手同样会削弱一家公司在谈判中的地位。我们很容易在大学里看到类似情况。即使是最著名的大学

---

[1] 尽管竭力避免教条的学科划分，但是基金会领导者还是非常尊重学科的。参见彭德尔顿（Pendleton, 1975, 15）。
[2] 经济学家对跨学科研究方法的歧视尤为严重。了解相关信息参见莱纳德（Leonard, 1989）。
[3] 另见布尔默（Bulmer, 1982, 190）和费舍尔（Fisher, 1983, 219），了解更多有关实证研究和实践研究对基金会的重要性的信息。

第九章 守护神还是霸凌者？基金会在高等教育中扮演的角色

也有竞争对手愿意并且有能力在现有资金的情况下开展特定的活动。举个例子，在为基金会 F 准备提案时，由于大学 B 和 C 很可能也有类似的项目，大学 A 便受到很多约束，变得束手束脚。但是，如果 A 大学在某一特定领域没有竞争对手，或 A 大学是这个领域的垄断者，那么在谈判时它将拥有更强的议价能力。教师与基金会的谈判与上述情况类似。

在任何情况下，在基金会看来，资助申请人潜在竞争对手的存会使申请人变得可被替代，变成消耗品。无独有偶，如果某一特定活动存在多个资金来源（这可能包括政府机构和公司及其他基金会），申请资助的教务长或该校研究人员便会处于更有利的位置，可以获得资金而不必妥协。斯蒂格勒（Stigler, 1967, 283）曾写这样一段话来描述基金会之间的竞争：

> 竞争在一定程度上是杰出学者间项目的竞争，这在一定程度上提高了项目制定过程中学者的参与度。接受一般的专业性意见和学者间的竞争降低了基金会的直接影响。与科学本身产生的价值和目标相比，基金会的影响是次要的。

当涉及支持某种类型的项目时，如果基金会是唯一选择，申请人将毫无还手之力，而基金会将占据有利地位来设定研究的议程。[1]

---

[1] 从第三个原则可能得出的推论是，基金会倾向于将其资金拨给有较少其他资金来源的领域。由于医学和自然科学得到了国家卫生研究所和国家自然科学基金会等政府机构慷慨的资助，基金会可能会寻找其他没有获得如此慷慨资助的领域，并给与扶持。科勒（Kohler, 1987, 163）记录了这一趋势。

互动缺少坦诚

与其他形式的讨价还价一样，围绕着基金会资助进行沟通与交流时不可避免地会存在一些吹嘘或直截了当地进行虚假陈述——通常申请方更多一些。事实上，所有资助申请者面对申请要求时都会花费时间和精力强调他们的项目有多么符合资助方的想法和意愿。除此之外，资金的诱惑使得大家甚至使用某种修辞手法，我们不妨将其归类为夸张。例如，为了响应基金会对新项目的关注，大学就会将拟举办的活动定位为新的举措，而不是以前活动的延续或修改版。斯蒂格勒（1967）和弗鲁姆金（1998）等人发现，这种重新包装的情况确实存在。

这种定义不同但效果相似导致了申请和行动之间的不一致，这种资金的置换有时也称为三角法。以同样的方式，任何预算单位都可以推翻一项资金意图，而将现有活动"包装"成新活动进行资助。然后，资金接受者便可以将收到的钱用于之前未提及的其他活动。如果成功的话，这个手段会将计划拨款变成源源不断的收入。福特基金会在20世纪60年代和70年代为精英大学的研究生部提供了大量资金，目的是缩短研究生取得学位的时间，而当一些基金会的官员发现平均时间实际上有所增加时，他们略感挫败。他们发现，各院系并没有努力做出改变，而是将资助金挪作他用（Geiger，1993）。无论打着什么样的幌子，任何形式的欺骗都有可能影响大学和基金会的沟通和合作。

第九章　守护神还是霸凌者？基金会在高等教育中扮演的角色

一段勉强维持的关系

私人基金会与高等教育机构之间的关系不能准确地用本章标题中的任何一个术语来定位。现代大学也许像一个依赖父母的任性青少年一样，一边利用基金会的慷慨，一边尽量摆脱基金会对其的控制。基金会像家长一样，常常坚信其知道什么对大学最有利，并竭尽全力希望把最好的给"孩子"。在讨论本章的主题时，我将这种关系定义为一种程式化的相互影响，使基金会与大学教师及其管理者成为对立面。双方都想尽量实现自己的目标，但并非都能完全如愿，因为大家的目标并不完全一致。尽管如此，我们还是有理由相信：正如大多数关系一样，双方都会受益。

（查尔斯·T. 克洛特费尔特）

参考文献：

Anderson, J. D. "Philanthropic Control over Black Higher Education." In R. F. Arnove (ed.), *Philanthropy and Cultural Imperialism: Foundations at Home and Abroad*. Bloomington: Indiana University Press, 1980.

Arnove, R. F. "Introduction." In R. F. Arnove (ed.), *Philanthropy and Cultural Imperialism: Foundations at Home and Abroad*. Bloomington: Indiana University Press, 1980.

Bauerlein, M. "Liberal Groupthink is Anti-Intellectual." *Chronicle of Higher Education*, Nov. 12, 2004 (http://chronicle.com/temp/reprint.php?id=taz1fibe3lt4vl3h2lgyjjc3pgh2fd7), last accessed Dec. 20, 2004.

Bernstein, A. R. "Is Philanthropy Abandoning Higher Education?" *The*

Presidency 6 (Fall 2003), 34 – 37.

Bowen, W. G. "President's Report," Andrew W. Mellon Foundation, provisional draft, Feb. 2005.

Bulmer, M. "Support for Sociology in the 1920s: The Laura Spelman Rockefeller Memorial and the Beginnings of Modern, Large-Scale, Sociological Research in the University." *American Sociologist*, Nov. 1982, *17*, 185 – 192.

Cheit, E. F., and Lobman, T. E. *Foundations and Higher Education*. Berkeley, Calif.: Carnegie Council on Policy Studies in Higher Education, 1974.

Clark, B. R. *Places of Inquiry: Research and Advanced Education in Modern Universities*. Berkeley: University of California Press, 1995.

Clotfelter, C. T. *Buying the Best: Cost Escalation in Elite Higher Education*. Princeton, N. J.: Princeton University Press, 1996.

Cohen, M. D., and March, J. G. *Leadership and Ambiguity: The American College Presidency*. New York: McGraw-Hill, 1974.

Colwell, M. A. C. "The Foundation Connection: Links among Foundations and Recipient Organizations." In R. F. Arnove (ed.), *Philanthropy and Cultural Imperialism: Foundations at Home and Abroad*. Bloomington: Indiana University Press, 1980.

Coleman, J. "The University and Society's New Demands Upon It." In C. Kaysen (ed.), *Content and Context*. New York: McGraw-Hill, 1973.

Curti, M. E., and Nash, R. *Philanthropy in the Shaping of American Higher Education*. New Brunswick, N. J.: Rutgers University Press, 1965.

Fabricant, S. "Toward a Firmer Basis of Economic Policy: The Founding of the National Bureau of Economic Research," 1984. Paper posted on NBER Web site (http//www. nber. org/nberhistory/sfabricantrev. pdf), last accessed Dec. 16, 2004.

Feldstein, M. "Comment." In C. T. Clotfelter and M. Rothschild (eds.), *Studies of Supply and Demand in Higher Education*. Chicago: University of Chicago Press, 1993.

Fisher, D. "American Philanthropy and the Social Sciences: The Reproduction of a Conservative Ideology." In R. F. Arnove (ed.),

Philanthropy and Cultural Imperialism: Foundations at Home and Abroad. Bloomington: Indiana University Press, 1980.

Fisher, D. "The Role of Philanthropic Foundations in the Reproduction of Hegemony." Sociology, 1983, 17, 206 – 233.

Fisher, D. Fundamental Development of the Social Sciences: Rockefeller Philanthropy and the United States Social Science Research Council. Ann Arbor: University of Michigan Press, 1993.

Foundation Center. Foundation Yearbook. New York: Foundation Center, 2004.

Frumkin, P. "The Long Recoil from Regulation: Private Philanthropic Foundations and the Tax Reform Act of 1969." American Review of Public Administration, Sept. 1998, 28, 266 – 286.

Frumkin, P. "Philanthropic Leverage." Society, 2000, 37(6), 40 – 46.

Geiger, R. L. To Advance Knowledge: The Growth of American Research Universities, 1900 – 1940. New York: Oxford University Press, 1986.

Geiger, R. L. Research and Relevant Knowledge: American Research Universities Since World War II. New York: Oxford University Press, 1993.

Hill, D. S., and Kelly, E. J. Economy in Higher Education. New York: Carnegie Foundation for the Advancement of Teaching, 1933.

Hollis, E. V. Philanthropic Foundations and Higher Education. New York: Columbia University Press, 1938.

Horowitz, I. L., and Horowitz, R. L. "Tax-Exempt Foundations: Their Effects on National Policy." Science, 1970, 168, 220 – 228.

Karl, B. D., and Katz, S. N. "Foundations and Ruling Class Elites." Daedalus, Winter 1987, 116, 1 – 40.

Kohler, R. E. "Science, Foundations, and American Universities in the 1920s." OSIRIS (second series), 1987, 3, 135 – 164.

Lagemann, E. C. Private Power for the Public Good: A History of the Carnegie Foundation for the Advancement of Teaching. Middletown, Conn.: Wesleyan University Press, 1983.

Lagemann, E. C. The Politics of Knowledge: The Carnegie Corporation, Philanthropy, and Public Policy. Chicago: University of Chicago Press, 1989.

Leonard, R. "To Advance Human Welfare! Economics and the Ford Foundation, 1950–1968." Duke Center for the Study of Philanthropy and Voluntarism Working Paper, Mar. 1989.

Magat, R. *The Ford Foundation at Work: Philanthropic Choices, Methods, and Styles*. New York: Plenum Press, 1979.

Nielsen, W. A. *The Big Foundations*. New York: Columbia University Press, 1972.

Nielsen, W. A. *The Golden Donors: The New Anatomy of the Great Foundations*. New York: E. P. Dutton, 1985.

Pendleton, W. C. *Urban Studies and the University*. New York: Ford Foundation, 1975.

Proietto, R. "The Ford Foundation and Women's Studies in American Higher Education." In E. Lagemann (ed.), *Philanthropic Foundations*. Bloomington: Indiana University Press, 1999.

Radford, N. A. *The Carnegie Corporation and the Development of American College Libraries, 1928–41*. Chicago: American Library Association, 1984.

Robinson, M. W. "Private Foundations and Social Science Research." *Social Science and Public Policy*. May/June 1984, *21*, 76–80.

Rosovsky, H. *The University: An Owner's Manual*. New York: W. W. Norton, 1990.

Samuelson, P. "Economists and the History of Ideas." *American Economic Review*, Mar. 1962, *51*(1), 1–18.

Seybold, P. J. "The Ford Foundation and the Triumph of Behavioralism in American Political Science." In R. F. Arnove (ed.), *Philanthropy and Cultural Imperialism: Foundations at Home and Abroad*. Bloomington: Indiana University Press, 1980.

Stigler, G. J. "The Foundation and Economics." In W. Weaver (ed.), *Philanthropic Foundations: Their History, Structure, Management, and Record*. New York: Harper & Row, 1967.

Strom, S. "ACLU Rejects Foundation Grants over Terror Language," *New York Times*, Oct. 19, 2004, p. A17.

U. S. Department of Education, National Center for Education Statistics, *Digest of Education Statistics 2002*. Washington, D. C.: Government

Printing Office, 2003.

Wheatley, S. C. *The Politics of Philanthropy: Abraham Flexner and Medical Education*. Madison: University of Wisconsin Press, 1988.

W. K. Kellogg Foundation. "Kellogg Forum: Higher Education for the Public Good." (http://www. kelloggforum. org/forum _ history. html), last accessed Mar. 10, 2005.

表9.1 1902—1934年间从9家基金会获得资助最多的大学及其同期排名

大学及1902—1934年排名[a]	基于以下的同期排名		
	联邦拨款	基金会资助	《美国新闻与世界报道》
	2000[b]	2001[c]	2005[d]
1. 芝加哥大学	3	28	14
2. 范德堡大学[e]	40	—	18
3. 卡内基梅隆大学[f]	62	5	22
4. 约翰霍普金斯大学	2	19	14
5. 哥伦比亚大学	10	4	9
6. 耶鲁大学	22	25	3
7. 哈佛大学	13	3	1
8. 康奈尔大学	6[g]	32	14
9. 杜克大学	28	5	5
10. 加州理工学院	1	93	8
11. 华盛顿大学	20	48	11
12. 罗彻斯特大学	51	—	37
13. 普林斯顿大学	50	18	1
14. 杜兰大学	91	87	43
15. 爱荷华大学	38	—	58
16. 斯坦福大学	5	17	5
17. 宾夕法尼亚大学	7	1	4
18. 斯沃斯莫尔学院	—	—	—
19. 纽约大学	52	15	32

备注：[a]霍利斯,1938,表Ⅻ,第274页。
[b]基于联邦政府1999—2000年收入的排名(美国教育部,2002年美国教育统计年鉴,表341,第383页)。
[c]基于"2002年左右美国本土高等教育机构、研究生教育机构、职业教育机构及其他教育机构中前100位受赠者"的排名(基金会中心,2004)。
[d]"2005年美国最好的大学,全国大学:顶尖学府"。下载自 www.usnews.com, 2005年1月11日。斯沃斯莫尔学院跻身文理学院第二名。
[e]包括皮博迪学院。
[f]1902—1934年卡内基理工学院排名。
[g]基于医疗、捐资和法定学校收到的总资助金的排名。

表9.2　2003年向高等教育和学术机构资助20万美元及以上的基金会

基金会	资助数量	资助总金额($百万)
礼来基金会	42	$95.5
比尔和梅琳达·盖茨基金会	17	$87.2
安德鲁·梅隆基金会	103	$76.0
罗伯特·伍德·约翰逊基金会	78	$59.7
斯塔基金会*	48	$38.2
罗伯特·伍德拉夫基金会	9	$36.8
凯洛格基金会	13	$31.8
杜克基金会	36	$31.1
福特基金会	38	$23.6
大卫和露希·尔帕卡德基金会	39	$22.8
大西洋慈善总会	19	$19.2
麦克阿瑟基金会	16	$17.8
阿尔弗雷德·斯隆基金会	23	$13.6
威廉和弗洛拉·休利特基金会	17	$12.2
惠特克基金会	52	$12.1
洛克菲勒基金会	20	$11.8
布朗基金会	8	$9.2
理查德·金·梅隆基金会	8	$8.2
卢米娜教育基金会	12	$7.4
霍华德·休斯医学研究所	14	$7.0

续　表

基金会	资助数量	资助总金额（$百万）
默多克慈善信托基金会	12	$5.5
欧林基金会	14	$5.4
斯宾塞基金会	8	$3.0
安能博格基金会	2	$2.9
卡内基教学促进基金会	5	$2.7
皮尤慈善信托基金会*	1	$0.5

资料来源：基金会网站。
* 来自 2002 年的数据。

表 9.3　2003 年向高等教育机构和学术机构资助 20 万美元及以上的基金会

资助类别	金额（$百万）
研究资助	$202.8
一般研究支持，研究中心	$136.2
个人研究项目	$66.3
经济援助	$104.1
本科奖学金	$62.4
研究生和博士后扶持	$41.7
建设和翻新	$69.8
教职员工，包括工资和休假补助	$19.1
计算机和通信服务，图书馆除外	$11.4
其他项目	$206.8
教育机构内部	$119.2
教育机构以外	$87.6
技术支持单位（比如西文过刊全文库，艺术图像数据库）	$8.5
其他专业机构	$10.2
总计	$641.4

资料来源：基金会网站；作者本人的计算结果。

表 9.4　2003 年基金会对学院与大学提供的四类捐款中的具体案例

1. 研究资助:个人研究项目

种族和族裔在从高中到大学的过渡中所扮演的角色
宗教在美国非洲移民群体中所扮演的角色及其公民的参与
更好地了解低收入青年对经济援助信息的看法和获取渠道
支持关于经济适用房对儿童幸福生活影响的研究
开发减少学生高风险饮酒的模型法
美洲原住民药物滥用治疗和福利制度障碍的研究
开发初级护理中治疗抑郁症的最佳方式
比较基于互联网的心肺疾病监测项目的效果
支持一项研究:临终关怀医院能节省医疗保险金吗?
支持一项研究:成功制定:城市青年的生命历程模式
支持一项研究:两年制大学和雇员之间的联系
支持一项研究:姿势反应的神经结构决定因素
支持一项研究:软骨组织工程干细胞的光封装
支持一项研究:先天性心脏病的核磁共振成像
支持一项研究:颅面结构的干细胞驱动再生
支持枪伤国家报告系统的持续发展

2. 研究资助:研究中心提供的一般研究支持

支持退休研究中心评估老年人就业机会
促进生物科学,特别是生命科学的跨学科发展
更好地了解教师如何发展和利用跨学科知识
沿海资源中心加强沿海海水养殖的可持续发展
加强大学民权项目传播新研究成果的能力
非裔美国人、加勒比人和妇女之间的合作
佛罗里达州移民中的宗教和跨境迁移的合作研究项目
扩大人口和生殖健康研究所
支持芝加哥学校研究联盟对芝加哥公立学校的分析

续 表

2. 研究资助:研究中心提供的一般研究支持
支持安全研究项目所做的国际安全领域的科学技术培训和研究
支持城市经济发展中心的研究

3. 其他项目:教育机构内部
为本科生人文研究项目提供永久资助
支持人文学科的核心项目
支持夏季过渡项目
建立分子遗传学系和微生物学系
用于肯尼迪政府学院的国家青年领袖项目
用于医学教育和研究
大学预科科学教育补助金
用于课程改革
支持体验式教育项目的开发
支持基于学术目的的点对点网络基础设施的开发和部署
支持本科生国外学习新模式的设计

4. 其他项目:教育机构以外
支持一个援助拉丁美洲图书馆和档案馆的项目
启动一项计划中的合作项目,招募本科生做专业图书馆员
支持退休后医疗保险机构合作的落实工作
支持与阿巴拉契亚学院的合作研究
增加与哈特福德青年健康组织的三位一体的学术合作
在26所社区学院实施海湾技术标准运动
帮助建立一个全州范围的跨学科远程医疗项目以改善儿童健康
支持初级护理儿童精神健康计划
就虐待儿童治疗与南卡罗来纳州儿童权益中心合作关系网发展伙伴关系
正义、宽容和社区中心扩大其研究和公共教育项目
召开避孕研究国际研讨会(国家卫生研究所,NIH)

续 表

4. 其他项目:教育机构以外

支持战略规划活动

建立一个自给自足的学院与大学合作关系网,为在职成年人提供速成学位课程

支持关于青年心理健康保健的合作关系网

支持贝尔佛科学与国际事务中心的斯坦福-哈佛预防性防御项目

支持哈佛-苏塞克斯项目,推动全球生物和化学武器的禁令

提供技术援助和指导以培养减少药物滥用项目的领导力

解决接受福利救济的难就业妇女药物滥用的治疗问题

继续巴基斯坦的青年优先项目

继续致力于改善美国的早期流产服务

通过协助发展一个关怀社区项目来援助卫生保健项目

改善卡罗来纳州收容所儿童的健康情况

资料来源:基金会网站。

第十章　多种动机，褒贬不一[1]：基金会和高等教育的关系本可以有更丰富的可能性

概述

本章的切入点与前一章有所不同。克洛特费尔特主要探讨的是基金会与主要研究型大学之间的关系问题，并且对研究经费尤为关注。本章则从教与学领域的资助出发，考察了基金会和高等教育机构之间的关系。

---

[1] 这一章的大部分内容反映了我 50 年的教育生涯。我最早在高等教育机构任职，然后是基金会，现在从事研究工作。在担任基金会项目官员的 8 年时间里，我阅读并回复了来自大学的很多提案，推荐了 300 多笔资助，总值超过 4700 万美元。我与许多其他基金会及其项目人员结识，并有了深入的了解。在此之前，我积累了近 35 年的高等教育管理、信托和担保经验。我的大部分时间是在斯坦福大学度过的，我退休时担任斯坦福大学负责预算和规划的副校长。目前，我在卡内基教学促进基金会从事研究工作，通过查阅网络和图书馆资料，和采访各种在基金会和高等教育领域具有丰富经验的人，积累自己的经验。其间，很多对我而言无比重要的建设性意见，均来自我的同事兼合作伙伴托马斯·欧利希。最后，我对本章内容和观点负全责。

基金会在提高高等教育教与学方面存在困难。这在一定程度上,也反映出高等教育自身也存在诸多问题。在美国高校中,针对教学和研究的辩论随处可见;大家对同行评价和学生教学评价的价值性和可信度也各持异议。同时,教与学中存在的对博士生培养不足(业已司空见惯)、频繁的讲座(有证据显示,只有少数讲座具有启发性,很少有学生会从中受到启发)也是大家经常争论的话题。

雷·巴凯蒂在高等教育(主要指斯坦福大学)和基金会领域(主要指惠普公司)有着40多年的工作经验。通过组织行为的视角,他探究了为什么基金会和大学有时相互交流,有时却又各持己见。这都源于二者具有不同的职能、传统及结构特征。这些不同使双方看待彼此往往"雾里看花",而对彼此真正的运作机制、动机和责任都不甚了解。

但是,不管它们是不是承认,双方都需要彼此。高等教育需要不断提高本科教育水平,基金会也需要在教学方面发挥投资杠杆作用,使小的投资产生更大的收益。这是双方的共同利益。改善工作关系需要双方都做出一些改变,但这些改变不会威胁到双方的核心特征或基本优先事项。巴凯蒂针对这些问题进行了研究分析,并运用"教育资本"概念,结合第二章所提出的一些建议,提出了对基金会和高等教育机构都行之有效的解决方法。

基金会和高等教育机构可能会像嘉年华碰碰车一样疾驰、碰撞,暂时锁定在一起,然后又愉快地朝着新的方向驶去。这两方司机通常是独立而友好的,既有学院气息又有判断力——同时富有责任感,但对彼此除外。请阅读下面的几段对话,看一下他们

第十章 多种动机,褒贬不一:基金会和高等教育的关系本可以有更丰富的可能性

的世界观在哪里重合,又在哪里有所不同。

对话

基金会的董事会在本周早些时候举行了会议。后续工作人员会议即将开始,总裁将传达董事会的决定,并讨论其关注的问题。"所有的拨款提议都得到了批准,"他说道,"但有关高等教育,还有一些棘手的事项需要讨论。"

紧张的局势已经持续了一段时间。所以,总裁宣布的事情并不令人意外。高等教育项目自身的问题愈发严重。它们重视广泛的机构利益,如教学、通识教育、多样性,新项目的开发和本科生培养等,资助很少能够产生强有力且持久的改变;教学评估也是勉强开展,教师在工作中缺乏可以参考的严格标准;提案也缺少研究基础。尽管这些问题具有共性,但每个受助方都希望独立工作。而一旦资金耗尽,高校教育机构的兴趣通常就会减弱,或消失殆尽。

总裁沉默了一会儿,然后说:"董事会在会议结束时问了我一个问题:基金会应该继续资助针对高等教育教学、学生实践和新项目发展的项目,还是停止资助,用这些资金推进我们的其他重点项目?"

城市的另一端,一所综合性大学的本科教学主任正在竭力思考如何持续系统地提高教学水平。她的目标是帮助教师从看门人转变为学生成功的推动者。她认为,依靠各系主任的力量是一种低效的方法。其他地区的同事已建立了广受好评的教学提高中心;慈善事业过去帮助了每个中心起步。但她最近了解到,一

所兄弟院校已经决定将提升教学水平从依靠历史悠久的研究中心,转移回依靠院系本身。官方给出的原因是预算不足,但她知道这并不是决定性因素。院长和教务长这样做是根据事情的轻重缓急来决定的。那么,基金会是否应该将这一举动解读为一种趋势的终结,从而终止合作呢?如果基金会希望看到投资结果呢?教师要如何回应为证明研究中心可以提高教学效果所付出的诸多努力?(她在心中默默地回答了上述问题:既不情愿,也不能很好地回应。)

在基金会召开的会议上,第一位发言的是高等教育的初级项目主管。他表达了自己对过去一些提案的不满。基金会收到的提案往往对研究结果充满空洞的承诺,但几年之后,仅仅因为一点预算问题,受资助的项目就会草草收场。该名负责人以常春藤盟校中,广受学生欢迎的一个跨学科项目为例。这是一个人类生物学方向的本科教育项目,横跨三个专业学院。他补充道:"初始资助后,我们甚至又追加了资助,但有一天项目突然就不复存在了。"大学需要缩减预算,而该项目由于缺乏足够的优先性,很难再继续下去了。

总裁问道:"这类事情属于例外,还是常规做法?"

"这是一个复杂的问题,"他回答道,"这个事情是一个例外,但在对高等教育机构捐款的过程中,存在很多可能会导致这种事情发生的因素。大学是独立的,而且也应该享有自主权。但它们总是草率地做出承诺,而我们都不知道应该相信谁的承诺。"

在高速公路的另一端,有一所社区大学,一位年轻教师正在埋头快速整理一项提案。该提案主要是关于如何利用技术,使学生通过解决问题、网络搜索、与专家进行在线对话等途径了解学

第十章 多种动机,褒贬不一:基金会和高等教育的关系本可以有更丰富的可能性

科知识,以及让学生获得进行课外学习的其他方式。毕竟,学生是流动性强又努力上进的个体,他们有着各种各样的教育、语言和文化背景,各种各样的职业抱负和学习风格。该教师希望基金会能够看到他计划中的优势,为其提供项目资金。同时,他也希望基金会能够有更多的办法,激励更多教师共同参与。该大学的新任校长公开表明自己对创新的兴趣。由于并不知道该去哪里寻求资助,这位老师想着也许校长会帮助他敲开一些基金会的大门。

在基金会的对话中,这位高等教育项目主管还指出,高等教育存在的另一个问题是:它们只愿或只会把基金会视作资金来源。"高校对基金会的目标有点漠不关心。我们告诉高校,基金会的目标与各个教育机构都相关。但它们除了自己学校外,似乎不愿意去了解其他机构。高校在开发项目或者向我们提交项目提案时,很少会引用他人的研究成就,或宣传自己的优秀成果。虽然每个高校都认为自己的项目是独一无二的,但我们到头来却是在进行项目的重复建设。"

在几个州以外的地方,另一所著名大学的学术带头人正在组织一次员工拓展活动。活动组织方邀请他就"大学的首要原则"展开讨论。他将自主权放在了首位,并表示:"学校的主要职责是聘用最优秀的教师,然后支持他们去做其认为最值得做的事情。"在教学中,他们教授本科生和研究生全面的学科背景知识和前沿知识。""为了使教师能够积极投入工作,大学需要提供经济方面的支持来吸引他们。"

他继续强调道:"大学这样做由来已久,而且对改变抱着非常审慎的态度。不要让捐赠者认为他们可以在这件事上走捷径。"

教育与基金会

他举了一个例子提醒这些捐赠者,该校现已成立的教学中心曾受到几位捐赠者和一家国家基金会的青睐,但在得到学术界认可之前该中心历经坎坷,——直到该中心聘请了在该研究领域具有影响力的带头人。他补充道:"即使是现在,该教学中心仍然以自愿机制运营,而不是院长、教务长或系主任利用的工具。"

在基金会这场对话的最后,这位高等教育项目主管坐直了身子,环顾四周说道:"谢谢你们让我们表达了想法,但不要让我们的失望把你们搞糊涂了。基金会需要高等教育为我们的项目带来专业知识,我们需要高等院校在本科教育、多样性和教师培养上做得更好。这些是我们优先考虑的事情。基金会的专门项目,以及国民健康项目都有赖于知识分子和社会的成熟度,而这是那些对教育过度热心的多面手和非常狭隘的职业人士无法做到的。所以,我们有一个小小的提议:给我们 3 个月时间,看看我们能否与一些更敏锐的高等教育同行合作,重新定义和激发我们的目标和战略。然后,我们把想法呈现给您,您和董事会再对这些想法进行评价。"

总裁同意了。同事们提出了一些建议。会议结束后,教育小组富有挑战性的工作开始了。

在参与过几次这样的会议后,我们大体可以了解到:出于各种动机,各学术团体间缺乏交流,很少有人会在本学科和学术圈之外,公开宣传一些既有趣又成功的研究成果。作为一名基金会项目主管兼高校官员,我知道有些人或多或少和我持同样的观点。我们的观点虽不普遍,但也相对常见。每个学术团体都只是在自己的学术圈提倡(或抱怨)某些研究成果。

第十章 多种动机,褒贬不一:基金会和高等教育的关系本可以有更丰富的可能性

当我们寻求基金会和高等院校之间的有效联系时,一幅注定复杂的图画出现了。一方面,我们看到的是基金会项目利益和学科、学科问题研究中心和研究所之间确实存在相对有效的关系。但另一面,当我们去探究组织上更复杂的教学问题、本科课程特点、高等教育的社会作用及新项目的开发时,事情就变得错综复杂了。高等教育机构和基金会之间的对话往往缺乏实质内容:高等教育机构急于寻求资金,因此对促成重大变革的意愿较弱;基金会希望自己具有影响力,对于现状的想法过于天真。

一般来说,高等教育需要能够带来各种可能性的资助,而基金会往往倾向于那些具有问题导向,并有望看到研究成果的项目。大学一般认为,创意的价值并不在于会促成新的教学计划、研究重点或建设研究中心,而是要能够激发出学术上的兴奋点。高等教育喜欢保持稳健的步伐;而基金会希望在有限的时间内看到研究结果。(正如最近的一则新闻报道提到的那样,基金会希望得到"即时、更多、更好、更快"的结果。)基金会不希望看到提供给高校的资助产生不了任何成效,它们想要对高校和相关领域产生影响。正如一位精明的研发人员所说,教师可能也同意基金会的想法,但他们不知道如何表达自己的想法。虽然教师承诺会传播本科教育理念、实施一些能够产生广泛制度效应的举措,但将这些纳入战略计划并不容易(尤其当教师在制度变革方面缺乏专业知识时)。高校明白自己在很多不断变化的层面(包括心灵、思想和态度)都在进行改革,它很高兴有一个项目能与制度环境相碰撞,软化制度环境后可以迎接更多的想法。但基金会认为,不进行评估实际上是在回避问责。

基金会发现以前的高等教育更具灵活性、更愿意合作。即使

不去阅读那些关于基金会和高等教育的不多但有启发性的文献，人们也会明白高等教育中许多重要的转变都源于基金会的倡议，包括使商学院从职业学院转变为强大的研究集团、引入跨学科国际研究、推进医学教育和科学的发展、支持定量研究方法在社会科学中的应用以及高等教育中其他重大的转变，都清晰地留下了基金会的足迹。

随着时间的推移，基金会提高了对真正重要的方案的重视程度，而许多其他方案已在这一背景下消失了。当可以根据合理、明确的目标对基金会的赠予进行可靠评估时，我们发现很难获得相关数据。所以我们似乎可以得出这样的结论：基金会所做的很多事情都是用会消失的墨水写在高等教育的"账簿"上的。

为了尽可能了解墨水消失之前的内容，我探究了提交给基金会中心的基金会的目标总结和几个资助的主题。一项针对排名前100的高等教育捐赠基金会的调查显示，只有50家基金会实施了全国性资助，只有10家资助的高等教育项目是针对本科教育效果或学术创新等制度问题的。另外10家针对高等教育制度问题的基金会只资助了一个或几个州的高校，或只是表达了它们"只有通过邀请"才能参与资助的想法。其他80家国家级、地区和州级的基金会为高等教育提供奖学金和设施，或支持高校在这些方面提供专业知识和培训服务，如医学或科学研究、环境、青年发展等专门项目。当我们深入基金会网站时，发现了一些信息丰富和用户友好的网站，但是它们提供的关于高校资助的信息之间几乎没有可比性，有些网站提供的相关信息则很少。在为高等教育提供资金的前100家基金会中，有三分之一的基金会甚至没有为此设立网站。

第十章 多种动机,褒贬不一:基金会和高等教育的关系本可以有更丰富的可能性

因此,在变化的时间中,追溯某些具有意义的变化,是一项超出我们能力范围且更艰巨的任务。《慈善纪事报》(*Chronicle of Philanthropy*)和其他出版物经常报道基金会的重点发展事项发生了哪些变化。当然,也会报道各种各样真实或不真实的小道消息。近年来,一些基金会已经停止或减少了对高等教育项目的资助,它们曾经是支持高等教育的中流砥柱。其中包括大西洋慈善总会[1]、皮尤慈善信托基金会、威廉和弗洛拉·休利特基金会、凯洛格基金会和詹姆斯·欧文基金会。福特基金会已将一部分高等教育资助转移到海外。本章探讨的是基金会对高等教育机构兴趣减少的原因,可能会涉及很多排名100名之外的基金会。

为帮助一些有望成功的受助者,有些基金会甚至开发并公布了变化理论和逻辑模型,它们为此付出了令人钦佩的努力,但这种努力并不适合高等教育。逻辑模型的阶段程序(资源和投入、活动、产出、结果和影响;详见凯洛格基金会)意味着该模型不容易与大学的兴趣相吻合,因为大学感兴趣的是尝试一个新的想法,并根据教师的反馈做出评判。精明果断的新创投慈善家的热情和自信,以及他们与受助者合作的意图,在高等教育中受到了冷遇。

在高等教育中追寻因果链条是加倍困难的。一方面,运营环境错综复杂、相互交织且涉及多个方面,因此不能把它比喻成简单的单一链条。一项由斯坦福大学发起的公共服务项目在15年

---

[1] 大西洋慈善总会(Atlantic Philanthropies),总部设在百慕大。在经过20年的努力和进行了15亿美元的资助后,于2002年结束了其高等教育项目,因此没有出现在基金会中心(Foundation Center)收集和公布的数据中。

后成为圣玛丽山学院(Mount St. Mary's College)的一项毕业要求,这在某种程度上可能是有相关性的。但对于相关性的解释有可能是一种充满复杂推理,寻求似是而非合理性的叙述,而不是一种严谨的分析。

然而,大学之间很少去建立联系。我在基金会任职期间,曾无数次遇到同样的情形:申请者认为他们的提案创意是独一无二的。由于工作原因,我知道其他人已经尝试过某些创意,解决了不足之处,开始推进该创意的实现,并且准备好共享成果(或因发现不具备条件而放弃了)。但是提案中并没有提及这些问题。充满希望的申请者往往通过提出与众不同的主张来构建具有吸引力的提案框架,而不看重因果关系。此外,基于事实重新构建影响链条和网络是一项劳心伤神的工作。

如果想要了解基金会与高等教育之间的尴尬关系,有很多东西值得一看。可以肯定的是,这段关系不再坚不可摧。但是,即便双方未能在一项资助交易中就双方所期待的达成一致,稀缺的基金会资金的价值也不会完全消失。

不过,在继续探讨之前,我要先强调两点。首先,无论高等教育和基金会之间存在哪些分歧,都不过是恋人间的争吵罢了。这两种机构彼此相互需要。当它们尽其所能工作时,都是非常好的,并能够在我们的监督下做出较为出色的举措。其次,这两个组织存在着巨大的多样性和复杂性,因此,任何简单的概括都是不准确的。及时提出引人深思和最终有用的问题就足矣。

第十章　多种动机，褒贬不一：基金会和高等教育的关系本可以有更丰富的可能性

对该领域的印象

基金会和高校间相互了解的程度如何？当然，在某种程度上，它们做得都很好。基金会的工作人员都曾受过高等教育，同时，高校教职人员和管理人员同基金会的利益也经常保持一致。然而，公平地说，没有一个基金会能全面理解高等教育，高等教育中也很少有人了解基金会的目的和模式。因为这其中的变化太多了，双方都在随着所处社会条件的变化而变化。大多数基金会关注的是高等教育机构中的少部分机构（例如历史上的黑人大学、文科大学、研究型大学或宗教教育机构），或者可能关注一些更小的教育机构，又或者关注一些如服务学习、多样性和包容性、通识教育等问题，或与学科、跨学科主题相关的规划目标。基金会着眼于影响多个教育机构的外部问题，而高等教育着眼于自身的问题。

在进入基金会工作之前，我或多或少对高等教育和基金会的多样性有些了解。但我很快意识到，与现实相比，自己对两者多样性的认识是多么微不足道。我对大学还算了解（曾在两所大学任职，并参与三所大学的管理），听说过社区大学（曾担任过受托人），对其他各类大学也知道一些（曾办理认证服务），其他就知之甚少了。过去，我曾听说过艾维诺学院（Alverno）的基于能力的课程、科罗拉多大学（Colorado College）的"街区计划"以及麦卡利斯特学院（Macalester）的实习计划。我还知道加利福尼亚州立大学让丰富多彩的校园更具包容性的计划；了解位于芝加哥、伯克利、纽约、奥斯汀和洛杉矶的优秀大学与公立学校

合作的项目;考察地理上较为偏远的大学与城市中的大学有何不同等。

每个项目都有它存在的历史背景、一套支持其运行的制度及一系列寻求基金会支持的有待完成的事宜。项目主管的主要任务之一就是要了解这个广泛而又分散的领域,帮助申请人将资助申请书完善成一个明智、连贯、有效的计划,从而能够得到基金会董事会的批准。

由于项目工作人员在很大程度上是基金会的左膀右臂,他们之间的差异会导致基金会的差异。这些工作人员也和我一样,通常也是在从事过多种职业选择后,来到这里任职的。他们曾担任过政府官员、高校中的教师、管理人员、院长、校长,及国家教育协会和学术机构的官员等。作为一个群体,基金会项目主管代表着大量的智力资源。他们独立工作(典型的工作方式),每个人都受知识背景(也会因人而异)的影响,职业顾问可以为他们提供在职培训,但与实际或潜在的资助申请者接触的过程也是一种在职培训。(如果使用得当,这是一种丰富的资源。)作为本研究的一部分,我们对教育和基金会领导进行了一项调查。一些高等教育的受访者认为(这无疑反映了他们自己的经验),基金会项目的工作人员通常对实际情况一无所知。但也有少数精明和敏锐的项目主管人员是相反的。当然,因为没有了解的条件,没有统一的专业标准来对此进行管理,也没有统一的资助有效性理念,所以没有人真正知道如何描述该领域的特征。

第十章 多种动机，褒贬不一：基金会和高等教育的关系本可以有更丰富的可能性

重要的差异问题

高等教育和基金会两者存在诸多差异，这些差异有助于解释它们之间存在的一些紧张和矛盾。我将在接下来的章节中讨论相关的沟通、时间和责任差异。

沟通

在申请资助时，申请者往往夸大其词、自我称赞。潜在受助人置身于竞争激烈的市场中，大学代表往往不自觉地发挥聪明才智，明确指出提案中的积极部分，并通过适度的自信和乐观去掩盖提案中的不足之处。在经过一段艰难和质疑的提问环节后，基金会项目主管会做出通过或否决该提案的决定。一旦做出通过的决定，项目主管就像教育机构代表一样，要为自己的决定承担风险。一般来说，在开始阶段，申请者和项目管理者在建立关系和形成认可时会比较谨慎，而后来则会变为潜意识的宣传。客观评估总是会遇到很多困难，但是比困难本身更重要的是意愿问题。当资助发放之后，进行后续严格调查时，很少有人愿意做出客观评估。

时间

基金会的投资期限比高等教育机构的期限短。高校是非常保守的机构，而且它们也理应如此。高校的任务是保存和保护知识、传授并推进知识的发展。因此，仓促运行与教职员工培养的直觉及高校的本质是背道而驰的。但基金会希望工作人员尽快

展示出成果。它们的拨款预算每年更新一次,一部分资助取决于研究结果。董事会希望基金会能够灵活地运行,而不愿意把拨款期限拖得太久。这使1—3年的拨款项目,远远多于4年或4年以上的项目。但是,高校对于时间的衡量是不一样的。尽管试点项目、探究和实验可以定3年期的资助(很少低于3年),但使计划制度化需要更长的时间。经常发生的事情是,具有长期意愿的项目却只获得短期资助,当资助用尽时,项目也随之停止,最后往往以失望告终。

责任

责任意识在基金会等级制度里非常重要,它对基金会项目官员的意义与对高等教育受助者的意义同等重要。这里我想引用评论区里一位来自知名大学杰出教授的一句话,这句话捕捉到了两者之间微妙的关系,即"选择基金会项目官员时应该以他是否能从他人(受助者)的成功中找到快乐为基础。一旦他们开始在资助的'镜子'中关注自己的表现,那就麻烦了"。然而,对于一个生活在压力下的负责任的项目主管,很容易将"'我的项目'逐渐变为'我的表现如何'"。避免冒险、偏爱著名教育机构、遵从基金会设定的规范(而不是高等教育机构的时间安排、组织的独特性)、强调积极方面及在制度的差异中寻求项目的一致性,以上这些因素和项目官员的良好表现之间存在一种微妙但却真实存在的关系。当然,这也并不完全是坏事,但也绝对达不到上面那位教授所希望的那样。

有这么多因素在起作用,基金会倾向于接受什么样的创意呢?高等教育和基金会工作人员表达了他们的立场。像他们的

第十章 多种动机,褒贬不一:基金会和高等教育的关系本可以有更丰富的可能性

基金会同行那样,大学的教职人员也很少在机构外探讨本章所关注的制度问题[1]。

结果是,有大量的创意存在。有些创意是同一主题(例如,改进本科教育)的不同方面,而有些创意相互之间没有任何联系,这样,各种创意的存在造成了混乱的局面。例如,我们基金会为改善文科学院的教学提供一年的资助,总计约100万美元,用于开发学生学习的个性化软件;将批判性思维引入公共的、现实世界的问题;通过课程传授定量分析法;将技术融入课程设计之中;对核心课程的成果进行评估;支持主要的原创项目。

这些创意可能已经获得了教育机构的批准,具备有组织的、泰然自若的实施方案。抑或者,它们已经获得了教育机构的许可,仅获得了一封支持函件,之后就任凭申请人来培养项目参与者,如果顺利,再继续支持此项目。而对于项目官员来说,他们很难分辨出哪些教育机构已经准备充分,拥有开展一个项目的决心,而哪些教育机构并没有。偶尔,一项提案能反映出高等教育某些部门正在迎合当下的趋势,关注热点问题,如多样性、服务性学习或跨学科性等热门方向。

另一种类型是教师根据自己的安排提出的个人倡议。比如提倡让本科生参与研究、向新生介绍研究方法的学科差异、用具体实例来培养领导力和解决问题的能力等,这些都是教师根据自己想法所付出的努力。有些教师甚至可能在加入发起人的项目

---

[1] "制度"是一个修饰"问题"的形容词。我将主要使用"制度"来指代那些贯穿于整个高等院校的问题,特别是那些围绕并关注教与学及更多地涉及本科生体验的问题。与此相对应的是特殊的项目问题。当基金会资助研究生培训和科研、学科领域或问题导向的中心时比较常见。

之前就做过长时间的努力。其他我熟悉的基金会项目在项目的目的和内容上也存在同样的扩展。

在我过去的工作中,却无意识地助长了这种混乱无序。我的指导方针很宽泛,很尊重高校之间的差异。在这些指导方针中,我自信地说:"高校特质的多样性(有助于)提高美国高等教育的活力和质量。"但对我的观点造成挑战的既不是基金会内部,当然也不是有希望成功的寻求资助的高校,而是我个人逐渐增加的摆脱不了的挫败感,因为我推荐的资助并没有产生很大作用。除了名义上有相似之处,比如把改善本科教育作为一个共同的主题,这些资助之间几乎没有任何协同作用。近距离排列的一百根蜡烛会因为每根蜡烛的烛光照亮整个区域。然而,对我们来说,就像有一百根蜡烛,但每根都在自己的壁橱里。我认为,自己推荐的大部分资助都需要一定的"半衰期",但由于忙于提出下一轮推荐,我没有时间研究这些半衰期的时长,也没有时间帮助把好的创意推广到其他机构。偶尔,我知道并且也可以证明我做出的选择是成功的:一个精心设计并顺利执行的拨款项目取得了有价值的改变。但这种情况仅仅是偶然发生而已。

在我任职期间,一位外部资助评估员发现,那些资助间有趣的重叠和相似性也同样创造出了协同的潜能。然而,她接着说,基金会并没有打算挖掘这些潜能;高校受助者也没有非常成熟的模型去思考资助之间的联系。尽管如此,我还是认为我在职学习的时间太长了,在基金会所获的智慧来得太晚了。我任职期间遇到了一些同事,他们和我的困难是相似的,也和我一样在工作中加剧了混乱,留下的好经验寥寥无几。

为了说明改革面临的所有挑战,我们必须知道,与了解教学、

第十章 多种动机,褒贬不一:基金会和高等教育的关系本可以有更丰富的可能性

学生发展和学术创新相比,了解高等教育制度改革动态的人太少了。许多高校人员认为,改革要遵循两条规则:(1)好的意愿会开启机构改革的道路;(2)好的创意会将改革变为现实。最糟糕的情况是这两条规则都是错的,而最佳状况是两者接近实际情况。那些令高校改革如此困难的传统和做法有其合理的存在理由——这些理由有其缺点。我们有理由尊崇大学的特色,这些特色是经过几十年,甚至是几百年的实践磨砺而成的。但也有一些其他原因导致变革困难重重,这些原因往往与机械的懒惰、区域保护及在社会结构中占据的特权地位所带来的舒适感有关。

通过许多基金会和高等教育的窗口,我们可以看出在这两个领域将工作做好的复杂性。隐藏在人员、地点、动机和目标差异背后的深层次要素,可以解释为什么基金会和高校之间会存在误解和紧张关系。在下一节中,我们将在建议部分重点讨论这些原因。

问题的来源

一系列的摩擦——道路上的各种坎坷和关系中的各种问题——反映出组织文化的差异。基金会和高校都在社会化过程中形成了各自的观点、模式和期望,并没有仔细参照对方的特点。二者虽然不至于是陌生人,但也不过是一段时间见一次面的泛泛之交。高等教育从业者倾向于将基金会视为实现大学目标的资金来源。大多数高校教师不知道的是基金会也有自己的目的,而且基金会发现高等教育能够对此发挥作用。基金会的人员了解高等教育是从学生时代开始的,有人是一直到获得博士学位,也有人之前做过教师或高校官员。他们在基金会所从事的工作更

多的是关于变革,而不是维持现状。此外,除了曾经学习和工作过的机构外,他们不太可能了解其他类型的教育机构。为了探究双方的工作方式是如何形成的,我们需要更加深入地研究高等教育和基金会的核心。

但我首要要承认,双方关系中存在的问题恰恰也是他们的优势。在这里,我强调的是他们的独立性和半自主性质。有时候,当人和理念以正确的方式,在正确的地点和时间相联结时,就会产生巨大的收获。但我认为这类事情属于偶然事件,不会经常发生。现在,让我们首先了解高等教育,然后再对基金会进行研究。到底它们的本质特点是什么?哪些特点导致了以上的摩擦?

高等教育

从表面上看,高校是开放的、相互联系且世俗的,乐于发表各种看法。但除了组织文化和教育项目,表象背后的事实在任何方面都反映了实质性问题,这就是我所说的制度问题。在制度问题方面,受关注的是内部的状况,这既有深刻的历史原因,也有重要的当代现实原因。

固有的自我专注。高等教育是一项较真的、个性化的事业。在这方面,高校与剧院有许多相似之处:为录取优质学生、获得捐赠和资助一遍又一遍试演;向各种复杂背景的观众进行表演;学习新的学科知识、打磨技能;确保布景、灯光、道具等一一就位;对服务观众的产品合理定价,设定明确的收费标准。

这种相似性在获得反馈方面却有所不同。剧院的工作人员在每次演出时都会得到反馈,当观众跺脚表达不满时,表演就得暂停。虽然外界时不时地会发布一些关于高校的工作报告,但在

第十章 多种动机,褒贬不一:基金会和高等教育的关系本可以有更丰富的可能性

高校制度问题上往往还是模糊不清的。大学的声誉塑造了人们对它的认知,声誉改变是一个十分缓慢的过程。此外,高等教育的需求大于供给,而且这种情况可能会继续下去。对一个卖方市场来说,它很少会认真对待自己需要有所改变的事实。

当艺术完整性与学术自由并存时,这种类比再次鲜活起来。学术自由不仅仅代表教师的某些权利,它还扩散到高校的边缘,在那里,它发出了抵制外部影响和监管的信号。正如我在其他地方所论述的那样(Bacchetti, 2004),高等教育的知识独立性,既是自由社会的源泉,也是自由社会的一个实例。它允许高等院校成为值得信赖的(有时也会带来麻烦的)社会批评家、能够处理各类问题且对未来有不同展望的思想源泉。这些都是巨大的优点。

为了保持这种独立性,高校控制着教学和科研。这种对高校内部的关注,意味着能量向中心流动。如此一来,镜子和显微镜而非双筒望远镜和雷达成为首选工具。某一研究型大学在一项关于改善通识教育的项目提案中,提出了保持高校独立性的问题,并引起一些高校,尤其是社区大学的关注。但在大多数情况下,独立性问题是由高校中具有公民责任心的教师主动提出的。当有其他需要或机会时,教师也可能自愿撤回这些提议,事实上他们也经常这样做。但这并不是说教师无能,反而是说除了他们自己具有这种意愿之外,很少有什么其他东西能够强迫他们采取一系列行动。将教师个体作为分析单位,这恰恰表明独立性占据了中心地位。从教师到高校,独立性反映了一个组织更多依靠的是惯例和个人的主动性,而不是依靠计划、协议和长期承诺来运行。后一种情况会出现在政府拨款和合同中,高校作为法律实体而存在。此外,后一种情况还可能出现在其他领域里,但很少出

现在与基金会的关系中。因为与基金会的协议主要是基于真心实意的合作意愿，不情愿的合作伙伴会主动走开，所以基金会不会强迫他们执行一些条款。

在这样独立的组织中，很难知道负责人是谁，谁会为高校发声，在关于教育、学生生活和本科或研究生教育的总体目标问题上谁的话可以让人相信。一些制度问题，如通识教育，似乎属于每个人，也不属于任何人。不管是什么理念，不管是谁的理念，传统都会在一定的范围内对其产生影响。同样会对其产生影响的还有教师和院系的自主权、缺乏培养经验的系主任、学科的影响、弱化的问责机制及教与学之间的微妙关系。存在这么多影响因素，导致很难确定哪些才是对项目产生真正重要影响的因素。

从社区大学到研究型大学，高等教育抗拒改变自身制度特点。即使有变革的想法，也几乎没有人知道如何去实施变革。实际上，高等教育机制中的每个人都有一定权力，但没有人有足够的能力独自做出改变。大学教师的观念会与行政管理相冲突。受托人的商业头脑侵蚀了学校里高度个性化和知识化的学术生活。高校的组织结构是独特的，试图按自己的方式行事。但通常情况下，他们也不知道是否能够，或者如何阐释一些诸如变革理论或行动理论、问责制、逻辑模型、创业计划等的术语，来吸引基金会的关注。

证据性。对教育项目中关键要素的评估持冷淡态度，这是高等院校的一个特征。从外部看似乎是一种反常现象，但从内部看却不是。在这些高校中，许多事情都依赖证据，不愿评估其教与学的核心功能是一种常态。会存在这种惯例是因为：人们很难解释学习的复杂性，以及教和学之间的关系——这的确是一个不进

第十章 多种动机,褒贬不一:基金会和高等教育的关系本可以有更丰富的可能性

行评估的理由,但绝不应该成为不做评估的借口。虽然这也算是一个理由,但绝对不是不去尝试的借口。在项目评估时,基金会的期望和高校的低参与度,使基金会处境尴尬。应高校的要求,基金会常资助一些声称会达到特定目标的项目。例如,通过新生研讨班或有关不同认知方式的课程来改变学生的学术生涯。但是这些项目的领导者又无法出具足够的证据证明学生通过这个项目在学术上有了很大进步。等到显著差异出现(或不出现)时,参与者已经转移到其他兴趣上了,而源于基金会资助的这些项目届时可能已经形成了一种制度(或没有形成制度)。我在询问一位教授新的研讨会项目是否是成功的时,他给出的回答是:"学生喜欢,教师也喜欢,你还需要知道什么?"项目评估也不过是对这位教授的回答做详细的阐释。

像罗生门一样,我们不妨转变观念,看看在大学里,如何发现并利用有说服力的证据。作为新任项目主管,我曾向一所大学的教育学院提供资助,以收集、评估和发表各种基础教育学科的最佳教学实践证据。我还掷地有声地告诉这个院长,该项目肯定会对学院教师的教学产生影响。院长吃了一惊,但很快就恢复了平静,并提醒我教授才是教学内容的评判者。利用或不利用自己学院认为"最佳"的任何理论或实践完全取决于教授个人。教授也希望院长这样认为。高等教育将探究、思考、表达和出版的自由融入到日常教学中,并且对正统学说持谨慎态度。但是,如果教授都不采纳自己学院认定的最佳教学实践,那么,学院之外的人视作正规的教学方法谁又会遵循。这是令基金会感到绝望的。

高校在制度问题方面经常随性地引用证据,而基金会却希望在解决这些制度问题之前做一些研究,从而造成了双方不可避免

的紧张关系。想要进行研究并不意味着马上就可以做出成功的、相关度高的研究。但是,如果在解决这些制度问题之时缺乏证据支持,也很可能远离基金会的预期。

基金会

非常奇怪并带有讽刺意味的是,当我们把目光从这段关系中的高等教育方转移到基金会方时,发现基金会和高校竟然有很多相似之处。

特有的自我专注。尽管自我专注是高校的一种文化,但对于基金会来说,自我专注亦已深入其基因了。基金会的成立是靠捐助者的目标和捐款实现的,因此其组织机构中也深深地烙印下了起源的印记。不同基金会的立场不同,处事风格也迥异。偶尔,基金会也会参与横跨多家基金会的合作项目。但通常的情况是它们只是被动地发现自己与其他基金会共同参与了一个项目。这种虚假合作的发起者往往是受助者,他们为自己的项目成功地争取到了多个资助者。很少有下列情形发生,一家基金会为一个项目提供启动资金,而另外一家基金会提供后续资金。因为这样做似乎违背了各家都想做出一番成绩的倾向,没有哪家基金会想要为其他基金会的工作重点买单。

基金会的目标是给那些能够实现其目标的申请者提供资助。通常情况下,基金会的员工人数较少,即使员工有意愿,除了忙着提供资金资助外,他们也没有过多时间与他人合作、做研究、召集受资助者等等。因此,他们可能会将源源不断的项目提案,作为该领域发展情况的重要信息来源。这未必是一个糟糕的来源,但却是一个不平衡的来源。如果一名项目主管没有广泛的背景知

第十章 多种动机,褒贬不一:基金会和高等教育的关系本可以有更丰富的可能性

识,或无法独立地跟进该领域的发展,那么,对项目提案的评估往往集中在已知的内在价值上,而不是关注它是否在之前成果的基础上有所提升。因此,这种评估方式不利于发挥领导力,不利于间接推动该领域的发展。

让我们来思考一下,为什么基金会拥有长期的工作重点,还会产生如此混乱且进展缓慢的结果:这是因为基金会的大量资金被用以资助各种各样的项目。基金会资助的项目包含校园包容性促进项目、教育水平低下地区的本科生和研究生保有率和毕业率提升项目,以及旨在帮助本科生跨文化交际的新生入学培训项目等。40多年来,这些项目早已成为高等教育的一部分——一些高校的项目多些,一些高校的项目会少些。例如,福特基金会的大量投资为参与者提供了诸如资金、会议、互联网和联系网络等许多支持。美国大学和学院协会(AAC&U)和现已解散的美国高等教育协会(AAHE)等全国性组织资助的项目也致力于在一些领域中植入各种工具和策略。但是,除这些大型项目以外,分享有用信息、围绕共同目标开展认真合作,以及根据这些成果进行联合评估和审查的情况非常少。基金会的资助一直采取一个机构一个机构的模式。它们通过提供资金,使高校反思、试错并总结。在这个过程中,高校不断发现哪些方法有效,哪些无效——成百上千的高校都是沿用这一过程,仅有少数有些变化。

按照设计,董事会通常是自动延续的,相较项目主管、执行领导和项目工作人员这三类群体,董事会的换届频率最低。当有人员流动时,也是部分人流动,因此有充足的机会使新成员适应基金会的规范和理念。很少有人希望基金会改变其规范和理念。董事会的延续性虽然有很多益处,但是由于其缺乏对结果的耐心

和注意力不集中等也往往使益处折损。虽然员工流动、项目审查或制定战略性计划等趋势有可能为基金会带来新的发展方向，但实际上以一种全新方式开展业务的机会是极其罕见的。所以，一些基金会已经认同的规范和理念具有很大的稳定性和影响力。

营销性。决定资助什么类型的项目、对于资助的可能性要告知谁、基金会在制定资助方针时如何既突出重点又留有一些余地，从而更好地表达基金会的意图，这些都绝非易事。一些基金会的目的表述非常宽泛，常常需要进一步沟通，也不提供可供比较优劣的指南或期限。大多数申请者都只能长篇大论以免漏掉任何细节。即使项目指南的制定者尽其所能明确基金会的兴趣，这些指南也不一定能传达给那些可能会给出有趣或重要反馈的人。因为每当读者阅读这些指南时，经常会戴上"眼镜"，他们关注的是这份指南能否结合高校的利益，并不关心双方是否可以形成一种互惠关系，从而促进基金会目标的实现。有时，基金会指南的制定者和能够提供有效建议的读者会真正地联结。这有点像鲸鱼交配：如果它们能够找到彼此，就可以实现交配，但在一片浩瀚无边的海洋里找到对方绝非易事。

基金会的工作人员一般都比较少，因此项目申请者试图得到详细的解释会比较困难。而出于自我保护，大多数基金会都会阻止高校官员前来探究基金会对其项目的感兴趣程度。即便这样的谈话偶然发生，往往也是非常尴尬的，因为高校来访者希望彼此建立联系，为自己争取有利地位，而基金会官员试图提供信息，但同时不愿表态。在谈话桌上，虽然基金会工作人员尽职调查，但在不了解项目提案质量的前提下，也不可能自信地评估项目成功的可能性。为了填补这个空白，目前，出现了以高校声誉为标

第十章 多种动机,褒贬不一:基金会和高等教育的关系本可以有更丰富的可能性

准的评定资格趋势,可能这就是为什么在 2004 年,100 家大型基金会向高等教育提供了 20.77 亿美元的资助,而排名前 100 的高校获得了其中的 70%。

在当今社会,获得有用且真实的信息非常困难,这也在一定程度上解释了为什么人与人之间的交往是如此珍贵和谨慎。能够通过中间人在基金会和受助者之间建立联系,就像基金会本身的运营一样复杂。一个精明中间人的珍贵程度同毛遂自荐的人冒风险的程度一样。但是,对于中间人来说,不管他们的工作做得多么出色,都会让一个原本封闭的系统更加难以渗透(能够建立起内部联系的人除外)。

易变性。考虑到自我专注的特点,人们可以想象基金会是稳定、可靠、始终如一的。在某些方面它们的确是这样的,也能够应对大范围和十分复杂的挑战。但基金会的许多理想都是存在于不切实际的时间框架之内的。有时基金会会对其资助时间表进行明确的阐述。但通常情况下,都不会对外公布。公布或不公布,资助项目的持续时间也通常较短,一般为 3 年。某些基金会会同意续约请求,有些基金会则不然,理由是它们认为一个好想法应该产生足够的势头,使申请者在得到启动资金后还能获得其他的资助。如果资金期限政策是灵活的,而且限额不是一个刚性的上限,那就不会存在任何抱怨。按照基金会的本质,它们不会持续为几位受助者提供源源不断的资金支持,除非基金会打算解散,然后将剩余的资金拨给其中几位受助者。但是,不考虑正在处理的问题的复杂程度,一味地将项目限制在固定的时限内违反了形式服从功能的原则。该原则要求受助者在不受限制的任意时限内解决该问题。

除了特定项目的资助期限问题外，基金会还经常改变项目的优先级。从基金会的角度来看，这是有一定道理的。基金会可能已经完成了它开始设定的事情，或者认为新问题比旧的问题更重要、更有前途，或者感觉这个项目没有什么新意了，需要让项目重新焕发活力。变化也可能是由于项目方向、寻求目标的意义和策略的实用性等一开始存在一些不确定的问题。如果一个人对某个项目有一些疑惑，那么放弃这个项目往往比修正这个项目更容易。有些问题表面上发生了变化，但它们有变革的潜力，放弃这类棘手的问题（如指导性技术的诸多变化）往往弱化深度探究，使研究倾向于关注表面的、不重要的问题。

如果能够就这几个问题进行探讨就太好了。我们不应该屏住呼吸，不敢探讨。在涉及捐赠或资助的场合，受赠者很少是坦率的。但值得称赞的是，通过高效慈善事业研究中心（Center for Effective Philanthropy），一些基金会已经开始调查受助者对基金会管理绩效的看法。这些问题很重要，但不是本章讨论的重点。之前描述的六个特征（高等教育的三个特征和基金会的三个特征）以及其他类似特征是有关两类组织的规范、抱负、优先事项、组织特征和目标定义等的问题，上述种种不同使得在它们之间寻找共同点成为一件难事。如果高校抵制基金会的意图，它们将失去大量可用于各方面的研发资金，包括核心教学项目的创新和改进、全纳性校园建设、跨文化优秀毕业生培养及学术内容和人才培养相结合的探索等。如果基金会与高校在相同的核心职能上渐行渐远，那么，这将不利于高等教育和社会发挥其优势推动各种进步。基金会与高等教育之间的关系远远超出了人们日常的认识，这种变化十分缓慢，以至于大多数人都没有注意到二者

第十章 多种动机,褒贬不一:基金会和高等教育的关系本可以有更丰富的可能性

关系的恶化。重建二者的关系可能和恶化速度一样缓慢。

所以,下一步是什么?

高等教育覆盖了广泛的经济版图。富有的私立机构拥有各种各样的资本,能够安然度过大多数经济周期。公立研究型大学拥有联邦基金和私人捐赠。尽管各州只提供少许支持,但它们还是可以维持下去。综合大学、靠学费支撑的私立大学和社区学院在资源停滞或缩减的情况下都努力使学生人数和教育质量保持良好的平衡。公共领域的财政问题靠基金会资源是难以解决的,所以基金会资源从未取代过州政府的核心支持作用。获得捐赠的高校,在成功获得基金会的资金外,更依赖于个人捐赠。一些处境一般的高校,由于未能得到基金会提供的大量资金,仍然为筹资苦苦挣扎。如果基金会对高校变革和改进失去兴趣,只资助问题导向的或特定的优先项目,那会怎么样呢?

我们可以肯定地说,对任何一方都不会立即产生糟糕的影响。基金会会将重点放在其他地方,做出一番成绩,之后才会注意到通识教育一直让位于以职业为导向的课程;提高教学水平在高校失去了最初的优先权;高校的知识体系建构找到了一个最佳方向,变得不那么冒险了。而随着学习的公共价值和公共角色的降低,学习将越来越成为一种私人产品。基金会将不得不在其他项目领域更加努力,因为这些问题会在缺乏想象力和新想法的毕业生中日益凸显。高校将利用现有的资金,仅将学习维持在可以接受的水平。在偶尔得到私人捐赠时,可以暂时点燃一簇小火苗"温暖"教学。正如大卫·科博(David Kirp)所观察到的那样:

"学生将从一个希望被塑造的追随者变为一个渴望被满足的消费者。"(2003,7)随着高等教育发生的这种变化,基金会理解并珍惜的高校独立性可能会遭到侵蚀。

在这种情况下,高校丢失的价值还包括基金会催生的各种富有可能性的远见卓识。即使基金会对一个教育机构产生的兴趣变化不定、稍纵即逝,但这样短暂的兴趣也可能在这个机构中引发或催化变革的发生。当基金会提出了自己的兴趣时,就赋予了高校一种能量,没有这种能量,高校就无法呼吸,不敢冒险。虽然大多数高校都试图为教学中的新思想和新实验提供所需的生存空间,但除了象征性的帮助外,它们很难做更多的工作。长期以来,高等教育机构一直在寻求外部资金来资助大部分校级研究。

从更深层次说,当高等教育和基金会都充满活力时,它们就存在着持久的利害关系,因为它们都是自由社会的活跃因素,也是促使自由社会不断更新的重要因素。只有在教学中、在促进学生发展的高校中,一个自由社会的更新才会发生得更加彻底。其他地方都无法与之相比。因为高校能够有力地影响学生的判断力、道德观和人性——他们不像一些当代观察家所认为的那样是粗鲁的野心家。大学为许多人提供了变革性的体验。新生希望在大学里追求的是成为一个更全面发展的自我和公民,更有能力定义未来,而不是简单地被未来掌控。4年后,他们羽翼丰满,知识渊博,拥有无限可能。上世纪80年代斯坦福大学校长唐纳德·肯尼迪(Donald Kennedy),在毕业典礼讲话结束时,总是引用阿德莱·史蒂文森(Adlai Stevenson)的话提醒毕业生记住他们当初的雄心壮志,让他们不要忘记:"当你即将离开之时,想想你为何而来。"

关于继续资助高等教育的制度变革这个实际问题,我们假设

第十章 多种动机,褒贬不一:基金会和高等教育的关系本可以有更丰富的可能性

基金会会给出一个怎样确切的答案呢?其实任何一方或双方的变革都不是答案。每一种方式都有其独特的意义和价值。而且,可以肯定的是,即使在每个行业内部都存在着广泛的多样性,它们也很大程度上仍然固守着自己的方式。因此,在处理这些机构事务时,二者可能会产生摩擦,虽然只是偶尔目的一致,但它们彼此需要,只不过似乎不知道如何表达这种需要。如果我们试图进行正确而有意义的变革,而又不想以转变工作方式为代价,那么这样的变革的意义又体现在哪里呢?

第一步应该召集双方代表召开秘密会议,确定并开始着手解决阻碍彼此关系发展的最突出问题。其中最重要的就是要更好地了解基金会对高校的重要意义,反之亦然。虽然它们不能客观地看待彼此关系的价值,但可以肯定的是,它们不够了解这种关系。比如现在,基金会不再拨款鼓励在高等教育领域就体制特征问题进行批判性分析和做出改变,而是开始大力支持重点高校,为其提供专业知识和人力支持。基金会希望这些知识和专业人才可以运用到其他项目领域。而困扰高校的问题可能包括:基金会的资助持续时间短、提供的信息水平较低又模糊不明、信息的公开性和透明度较差,以及基金会总是抱怨自己在进行重复劳动,但又不采取行动改变其中的状况。对基金会来说,它们可能希望更清楚地了解谁能约束高校,哪些策略可以促进成功,以及哪些策略会使基金会资助大打折扣,它们还希望了解研究项目的依据,这样一个成功的资助应该是促进一个领域的进步而不是在同一个地方原地踏步。

对于本章讨论主题和针对两类机构特点的其他建议,我将其分为两组,下文中将进行分别探讨。有几项建议是相互重叠的,

可以与其他建议相结合。每项建议在某种程度上既适用于基金会,也适用于大学。第一组将重新解释第二章强调过的与高等教育有关的建议。第二组将带来一些新想法和思考。

第一组

说到教学问题,其实高等教育的一些理念可以解决一些普遍性问题,但高等教育的狭隘性却阻碍了这些理念的传播。在教学领域,众多高校对教育资本的需求大致相同。

创建教育资本。我们可以参考肯·贝恩(Ken Bain)的著作《最优秀的大学教师应该怎么做?》(*What the Best College Teachers Do*),并对该书的章节标题进行思考:

- 他们对我们的学习方式有何了解?
- 他们如何准备教学?
- 他们对学生的期望是什么?
- 他们如何上课?
- 他们如何对待学生?
- 他们如何评价学生和自己?

每一章的主题都涉及教育资本的创建。教育资本存在于下列各个环节:培养博士的教学准备;通过教学中心向教师提供的教学资源;将各系建设为教与学共同体;教师的任命、晋升、终身教职的评定、薪酬定级等。在第二章中,详细阐述了教育资本的概念。

(我们的同事拉塞尔·埃杰顿同意在本书附录中加入他那篇针对提高高等教育教学水平的简短而犀利的文章。该文章为我们提供了多种契机来反思教育资本在这个重要领域的相关性和

第十章 多种动机,褒贬不一:基金会和高等教育的关系本可以有更丰富的可能性

必要性。)

保持公开。网络空间充斥着各种信息,但鲜有有助于提升有影响力的教师和管理人员教学水平的信息。如第二章所述,"公开"可以为申请者提供更多信息,促进申请者之间的合作。广泛而免费的可用信息可以促进那些面临相似挑战的人进行合作并形成学习共同体。始于麻省理工大学的公开课项目,现在已有70多所大学加入,说明了"公开"越来越成为一种趋势,因为这样可以让更多的大学参与进来,同时能够降低成本,增加需求。从指导方针、项目提案到拨款、形成成果,如果基金会以更加开放的态度开展工作,同时高校也秉持开放的态度,那么教学水平就可以得到进一步提高。

提供职业发展机会。基金会独特的员工招聘方式已经过时了。如果不在几个地区优先开展培训项目,那么,从现在起10年或20年后,基金会和高校的关系还是不会发生任何变化。(独立部门在网站上列出了36个美国"专注于慈善事业研究的学术中心",还有一些学术中心设立在各个非营利部门。一小部分学术中心开设培训课程、颁发证书并授予学位。)

基金会、学术带头人与组织行为学、组织发展学和相关社会科学方面的专家聚集在一起,可以讨论出目前急需的培训课程。在这个过程中必然会探讨基金会和高等教育关系的有效性,及初步职业标准的制定等问题。

在高校里,类似的员工培训项目也会增强高校在与基金会建立关系方面的能力和敏感度,使他们不仅仅擅长推销自己的提案。(许多基金会认为大学的开发人员只会推销自己的提案,这或许有失公允。)

建立外部审查机制。一些基金会使用外部审查来评估提案的价值。在此过程中,必然会使评审人更广泛地参与相关问题和优先权的讨论。这种做法应该被更多的基金会所采纳。但是,高校却很少求助校外的同行共同解决问题或设计一些项目,很难获得校外的一些观点和专业知识。实际上,这样的集思广益有助于促成合作、共享成果及传播成功理念。外部审查机制将打破孤立和自我专注现象。这种孤立和自我专注经常阻碍重大创意的产生,不利于支持的获得。

例如,如果我有足够的智慧,不会单打独斗,而是会召集一个由公认的专家和潜在的申请者组成的跨机构团队,探讨"多元化"和"统一性"(就像在日益多样化的校园里一样)。彼此分享对每个主题的认识,确定具有前瞻性的优先事项,探索学校内部和学校之间的策略,同时吸取并传播知识。所开展的有关多元化和统一性的项目会受益良多(可能还会创建教育资本)。而且这一团体或其中的一部分人还可以帮助我选择最有可能在学校内部和学校间产生影响的方案。同时,在此过程中,参与人会不断学习对自己学校有用的东西。

促进合作。基金会通常会通过开发一些富有特色的方法,解决具有共性的问题。这样做可能会产生一些零散的效果,事实上还有更好的方法。如果各基金会通过共同努力,明晰一个复杂问题的重要性,然后根据各自的优势,负责不同部分。这样,可能会确保合作完成的整体效果优于独立完成的效果之和。适当地进行重组后,类似的逻辑也适用于受助者,他们都各自拥有不同的、能够解决一系列问题的智力资源和实验场所。由一个或多个基金会对一批开展共同实验的高校进行投资,这标志着创建教育资本的良好开端。然后,基金会提供基础设施资源并进行合作管理,记录和传播实验成果确保他人可用,使项目发挥最佳效力。除此之外,还可以通过与地区或国家级协会合作、集思广益、组建专家团队、设计和实施创新项目、评估结果并将结果传播给更多社区等方式提升合作效果。

第二组

做出好的捐赠既是一项极其重要的工作,同时也是充满艰辛且具有偶发性的工作。这些捐赠丰富了机构的发展(有时会产生一个[也会赢得]高风险、高收益的赌注)并鼓励其发扬首创精神。但基金会的优先事项、人员和受资助者也会发生改变。学习可能会停止,进步也会停滞。利用创建资本战略可以解决其中的一些挑战,当然这不是唯一的方法。

培养运营能力。如果基金会将自己的一些精力投入到一个类似基金会的运营结构中,那么,它就可能获得更具实质性、更深远、更复杂的战略——这个战略有着系统化的品质,可以解决更深层次的挑战、能产生更重要的结果。

例如,假设一个基金会决定花10~15年的时间重新规划高中和高等教育之间的联系,如果基金会只向受助者提供资金,则是不明智的。因为,对于受教育程度低的学生而言,基金会不是一条分界线,而是一座通向未来的桥梁。相反,如果基金会通过提升自身能力或发挥一个中介组织的能力,进行研究探索,识别和分析创新变化,进行试验和试点,与盟友合作,创造并培育新兴实践,给那些志在尝试改变但又没有足够的资金探究根源的践行者提供出版或多种媒介资源,问题便会迎刃而解了,而且对这个领域和学生都会更有益。

成为学习型组织。从知识和实践两方面吸取经验,一个能够成为学习型组织的基金会应该能够大幅度地提高效率。作为一个学习型组织,它可以通过实施一系列的计划,诸如新老员工的更替,新旧工作重点的更新,避免周而复始地重复之前的工作。不过许多外部人士认为这是一种武断的行为,也是对组织记忆(institutional memory)的牺牲。基金会作为学习型组织不仅可以创建教育资本,而且能够在过去学习的基础上更加认真和有效地制定未来计划,从而从中获益。通过在核心兴趣领域持续学习,基金会可以成为更有力的变革工具。在这个过程中,基金会的工作不再是项目的重复建设,而是在许多机构积累的经验和理念的基础上,不断进行创新。

采纳这一建议将使基金会变成它曾期待的受助者那样:通过实践评估,不断地提高。组织规范和程序,工作人员结构可能都会随之改变。这些方式和方法终将促进基金会的抱负被更好地诠释,绩效评估更加客观。

传播知识。网络的存在使不久以前还只是存在于科幻小说中的交流方式成为现实。原始信息、其他网站和资源的链接、有共同任务的教师网络、元分析等,都可以作为主题发布。然后,基金会可以参考和使用这些信息作为考虑提案的必要条件。具有相似项目兴趣的基金会联盟可以就网站内容和必要功能进行合作。此外,这样一个网站可以成为潜在申请者创意的来源,他们从中能够准确地获取重要的工作还有哪些待完善之处。这些可以成为基金会内在的组成部分,帮助其成长为学习型组织,以更有理据的方式拓展基金会的工作。基金会还可以与区域性和全

第十章　多种动机，褒贬不一：基金会和高等教育的关系本可以有更丰富的可能性

国性组织建立伙伴关系，就重要议题集思广益，并资助这些组织，宣传成果，造福更多的受众。

对于将资助的研究成果束之高阁或者新项目的成果得不到推广，基金会的愧疚感可能会和受资助者不相上下。举例而言，当一家基金会决定要起草与其兴趣相关的报告或研究（如定量读写能力或本科毕业实践）时，它一定是朝着成为所有兴趣相同的人们获取资源的"网站"而努力的。

被动地显示信息依赖于主动的行动。对一些机构来说，改革的动力也许是够的。而对于另一些机构来说，则需要一些必要的财政激励来促进变革。如若一个基金会将提案需要建立在前人的研究基础之上作为申请条件，意味着它要求申请者提出的那些当前鲜有人涉足的研究需建立在现有证据之上，或者是在前人的基础上，而不是简单地重复它。如果简单的重复是一所大学的目标，那么它在获取外部资助时，就处于劣势。

更多对话

经过3个月富有想象力和有条不紊的努力，教育工作人员带着咨询和反思的结果，带着热情和建议，回到基金会的工作人员会议上。他们提议，项目的总体主题将是"21世纪早期重新思考通识教育"。他们描述了这一主题所涉及的那些通识教育的领军人物所认为重要的问题，包括从高中到大学的教育公平和智力因素；越来越注重学生的学习和提高学习的条件；将公民、社会、伦理以及学术发展纳入本科教育的价值观体系；把"学会学习"从陈词滥调变成一种技能和思维习惯等。

教育工作人员将强调基金会之间、大学之间及基金会与大学之间要建立协商和合作关系,并强调将研究结果应用到个人受助者之外的其他人身上的重要性。事实上,根据他们的报告,该项目的一个运作原则是,如果提案要通过基金会的审核,那么,资助者和受助者都必须从这个项目中获益。

但以通识教育为主题的项目最有吸引力的部分不是资助人的传统角色,而是呼吁把高等教育项目预算视为一个投资组合。基金会将投资创建教育资本,将教师和学生的兴趣,以及教育红利回馈给参与者。该项目将贯彻通识教育主题,并结合前面提到的价值观和方法,同时变得更加专注、主动、有协作精神,并以重要问题和重大变化为导向。项目内容紧跟主题,同时根据主题制定项目的目标、指导方针和优先事项。这些将在一个由四部分内容组成的战略中有所体现,其中基本要素、资金和精力分配、时间期限等细节如下文所示:

1. 资助。资助将以基金会发起的指导方针为基础,并在每轮对最佳提案进行奖励。将从高等教育和基金会中招募工作人员,组成工作组,帮助设计项目指南并对提案进行评级。为了强调基金会的投资需创建教育资本,项目将支持合作,寻找有共同利益的基金会。

- 分配:60%。时限:4—8年,一般拨款期限为4—5年。(这将与当前项目最相似,对过去和未来的受助者影响最小。即便如此,它也将有新的重要意义。)

2. 运营团体。该基金会将创建一个运营团体,领导一两个主要的通识教育项目,并为其提供技术援助和资金,并将其他基金会、选定的高校及其他可能为这项工作贡献经验和专业知识的

第十章 多种动机,褒贬不一:基金会和高等教育的关系本可以有更丰富的可能性

机构联合起来。其目标是创建、实施和建立教育资本。为了完成这一计划,教育工作人员将向在通识教育领域有深入研究和从事前瞻性工作的个人和组织寻求咨询。

- 分配:20%。时限:最初为5年,在第4年进行评审后有可能续约。

3. 将协会作为一种手段。为支持基金会的目标,项目为那些对探索通识教育的深层结构感兴趣的地区性、全国性和学术性协会提供资助。

- 分配:10%。时限:4—8年,一般为4—5年。

4. 传播和应用。基金会将通过组织一个项目,与受助者共同开发网站和其他资源,与其他人分享可用的方法、研究成果、创意和所创建的教育资本。该基金会还将通过提供少量探索性或种子性资助,鼓励教师和学校试用这些成果。

- 分配:10%。时限:5年,后期审查以确定是否永久使用。

基金会的其他同事都非常受触动。在接下来的讨论中,一些好问题的答案从看似有理到真正具有了说服力。在仔细聆听之后,总裁总结道:"你们在3个月内成果颇丰。这些想法新颖、有意义,使我了解到我们的主管拥有很多远大抱负。我只担心一件事,你们已经将这些想法从抽象的土壤中发展出来——认真而充满智慧的讨论,但还没有被真正运用到实践中。要使这一切顺利进行,就必须让每一个机构(基金会和各学院、大学)放弃其独立的个性,承担新的责任,相互配合,推动共同的议程。我认为只有这样最终才会成功。我相信我们能做到,但我并不确定其他机构也可以。"

(雷·巴凯蒂)

参考文献:

Bacchetti, R. "Independent to a Fault: Why Foundations and Higher Education Frustrate Each Other and What Might Be Done About It." *Change*, Jan.-Feb. 2004.

Bain, K. *What the Best College Teachers Do*. Cambridge: Harvard University Press, 2004.

Kirp, D. *Shakespeare, Einstein, and the Bottom Line*. Cambridge: Harvard University Press, 2003.

"W. K. Kellogg Foundation Logic Model Development Guide." Battle Creek, Mich.: W. K. Kellogg Foundation, 2001.

第十一章 通过中介机构开展工作：新泽西校园多样性倡议

概述

埃德加·F.贝克汉姆一生致力于高等教育发展，起初供职于卫斯理大学，之后进入基金会领域，主要为福特基金会工作。他的职业生涯精彩纷呈，致力于使不同背景的受教育者都有机会接受高等教育。2006年去世之前的几个月里，凭借自身丰富的经验，他撰写了一份关于比尔德纳家族基金会及其创始人（埃伦·比尔德纳及其夫人琼）与两家中介机构和多家新泽西州高校之间成功建立合作伙伴关系的案例研究。

这个项目源于一个重要的理念，即种族、民族、宗教背景和观点中存在的多样性可以成为一种有影响力的教育资产。教育机构可以通过开发相关项目，向学生传授上述概念、技能与价值观，从而利用多样性，强化和进一步拓展民主的内涵。

比尔德纳家族基金会创始人向两家中介机构——慈善倡议咨询公司与美国大学和学院协会——寻求帮助，将理念转化为实际项目。继而基金会创始人比尔德纳夫妇、慈善倡议咨询公司与美国大学和学院协会之间建立了合作伙伴关系，不断发挥各自的独特优势，共同思考如何以最佳方式推进项目目标。他们为基金会制定了一套财务资助标准。之后，他们又发掘了很多感兴趣的教育机构进行合作，并从中共挑选了8家教育机构（高校）进行资助。接下来的4年里，他们与这些高校紧密合作，相互学习，促进学生的学习。回溯过去，可以明显看出这个项目为参与方创建了教育资本。

这份案例研究强调了利用中介机构的特殊益处以及若干挑战。基金会项目中的每个合作伙伴都具有独特优势，但需要特殊并持续关注的是确保步调一致。每所大学都有其特殊需求，基金会的项目既需要让大学领导满足这些需求，又需要使这些大学融入基金会的整体项目。本案例向大家展示了一个比较广义的目标（具体到本案例中指"多样性"）是如何在不同的校园中被推广和宣传的。

该问题至关重要，基金设立者致力于解决该问题的承诺和决心坚定且持久。但仅靠紧迫感和激情，项目是无法成功实施的。正如新泽西校园多样性倡议（NJCDI）的经验所示，精心规划、培养战略关系会极大地提高一个资助计划的有效性。如果整体设计和关键角色配置得当，即使在处理重大且复杂的问题时，少量资金也能产生重大影响。新泽西校园多样性倡议案例之所以引人注目，正是因为它迎头走在最前沿，成功地利用一个家族基金会尝试解决了具有全国意义的问题。

比尔德纳家族基金会于2002年发起了此项目，向新泽西州

第十一章　通过中介机构开展工作：新泽西校园多样性倡议

的 8 所学院和大学提供资助。每个机构均有资格获得高达 22.5 万美元的资助,资助周期为 3 年,旨在改善群体间关系,减少偏见、偏执,并展示多样性对院校发展及其职责使命的重要意义。

多样性是高等教育领域的一个关键问题

尽管美国高等教育多样性的历史可追溯到 17 世纪,当时哈佛大学为超越其清教根源做出努力尝试,但直至约 40 年前,当民权运动促使许多以白人为主的学院和大学认识到是他们串通一气剥夺了奴隶子女们的受教育机会时,多样性才更加被关注。北方的院校对有关学生群体种族同质性的谴责和诉求非常敏感。作为回应,60 年代中期,一些最负盛名的院校发起了招收有色人种学生的积极运动。

多年来,多样性已成为这些新招收学生自身和其所有相关问题(包括他们的学术成就、环境舒适度、社会关系以及对院校精神的认同等)的符号术语。这种对多样性的看法建立在社会公正的理念基础上,并试图纠正之前的错误。随着时间的推移,多样性思想不断成熟,院校也发现了多样性的益处,而这不仅有益于院校的道德良知,还对教育环境,对全体学生的学习成果,乃至最终对美国社会都大有裨益。鉴于多样性在教育方面的影响,近年来研究领域高度重视该理念。美国高等教育仍面临的一个重大挑战是如何将这两种观点统一起来。

自比尔德纳家族基金会发起新泽西校园多样性倡议,直至 2012 年,期间已朝着既定目标取得了许多成就。越来越多的研究支持这样一种观点,即多样性的教育环境能改善教育成果,尤其是当多样性被有意当做一种教育资源时。目前人们正在努力构建对涵盖高成就和高包容性的卓越学术能力的统一认识。包容性卓越(inclusive excellence)已成为指代这一初衷的公认术语。尽管取得了明显的进步,但分离这两种观点的趋势仍然存在,即是应单独考虑少数民族学生的公平问题,还是综合考虑全体学生的教育问题;应该把少数民族学生称为"多样性学生",还是全部称为"学生"。换言之,如果区别对待,可能会给社会正义带来意想不到的后果,甚至会把那些本应该进入主流社会的学生进一步边缘化。

一位资助者对多样性的执着

埃伦·比尔德纳(Allen Bildner)从五年级开始就对多样性产生了兴趣。有一天在新泽西州萨米特市(Summit)放学回家的路上,他遭到了袭击,被称为"肮脏的犹太人",并受到辱骂:"拉比,回家去!回家!"这是他第一次接触到反犹太主义,虽然身体上的伤很快就痊愈了,但在很长的一段时间里,他对自己的犹太身份仍然感到困惑,觉得自己在这样的身份下难以为继。

尽管比尔德纳在很小的时候就对消除偏见、偏执产生了兴趣,但直到60年代末,当他意识到美国人口结构正在发生变化时,他才开始审视个人的满腔热忱与社会的关系。一直以来他呼吁减少语言偏见、调动群际关系,但这都是表面的问题。保卫美国的未来,才是最深层次的目的。

作为国王超市(Kings Super Markets)的首席执行官,比尔德纳从公司员工的多样性中看到了力量。公司投入了大量的时间和

第十一章 通过中介机构开展工作：新泽西校园多样性倡议

金钱来帮助员工了解彼此的宗教和文化，用他的话来说，"享受彼此间差异"。总之，作为一个商人，埃伦·比尔德纳成为了一名"多样性的践行者"——他把多样性视为一种资产，并利用它来为公司和员工服务。

慈善行动的伙伴们

1993年，比尔德纳和他的妻子琼（Joan），第一次向慈善倡议咨询公司（TPI）的创始人彼得·卡洛夫（Peter Karoff）提出，他们有兴趣把慈善事业的重心转向改善群际关系。该公司致力于向客户提供服务的开发和实施，包括研究、探索和捐赠者兴趣相关的任何领域，帮助完善慈善目标，并执行多个管理任务以及参与基金从捐赠者到受助者的流动过程并确保资金用到实处。它还为客户提供学习慈善战略——慈善事业的目的不是立竿见影地做好事，而是以一种可能产生持久变化的方式做好事——的机会。

从那时起，卡洛夫和公司副总裁乔安妮·杜尔（Joanne Duhl）开始担任比尔德纳夫妇的管理顾问，为他们选择慈善项目，其中包括一项资助中小学教师的提议、一个为从社区大学转到四年制大学的学生设立的奖学金项目，以及一项创建一个或多个州级种族关系中心的项目。这其中的很多想法都得到了比尔德纳夫妇的资助。

一个第三方合作伙伴

1996年，美国大学和学院协会（AAC&U）主办了一场关于"多样性、学习和制度变革"的全国会议，慈善倡议咨询公司的一位员工参加了此次会议,并将该协会的相关信息带了回来。美国大学和学院协会是一个全国性的协会,在过去的90年里一直是通识教育的代言人,几十年来,它一直重点关注高等教育的多样性问题。它与主要的美国国家基金会、国家教育协会和数百个个人机构合作,致力于提高少数民族的高等教育程度,研究多样性对教育的积极影响,并为多样性倡议制定评估战略。该协会还一直是国内和国际各类会议和学习的召集方,扮演着向学生传播多样化民主和世界互联等理念的角色。

通过将比尔德纳夫妇与美国大学和学院协会联系起来,特别是与高级副总裁卡琳·麦克泰·穆西尔(Caryn McTighe Musil)和项目总监丹尼尔·泰拉古驰(Daniel Teraguchi)的联合,慈善倡议咨询公司帮助比尔德纳基金会确定高等教育是一个可以进行资金捐赠的领域,如果这些钱得到有效利用的话,可以将多样性转化为强大的教育资源。

1990—1998年,我为福特基金会的"校园多样性倡议"项目做协调工作。从1992年开始,美国大学和学院协会便是该倡议的重要伙伴,在促进基金会与全国各地高校的合作方面发挥了领导作用,并参与了基金会的公共信息计划,以提高公众对校园多样性的认识。福特基金会的目的是鼓励各大院校将多样性作为一种教育资产加以重视,并将其作为一种教育资源加以利用。公共信息计划的目的是提高公众对高等教育工作的评价。到1998年我加入美国大学和学院协会时,其制定和支持多样性举措的能力已有实质性提升。

埃伦·比尔德纳对多样性的兴趣是被冲突激发出来的。福特基金会也是如此。虽然该基金会对社会公平公正问题的关注,

第十一章 通过中介机构开展工作：新泽西校园多样性倡议

尤其是在教育领域,已有半个多世纪的历史,但直到1990年,该基金会才关注校园多样性问题,呼吁从事高等教育的同行关注校园群体间日趋紧张的关系。种族关系和多样性在福特基金会早期提出的倡议中就是一对孪生词汇,就像群际关系和减少偏见最终将与多样性一道作为新泽西校园多样性倡议的目标一样。

一个成功的伙伴关系：三角关系

2001年为支持新泽西校园多样性倡议而建立的伙伴关系可以用一个"三角形"来形容。比尔德纳夫妇以及后来的新泽西校园多样性倡议咨询委员会是三角形的一角;慈善倡议咨询公司的卡洛夫和杜尔是另一角;美国大学和学院协会的穆西尔,泰拉古驰和贝克汉姆组成了第三个角。他们都为该倡议带来了不同的贡献。比尔德纳夫妇虽然热衷于减少偏见和改善群际的关系,但也把多样性视为一种社会财富。慈善倡议咨询公司的工作人员有进行慈善项目选择的经验,敏锐的意识,知道如何将意图转化为可能使社会持久受益的具有生产力的行动,以及具备管理赠款的知识。美国大学和学院协会将多样性理解为一种教育战略,旨在帮助学生做好准备去积极参与构筑一个多样性的民主社会。各方加入这一三角关系,并产生了战略愿景。我们的经验汇聚起来,为倡议的设计和执行提供了战略选择。

三角关系的另一个好处是:比尔德纳夫妇通过慈善倡议咨询公司和美国大学和学院协会扮演的中间人角色来实现其成员在新泽西校园多样性倡议中的积极参与。在该倡议中比尔德纳夫妇的存在感通过其他参与者而具有了生成性。事实上,比尔德纳在校园实践中发挥着名词、形容词,甚至是动词的多元积极作用。

通过这种三方关系,比尔德纳夫妇能够跟踪新泽西校园多样性倡议的进展,并在关键时刻对其施加有效影响。

随着时间推移,比尔德纳夫妇、慈善倡议咨询公司和美国大学和学院协会通过定期电子邮件往来,频繁的电话会议和偶尔的会面,共同制定实施策略。我们会在一些细微之处拿出主意。与此同时,比尔德纳夫妇会签署一个总体计划,由慈善倡议咨询公司和美国大学和学院协会做完善和执行工作。前者负责管理相关的工作;后者负责项目方面的事务。尽管三个成员各自的分工简单明了,但它们之间的交流也十分频繁。

一项资助挑战:设计一个有效的计划

过去福特基金会从来没有将种族关系和多样性之间的联系作为项目拨款的条件。在 1990 年,解决校园种族关系的工作重点几乎完全集中在学生的课外活动上(而且往往是学生事务办公室的责任)。然而,福特基金会认为多样性的价值应体现在课程大纲的设定和知识文化的传授中。解决办法很简单。"种族关系"一词逐渐在校园多样性拨款建议中被淡化,取而代之的是将"多样性"与历史悠久的教育价值观如批判性思维、知识探索、公民话语、公民参与、艺术表达和精神等紧密联系在一起。福特基金会断言,通过将多样性与教育价值观相联系的方式来参与多样性,有利于学生、高校乃至整个美国社会。

2001 年三角关系形成伊始,穆西尔、泰拉古驰和我将曾经在福特基金会校园多样性倡议和美国大学和学院协会的工作中积累的经验应用到了新泽西校园多样性倡议中。为了从多个角度(如社会正义、文化多样性、公民社会、教育等)认识多样性问题,比尔德纳夫妇、慈善倡议咨询公司和美国大学和学院协会的员工共同发明了一套我们自己的"简单"的解决方案。比尔德纳家族基金会允许申请者,包括学院和大学,发挥优势,尽其所能进行多样性尝试,同时强调上述尝试需与院校使命紧密结合。我们认为,这一战略将确保多样性与教育价值观保持一致,并最终产生有益于社会目标的教育成果。新泽西校园多样性倡议应运而生。

我们还明确了各自的角色。穆西尔、泰拉古驰和我将担任比尔德纳夫妇和慈善倡议咨询公司的顾问。我们亦会就有关高等教育多样性的概念及计划事宜,向个别院校提供意见。慈善倡议咨询公司的员工在项目执行上是内行,他们将管理赠款。比尔德纳夫妇将做最终决定。出乎意料的是,正是我们的明确分工促成了多角度的丰富讨论。对于代表三个角的参与者来说,进行电话会议是常有的事,有关拨款管理、教育问题和资助决策等内容都会在电话会议中讨论。

一项关键策略:将每个项目与大学使命联系起来

2001年,埃伦·比尔德纳致信新泽西州45所学院和大学的校长,描述了这一计划并询问其兴趣。其中有33个院校做出了答复并派出代表,参加为期一天的会议。

会上,我和埃伦·比尔德纳、卡洛夫、杜尔以及穆西尔概述了提案的愿景。正是在这次会议上,我们第一次积极地尝试将群际关系纳入教育的语言。我们的观点是,无论一所院校提出怎样的建议,它都必须与该院校的核心教育使命紧密相关。无论这项计划多么有价值,如果它只是从外界嵌入,与教育使命并不相关,那么就不会受欢迎。

对于美国的教育工作者来说,这仍然是一个很难让人接受的信息,因为至少在最近几十年,人们一提到多样性都会认为是教育任务的补充,即录取曾经不予录取的学生以及一系列同化他们的尝试。因此,多样性主要存在于名目繁多的数字中——即所谓结构上或构成上的多样性。

我们想让高等院校把多样性看作是一种教育资产,因为我们假设这样一种教育资产会在教育方面发挥作用,我们实际上是在要求这些院校展示出多样性与其教育使命之间的联系。高校习惯于被人们问及多样性的程度,却不习惯被人们问及如何将多样性付诸教育实践。

我们采取了另外三个步骤来传达基金会的意图。首先,我们要求各院校提交一份简短的初步提案,然后我们对这些提案进行审查,并对每个院校提些意见,供其在制定最终提案时考虑。其次,针对每一份初步提案,我们提出一些需要各院校阐明的问题,并请各院校在最终提案中予以说明。这些问题为我们提供将多样性作为教育策略与院校的教育使命相结合的机会。由于每一组问题都是针对某项具体提案量身定做的,我们希望这些问题能引起对不足之处的关注,并在最终提案中予以解决。最后我们鼓励各院校从广义上去定义多样性,包括其成员提出的群体认同感:性别、族裔、种族、宗教、社会阶层、性取向、民族归属和一切与他们所处环境休戚相关的方面。

几番考虑下,比尔德纳夫妇、慈善倡议咨询公司和美国大学和学院协会共同制定了对于最终提案的评估细则。我们认为受资助者应该:

第十一章　通过中介机构开展工作:新泽西校园多样性倡议

- 为新泽西州其他院校树立榜样;
- 提供本校多样性工作足以达到新水平的证据;
- 了解本校多样性的历史;
- 意识到院校自身的处境;
- 有吸引他人支持的战略;
- 把多样性定位为本校重点工作;
- 代表高等教育团体中各种不同的高校类型、人口概况、地理位置和学校排名。

我们亦为可获资助的项目制定了以下7个准则:

1. 提出一项明确可实行的计划;

2. 该项目建立在前期活动的基础上,并对自身优势和劣势进行了深入分析;

3. 主要成员参与拟订该项提议;

4. 该项目得到行政部门的支持,主要教职员工参与其中;

5. 该项目有可能对该院校起着重大、纲领性的影响;

6. 该项目具有创新性和雄伟规划,有号召新泽西州其他校园共同工作的潜力;

7. 评估该项目的计划明确且全面。

下列8所院校达到了资助标准:分别为卑尔根社区学院(Bergen Community College)、布卢姆菲尔德学院(Bloomfield College)、莫里斯郡学院(County College of Morris)、普林斯顿大学(Princeton University)、新泽西州理查德·斯托克顿学院(Richard Stockton College of New Jersey)、罗文大学(Rowan University),位于卡姆登、新布朗什维克和纽瓦克校区的罗格斯大学(Rutgers University)和新泽西州医学和牙科大学(University of Medicine and

Dentistry of New Jersey)。项目关注的重点从指导教职员工了解多样性对教育成果的促进作用,到具体的课程规划,从社区的外展服务到学生的全情参与。

本章末尾部分是项目摘要,展示了新泽西校园多样性倡议中各院校的方案意图。比尔德纳家族基金会,慈善倡议咨询公司和美国大学和学院协会汇聚的经验使我们能够灵活地应对各高校项目中的多样性。

将多样性作为一种教育策略

埃伦和琼·比尔德纳在罗文大学进行座谈时,参加了一个名为"环境伦理"的课程。琼·比尔德纳想知道,这门课程与多样性有何关联。当全班开始讨论有毒垃圾场和其他不友好场所是否会靠近贫困和少数族裔社区时,她有了答案。

当我在罗文大学学习一门名为"思想的领导力"的课程时,我也有过类似的感受。作为一门培养批判性思维的课程,我了解到学生会被要求探索自身从高中到大学的社会角色转变,识别他们高中环境所影响的社会群体,并与当前的形势进行比较,探讨相似性与差异性,研究社会群体的形成方式。换句话说,学生在学习过程中以自身为例,供全班同学探讨和分析。正如这门课所阐释的,多样性不仅仅是一个课程话题;多样的人和他们的社会经历也是这门课的主题。简而言之,将多样性作为一种资源,这意味着不同文化背景的人积极构筑自己的学习体验。众所周知,主动学习者学得更多。

当多样性作为一项策略引发课程变革时,变革将具有丰富性和复杂性。它不仅包含多种文化及每种文化涉及的领域,还将涉

第十一章 通过中介机构开展工作:新泽西校园多样性倡议

足批判性反思,跨文化互动,以及跨文化交流。例如,来自罗格斯大学纽瓦克校区的学生进入纽瓦克社区收集口述历史。然后,学生把口述历史编成戏剧,以历史故事为素材,将口述独白改编成对话,其中人们亲述的历史成为人与人之间交流的资源。从独白到对话,从被动的文化表征到积极的跨文化参与,二者的转变是同步的。

几年前,在福特基金会主办的一场有关多样性的国际会议上,南非宪法法院(Constitutional Court of South Africa)法官阿尔比·萨克斯(Albie Sachs)指出,在我们的多样性中,"我们和而不同"。他在回顾自己的人生故事时多次使用这句话——作为一名南非白人、犹太人、自由斗士,在为国家灵魂而战时,他失去了右臂,甚至几乎丢掉性命。在他平静而震撼人心的演讲结束时,听众才有所领悟,标准化的字典对"多样性"的定义是错误的,因为它常常还需切换到"统一的环境"。多样性不仅意味着变体和差异,在萨克斯法官看来,南非人的多样性既包括他们的差异,也包括他们的共同境遇。

从社会的角度来看,萨克斯法官的观点是,当我们意识到我们既不同又相同时,我们可以利用彼此间的差异为共同的利益做出贡献。每个人都可能在共同环境下有所作为。

减少偏见和群际关系最终被翻译成了丰富的关系肌理,在这种肌理中,自我和他人、差异和共性互为补充。这可能是社会对高等教育的更高期望。高等教育广义而言应该包括主干课程、辅助课程。校园文化包括讲座、音乐会、研讨会和培训计划等。对话式学习存在于多样的学习环境中,体验式学习也存在于许多结构化和非结构化的竞技场中。

有助于实施的多种策略

比尔德纳夫妇、慈善倡议咨询公司和美国大学和学院协会认为这些院校将多样性作为一种教育策略,迎头走在最前沿,因此它们必然需要各种各样的支持。这种支持包括院校间的互帮互助,制定年度报告推动学校定期阐明目标和汇报进展,以及美国大学和学院协会顾问的年度实地访问。此外,美国大学和学院协会还与各团体保持定期的邮件沟通。尤其是在项目实施的第一年,还进行定期的电话回访。

校际间的对话

新泽西校园多样性倡议将各高校召集到一起举办了两次研讨会,第一次是在2002年6月,第二次是一年后。第一次研讨会向与会者介绍了将多样性作为一种教育策略的最新想法,鼓励他们产生优秀的实践成果,未来供各专业的学生所共享。

为期4天的研讨会,为各团队领导者提供了与大家分享各自计划的机会。各院校团队也会与顾问见面,进一步完善自己的计划。该研讨会涵盖了有关高等教育多样性工作的4个重大议题:多样性世界中的高等教育;身份认同的十字路口;移民和公民权;让本地、全国乃至全世界的团体参与其中。研讨会主题包括全球范围内的人权斗争,评估多样性倡议,弥合团体间分歧,组织团体间对话,促进团体间理解,以及为推进制度改革把各方联系起来等。

第二个研讨会重点介绍了各小组的进展报告。各团队重新

第十一章　通过中介机构开展工作:新泽西校园多样性倡议

被划分为跨院校的讨论小组,集中讨论感兴趣的领域,涵盖:跨文化中心和项目、课程开发、师资开发、校园—社区伙伴关系和评估。研讨会开发出很多实用技能,如组织小组间的对话,提炼公共信息,坚持制度变革等。与第一个研讨会相似,研讨会留有供小组见面和协商的时间。

校长的参与度

在倡议发起的第一年,埃伦·比尔德纳建议我们多多鼓励校长们积极参与到新泽西校园多样性倡议之中来。在经过三角关系的三方深入讨论和慈善倡议咨询公司的初步规划后,比尔德纳邀请校长们于2003年9月出席由莫里斯郡法学院院长爱德华·J.（Edward J.）、布卢姆菲尔德学院名誉院长杰克·努南（Jack Noonan）共同主持的会议。会议卓有成效,校长们一致认为,应该进行策略干预,保证多样性作为一种核心的教育观和公民价值观被人们所理解和欣赏。在对话的过程中,各位校长强调了各校同时面临的一系列挑战,对屡见不鲜的因仇恨而犯罪和盲从表示担忧。与此同时,大家也对美国最高法院对2003年密歇根大学法学院案件的最新决策（支持录取程序中考虑种族因素的权利,以此提高学生群体的多样性）导致的未来有关多样性工作的不确定性表示了关注。校长们同意明年春天再次召开会议,探讨如何更加有效地宣传校园多样性工作的经验教训。

大多数团队负责人认为他们的校长能参加会议具有积极意义。大家热情高涨,纷纷建议下次会议也同时邀请学术部门和学生事务管理部门的相关领导。雪莉·蒂尔曼（Shirley Tilghman）校长在普林斯顿大学主持了第二次会议,学术部门和学生事务管理部门的相关领导出席了会议。

在第二次会议上,校长们讨论了使公众了解新泽西校园多样性倡议的途径问题。他们呼吁要让全州的学院和大学都了解这一项目的成果。

参与会议的学术及学生事务管理主要负责人强调了学生事务及学术事务工作人员之间通力合作的重要性。个别与会者描述了在规划课程和合作课程方面二者的相互促进。他们还肯定了消除合作障碍的重要性。

这些校长和高级官员的会议使人们进一步意识到,作为一项教育策略,多样性对院校的重要性。他们鼓舞了每个高校团队的士气,并认可了他们把多样性与院校使命联系起来所付出的努力。

一些高校的校长还找到了额外的资金来支持未来的项目。2005年6月,有两所院校向美国大学和学院协会下设的"远大前程"研究所派遣了团队,计划在"比尔德纳的基础上"开展活动。罗文大学授予埃伦和琼·比尔德纳荣誉学位。这都为新泽西校园多样性倡议工作的开展提供了实质性和象征性的支持。

灵活性

"三角关系"中最显著的特征之一是对变化始终持开放的态度。在该倡议实施的头两年里,十分鼓励以批判的眼光审视项目的初始设计,只要发现有不完善的地方,就可以申请改动。

支持中途修正。很多院校充分利用了这种灵活性,在中期进行了重要的修正。例如:

- 第二年,卑尔根社区学院重新思考了跨文化交流研究中心

第十一章 通过中介机构开展工作：新泽西校园多样性倡议

的结构、重心和管理，拓展了项目的实施领域，加强了与社区的联系，并获得了院长和董事会的额外支持。

- 斯托克顿学院最初计划将多样性内容和问题嵌入到现有课程中。但第一年结果不尽如人意，因此项目组用专门的多样性课程代替了嵌入式教学。2003年秋季取得了不错的反响，2004年秋季效果更好，2005年秋季已是第三次讲授。此外，多样性课程的这种课程管理模式被其他课程竞相效仿。斯托克顿学院之所以能快速反应，是因为它开发了一套评估工具来了解各门课程的效果。

- 新泽西州医学和牙科大学第一年的进展异常缓慢，其原因在于校方与监管人文学科研究的中介出现沟通失误，触发了人事变动。经过美国大学和学院协会与校方沟通后，最终解决了沟通问题，恢复了项目的实施。

支持成功、应对挫折。2004年，随着新泽西校园多样性倡议进入第三个也是最后一个年头，大多数项目都收获了成功带来的喜悦。各团队谨慎使用第三年的资金，希望会有剩余。团队的预期是第四年还有资金可利用吗？我们能否向他们提供些寻找其他资金来源策略的建议？

但并非每个项目都是如此。有一个项目就处在微妙的转折点。如果校方能够朝着某一个方向做出决策，那么该项目的目标就有保障，可以继续被资助。否则，该项目很可能会停滞不前，无法用项目的成果为校方获利。

我联合穆西尔和泰拉古驰共同策划了2004年4月的全体项目会议，决定会上考虑多数人的要求，会后处理每个项目团队遇到的特殊问题。这意味着要做更多的实地考察、写更多论文、做更多电话交流。但我们三个人认为是值得的。例如,那个处在转折点的院校就顺利转到了一个更有收获的方向。

基金会拒绝向 8 家院校中的一家提供第二年的资金,但允许该院校留用第一年所得资金,用于实现第二年的项目目标。埃伦·比尔德纳看了该院校第二年的报告之后,被其明显的进步打动,他曾请慈善倡议咨询公司和美国大学和学院协会紧跟项目进度、考虑申请补充基金。慈善倡议咨询公司和美国大学和学院协会紧密合作制定了实地考察计划和申请补充基金的标准。最终,补充基金申请得到三方批准,该院校也获得了补充基金,可以持续开展工作。

遗憾的是,在另一个案例中,我们未能找到这样一个令人满意的解决办法,两年后,比尔德纳夫妇,慈善倡议咨询公司和美国大学和学院协会对一家高校实现最初提案目标的能力失去了信心。尽管我们也做出了努力,试图通过第三年的资助使情况有所好转。但是最终失败了,我们只能无奈决定终止资助金的发放。

为项目的结束未雨绸缪

自 2004 年以来,该倡议的重点一直致力于实现下列目标:
- 制定基准和鼓励进步;
- 加强大学实现目标的能力;
- 提高评估多样性工作影响力的能力;
- 跨组织协作,互帮互学;
- 专注于多样性工作的长期可持续性。

第十一章 通过中介机构开展工作:新泽西校园多样性倡议

提供工具,帮助受助人继续工作

早在第二届暑期研讨会,美国大学和学院协会就通过召开全体会议和研讨会的方式,重点关注倡议的成果以及如何引起公众的关注。美国大学和学院协会还介绍了评估策略,可以帮助证明开展工作的价值。

2004年11月召开的项目全体会议更多地探讨未来。会议围绕院校变革的可持续性、如何通过故事宣传变革、如何将故事作为评估工具,以及向公众推广最佳实践等主题展开。此外,美国大学和学院协会阐释了如何通过组建一个咨询团队,帮助多样性工作知识向项目以外的院校传播。这个提议得到了热烈的响应,现已组建了多支团队。

新泽西校园多样性倡议的最后一次会议于2005年4月举行,会议旨在研究沟通策略,向众多支持者宣传多样性工作的实质与价值,其中包括院校内部人员(学生、教职员工、行政人员、职工)及院校外部的利益相关者。当地社区、学生团体、院校的校友、潜在捐赠者,以及会影响公共政策的人员,共同参加了会议。会议结束时,各团队针对未来如何发展一个综合的沟通策略有了更加清晰的认识。

进入主流

从一开始,三角关系的三方就鼓励高校进行战略性思考,其中包括当未来不乐观之时,如何还能融入此项工作。结果是令人鼓舞的。大多数项目都包含产生变革的内容:全新的课程或者现有课程、教学方法和合作的升级。在很多案例中,这些内容并不因资助的暂停而停止。即使它们不存在了,也将催生出可供思考教育领域中多样性意义的全新的和更加持久的方式。

布卢姆菲尔德学院的教职员工研讨会就是一个很好的例子。5个多学期以来,这些讨论会培养了一批热心于将多样性付诸教育实践的教职员工。他们开设了拉丁美洲/加勒比研究的辅修课程和国际商务的集中课程,并建立了一个"学习共同体"。在这个共同体中,老师启发学生以自己的背景为主题,举办一个有关文化、社区和身份认同的研讨会。教职员工还针对大学的部分通识教育课程以及一些主干课程,其中包括历史、艺术、社会、行为科学、商业、英语、通信、宗教、数学、科学和护理等进行了改革。学校还增加了图书馆项目,并使教务部门和学生事务部门的工作人员在多个项目中展开合作,其中包括一个帮助学生将多样性的知识应用到工作场所的项目。

斯托克顿大学提供了另一个有趣的例子。在项目进行到第三年的时候,一位心理学教授找到了该团队,想要以这个项目的课程为模型来组织他的课程。还有一位来自罗格斯大学新布朗什维克校区的教育学教授提出,要将该项目作为振兴整个教育课程的平台。她已经招募很多新教师,并且已经获得了完善新增课程的拨款。

在罗格斯大学纽瓦克校区,院长和教务长将那些被新泽西校园多样性倡议资助的跨文化研究人员,视作城市研究型大学的核心价值观的代表。新泽西州医学和牙科大学的新校长认为涉及文化竞争力的工作是学校战略愿景不可分割的一部分。在罗文大学,参加过研讨会的教师认为,该经历是他们在职业生涯中最有价值的学术经历之一。在我的实地采访中,很多人谈到了在罗

第十一章　通过中介机构开展工作：新泽西校园多样性倡议

文研讨会上的经历影响了他们在其他课程中的教学。在莫里斯郡学院，经批准并实施的37项课程修订提案将被出版，并在包含校董会在内的群体中广泛发行。

实现结盟：创意的核心期待和实施环境

这些项目能够"实施"在很大程度上依赖于三角关系的三方坚持将项目与院校使命相结合。此外，大家的想法也很成熟：院校方是不会愿意在真空的环境下去实施变革的，他们更希望在一个历史和文化方面都有利于他们的环境中实施变革。在校园多样性倡议的构想提出之前，罗格斯大学纽瓦克校区一直致力于塑造其城市研究型大学的形象。罗格斯大学新布朗什维克校区教育系的教授可以大张旗鼓地进行整体课程改革，是因为全国的教育部门都处于来自认证机构的压力下。新泽西州医学和牙科大学宣传医疗保健中的文化胜任力建设，提倡从阶级、种族和性别入手，研究不同群体在医疗保健中经济和道德成本的差异，使它处于全国关注卫生保健改革浪潮的前沿。卑尔根社区学院和莫里斯郡学院越来越意识到在帮助社区有效利用多样性时自身所发挥的作用。

此外，我们不应该忘记，新泽西州是全国最具多样性的州府之一，其多样性是不断加剧的——不论是从复杂性上，还是数量上。

换言之，正如埃伦·比尔德纳很久以前在经商时所发现的那样，社会现实不断激励我们在代表大家社会福祉方面发挥多样性的作用。正如新泽西校园多样性倡议向我们所展现的，通过在教育领域中将多样性作为教学方法和策略，可以培养出洞悉世界，参与世界并造福世界的毕业生。

（埃德加·F.贝克汉姆）

新泽西校园多样性倡议：大学项目

- 卑尔根社区学院建立了一个跨文化理解研究中心，旨在整合分散在校园各处的倡议，为教职员工和学生提供多样性的教育及培训机会，以及通过加强校园与社区的伙伴关系，增强跨文化知识和技能。
- 布卢姆菲尔德学院举办了一系列为期5个学期的研讨会，每次都有8名教职员工参加。研讨会的重点包括下列内容：教学、学习和研究问题；个人及文化认同；跨文化交际；全球化。在整个研讨会中，与会者研究了将新内容、见解、观点和技能融入课程和项目的方法。布卢姆菲尔德学院还扩建了学院的文化与交流中心，该中心可以进行有关多样性培训资格的认证。
- 莫里斯郡学院利用头两年的拨款来进行课程评估。在此基础上，学校制定了一项课程改革行动战略。迄今为止，该战略已将有关多样性的内容融入37门课程之中，范围包括从儿童文学到微积分的各类课程。学院的目标是将有关多样性和全球化的意识整合到每一个学位项目中。与此同时，学院还通过与当地社区合作，宣传多样性对社区的积极作用。
- 普林斯顿大学将其大部分资助用于支持"持续性对话"项

目,这是普林斯顿大学几年前启动的一个项目。持续性对话采用小组讨论的方式,聚焦与社会分裂有关的颇具争议的话题。普林斯顿大学也提供了一定比例的资助,通过为不同的学生团体提供经济资助,鼓励通过合作解决群际问题。

- 新泽西州理查德·斯托克顿学院提供了一系列丰富多彩的全新课程和课外活动,旨在提高学生的跨文化意识,使他们接触社区中的跨文化环境。与此同时,斯托克顿学院也采用了一套精心设计的评估工具来评估上述过程的有效性。
- 罗文大学通过一系列的教师发展研讨会,为一年级学生创建了24门跨学科的团队教学课程,称为罗文研讨会。这些课程均关注多样性和民主等话题。
- 新泽西州立大学罗格斯大学在卡姆登、新布朗什维克和纽瓦克三个校区支持课程开发和课程合作,旨在使跨文化交流成为课堂内外校园生活的中心。
- 新泽西州医学和牙科大学,专注于医疗保健实施过程中的文化胜任力研究。大学对文化胜任力需求进行评估,再将其转化为学生和教职员工的教学需求。

第十二章　从创意到雏形：教学中的同行评审

概述

帕特·哈钦斯一生致力于高等教育教学的发展。她先是在阿尔维诺学院(Alverno College)担任英语教授,随后又在美国高等教育协会(AAHE)任高级职员,现任卡内基教学促进基金会副主席。她一直是美国国内加强本科教育运动领域的领袖。

在美国高等教育协会工作的几年里,为测试同行评审在研究型大学(第二阶段为文理学院)提高教学质量过程中的效果,哈钦斯协助设计了一个项目。本案例研究将考察这一项目的有效性并从中得出一些启发性的结论。威廉和弗洛拉·休利特基金会与皮尤慈善信托基金会共同为该项目提供了资金支持,同时,美国高等教育协会在协调工作中也发挥了关键作用。本书的联合主编雷·巴凯蒂时任休利特基金会教育项目官员,第五章的合著者鲍勃·施瓦茨时任皮尤慈善信托基金会教育项目官员。

哈钦斯在本章就如何提高本科教育教学提供了一些颇具价值的见解。同行评审项目是一个具有操作性的实例,可以作为记录、评估和改进教学的一种策略。

本章也充分阐释了通过合作项目建立教育资本的优势。案例表明,基金会和高等教育机构均可以从创建一个有效的中介机构中获益。在整个项目中,美国高等教育协会扮演了关键的角色。如若没有该组织的持续参与,这个项目根本无法实施,更不用说取得成功了。

1994年6月,来自全国12所研究型大学的75名教师聚集在斯坦福大学校园。这是一个多元化的、享有盛誉的团体:有来自密歇根大学的化学家、雪城大学的历史学家、内布拉斯加州立大学的数学家、肯特州立大学的护士、威斯康星州立大学的工程师、斯坦福大学的英语教师(这里仅列举几个有代表性的机构和学科)。令人震惊的是,此次众学者云集于此所讨论的是为教学中的同行评审设计新的策略——在我们看来,这似乎不像是一个能使教授热血沸腾的话题,因为教室通常被视为私人地盘,向同事敞开教室的大门会让很多教师紧张不安。确实,斯坦福大学充满了既紧张又热情的气氛。与会者迫不及待地想要谈论他们为会议所做的准备工作,即与同事们一起就自身的教学和学生的学习情况所做的反思性书面报告。在接下来的一周,尽管缺少空调设备的宿舍之夜酷热难耐,紧凑的日程安排也让学者频频抱怨,他们还是根据学科划分组成了多个团队,以讨论各自领域的教学活动、课程设计背后的"教学理念",以及在帮助学生提高成绩方面取得的成果。在接下来的4年里,他们共同努力制定了一系列记录、评估和提升教学质量的方案。这些方案既可以作为课程开发和评估的一部分,也可用于升职和获取教职,还可以用于获取教职后的评审,并以此促进同行评审的推广,正如项目标题所说"从创意到雏形"。

此案例研究作为卡内基教学促进基金会关于"教育和基金会关系"百年纪念研究的一部分,探讨了斯坦福会议所做出的贡献:这是一个由皮尤慈善信托基金会、威廉和弗洛拉·休利特基金会联合资助,美国高等教育协会组织的为期4年的项目(项目分为两个阶段,每个阶段各持续2年,分别为1994—1996年和1996—1998年)。该项目名为"从创意到雏形:教学的同行评审",涉及12所研究型大学[1](第二阶段有几所文理学院加入),每所大学可从3个系中各选出2名教师组成二人团队参与其中。此外,参与者还包括这些教师所属的一些学科和专业团体。该项目两个阶段的总预算为100多万美元。我作为美国高等教育协会的高级职员,担任项目总监。

接下来我将以此项目为案例,探索和揭示基金会和教育机构之间的关系。但首先需要明确的是:教育筹款和项目形成之间的关系,就像教学本身一样,都太容易"像干冰一样消失"(Shulman,1993,7)。自项目开展以来,我多次进行了调整,可以说,我的记录和之前的计划是不一样的;美国高等教育协会的文件保存在一个档案馆中,我实在不愿意在那堆积如山的文件中到处翻找。尽管休利特基金会和皮尤慈善信托基金会慷慨地检索和分享了它

---

[1] "从创意到雏形"项目的参与院校包括印第安纳大学、普渡大学印第安纳波利斯分校、肯特州立大学、西北大学、斯坦福大学、锡拉丘兹大学、坦普尔大学、加利福尼亚大学圣克鲁斯分校、乔治亚大学、密歇根大学、内布拉斯加州大学林肯分校、北卡罗来纳大学夏洛特分校和威斯康星大学麦迪逊分校。在项目的第二阶段增加了几个校区。

们留存的资料,但是很多筹款阶段性的文件还是被清理了。[1]

此外,很多相关的历史并未记录于任何文件中。这些往往是人际互动产生的、偶然的和难以捕捉的。为了填补空白并刷新我的记忆,我采访了该项目的联合主管、时任美国高等教育协会主席拉斯·埃杰顿(Russ Edgerton),以及我们杰出的合作伙伴、斯坦福大学教育心理学教授(现卡内基教学促进基金会主席)——李·舒尔曼。我还采访了与我们在项目上有密切合作的两名项目官员——休利特基金会的雷·巴凯蒂和皮尤慈善信托基金会的埃伦·沃特(Ellen Wert)。在项目持续的4年里,我采访了许多项目参与者(Hutchings, 1996)。接下来,我们要讲的不再是从创意到雏形的故事,而是交织在一起产生了更具普遍性的问题和建议的故事集锦。

知识背景

20世纪90年代初,教师的工作受到越来越多的关注。关注的焦点并不是教师有多努力工作,而是教师如何选择最有价值的工作(Edgerton, 1993)。在学术界之外,越来越多的人要求加大对本科教学的关注,因为本科教学在科研兴趣和目标面前被忽视了。而在学术界内,情况也是如此。调查显示,教师十分看重自己的职业,并希望能在教学和科研之间寻求更大的平衡;62%的

---

[1] 特别感谢威廉和弗洛拉·休利特基金会的萨利·特蕾西(Sally Tracy)和皮尤慈善信托基金会的布鲁斯·康普顿(Bruce Compton),他们在查找和检索存档文件方面提供了宝贵的帮助。

人认为教学应该作为评价的主要依据(Carnegie Foundation, 1989; Gray, Froh & Diamond, 1991)。有关教师的角色、教师所从事各种工作的价值以及教师工作中教学优先问题的争论在全国范围内愈演愈烈。

卡内基教学促进基金会1990年题为《学术的再思考》(*Scholarship Reconsidered*)的报告是这一争论的重要体现。在报告中,欧内斯特·博耶尔(Ernest Boyer)主张扩大学术的涵盖面,学术不仅要把基本研究包括在内,还要把教师的其他工作包括在内,其中就包括教学。博耶尔的报告使数百所大学重新审视教师的角色和奖励体系;在1994年的一项调查中,有80%的教务长称,他们所在的学校要么已经开始重新审视教师角色和奖励制度,要么正打算这样做(Glassick, Huber & Maeroff, 1997, 12),许多学术团体也成立了专门委员会和小组来研究此事。在此过程中,美国高等教育协会充当了相关政策的信息搜集中心。雪城大学的鲍勃·戴蒙德(Bob Diamond)收集了各学科的声明(Diamond & Adams, 1995),推动这些文件在高校间传阅。最终,评估和改善教学的学术性这一新理念迅速在各地传播。因此,当大家看到"加州大学教师奖励体系工作组"1991年的报告,建议"教学同行评审应被给予和科研同行评审同样的重视"时,西北大学、威斯康星大学麦迪逊分校、北卡罗来纳大学系统(北卡系统中教学同行评审在所有学院是强制实行的)的文件中也都出现了类似的声明,并不意外。

应该说,教学同行评审并不是一个新概念。它既没有被广泛应用于实践,在许多情况下也不是特别有用或受欢迎。它通常被视为"降落伞式的空降",即一位资深同行或行政人员手持检查表空降到某个教室里。因此,同行评审,与其说会改善教学,更有可能会引人发怒。然而,越来越多的人认为高等教育需要更多地关注教与学的质量,使有关该话题的讨论又有了新的意义。这里有必要引用美国高等教育协会提案中的观点:

> 这倒不是说在如今的校园里没有高质量的教学,也不是说教师不关心教学活动的效率。这只是表明,如果教学活动仅作为教师的私人事业(这使得严肃的学院互动无法进行),如果仅依靠个人意愿而非作为共同的理想目标,那么教学进步就无法持续,而且这样的教育也无法满足当代日益多样化、准备不充分的学生的需要。(美国高等教育协会,1993,4)

在此背景下,同行评审可被视为一种更为严肃的教学方式。越来越多的报告和建议书表明,在校园里进行同行评审是非常必要的,而且不少教师都被这种将教学视为学术性、智力劳动的理念深深吸引。此外,美国高等教育协会的教学新方案吸引了许多学校和院系,它们也为记录和分享课堂教学设计了有趣的新方案。最具挑战性的地方在于,为了让这些新方案变得切实可行,它们需要额外制定并验证出一些"雏形",并让学校有能力去完成巴凯蒂(借用企业领域术语)所说的"一个令人毛骨悚然的大胆目标"(Collins & Porras, 1997)。那个时候,正是学校向更广泛领域、更多学校推行同行评审的最佳时机。此外,美国高等教育协会也已经准备好了为此发声。

不同观点的融合

当被问及这个项目的起因时,埃杰顿首先回忆起1993年初在一次高等教育会议上的会面,当时他把自己的想法告诉了时任休利特基金会新教育项目主管巴凯蒂,这是他"首次提出了这一创意"。埃杰顿曾在斯坦福因几次工作联系认识了巴凯蒂。"我知道他在这个领域初来乍到,"埃杰顿说,"可能正在寻找新创意。"(所有引用来自埃杰顿访谈,2004年11月4日)

这无疑是填补国内空白的创意。此外,埃杰顿还讲述了美国高等教育协会关于推动教学学术化的发展历程。该协会是由8 200名成员组成的独立会员协会(这是1993年的数字;到项目结束时,这一数字已接近1万人),以直面棘手问题,促进知识分子的参与而闻名。热闹的年会、不断扩大的出版计划为深入交流和传播新想法提供了平台。该协会一直致力于改善教学,是评估运动的领导者。协会并不是官僚报告走形式,而是实实在在地为改善教与学提供途径。

在此基础上,1989年协会创建了一个新的项目——"教学倡议"。该项目致力于在校园创造出一种可以交流、探索、反思和不断改进教学的文化氛围,包含形式多样的活动。它的第一项工作,是在礼来基金会的资助下,开展案例研究,推动教师就教学中重要的学科概念进行实质性讨论和交流。第二项工作是探索和推广教学档案的理念,将其作为一种记录和评估教学的学术化工具(Edgerton, Hutchings and Quinlan, 1991)。"教学倡议"所呈现的理念大部分都来源于舒尔曼,(在美国高等教育协会会议的演讲中)他指出"我们要将教学从私人活动转化为公共事业",使"教学评审、考核、支持"成为"学科发展责任共同体"的一部分(1993,6—7)。总之,很明显,任何一个参与"教学倡议"项目的人都会赞同,同行评审的出现是"理所当然"的,它一直在等待隆重出场的时机。

与此同时,美国高等教育协会也在筹备举办"教师角色与奖励论坛"(FFRR)。在高等教育改善基金(Fund for the Improvement of Postsecondary Education)的支持下,该论坛直面《博耶尔报告》(*Boyer Report*)中所述挑战,联合众多学校及团体,重新审视教师的教学及评估和奖励方式。作为此类工作的枢纽,协会每年都会举办一场专门会议、发行多种出版物、培育关系网,并围绕与角色和激励有关的更具体的主题来设计项目——例如职业路径问题和获取教职后的评审问题。

总之,当埃杰顿在1993年与巴凯蒂会面时,他脑海里已经浮现了一个振奋人心的故事,故事描述了同行评审在新兴运动中的重要地位,呼吁教学应该受到更多的关注——重要的是,也描述了美国高等教育协会在这个领域的领导能力。同行评审不应被视为教学质量监控的附带品或官僚主义的产品。作为一种新兴理念,同行评审把教学视为一种智力劳动,把教师视为提升教学质量的主体。因而,同行评审将成为推动更有意义、更持久的学习形式的重要引擎。由于许多学校已经做出了初步承诺,如果休利特基金会也支持这一理念的话,那么这个项目就算准备就绪了。

巴凯蒂曾任斯坦福大学副校长,并于1993年2月加入休利特基金会。他对这一理念变化的理解是这个故事的一个重要组成部分。（全部引自巴凯蒂访谈，2004年11月4日）"我是从完全不同的角度来做这件事的。"他回忆道。作为教育资助行业的新人，巴凯蒂并没有为该项目制定与埃杰顿首次会面时所谈到的那样高远的目标。他的关注点更为直接，"作为一名新上任的项目官员，我的任务之一就是树立威望……在这个项目上留下我的印记"。正如埃杰顿所猜测的，巴凯蒂在同行评审项目中看到了实现这一目标的途径。

但是他们也遇到了一些障碍。首先，该项目不完全符合现有的任何项目类别和指导原则（第二年巴凯蒂重新制定了这些内容）。"所以我遇到的问题是，该如何确定这笔拨款的性质，然后借助它树立自身形象，成为一个能为基金会做出重要贡献的人。"内部审查过程非常艰难。来自6、7个领域的项目工作人员会与基金会主席见面，讨论每个领域的提议。"他们很有礼貌，但态度也很强硬。"巴凯蒂回忆道。

好消息是，巴凯蒂和同行评审项目都顺利通过了这一关。"截至目前已经有很多机构与该项目签约"，这会成为一个卖点。还值得一提的是，"我可以骄傲地跟同事介绍这个项目了"。简而言之，休利特基金会有可能会加入，但要想获得全部资金，还需要找到另一位合伙人。

考虑到这一点，埃杰顿向时任皮尤慈善信托基金会教育项目主任鲍勃·施瓦茨求助。当时该基金会的工作重心在于若干个专门针对高等教育的项目，其中包括一个聚焦于"加强对升职和获取教职过程中教学的重视"的项目（皮尤慈善信托基金会，1993，14）。事实证明，美国高等教育协会所提议的这类项目，从很多方面来说，时机都是正确的。

第十二章 从创意到雏形：教学中的同行评审

依据沃特所述，施瓦茨的同事和工作人员采取内部评估的方式来审视该提案，认为该提案会使基金会"走向一种新的经营方式"（全部引自沃特访谈，2004）。1990年，基金会重新制定了教育领域的资助计划（实际上是基金会资助的所有领域），把重点放在解决问题的策略，而不是响应机构的要求上。沃特回忆说，"因此而改变的不仅是接受资助的学院和大学（公立大学首次有资格通过信托基金的教育项目获得资助），还有更基本的游戏规则。以前这些赠款是用于帮助一小部分私立学院和大学解决当务之急的，现在则用于支持院校根据新的理念改进高等教育。"正是在这一新理念的指导下，基金会资助了"未来教师准备项目"（Preparing Future Faculty project）。该项目在高等教育协会的领导下，通过多所大学间的合作，为研究生根据自身未来职业规划，选择适合的学校类型做准备。此外，基金会还资助了一个丰富本科前两年学习经历的跨校园计划，该计划是由布朗大学的凯伦·罗默（Karen Romer）负责组织。（我当时担任"未来教师准备项目"的评估师，因此与沃特合作密切。）

与休利特一样，皮尤信托基金会也尽可能地精简人员，并逐渐通过"分支机构"来运作；这些年来，他们建立了多所这样的机构，包括"大学一年级国家政策中心"和"皮尤本科生学习论坛"。同行评审项目也因此水到渠成，聚焦于多种理念，通过美国高等教育协会实现多校园设计与协调工作。沃特说："该项目是信托基金以创新的方式支持变革的重要表现。"

1993年12月，该项目正式开始实施，休利特和皮尤信托基金会为其提供资金支持，有12个院校参与其中。尽管该项目确切的持续时间在10年后已经无法确定，但可以肯定的是，整个过程——从美国高等教育协会提出创意,到与休利特和皮尤信托基金会的第一次对话,到多个草案的形成,再到持续访问各院校并与之商谈,以及最后的项目管理方面的各项安排——花了一年多时间。如果没有相关各方的坚持和付出,这些观点上的融合就不可能实现。

从创意到雏形

正如其标题所示,该项目始于一个创意——一个有关同行评审的富有创造性的想法,它将决定参与者的活动内容。正如美国高等教育协会在提议中所主张的:

> 教学的同行评审需要被给予更广泛的关注。(事实上,"同行评审"一词本身就有可能给我们最想要推广的活动设置障碍,我们需要在项目实施过程中找到一个更适合的词来代替它。)问题的核心不在于投赞成或反对票,也不在于建立任何收集证据的单一机制,而在于创造不同的机会和场合,让教学变得公开,可供大学观察、研究、讨论和改进。(美国高等教育协会,1993,9)

我们的核心思想是制定并调整一些策略,去适应不同目的、不同学科和体制背景的需要。在项目的形成阶段,我们最重要的任务是去阐明该理念,让更多的人拥护它。

这一过程始于我们确定合适的院校并使其参与其中。显然,我们想要的是那些有名望、有影响力、能够一呼百应的大学:例如,如果斯坦福大学参与其中,那么密歇根大学也会跟着参与进来(反之亦然),而斯坦福大学和密歇根大学的参与则会让更多的大学跟着效仿。此外,该做法的好处还在于,这些学校会成为"有说服力的案例",为该项目提供一种有力证明:如果国内最有名望的研究型大学能够采用同行评审,那么它在其他学校也会发挥作用。

但名望是一把双刃剑。正因为在研究过程中院校和个人投入了如此多的精力,同行评审教学在研究导向的文化中很可能举步维艰。为了取得成功,该项目需要一些明确把教学置于中心地位的院校参与,坦白来说,这类院校的教务长发出的信息更容易得到关注。因此,我们接触了几所因致力于新的教学理念而闻名的院校。事实上,这些学校(印第安纳大学-普渡大学印第安纳波利斯分校、北卡罗来纳大学夏洛特分校和肯特州立大学)与施瓦茨的理念不谋而合。虽然顶尖的研究型大学的参与显然是该项目的一个卖点(也是吸引巴凯蒂眼球的特征之一),但施瓦茨认为,地方性公立大学也在教育改革中扮演着重要角色(实际上的领导者),它们在同行评审项目中也起到非常重要的作用。

具体从超出一般认知的层面上来说(一般认知层面会认为,让更多知名院校参与只是为了项目简介和任务更具吸引力),为了邀请这些特殊院校并让其持续参与到该项目之中,我们需要研究学校相关文件(例如关于教师角色和奖励的最新报告),和教务长探讨(例如有关部门选择的问题),以及参观校园(了解教师的想法)。我们的目标是找到在教学理念上与我们正在进行的议程不谋而合的院校。

1993年秋季,在获得经费前后,我们一直在进行确定院校的工作。1994年1月,在美国高等教育协会的"教师角色与奖励"论坛上,我们召集了教务长和他们指定的项目协调员。该会议对于明确目标、提高项目知名度具有重要意义。此外,它还明确了院校今后的责任,即支持项目协调员工作,在校园里举办两场活动(前一场用于把项目提上日程,后一场旨在展示和讨论项目进展);报销差旅费,并制定适当的激励机制来奖励教师的参与。事实证明,最后一点中体现的来自同行的压力是很有必要的,教务长会相互比较他们对院系的支持程度。

我们知道,教务长的参与是关键,在项目实施期间,他们作为学校团队的一员曾多次聚在一起。但正如教务长自己所说,他们很难主导教师的想法。项目的成败取决于我们能否抓住教师的思想动态。这是项目的核心和灵魂,是同行评审概念的关键所在,它对于开展活动的影响表现在三个重要方面。

首先,在进行每项工作时我们都强调教学是智力工作,而不仅仅是一门技术。这一理念的源头有很多,但首先是舒尔曼的著作。我们并没有试图说服教师采用特定的教学案例(例如,促进合作学习或服务性学习),而是对方法论持怀疑的态度,我们鼓励教师把学术工作上的探究精神带到他们的课堂教学上。就此举个例子,斯坦福大学第一次会议召开之前,每位教师需要根据要求,准备一份针对某一课程的反思性备忘录,用以体现他们对其所属学科或领域的理解:

> 开设的每一门课程既是我们对所在领域的反映,又体现了我们对相应学科或交叉学科的理解。将你的课程想象成学术上的讨论,认真思考它的形式和内容。它的主题是什

么？它的要点有哪些？哪里是最关键的部分？课程如何开始？如何结束？为什么会这样结束？大多数学术辩论都是为了说服别人。你想说服学生相信什么？质疑什么？或者你是否想让他们培养新的兴趣或倾向？（Shulman，1995，2004，176—177）

许多参与者发现这些问题（以及斯坦福大学首届教师大会准备过程中的两次后续"操作"）是非常有趣的，因为他们把该项目视为一项智力和学术性工作。

第二，我们的目标是通过聚焦学科的重要性来吸引教师。在这一点上我们关注的不是宏观意义上的教学，而是像化学、护理或英语这样具体的学科（和学习）。教师可以获得小额赠款，并与学术团体开展合作。4年来，这些团体的代表曾多次出席项目的集会。

这些集会就是我们要提到的第三个方面，一个使教师持续积极参与的策略。在斯坦福大学举行的那次会议以及其他类似的会议，让教师有机会与早有耳闻的、学科内外的同行见面、合作，并找到志同道合者。作为整体的组成部分，教师参与到一年两次的集会中，这有助于构建真正的知识共同体，真正实现教师的参与，这也是推动该项目的关键，它比任何财政支持都更为重要。

在项目进行的4年里，参与者究竟做了哪些工作？简言之：每个团队都在斯坦福会议上留下了一份关于自己领域内的同行评审的详细书面计划。在接下来的几年里，这些计划被付诸实践（当然也进行了修改），其成果被分享到更多的院校及学科和专业领域。同时，"该项目的中心任务"是明确项目的指导思想和未来目标、举行会议、与各方沟通、解决问题、分享成功经验,以及互相鼓励共同提高。

在持续两年的工作结束时,尽管在一些方面取得了重要进展,但显然我们还需要继续努力。我们向休利特基金会和皮尤慈善信托基金会提出了第二条建议,把重点放在扩大院系和学科的数量(学校也愿意这样做)、加强与学术团体的合作,并支持校园变革等方面。我们还增加了几所院校,其中大部分是文理学院,以便在更多样化的机构背景下检验我们的理念。在这两个阶段中,皮尤慈善信托基金会和休利特基金会都起到了至关重要的作用,它们不仅提供了资金支持,而且赋予这个领域"合法性",试图创建一个"非武装地带",使教师能够探索这个被某些同行质疑、颇具争议性的话题。

成果与收尾

在项目实施的过程中,需要根据不断变化的需求和出现的机遇调整计划,对此两个基金会都表现出深刻的理解和认同。这种灵活性是很重要的,因为从某种意义上来说,美国高等教育协会一向的处事风格是让思想自然发展,看看会产生怎样的效果,哪些会受欢迎。因此,该项目从一开始就对成功带有广义的愿景——决心制定、调整、验证和展示有价值的、可行的策略,使教师可以记录自己的教学和学生的学习情况,并提交评审。核心的关注点是发展出多种"雏形"。

当然,我们也希望看到校园能够使用这些"雏形",我们的资助者在为合作院校制定更加明确目标方面做出了重要贡献。在对最初提议的反馈中,巴凯蒂已经在敦促我们认真地考虑"最终结局"。在项目结束时你们打算取得什么成果?这也是他想知道的。学校,特别是教务长当初的承诺是什么?学校会发生怎样的变化?我们怎样才能保持住这种变化?就皮尤慈善信托基金会而言,它敦促我们对该项目及其对教学实践、各部门和校园政策的影响进行更正式的评估(并为其提供资金)。为此,我们在前两年的工作结束时对参与者进行了一次调查;在第二阶段,我们与哈佛大学博克教学中心(Harvard's Bok Center for Teaching and Learning)主任吉姆·威尔金森(Jim Wilkinson)签立了协议,让其以"严厉的朋友"的身份对这项工作进行审评。此次审评的重点放在了两个基金会的成果上,可以说它辩证地推动了项目朝着更具体的目标前进,更好地展现(同时从正面和反面)其取得的成就。这里需要重点强调几项成果。

首先,该项目有助于提高同行评审这一教学理念在高等教育领域的地位。在该项目推行的过程中及完成后的一段时间里,越来越多的院校向美国高等教育协会求助,试图开展同行评审项目。项目出版物非常畅销,几年来曾多次重印。刊载同行评审教学重要经验的手册在很多校园里供不应求。负责会议项目、访问其他院校并寻找顾问的项目参与者也出现了巨大的缺口。简言之,"从创意到雏形"为一个在之前被边缘化的教学理念开拓出了市场。

第二,该项目发展出了一些"雏形"——正如美国高等教育协会最后一期出版物中所说的"一份战略菜单"——教师可以通过9种不同的方式进行相互学习、共同提高教学水平,其中包括建立教学圈、实行"师徒制"、协同评审学生的学习情况,举办作为招聘流程之一的"教学座谈会",开发和评估课程组合。美国高等教育协会在其出版物《使教学成为共同财产》(*Making Teaching Community Property*)中阐述了这些战略,提供了项目参与者(以及项目外部的一些参与者)的报告,报告中介绍了这些战略在特定的机构和学科中的运用及其预期效果(Hutchings, 1996; Hutchings, 1998; Bernstein, 2001)。此外,我们还了解到,这些策略(毫无疑问是指与致力于同行协作和评审的同事交流后获得的、更具概括性的经验)的使用改变了课堂模式。超过一半的参与者报告说,该项目"改变了我在课堂上与学生互动的方式"(美国高等教育协会,1995,7)。

第三,该项目培养出了一个个充满活力的"意见领袖"——那些在充分理解同行评审这一教学理念的基础上,成为其有力代言人的人。也许从长远来看更重要的是,教学活动将发展成一种学术型工作。"意见领袖"的产生在某种程度上是没人能完全操控的、化学反应的结果,但加强领导力却是该项目的明确目标和最重要的成果之一,对于项目至关重要。最初,该项目只是作为一位与舒尔曼合作的研究生的成长经历:凯瑟琳·昆兰(Kathleen Quinlan)把该项目作为自己论文的主题(1996),并从那时起就致力于推进该项目的发展。此外,超过半数的项目教师称,该项目"让我有机会担任决策者的角色"(美国高等教育协会,1995,7)。许多人为增强教学在其所属的学术和专业协会中的学术性质做出了积极努力;许多人还成为推动校园同行评审活动的领导者(有些人最后还担任了行政职位)。

即便如此,该项目对学校的影响也是多变的。在项目进展到一半时进行了一次调查,大多数参与者称,教务长给予的支持是

第十二章 从创意到雏形：教学中的同行评审

"合宜"的。如果这是真实的，那么就很有可能会看到重大的变革，抑或是开始变革（例如，在内布拉斯加州林肯市，对教学进行同行评审成为一项规定）。但即便是产生了变革的地方，其影响也不足以传播到院系。参与者被要求就"该项目对其所在院系产生的影响/带来的好处"做出选择，从1（"令人厌恶"）到5（"文化的改变"），几乎一半的人选择了2。显然，相对于个人，院系的参与力度还远远不够。到项目结束时，虽然取得了更多的成绩，但这些成绩却是不平衡的，许多为项目投入了大量时间和精力并对议程付出甚多的人仍然感到失望。

另一方面，该项目衍生了许多重要的后续项目和计划，如由来自内布拉斯加州大学林肯分校的丹尼尔·伯恩斯坦（Daniel Bernstein）所指导的对课程组合进行同行评审的倡议（该倡议目前依然由学校注资实施）；受我们课程组合的启发，在斯坦福大学成立的以问题为导向的学习项目；以及位于乔治城的可视知识项目，尽管它有自己的历史和起源，但也与同行评审项目有很大的渊源。因此，美国高等教育协会项目的一个重要成果是激发了后续的一系列项目。正如沃特强调，这不单是一个令人开心的偶然事件。她回忆说"我们正在积极寻找下一个项目创意"，为了发现新的可能和像伯恩斯坦这样的领导人，她参加了许多项目会议。事实上，在同行评审项目结束时，我与沃特、埃杰顿（即将接任施瓦茨在皮尤慈善信托基金会的职位）以及舒尔曼（最近调任为卡内基教学促进基金会主席）进行了会面，商议"同行评审的后续计划"，即将于下一年推出的卡内基学院教学奖学金计划。但正如他们所说，这完全是另外一个故事了（Hutchings, 1998a；另见 Huber & Hutchings, 2005）。

经验与建议

作为本案例研究背景的多次访谈一致指出合作对于实施变革和知识构建的价值。正如巴凯蒂在本书第十章中所说,高等教育院校总是向内聚焦,甚至可以说只关注自身。如果放任其自行其是,即使是其中最具前瞻性的人也不愿意——不可能——在与同行机构隔离的情况下,独自捡起同行评审这个烫手山芋。假如他们这样做了,结果也不可能跟预期的一样理想,制定的战略也不会那么多样化和经得起检验。如果没有机会交流心得,调整目标或从别的地方学习经验,同行评审的实施就可能会被延后。从这个意义上说,"从创意到雏形"表明基金会应积极采用大胆的创意,并通过开展更大范围的、多方合作的、多个校园共同参与的活动使这些创意取得更大的进展。正如我们从项目中期的调查中所了解的,能保证院校持续参与其中的唯一必要条件是,需要在一个全国性项目的统一领导下,彼此间相互合作,一起开展工作。要想成功,单凭自身努力是不够的,还需要好的合作伙伴。

这一案例让人们认识到中间机构即"各参与协会和团体"(正如沃特口中提到的)在教育变革中发挥的重要作用。休利特基金会和皮尤慈善信托基金会过去保持着最精简的员工数量(现在依旧如此)。两位项目官员曾经同时监管50多个项目(威廉和弗洛拉·休利特基金会,1993),对他们来说,当时仅仅是记住这些项目的名字就已经是件可怕的事情了。一些像美国高等教育协会这样的机构(这里指的是一些高等教育协会)以及一些学术和专业团体——它们同时扮演着协调者、联系者和宣传者的重要

第十二章 从创意到雏形：教学中的同行评审

角色:说服校园开展具有更广泛价值的工作,克服地方主义的阻力和向内聚焦的倾向,传播理念并提高其可信度——将项目置于更大范围的高等教育新思潮中(正如埃杰顿在与巴凯蒂的第一次谈话中所描述的那样)。凭借人数众多的成员或支持者的广泛参与,并借助宣传工具和举行会议,这些机构在开展工作时有时会达到事半功倍的效果。本着这种理念,我们说,资助者在支持这些团体发展时,不仅要资助其特定的项目,还要为其增强整体能力和影响力提供资源。事实上,一些观察者认为,保守基金会一直利用"一些独具特色的智囊团和相关机构",达到对政策制定产生重大影响的目的(Convington, 1997; Shuman, 1998)。

我们也能从这个案例中学到基金会之间合作的相关经验。巴凯蒂和沃特都称,与另一家基金会合作是对自身选择的一种认可。也就是说,他们很谨慎,尽量不去涉足对方的地盘。除了少数例外,交流都是通过美国高等教育协会进行的。我想,让美国高等教育协会担任驾驶员的角色是理所应当的。但是,从休利特-皮尤的合作中我们明显地看到,极为谦让的合作方式真的可以产生巨大的影响。他们在采用同一个项目计划书上达成了一致意见(尽管他们的注资领域不同),这帮助节省了工作时间,然后可以将这些时间用于项目本身。此外,他们还一致认为,预算可作为一个整体来使用;也就是说,他们没有在预算的使用对象上产生分歧。这种相互谦让、彼此通融的合作方式对那些因项目问题而战火不断的情况有很大的启示意义,而且这样的例子越多越好。

从更现实的角度来说,我们还可以想到合作带来的其它优势,如促进、记录和宣传项目工作,例如,利用其网站共享重要成果(包括临时性但极为重要的文件,如提案和年终报告),并与其他有关的基金会保持联系。这样做也帮我解决了本案例研究开始时遇到的一个问题:正如巴凯蒂在第十章中所说,大部分工作都是用"写完就消失的墨水"记录的。

我们也在该项目上收获了若干有关影响力的经验。首先,它表明学术部门在变革过程中的关键作用。就教师个人而言(不仅是那些直接参与项目的教师),他们显然被该项目所提出的战略性文件所吸引,进而积极地参与交流和讨论。甚至一些学校还改变了人事政策,要求教师在教学评估过程中提供更有力的证据证明其教学质量。而最重要的中间环节——学术部门,却常常被大家忽视。这是新的理念和政策需要落地的地方,否则就有可能失败。在过去的10年里,学术部门作为校园变革的核心,受到越来越多的关注。我们应该继续保持对它的关注,在制定资助计划和教育改革议程时,不应该忽视学术部门的影响力。

此外,"从创意到雏形"也许会声称产生了更广泛的影响力。我们看到基金会的指导方针中有一条是要求受赠人在资助期满后继续实施该项目。而且听闻一些院校至今仍在使用该项目所发展出的一些理念,我非常高兴("这样的例子有很多。"巴凯蒂在采访中说道。)。该项目蕴含的哲学思维似乎在当今社会开始流行——重要的不仅仅是改变本地设置,还要有灵感、资料、工具、结构,以及人力资本等要素的产生(还要产生领导者以及下一代学者等),这些有助于拓展领域和构建知识(Hirschhorn and Gilmore, 2004)。当然这两个方面都很重要,它们是相互关联的。不因地制宜开展工作就不可能使其广泛地流行起来。但是,如果要把知识和领域建设看作和目标一样重要,那么我们就需要重新审视变革理论和评价影响力的指标。

此外,对影响力一词的不同理解可能意味着不同的资助周期。高等教育类项目接受资助的时间通常是2年或3年(这当然也是休利特基金会多年来的标准),当然,这些时间足以让院校通过开发出一门新课程(举例而言)来满足自身发展需要。但是,领域建设和知识建设可能需要投入更长时间。资助者想知道这些机构从其资助的项目中学到了什么,并如何将其"制度化"。这些问题同样适用于基金会。(我最近听某位项目官员说,该官员并非来自休利特和皮尤信托基金会,很多基金会把钱拿出来以后就不管不问了,然后继续投资下一个项目。)基金会究竟在多大程度上达到了沃特所描述的那样:试图寻找下一个创意,通过一个项目为他人搭建起平台,以及为一项议程付出长期努力?在本书巴凯蒂的那一章中提到的很多机构都不愿长期经营一个项目。

最后,我想用美国高等教育协会项目的一位参与者——我记得他好像是一位化学家——在斯坦福大学举办的开幕典礼上发表的言论作为总结。在大会介绍了该项目的基本理念(如问责制的压力、学术化的教学观等)之后,他站起来不耐烦地问道:"这是一个教学评估项目吗?如果是的话,我会马上离开。"他说,他关心的是"有助于促进我的学生学习的事情"。当然,这两个目标并不矛盾,我们在最初开展项目时就预想过两者之间的联系。但是在接下来的几天里,以及在这个项目进行的4年多时间里,我们逐渐开始意识到,正是因为我们把重心放在了学生的学习上,才激发了参与者的积极性,使他们跨越学科和学校的界限聚集到一起。他们想要谈论和关注的正是学生的学习。他们认为学生的学习应该是教学同行评审的核心(有些人还要求该项目应更名为"关于学习的同行评审")。

如果能重做这个项目,我会找到方法从一开始就明确工作的重心,让学生亲自参与到项目中去。这样不仅能提高教师参与的积极性,还为学生提供了宝贵的经历——让他们有机会反思自己的学习过程,深入了解接受教育的过程,并开发学生自身的教学智慧(Huber and Hutchings, 2005)。学生参与教育改革为基金会与高等教育机构之间的合作创造了可能性,而这种合作有可能为下一次的教育改革培养出新一代的领导者。

(帕特·哈钦斯)

参考文献:

American Association for Higher Education. "From Idea to Prototype: The Peer Review of Teaching." Funding proposal to The William and Flora Hewlett Foundation and The Pew Charitable Trusts. Washington, D. C.: American Association for Higher Education, Aug. 1993.

American Association for Higher Education. "From Idea to Prototype: The Peer Review of Teaching, Phase Il." Funding proposal to The William and Flora Hewlett Foundation and The Pew Charitable Trusts. Washington, D. C.: American Association for Higher Education, July 1995.

Bernstein, D. J. "Representing the Intellectual Work in Teaching Through Peer-Reviewed Course Portfolios." In S. Davis and W. Buskist (eds.), *The Teaching of Psychology: Essays in Honor of Wilbert J. McKeachie and Charles L. Brewer.* Mahwah, N. J.: Erlbaum, 2001.

Boyer, E. *Scholarship Reconsidered: Priorities of the Professoriate.* Princeton, N. J.: The Carnegie Foundation for the Advancement of Teaching, 1990.

Carnegie Foundation for the Advancement of Teaching. *The Condition of the Professoriate: Attitudes and Trends, 1989.* Princeton, N. J.: The Carnegie Foundation for the Advancement of Teaching, 1989.

Collins, J. C., and Porras, J. I. *Built to Last: Successful Habits of Visionary Companies.* New York: HarperCollins, 1997.

Covington, S. *Moving a Public Policy Agenda: The Strategic Philanthropy of Conservative Foundations.* Washington, D. C.: National Committee for Responsive Philanthropy, 1997.

Diamond, R. M., and Adams, B. E. *The Disciplines Speak: Rewarding the Scholarly, Professional, and Creative Work of Faculty.* Washington, D. C.: The American Association for Higher Education, 1995.

Edgerton, R. "The Re-Examination of Faculty Priorities." *Change*, July-Aug. 1993, 25(4): 10−25.

Edgerton, R., Hutchings, P., and Quinlan, K. *The Teaching Portfolio: Capturing the Scholarship in Teaching.* Washington, D. C.: American Association for Higher Education, 1991.

Glassick, C. E., Huber, M. T., and Maeroff, G. I. *Scholarship Assessed: Evaluation of the Professoriate: A Special Report of The Carnegie Foundation for the Advancement of Teaching.* San Francisco: Jossey-Bass, 1997.

Gray P. J., Froh, R. C., and Diamond, R. M. "Myths and Realities." *AAHE Bulletin*, Dec, 1991. 44(4), 4−5.

Hirschhorn. L., and Gilmore, T. N. "Ideas in Philanthropic Field Building: Where They Come From and How They Are Translated into Action." New York: The Foundation Center, 2004.

Huber, M. T., and Hutchings, P. *The Advancement of Learning: Building the Teaching Commons.* San Francisco: Jossey-Bass, 2005.

Hutchings, P. *Making Teaching Community Property: A Menu for Peer Collaboration and Peer Review.* Washington, D. C.: American Association for Higher Education, 1996.

Hutchings, P. "Building on Progress." *AAHE Bulletin*, Feb. 1998a, 10−12.

Hutchings, P. (ed.). *The Course Portfolio: How Faculty Can Examine Their Teaching to Advance Practice and Improve Student Learning*, Washington, D. C.: American Association for Higher Education, 1998b.

The Pew Charitable Trusts. *1993 Annual Report.* Philadelphia: The Pew Charitable Trusts, 1993.

Quinlan, K. M. "Collaboration and Cultures of Teaching in University

Departments: Faculty Beliefs About Teaching and Learning in History and Engineering." Unpublished dissertation, School of Education, Stanford University, 1996.

Shulman, L. S. "Teaching as Community Property: Putting an End to Pedagogical Solitude." *Change*, Nov. -Dec. 1993, *25*(6), 6 – 7.

Shulman. L. S. "From Idea to Prototype: Three Exercises in the Peer Review of Teaching." In P. Hutchings (ed.), F*rom Idea to Prototype: The Peer Review of Teaching: A Project Workbook*. Washington, D. C.: American Association for Higher Education, 1995. Reprinted P. Hutchings (ed.), *Teaching as Community Property*. San Francisco: Jossey-Bass, 2004.

Shulman, M. H. "Why Do Progressive Foundations Give Too Little to Too Many?" *The Nation*, Jan. 12 – 19, 1998, *226*(2), 11 – 16.

The William and Flora Hewlett Foundation, *1993 Annual Report*, Menlo Park, Calif.: The William and Flora Hewlett Foundation, 1993.

第十三章　应对失败：社会科委员会的案例

概述

在接下来的一章中，作者罗伯特·奥里尔回忆了一个发生在75年前，既引人入胜又麻烦不断的故事，对当时充满了启示意义。该故事讲述了因一个基金会项目出现差错，最终导致项目失败的案例。该案例促使我们提出了一些重要的问题：在影响重要的公共政策方面，基金会应该扮演怎样的角色？基金会对失败该如何负责？当基金会的项目出现差错的时候，应该怎么做？

1929—1934年，卡内基教学促进基金会一直支持全国社会科委员会（National Commission on Social Studies），该委员会的任务是解决如何把公民教育融入中小学教育的问题。该委员会是由美国历史学会（American Historical Association）提议成立的，带头人是一名大学教授，成员也主要是大学的教职员工。卡内基教学促进基金会主席弗雷德里克·凯佩尔认为这是一个高等教育专家团，大家聚集在一起设计和发展全国公民教育的中小学标准并保证这些标准被采纳。

回忆一下,一小群来自高等教育领域的专家就想或者就应该制定全国中小学教育政策的想法本身足以敲响警钟。但是,奥里尔为我们解释了为什么会提议成立这个委员会,以及它如何在一开始就困难重重。奥里尔回忆道,在委员会经历了失败以后,许多高等教育领域的专家团体也纷纷退出了公共政策的舞台,也不再帮助中小学制定公共政策。因此,国家损失了重要的智囊团。

这个案例引发我们去思考一个基础问题:项目和项目领导者是否应该或者应该在多大程度上独立于资助他们的基金会(和基金会的领导者)?当基金会的计划出现偏差时,基金会应该怎么做?最根本的问题是,应该以什么样的标准承担责任?卡内基教学促进基金会的经营模式一直处于保密状态,而这一案例研究生动地阐明了这种方式的风险。

奥里尔目前担任国家教育和学科委员会(National Council on Education and the Disciplines)的执行主任,也是伍德罗·威尔逊国家奖学金基金会(Woodrow Wilson National Fellowship Foundation)的高级顾问。虽然他讲的这个故事发生在75年前,但这个案例的教训仍然值得今天的我们反思。

在社会和经济瞬息万变的时代,什么样的教育是最能维系民主生活的教育呢?在20世纪20年代末期,人们对这个问题的看法纷繁复杂,众说纷纭。大约在30年前,美国历史学会(AHA)发表了一篇很有影响力的报告,报告强有力地论证了公民教育应该以历史研究为中心。当大学委员会(College Board)建议将美国历史学会的课程作为大学入门考试的基础时,这篇报告的中心思想很快成为了一种正统学说。然而,历史学的优势地位遭到了来自各方的猛烈攻击,这种情况一直持续到第一次世界大战。一方面,新形成的社会科学开始质疑历史学的主导地位,各学科都想在原先历史学占主导地位的课程大纲中占有一席之地,即使不是占大部分。另一方面,对当代公共问题的关注推动了社会问题导向教育的发展,因此在教育学院任职的杰出教师(也就是所谓的教育家)坚持认为应该取消历史学,或者至少要大力缩减历史学课程,转而关注社会科教育。争论的结果是对公民教育一度稳定的立场变成了一篇全国性报告中提到的"混乱的言论"[1](Dawson,1924,254)。许多学校并没有采用美国历史学会推荐的课程大纲,而是提供了一些定义不明确、毫无逻辑性可言,只是松散地集合到一起,被统称为"社会科"(Social Studies)的课程。

在这种意见存在分歧的情况下,从1929年到1934年,纽约卡内基教学促进基金会(以下称卡内基教学促进基金会)支持并资助了全国社会科委员会(以下称委员会),希望可以就有关美国学校公民教育的方向之争寻找一个答案,为公民教育提供一个定义,使其变得有秩序,希望中小学教育课程不再以无政府的状态持续下去。委员会的成员基本上是知名研究型高校的教师,这也是为了证明在解决复杂的社会问题上,高等教育为国家提供了有力的支持。

但是结果和预想的完全不一样。委员会从一开始就麻烦不断,也从没有成为一个有效的工作机构,委员会的项目几乎一个

---

[1] 在2005年《美国历史评论》(*American Historical Review*)上发表的一篇文章中,夏皮罗(L. Shapiro)和我对这种变化做了更加完整的阐释。

都没有完成。更糟糕的是,委员会跌跌撞撞地走到了满怀怨恨的终点,尽管最终发表了一份总结性报告,但是几乎无人对此感到满意,甚至还惹怒了很多人。在解散前,委员会所做的所有工作只是加剧了纷争。5年过去了,卡内基教学促进基金会不得不应对暗藏已久的失败。

像很多付出了努力却仍失败的案例一样,委员会也没能在美国慈善史上占有重要的一席之地。然而,在当时,委员会的成立绝不是一件无名小事。相反,这是一个高风险的项目,一直都是"参与度最高、耗资最大的一个针对社会科的调查研究"(Andreasen, 1987, 8)[1]。此外,在跌跌撞撞前进的过程中,委员会在美国教育史上留下了永恒的印记。尽管没有朝着卡内基教学促进基金会设想的任何一个方向发展,但实际上,它的解散是中小学和大学关系发展史上的一个决定性的转折点。基金会原本想通过资助这个项目来声援"大学的专家可以指导中小学课程建设"的主张。然而,委员会的失败让大学历史和社会科学领域的教师望而却步,以至于这些学科不再致力于中小学教育,之后很长一段时间甚至直到现在也不再参与制定相关学校政策。不只是失望,事实证明该委员会项目对卡内基教学促进基金会全力以赴的事业也是一个近乎致命的打击。

作为一种慈善干预,委员会项目涉及的领域充满了各种矛盾和声音。从这个意义上说,委员会试图解决在美国日益多元化的生活背景下固有的分裂问题。尽管如此,卡内基教学促进基金会

---

[1] 我在本章节的研究受益于这篇论文和由 L. 瓦纳瑞(L. Vanarie, 1958)、H. 布泽(H. Boozer, 1960)和 T. 布朗(T. Brown, 1985)撰写的其他三篇博士论文,以及纽约卡内基教学促进基金会的档案文件。

为什么要支持这个事业呢？在那些直接参与者都没能解决分歧的情况下，是什么促使卡内基教学促进基金会相信它可以产生积极的影响呢？简言之，为什么卡内基教学促进基金会会认为公共政策方面的分歧和不和谐是基金会要解决的事呢？

要回答这些问题，就需要探讨委员会的起源。并且，这些问题也不容易回答。正如丹尼斯·柯林斯（Dennis Collins）所说，一旦提出了这些问题，就需要超越单一的案例，探索案例背后所蕴含的基本原理——更概括地说，会指向基金会的社会目的和范畴。我们就不可避免地需要面对以下问题：基金会是否在执行一项无法通过其他途径来更有效完成的独特的"社会任务"？柯林斯（2004, 68）称，这也引发了"为什么一开始就需要基金会"的争论。伴随着案例的展开，我们就会明白为什么争论很难达成一致了。

委员会的起源

正如前面我提到的，委员会是一个有着远大抱负的机构。它不满足于妥协，试图突破以往研究，为中小学的公民教育创造一个全新的起点。作为委员会的一名成员，查尔斯·比尔德（Charles Beard, 1929, 371）指出，他和同事们参与撰写的报告，将"开启学校和国家思想文化史的新纪元"。是什么促使他们产生这样的抱负呢？这样有远见的目标是怎样制定的呢？最近，很多评论家称委员会的失败是因为其定下的目标过于浮夸。如果这是事实，那又是谁促使这个项目制定了这个难以实现的目标呢？有关责任的讨论将贯穿委员会项目这个故事的始终。

如果把第一责任归于委员会的先驱,那我们就不会这么期待这个问题的答案了。事实上,委员会先驱的眼界尚可,目标设定也有度,他们也从不同的视角看问题。1924年,美国历史学会以调查中小学历史教育的现状为由,委派了一个小型工作组,这是项目的起点。当时,以"社会科"为名教授了一大堆乱七八糟的课程,美国历史学会的关注点是历史学科是否渐渐不被重视了。这个小型工作组是如何逐渐发展,最终变成了1929年时的委员会的,这就涉及研究基金会的干预和影响了。

1924年的美国历史学会并不像我们印象中的委员会。在一战期间或者一战刚结束的那几年,社会科如海啸一般,横扫了中小学的课程大纲。由于对实际情况的不确定,美国历史学会想要终结有关历史学科在这场海啸中存活下来机率的质疑。为了实现这个目的,历史学会想要通过寻求基金会的支持,实施一个全国性的课程调查,收集并分析学校课程的相关数据。起初,美国历史学会只是打算研究并探究大家普遍感到困惑的一些问题。它也不打算根据收集到的信息采取任何行动。美国历史学会也并没有表明它对解决整个社会科的困惑感兴趣。它只关心历史问题。

美国历史学会又为什么会改变了计划呢?这个改变可以说完全是由于基金会的鼓励。在寻找资金支持时,学会首先联系了联邦基金会(Commonwealth Fund),之后又联系了洛克菲勒基金会。虽然这两次都失败了,但学会明白了一个道理:要想获得资金支持就必须考虑基金会的想法。在私下的交谈中,基金会的员工非常愿意谈及他们个人的想法——相反,必须要说的是这些想法很少公之于众。在这个案例中,上述两个基金会的员工传达的信息直接促使学会重新制定了计划。基金会不会对一个只是试图收集事实的项目感兴趣。而且,收集的事实还可能只是用来承认现状。相反,两个基金会都鼓励美国历史学会对这个问题保持一个改革家的姿态,为这些争论不休的问题寻找一个大体的解决办法。此外,基金会坚持主张这个项目不应该由历史学会所主导,这样会产生偏狭。为了被大众所接受,它们称,提案必须更全面地解决社会科的争论,需要有来自社会科学和教育领域的专家参与。

美国历史学会根据私下了解的有关基金会的想法,迅速改变了提案的方向。第一步是邀请了几位有影响力的社会科学家加入工作组,同时,学会指出数据收集应该为中小学新课程试验做准备,并基于此对项目进行了调整。此外,提案中体现的焦虑情绪被抹掉了,转而突出强调致力于改革行动的决心。但这些修订几乎没有从实质上改变美国历史学会最初的目的。从根本上来说,这个项目仍然是一个调查性的研究。然而美国历史学会公开声明的观点却发生了改变。他们的观点逐渐和基金会的观点一致。根据修改过的提案,美国历史学会成了有能力应对公众呼吁的机构,并承诺可以给予答案。

为什么会做出这样的回应呢?毕竟,美国历史学会可以简单放弃这个提案的。学会一开始难道没有提过"这个问题充满了不确定性,不经过前期研究,根本无法着手"吗?为什么明知研究的可行性有问题,还要迎合基金会想要改革的期望呢?一部分原因可归结于学会担心基金会会把任务转交给它的竞争对手,所以才愿意按照基金会的想法行事。这个担忧不无道理。一战后,一些基金会确实向研究型大学投资了一大笔钱,建立了专门的社会科学研究基地。[1]

此外在这几年间,教育学家和社会科学家通过组建专门的组织,形成了统一战线,在制定中小学政策方面,开始竞争由美国历史学会长期把控的领导权。1921年,教育家创建了全国社会科理事会(National Council on the Social Studies);1923年,洛克菲勒基金会资助了由一些著名的社会科学家所提出的一项计划,成立了社会科学研究理事会(Social Science Research Council)。在这种情形下,基金会为何不支持这些新组织的言论,为社会科发声,从而改变学科间的力量平衡呢?这个问题既激励着也困扰着美国历史学会的领导层。由于基金会的行动几乎完全自由,它们似乎可以决定社会学研究领域竞争者的权威和影响力。鉴于这个利害关系,美国历史学会只能听从基金会的安排。

在和之前的两个基金会商讨后,美国历史学会再次修改了提案,之后开始联系卡内基教学促进基金会主席弗雷德里克·凯佩尔。这一次,提案以明尼苏达大学的中世纪历史学家A.C.克雷(A.C.Krey)所撰写的报告的形式提交至基金会。在这篇报告中,美国历史学会信誓旦旦地表示要与社会科学家和教育家通力合作,信心满满地谈论在基金会的支持下如何通过合作解决困扰学校社会科教育的问题。凯佩尔起初回应的态度并不明确,这可能是故意为之,但表示如果历史学会能提交一份"完整"的项目

---

[1] 根据多萝西·罗丝(Dorothy Ross)的估算,1922—1929年,基金会为支持社会科学和社科,投入了4 000多万美元。到目前为止,最大的一笔资助是在比尔兹利·拉姆尔(Beardsley Ruml)的主导下,由劳拉·斯培尔曼·洛克菲勒纪念基金(Laura Spellman Rockefeller Memorial)提供的。参见罗丝的论文(1991,400—404)。

工作计划,他愿意考虑一下这个提案。与其他基金会一样,他强调,卡内基教学促进基金会对这个提案的兴趣点是公民教育是否会有一个全新起点,而对学会之前针对中小学课程大纲方面的政策并不感兴趣。

这迫使克雷又写了一份报告,历史学会在报告中试图满足凯佩尔对细节的要求。也就是在这时,那个1924年想要实施的谦虚的调查研究被一个前瞻性的针对中小学彻底改革的提案所代替了。实际上,第二次提交的报告中的项目成果清单不断地增加,几乎没有尽头。除了构建一个社会科的新"框架",这份提案还承诺要制定学生成绩的标准、发展"客观性"考试、改进教科书、评估教学方法,以及支持试验型项目等。不仅如此,它还要在中小学教育的每个年级实施这些计划。如果还有未尽事宜,该项目还要"查缺补漏……任何待解决的问题都可以通过这个项目解决"(Krey,1928)。

但是,谁又是这个改革项目真正的策划者呢?它的雄心和动力从哪里来?在远离初衷的过程中,美国历史学会难道不是在基金会的命令下被推着前进吗?无论当时这些问题的答案是什么,在凯佩尔回复了历史学会的第二份报告后,我们都已经清楚明了了。

在这之后,凯佩尔同意资助这个项目,但条件是历史学会要把项目的领导权交给一个独立的机构。

事实上,正是在这个时候,社会科委员会诞生了,创立人正是凯佩尔。他称,这个提案掌握在由15人组成的委员会手中,而非美国历史学会委员会。这个15人委员会的人员构成包括历史学家、教育家、社会科学家,人数分配均匀。如果社会科委员会顺利成立,凯佩尔将任命克雷为委员会的主席,任命美国历史学会为拨款的财政代理。此外,他又加了一个条件:历史学会要用书面形式确认它不会以任何方式影响或干预委员会的工作。虽然和往常一样有牢骚,历史学会还是发给凯佩尔一封正式函件:"虽然正在筹建的委员会是由美国历史学会组建的,但它不只代表历史学界的利益,而是代表整个社会科的观点。"(埃瓦茨·格林[Evarts Greene]于1928年11月28日写给凯佩尔的一封私人信件)就这样,大笔一挥,美国历史学会在把这个提案从一个工作组"护送"到了一个委员会时,放弃了它花5年时间筹建的项目的所有权。

因此,谁拥有项目的所有权,谁又需要为实现目标负责?并不是美国历史学会,因为历史学会已经向凯佩尔保证,除了确保财政正常外,不会再插手这个项目。很显然,凯佩尔相信委员会能够自我激励、自我组织。然而,如果这个提案实施过程比较艰难呢?谁能伸出援助之手或者又有谁会负责呢?难道凯佩尔没有从一开始就独断专行地干涉这个项目,使卡内基教学促进基金会(还有他自己)拥有很大的话语权吗?虽然刚开始这个问题并没有人在意。但是,一旦委员会开始迷失方向,这一问题就变得十分迫切了。

对专家的信任

凯佩尔对独立的委员会的信心从何而来呢?它的创始人又是如何力排众议资助这个项目的?毕竟,委员会的成立几乎没有减少凯佩尔对历史学会意图的不信任。事实上,他始终认为历史学会对项目的控制非常不利于项目的成功。更重要的是,对于这个项目的可行性还有很多悬而未决的疑问。许多评论家告诉凯佩尔这个项目提案做出的承诺大大地超出它可以实现的范围。有几个评论家称这个雄心勃勃的日程安排一团糟,委员会即使看了这个日程安排也不可能知道要做什么。一名顾问给凯佩尔写信说道,看了这个提议后"眩晕感一天天加重"。他还提醒凯佩尔:"就我个人来说,我会远离这个项目。"(威廉·S. 勒尼德[William S. Learned]于1928年9月29日写给凯佩尔的一封私人信件)

那既然如此,为什么还要推进这个项目提案呢?似乎凯佩尔不认为他有义务直接或清楚地回答这个问题。事实上,据我们所知,在凯佩尔的职业行为准则中,透明度根本不重要。相反,他很少公开提及卡内基教学促进基金会的政策或公司的决议。在对卡内基教学促进基金会的档案做了大量研究后,埃伦·拉格曼(Ellen Lagemann, 1989, 109)称凯佩尔在任期间几乎没有做过论点记录,"即使有,也很少解释他的各种行为"。后来的结果表明,缺乏透明度大大影响了委员会的发展。那么,如果凯佩尔能够更加公开(更直率)地表明他的动机和观点,这个案例的结果会不一样吗?

鉴于书面证据太少了,我们对凯佩尔的观点能作何评价呢?也许,我们首先应该指出的是,对委员会的资助并不代表卡内基教学促进基金会违背了长期的政策和惯例。实际上,这恰恰是凯佩尔任职期间十分典型的一种资助形式。拉格曼指出,那时公司大部分的资金都以这样或那样的方式赠予各种项目,旨在确立新兴领域和科学精英的文化权威和领导权。

而委员会项目正是这种类型的项目。该项目的理念是,学校存在的问题最好可以由重点研究型大学和相关专业机构里能干的专家解决。当然,专业权威机构的一个特点就是可以成功解决专业范围内的问题。这个委员会类似大学机构,试图在公民教育领域内起到一个示范作用。

因此,依靠专家经验,卡内基教学促进基金会完全有理由认为自己是在为解决美国社会所面临的诸多问题而提供资金。在凯佩尔看来,基金会是为公众服务这一点是不言而喻的,不需要其他复杂的解释。拉格曼(1989)将这一理论总结如下:

> 专家经验,简单来说就是提供专门的、先进的知识,这在现代社会中既是必要的,也是毋庸置疑的。因此,直接将资金投向专家的调查研究就出现了,卡内基教学促进基金会发挥了重要的公共职能(254)。

然而,拉格曼所总结的这一原理的全貌是很复杂的。在支持者看来,专家经验不仅意味着精通"专门的、先进的知识"(254),它还表明这种知识——以及获得知识的教育过程——赋予了专家一种在民主条件下的权威(特权)。罗伯特·维布(Robert Wiebe, 1995)指出,这种专家经验源于一种新的政治理论。一战后,该理论在全国专业领域内被广泛接受。虽然据说这个理论是比较民主的,但实际上它对"民有""民治"的政府是不信任的。在这个理论中,那些曾经被称为"公民"的人现在被叫做"大众""群众",甚至是"人类"。据维布称,从该理论角度看,公众已经"失去了凝聚力,退化成了目光短浅、容易上当受骗的普通群众"

第十三章 应对失败：社会科委员会的案例

(173)。

从某种程度上说，这些政治观点是战争和欧洲社会变革的产物。一战爆发造成了巨大的破坏，在这之后，群众运动越来越被看作是对秩序和稳定的威胁。在这种情况下，该理论认为只有训练有素的专家才能指导民主，否则人们就不能理解民主，民主制度也会产生骚动。因此，应该培养专家并把他们看作是永远的统治精英。然而，作为一个阶级的专家，实际上并没有促进民主的发展，反而增添了阻力。在委员会成立之前，沃尔特·李普曼（Walter Lippmann）在《公共舆论》（*Public Opinion*）和《道德序论》（*A Preface to Morals*）里充分地论证了这个观点。之后，在1932年，考虑到李普曼的影响力，凯佩尔希望他来拯救这个毫无成效的项目提案并撰写总结报告。

区分专家和普通大众的标准是什么？专家如何具备其他人没有的领导者资质？理论上讲，我们可以在专家大学期间接受的教育中找到答案，这些大学崇尚严谨治学并恪守科研道德。专家接受的教育形成了他们的人格——立志当其他人感到困惑或只关注自身利益时，他们要寻找真理。维布（1967,161）写道："理论的拥护者认为通过全神贯注于科研方法而成为专家的过程会根除偏狭的激情和志向，就像谬误会随着论证的过程被纠正一样。"除了大学，其他环境都会在某种程度上受到污染。政治会出现腐败，宗教错误百出，商业是贪婪而自私的。只有大学培养的专家才最清楚，也最关心什么对大众而言是最好的。尽管很少详细说明，但是这些都根植于卡内基教学促进基金会的捐赠理念之中。

专家如何指明方向呢？首先，依靠专家之间达成共识。该理论假定专家制定的规则是一种精英之间的学院式的谈判结果。一旦专家就方向性问题达成一致,接下来只需告诉其他人要走哪条路以及怎样走即可。卡内基教学促进基金会就是这样理解委员会的工作的。凯佩尔本人受过重点大学的教育,他自己就是将新的政治理论运用到实践中的先锋人物。在组建委员会时,他就针对上述新兴的政治信念做过一些有指示意义的表述。就像拉格曼所说,对凯佩尔而言,"通过精英之间达成共识来推进项目是最自然不过的事儿了"(103)。通过从大学里选择专家团的方式为社会科问题找到一个既合理又权威的答案,是解决社会科问题最好的方式。

但也有一些我们无法忽视的质疑。从很大程度上来说,社会科问题是为大多数无法接受大学教育的学生提供公民教育。他们是未来公民中的大多数,他们不会成为专家——按照上面的理论——他们其实也不渴望成为专家。由此看来,委员会是"领导们"试图创建的一种教育,告知"跟随者"如何愉快地适应他们的生活状态。所以很多人指责委员会的行为是一种政治教化;从早期到现在,这种想法使委员会的很多成员感到苦恼,也妨碍了委员会的工作,最后导致无法达成共识。结果表明,不是所有专家都对卡内基教学促进基金会和凯佩尔赋予其的尊贵地位感到舒服。

什么是"社会科"

更具体一些的话,专家的作用是什么呢?根据新的政治理论,专家需要帮助社会解决"文化落后"的问题(Wiebe,1995,

143)。从领导阶层的角度看,解决这个问题所面临的困难来自现代生活的飞速变化。变化如此迅速以至于普通人无法跟上这个速度去理解生活中和世界上所发生的一切。因此,在感到困惑时,他们还坚持早先形成的观念和价值观,而这些观念和价值观所适应的条件早已不存在了。在这种情况下,帮助大众改革(重组)思想来适应已发生变化的现代社会就是专家的任务了。显而易见的是,他们的任务是指导与时代脱节(因此有可能无法适应时代或者感到不满)的大众。从最广义上讲,这是卡内基教学促进基金会期望从委员会的总结报告中看到的救赎大众的内容。

从内在上看,这项任务的性质赋予了专家非常大的自主性。因为没有人能预见会发生什么变化,专家不得不自行解决在这样一个无法确定且不断变化的情况下出现的各种问题,所以必须给予他们足够的自由选择的余地,来应对各种偶发事件。出于这个原因,一位名为奥利维尔·聪茨(Olivier Zunz, 1998, 32—33)的历史学家声称,这个时候基金会的章程含糊其辞,专家拥有"最大的灵活度和自主权"来调整他们的行为以应对无法预知的挑战和适应不断变化的环境。

专家需要对谁负责呢? 新的政治理论似乎表明他们只对自己负责。除了同事评价,他们在工作时不受任何阻碍。任何对他们自由的侵犯都会破坏他们的努力及取得的成果。正如维布(1995, 143)所说,他们的科学伦理思想"把专家和普通人区分开来;只有专家才有资格评估其他专家"。

如果严格地解释,这个理论似乎在卡内基教学促进基金会和委员会之间画了一条明确的线。委员会一旦成立了,基金会就不应该干预它的工作。自成立之日起,委员会应该是独立的,并且只代表自己。

实际上,在委员会失败后,凯佩尔也是这么解释的。在一次内部政策指导中,他告诉员工,在与受托人的交流中要强调基金会和委员会的关系并始终奉行"不干预主义"(1934年6月12日,纽约卡内基教学促进基金会内部备忘录)。令人失望的是,一旦委员会误入歧途,就不得不面对独自寻找出路的现实。因此,这也使基金会(和凯佩尔)免除了对项目结果所负的责任。委员会所犯的任何错误都应该自己负责。即使委员会走入歧途,凯佩尔也可以说基金会从始至终一直坚持既定的政策和良好的惯例。

不干预主义以这样或那样的名义在很多基金会的自我认知中都占有一席之地。该主义认为,基金会应该做的是鼓励各种提案,但不能影响其结果。按照这个理念,基金会一旦完成对一个项目的资助,它就变成一个利益观察者,静待结果。至此,除了金融监管,不干预主义的积极干涉和重要影响都结束了。这种不干涉的立场总是和多元化的自由主义思想相辅相成——所有的观点都应受到公正的审判,不应该通过强迫别人或者给别人施加权势而推行任何一种观点。通过对上述条款的支持,基金会声称它们在帮助维护一个开放的社会,使它更有活力,进而证明在一个民主社会里,基金会所享有的自主权和存在的合理性。

然而,在这个案例中,凯佩尔在意的真的只是所有人都能在讨论中畅所欲言吗?他在接触这个项目时真的没有个人立场或不带任何偏见吗?也不尽然。刚开始时,凯佩尔催促克雷去读威廉·基尔帕特里克(William Kilpatrick)新发表的《文明转型时代的教育》(*Education for a Changing Civilization*),这时凯佩尔也表达了自己的想法。在写给弗雷的一个便条中,凯佩尔提及基尔帕特里克时这样说:"和我接触过的所有人一样,基尔帕特里克会用合理的方式表达自己激进的观点。"(1929年1月28日凯佩尔写给克雷的一封私人信件)这意味着凯佩尔是支持改革的。但凯佩尔并没有明确指出如何实施改革。凯佩尔想看到彻底的改革,但他希望改革可以(而且应该)在没有冲突和动乱的情况下得以实现。非常有可能的是,克雷既不是第一个也不会是最后一个接收到来自基金会各种信息的项目主管。

在推荐基尔帕特里克的书时,凯佩尔想到的"激进的观点"是什么呢?简单来说,这些观点来自师范大学的一小群被称作"社会重建主义者"的教育家。凯佩尔和委员会的两名成员——杰西·纽伦(Jesse Newlon)和乔治·S. 康茨(George S. Counts)是"重建主义者"阵营里杰出的代表人物。作为约翰·杜威忠实的追随者,这些志同道合的教育家认为公立学校应该像代理一样在转变社会秩序方面发挥其积极作用。他们的政治观点或多或少带有社会主义倾向,他们主张学校的课程大纲应该用来推翻自由放任的个人主义,取而代之以他们称之为"集体主义"的社会道德。为了实现这一点,学校需要丢弃基尔帕特里克称之为"已死的东西"的课程大纲——最重要的是,对历史学科的关注"应该让位给对社会问题的研究"(110—112)。

有了凯佩尔的支持,"重建主义者"拥有了委员会这一平台。他们声称,学校通过安排正确的课程大纲能映射出美国的道德状况。用这种方法,一个焦躁不安的民族,曾经的个人主义社会和严肃的宗教主义社会可以被改造成一个善于交际、适应世俗的社会。但是什么样的课程可以实现这种根本性的改革呢?

对于试图回答这个问题的人而言,存在一个先天的缺陷,即探索的过程绕不开一个模糊的概念——"社会科"——这个概念几乎没有意义。一战期间,"社会科"这个词因为被赋予了爱国主义的意义,而获得了极大的发展动力,但10年后,这个词的概念依然含糊不清。因此在1929年,委员会在没有一个固定模型或被认可的图景的情况下成立了。然而,比尔德(1929)迫使教育者相信"社会科是有内容且基于事实的"。但他也承认"这个术语不完全让人满意。领域间的界限不明确。社会科的主旨不明确。人们对教学和评估的方法争论不休。难以明确的事太多了"(371)。

委员会的瓦解

委员会几乎从一开始就偏离了自己的职责。委员会无法定义"社会科",并且一味搁置这一问题不去解决。因此,结果只能是委员会的大部分日程安排要么减缓要么悬而未决。在甚至无法初步掌握社会科的研究范畴的情况下,即使有慷慨的资助,委员会也无法聚焦标准问题、评估问题或者项目的其他任何成果。

凯佩尔也注意到了委员会所遇到的诸多困难。当委员会的工作出现延迟时,凯佩尔收到了来自各方的相关报道。其中最令他糟心的是罗伯特·S.林德(Robert S. Lynd)写给他的一封信。林德是《米德尔顿》(*Middletown*)的合著者,备受尊敬,是社会科学和慈善领域非常有影响力的人。林德私下偷偷地向凯佩尔指出委员会在漫无目的地随波逐流,并警告他说委员会有"消失的危险"(1930年2月24日的一封私人信件)。他还补充道,遗憾的是其他人"也有同感,认为克雷的研究有些含糊不清,并对克雷

第十三章 应对失败：社会科委员会的案例

在多大程度上真正了解自己研究的内容有所怀疑"。坦白地说，林德想让凯佩尔清楚地意识到形势的严峻性。如果卡内基教学促进基金会不去干预，委员会很快会变得迷茫无措，而且不会有翻身的机会。

凯佩尔是如何回应这些警告的呢？毫无疑问，这是事关慈善事业决策的关键时刻。当一个基金会的其中一个重要计划迷失了方向时应该怎么办？这个案例告诉我们要考虑采取凯佩尔没有采取的行动。例如，没有记载表明他曾经和林德直接或间接地谈到项目所面临的困境。总体来说，他也从没关注过委员会或参加过委员会的会议。他从未跟美国历史学会表明基金会资助给委员会的钱打水漂了，或者质疑它能不能继续存在。因此，凯佩尔对这个紧急事件的处理方法根本不透明——没有一个做法能算得上是坦率和直截了当的。

即便是凯佩尔没有和委员会协商沟通，那他也并没有坚持不干预主义。实际上，他在一开始就积极努力拯救这个项目。他没有采取公开行动，而是通过隐蔽和间接的方式处理问题。当项目进行得非常不顺利时，凯佩尔私下里竭力避免陷入僵局并且想方设法让委员会拿出一份强有力的总结报告。在凯佩尔看来，这意味着将获得一份足够有说服力的文件，足以凝聚共识。如果做到了这一点，那么委员会仰仗的专家领导权就是合理的，其他缺点也可以忽视，项目便得以补救。然而，凯佩尔不再期望通过委员们学院式的讨论和建立共识实现这些。他渐渐相信只有强硬的手段才能引导委员会走出低潮期。

那凯佩尔是怎么干预的呢？他一度考虑邀请沃特·李普曼代表委员会写一篇报告。但他之后倾向于让他的一个长期合作伙伴比尔德来拯救项目。从表面看,这是一个靠谱的想法。比尔德本人是美国知名的学者之一,毫无疑问是最为公众所熟知的委员会成员。在委员会成立不久前,他和他的妻子玛丽(Mary)在1927年完成了题为《美国文明的兴起》(*The Rise of American Civilization*)的一部美国通史。后来的历史学家称这部著作"比20世纪的任何一本书都更能为大众读者定义美国历史"(Hofstadter, 1958, 299)。因此,上述成功再加上他敏锐而坚定的智慧,自然使得比尔德出类拔萃,在委员会的事务中发挥着领导作用。

也许更为重要的是比尔德和凯佩尔长期以来建立的关系。早些时候,他们是哥伦比亚大学的同事。之后,两人从事其他工作,仍向彼此寻求建议。委员会的工作开始后,他们仍像以前一样有私下的交流,比尔德经常去凯佩尔的办公室秘密商讨项目的相关事宜。在这些非公开的会议期间,凯佩尔几乎从一开始就鼓励比尔德亲自撰写报告,并且鼓励他取代克雷担任委员会的领导。有记录表明,刚开始时,比尔德是犹豫的,但凯佩尔仍然继续与比尔德沟通,并让对话朝着他希望的方向进行。一次谈话后,凯佩尔写信给比尔德说,"委员会的成员都是很不错的同事,他们不想递交一份闪烁其词的报告"。因此,他告诉比尔德,如果"报告看起来陷入了僵局"而委员会必须"选择一位独裁者",那么"当有这么一个王冠时,你应该当之无愧地接受它"(1931年3月26日凯佩尔写给查尔斯·比尔德的一封私人信件)。

没有犹豫太长时间,在凯佩尔的催促下,比尔德很快开始宣称自己要更多地控制委员会的报告撰写权。然而,结果并没有像凯佩尔想的那样美好。正如托马斯·本德(Thomas Bender, 1993, 97)所说,比尔德是"典型的个人主义者,没有机构能容纳

第十三章 应对失败：社会科委员会的案例

他"。这一点意味着比尔德几乎不会尊重任何和他意见不一致的观点。实际上，在1917年从哥伦比亚大学辞职以示抗议后，比尔德一再从已经决定参加的项目中退出。他每次的解释都是他的同事没有骨气。在他看来，学者打着客观性的幌子隐藏了自己的社会良知，因此使得他们无法致力于改革。

比尔德就这一点开始批评委员会的同事们，并将这些写入报告中。结果，这份报告在很多方面成了指责历史学家和社会科学家道德怯懦的批判书。难怪在报告发表后，这些学科都想办法否认了报告所写的内容。而凯佩尔根本不会对比尔德写的任何内容感到惊讶。他从头到尾检查了报告的每份草稿，事实上，他也总是鼓励比尔德不受任何限制地表达自己的想法和主张。一次比尔德建议安抚历史学家，凯佩尔一如既往地拒绝了："我觉得历史学家从来没有认真地对待历史学研究，我想让他们感到愤怒。"（1933年2月7日凯佩尔写给查尔斯·比尔德的一封私人信件）他常常传达这样的信息。他不会驳回这样一份强有力的报告。

虽然凯佩尔一直在关注这份总结性报告，但总的看来这个项目在走向瓦解，也失去了凝聚力。之前所指出的各种事实也证明这个项目一直缺乏凝聚力。随着时间的推移，虽然尝试了好几个方案，但都没能使整个项目正常运转。最初，这个项目的很多职能由委员会的执行部门全权负责。但这种方式很快被证明是难以运行的，于是就将围绕具体问题（如评估和教学法）撰写报告的任务交给了一些顾问委员会。最后，当这些顾问委员会也没有什么作为的时候，研究的问题就分给了个人"调查员"，他们可以自由地做研究，撰写专著。

由于委员会的日程很分散，导致很难按时召开会议。事实上,之后委员会连续18个月都没有就这个项目召开过会议。这时候,比尔德充分利用这个时机,起草了一份不论其他委员会成员如何反对他都坚持的总结报告。最终,他做了自己想做的事,但也付出了沉重的代价。他拒绝修改报告意味着这份报告在违背很多委员会成员的意愿,并且在没有得到社会科学家认可的情况下发表了。比尔德提交了这份报告,代价是他之后被人称作委员会的"破坏者"(1934年9月5日写给凯佩尔的一封私人信件)。

委员会内部的分歧已经足以让这份报告石沉大海。每次回顾这个项目的时候大家都会强调,专家间没有达成统一的意见。然而,报告呼吁公民教育的目的是走向"集体主义新时代",使国家摆脱盛行的"自私的个人主义",更多的负面评论都指向这一点(全国社会科委员会,1934,16)。对很多人来说,报告传达的信息似乎推动了极端的政治教化而非自由公民教育。然而,对此批评最严厉的还是教育者,他们指出报告并没有像委员会之前承诺的那样回答问题,相反什么也没说。他们认为,教育者在这篇报告中找不到一处可以了解有关"社会科"的地方。因此,委员会花费了5年时间和多达25万美元,却背离了项目建立时的初衷。

对卡内基教学促进基金会而言,这是一个无法驳斥的控告。正如之前我们提到的,比尔德在早期时候让教育者相信委员会将向大家证明,"社会科有具体内容并且是基于现实的"。然而,很显然,报告中根本没有包含任何这样的实质性内容。比尔德没有给予具体的有关课程大纲的指导,而是把相当于说教性的尝试纳入了社会哲学的范畴。事实上,报告仅仅是设法把解决课程问题的责任推给了学校,对于这个仍旧模糊的问题,委员会声称无法下定义、解释其含义或者制定行动计划。

那时和现在

这是一个有关慈善项目误入歧途的案例。回想一下,这个案例也让我们反思在面对结果很糟糕或没实现目标的项目时,基金会应采取什么立场。当基金会发现自己面对的是一个失败项目时应该怎么做?一些批评言论称,慈善界常常抑制或者逃避上述问题。他们所享受的自主权使得他们可以逃避这个问题。由于他们不对任何人负责,所以就可以不必理会之前所做出的承诺,对于让他们失望的事也可以当作从来没发生或者认为后果一点也不严重。乔尔·弗莱施曼(Joel Fleishman,2004,115)针对这一点进一步指出,"事实上所有基金会都是小心谨慎地操控着手里的牌","从不向公众坦诚自己的失败"。与直面错误相比,他认为基金会发布的公开声明"鲜少自我批评",而是"大肆宣传被基金会经理视为成功的事"。

基金会应该如何面对和承担自己的失败呢?弗莱施曼认为失败的项目应该被看作勇气的勋章,证明基金会"针对社会问题所进行的实验是勇于挑战极限……蕴含着失败的风险"(115)。其他很多观察员也同意这一观点。他们担心慈善事业过度规避责任,会使自身倾向于只资助安全的、可管理的项目,而实际上冒险才是证明基金会有活力的标志。追求确定性无疑非常重要,但是确定性就可以解决所有的责任问题了吗?事实上,一个失败的尝试,又在多大程度上是源于问题本身的困难性呢?如果问题本身的困难性会压倒一切,那么也许卡内基教学促进基金会(和凯佩尔)应该免于指责。毕竟,社会科这个大麻烦确实是一团糟,充满了分歧和不确定性。

因此,如果没有其他观点补充的话,我们也许应该表扬卡内基教学促进基金会,它勇往直前,努力寻找解决办法。但是,如果是基金会本身就带有偏见,在很多方面对项目的发展进行了干涉呢?如果基金会将自己的决策和行为隐藏于对项目施加的观点之中呢?这些都是基金会在本次案例中的做法。这些责任不应该由卡内基教学促进基金会来承担吗——或者由任何如此行事的基金会承担吗?

试想一下如果基金会坦诚需要为项目的失败负责,那具体又需要如何负责呢?难道基金会不应该努力从错误中总结经验,然后帮助其他基金会避免重蹈覆辙吗?如果能开诚布公地做到这一点,那自然就会使解决问题的方法变得明朗,并有利于大众,同时也是在履行基金会有关公开透明的承诺。那么,在一个探究型和学习型的共同体中,基金会就值得被称为是合格的合作伙伴。当然,在项目的开展过程中也需要合理的参与,而不是凯佩尔强调的不干预主义。这也可能会引发另外一个问题,当基金会的工作非但没有提供帮助反而使情况变得更糟时,它有多大的自由度可以离开或者脱身。

实际上,这一问题在委员会解散后就马上出现了。那时候,几名顾问告诉凯佩尔,卡内基教学促进基金会应该尝试消除项目带来的坏影响。然而,凯佩尔拒绝了,并回应说"基金会最应该做的事"是继续向前,"默默地疗伤"(1934年6月5日凯佩尔写给威廉·S.勒尼德的一封私人信函)。对基金会来说,问题到此就

第十三章 应对失败：社会科委员会的案例

结束了。由于基金会行动是完全自由的，因此只需简单忘记这一难题就可以了，但是问题始终存在，而且一直困扰着美国的教育。即使现在，对于什么是"社会科"（如果有的话）的问题也没有确切的答案。导致的结果是，学校课程大纲的核心——对学生在民主社会中生活有直接帮助的研究——仍旧是空白的，而且常常还要遭受各种喧嚣的质疑声。

我们并不是说卡内基教学促进基金会单方面放弃了委员会或者说卡内基教学促进基金会要对犯下的错误负全责。和基金会一样，各学科也对项目不管不顾，没有进一步为项目考虑。正如之前提到过的，开始的想法和目的与之后的完全不一样。在为这个项目提供资金支持时，大家都期待大的学科协会能认可委员会的报告，帮助实施报告中提出的建议。然而，最终却没有任何行动上的响应。相反，协会对这个报告完全保持沉默，也没有任何承认该报告的进一步行动。也正是从那时起，学科协会放弃了长期以来对中小学教育的关注，开始几乎完全不参与学校的改革。美国历史协会在这一案例中的变化十分显著，在此之前，它一直置身于中小学政策制定的前沿将近40年。

我们是何时、何地被抛弃的呢？在长久的放弃之后，这样的做法会被终止或逆转吗？很多学科开始讨论这个与自身相关的问题。毋庸置疑，基金会将不遗余力地促进对这个问题的讨论并加入其中。重要的是在重新思考学校的课程大纲时，各学科可以在知识深度和知识活力两方面发挥作用——而受商业和政府利益所驱动的中小学改革的大环境使得课程大纲的优势正在逐渐消失。当然，这一切的起点是需要思考如何使学科专家在学校的教与学上更好地发挥作用。再考虑一下，实际上，这个问题或许是这个委员会案例带给我们的最大的启示。

(罗伯特·奥里尔)

参考文献:

Andreasen, B. "Reconstructing the Social Order: The American Historical Association Commission on the Social Studies." Unpublished doctoral dissertation, Department of History, Cornell University, 1987.

Beard, C. "The Trend in Social Studies." *The Historical Outlook*, 1929, *20*, 371.

Bender, T. *Intellect and the Public Life*. Baltimore: Johns Hopkins University Press, 1993.

Boozer, H. "The American Historical Association and the Schools, 1884 – 1956." Unpublished doctoral dissertation, Graduate Institute of Education, Washington University, 1960.

Brown, T. "The American Historical Association and the Schools: A Study of Condescension and Protection in the Twentieth Century." Unpublished doctoral dissertation, the Graduate School, State University of New York at Buffalo, 1985.

Collins, D. "The Art of Philanthropy." In H. P. Karoff (ed.), *Just Money: A Critique of Contemporary American Philanthropy*. Boston: TPI Editions, 2004.

Dawson, E. "The History Inquiry." *The Historical Outlook*, 1924, *25*, 254.

Fleishman, J. "Simply Doing Good or Doing Well." In H. P. Karoff (ed.), *Just Money: A Critique of Contemporary American Philanthropy*. Boston: TPI Editions, 2004.

Hofstadter, R. *The Progressive Historians*. Chicago: University of Chicago Press, 1958.

Kilpatrick, W. *Education for a Changing Civilization*. New York: Macmillan, 1926.

Krey, A. C. "Working Plans of an Investigation of History and Other Social Studies in the Schools," Oct. 1928. Carnegie Corporation Archive.

Lagemann, E. *The Politics of Knowledge: The Carnegie Corporation, Philanthropy, and Public Policy*. Chicago: University of Chicago Press, 1989.

Lippmann, W. *Public Opinion*. New York: Simon & Schuster, 1922.

Lippmann, W. *A Preface to Morals*. New York: Macmillan, 1929.

National Commission on the Social Studies. *Report of the Commission on the Social Studies*. New York: Carnegie Corporation of New York, 1934.

第四部分

交叉问题

第十四章 教育与保守派基金会

概述

埃伦·拉格曼和珍妮佛·德·福里斯特在第三章结束时简单介绍了保守派基金会的兴起及其对教育机构产生的影响。本章重点介绍了保守派基金会的发展,以及它们是如何直接或间接通过中小学和大学传播保守派观念,进而影响教育公共政策的。

在第十四章中,莱斯利·伦科夫斯基和詹姆斯·皮尔森阐述了保守派基金会是如何通过相对较小的投资,对整个美国教育界产生深远影响的。他们就如何影响教育公共政策提供了一些可借鉴的重要经验。本章还为读者讲述了美国教育哲学和教育实践之间的主要关系。

在过去的半个世纪,美国人生活中最重要的变化之一便是保守主义(conservatism)的崛起。保守主义从一场边缘的知识分子运动中萌芽,发展为当今美国社会最具影响力的政治学说之一。而在20世纪50年代前,无论是作为知识分子还是作为一种政治力量,保守主义几乎都是不存在的。莱昂内尔·特里林(Lionel Trilling)在1950年出版的《自由想象》(*The Liberal Imagination*)一书的序言中写道,美国的保守主义只是一时冲动的产物,并不是一整套连贯的思想体系。正如特里林所说,保守主义表达自己的方式"容易引发共鸣",目的是寻求相似的观念。(1950,7)因此,保守主义无法对塑造美国精神面貌的自由主义传统构成任何真正的威胁。但是,到了20世纪80年代,保守主义已经发展成为一套观念体系和一种制度网络,并能够作为国家执政理论向自由主义发起挑战。到千禧年之交,可以说保守主义已经取代了自由主义的地位。

保守主义作为政治力量兴起的同时,一种独特的保守派慈善事业也应运而生。在两者共同发展的几十年间,慈善事业也同样经历了从政治荒野到被人们广泛接受,继而产生深远影响的相似阶段。尽管保守派在20世纪50年代,或是在这之前就已经在这方面有所作为了,但正如特里林等人对保守主义政治思想的苛责一样,保守派在慈善事业方面也遭受了一些严厉的批评,而这些批评源于美国的慈善事业具有自由主义血统这一事实。早在20世纪初期,进步思想就认为,社会问题可以通过政府服务中的专业知识得以解决。在进步运动和新政时期,自由主义改革获得的动力促进自由派慈善事业进一步合法化,使得慈善事业具有了自由主义的特点,或者至少带有在专业知识指导下实施改革这一特点。

在这种政治环境当中,与保守派思想家一样,保守派慈善家也很难制定出令人信服的策略及理念,并以此为基础与有影响力的机构和个人进行合作。直到20世纪60年代后期,改革才进入

第十四章　教育与保守派基金会

新的方向。同时,保守主义思想开始进入国家政治领域。至此,保守派慈善家才能够制定一系列策略,从而与自由派慈善家在慈善事业方面一较高下。

因此,无论是从一般领域,还是从教育领域来讲,保守派慈善事业都大致可以分为两个时期:首先,从 20 世纪 50 年代到 20 世纪 70 年代中期,这是一个保守主义思想和更广泛的政治文化相悖的时期;其次,从 20 世纪 70 年代中期至今,保守思想在全国范围都具有影响力,而具有相当影响力的保守派慈善事业也开始崛起。

在第一个时期,保守派在教育上所做的努力体现在两大哲学阵营上——传统主义和古典自由主义。尽管这两大阵营接受资助的方式不同,但通常是由同样的慈善家群体进行资助的。之后的时期直至现在,在新保守主义(于 20 世纪 50 年代后产生)的影响下,保守派慈善事业被重新塑造和界定。通过与一些著名的新保守主义者结盟,如欧文·克里斯托尔(Irving Kristol)、诺曼·波德霍雷茨(Norman Podhoretz)、迈克尔·诺瓦克(Michael Novak),保守派基金会开始发展自己的慈善理念,并最终开辟出一条有学术影响力的独立道路。

在此期间,保守派慈善团体对教育领域一直都保持着浓厚的兴趣。的确,正如早期的进步派一样,战后的保守派也清楚地认识到,教育是相互对抗的哲学思想流派相互角逐的战场。然而,因为教育体系或多或少都会有自由派和进步派建立的堡垒,所以有各自明显的优势。在这个领域里,尽管保守派的想法听起来可能很有道理也很深刻,但始终以局外人的身份行事,从来都没能处在强有力的位置上,将自己的想法付诸实践。正是出于这个原因,保守派或许可以更加自由地对现状提出有见地的批评及变革的想法,而不必从局内人的利益出发。

那么,在过去的几十年,保守派慈善家想要在教育方面寻求怎样的目标?哪些广泛的理念和关注点指导着他们努力的方向?他们资助了哪些项目?遵循的策略是什么?哪些方面成功了,哪些方面失败了?如今,回顾过去半个世纪以来这项事业的发展,我们或许可以尝试从中找到问题的答案。

保守派慈善事业(20世纪50年代到70年代)

和如今的情况一样,人们对古典自由主义的兴趣在战后初期超过了保守主义,由此建立了右派慈善事业。其中,主要的个人和组织包括堪萨斯城的沃克尔基金会(Volker Fund)、安阿伯市的埃尔哈特和雷姆基金会(Earhart and Relm Foundations)、印第安纳波利斯的自由基金会(Liberty Fund)和礼来基金会,还有一些私人企业家,比如杜邦公司(DuPont)的贾斯帕·克雷恩(Jasper Crane)、克莱斯勒公司的A. E. 哈金森(A. E. Hutchinson)、通用汽车公司的亨利·韦弗(Henry Weaver)、南卡罗来纳州纺织家族的罗杰·米利肯(Roger Milliken)和英国企业家安东尼·费舍尔(Anthony Fisher,此人在英国、加拿大和美国组建了一系列自由市场智囊团)。但这些资助者掌握的资金数量有限。在20世纪60年代早期,他们的捐款达到了顶峰,每年的捐款总额达到了300万~400万美元,而同期仅福特基金会每年的捐款额度就达到了3亿美元。同时,捐助高度集中在某一领域,并以明确的哲学理念为指导。

弗里德里希·哈耶克(F. A. Hayek)的《通往奴役之路》(The Road to Serfdom)一书对这些慈善家产生了重要影响。该书于1944年在英国出版,次年在美国出版。哈耶克在书中明确地评论社会主义,这在当时成为一种力量,几乎要在英国、其他欧洲民主国家及美国取得压倒性的地位。在后期的调查中,《通往奴役之路》被列为20世纪最具影响力的书籍之一。该书的出版轰动一时,约翰·梅纳德·凯恩斯(John Maynard Keynes)和乔治·奥威尔(George Orwell)等知名人士也对该书做出了评论。当时没有人敢如此明目张胆、清晰而直率地评论社会主义。因此,在大西洋两岸,对那些就社会主义和福利国家发展心存疑虑的人来说,哈耶克的书成为了他们的政治焦点。

哈耶克提出了两个立场:第一个极其悲观,第二个则或多或少承载着希望。哈耶克提醒读者,国家努力控制所有财产和经济生活的同时,必然会控制政治和宗教自由。有些人认为福利国家是社会主义和市场资本主义之间妥协的产物。实际上,福利国家并不是社会主义的替代品,但它和社会主义的目的是一致的。古典自由主义源于洛克(Locke)、休谟(Hume)、亚当·斯密(Adam Smith)、伯克(Burke)、约翰·斯图亚特·密尔(John Stuart Mill)和美国宪法的起草者这些早期的思想家。哈耶克认为,社会主义所遇到的难题将在复兴古典自由主义的过程中找到。这种说法在19世纪上半叶产生了深远的影响,而到了19世纪末,这种说法逐渐被社会主义和福利国家主义学说代替,后者更是赢得了广大知识分子的支持。

因此,哈耶克指出了思想在塑造政治事件中的重要作用,以及知识分子在现代社会所产生的影响。他说社会主义已经成为一股强大的力量，这并不只是因为人们需要它，更是因为知识分子的提倡。因此，支持自由的人必须要进行一场思想斗争，使有思想深度的人相信社会主义是具有乌托邦性质的理念。在1949年发表的《知识分子与社会主义》(*The Intellectuals and Socialism*)一文中，哈耶克提出通过实施一场思想运动，挑战社会主义的吸引力，并主张恢复被遗忘的古典自由主义学说。

哈耶克的书启发保守派慈善事业要制定战略，树立长期目标。如果将最终恢复个人自由作为基本的政治理念的话，那么，在此过程中势必需要恢复哲学领域和教育领域的一些旧学说。作为当代教育运动中不可或缺的一部分的进步主义教育理论（如约翰·杜威的民主教育）曾使古典自由主义思想黯然失色。因此，哈耶克的分析建议慈善事业具有两个互补的方向：一个根植于保守主义，另一个则根植于古典自由主义。

20世纪50年代，作为对当时学校盛行的进步主义思想的回应，中小学教育领域掀起了"回归基础"运动（back-to-basics movement），保守派捐助者率先为此提供资金支持。这场教育改革运动由传统主义者，而非古典自由主义者领导，集结了学者、知识分子和教育家。他们认为教育的目的是在数学、科学、历史和语言等基础学科方面进行智力训练。他们攻击"生活适应教育"和"功能教育"等进步主义"万灵药"，认为进步主义教育试图影响人们的家庭生活、休闲时间、健康和职业技能等非学术领域。在传统主义者看来，教育的目标是寻求真知和提升理解能力，而那些非学术领域的追求正使学生离教育目标越来越远。正如詹姆斯·布赖恩特·科南特（1959）等人所说，他们希望回归学生应该学习什么内容的传统观念，并且要摒弃在现代学校生活中占满学生学习时间的各种分散注意力的事情。

此外,传统主义者强烈反对民主教育(给大量不同背景、不同文化的学生提供的教育),认为这是削弱课程设置,放弃了培养卓越人才的教育目标。相反,他们认为,根据《独立宣言》中关于人人平等的承诺,我们必须假定所有学生都有能力接受高等教育阶段的学习。他们进一步引用杰斐逊、富兰克林和其他开国元勋的话来支持其主张,即基于个人自由的政治制度需要受过高等教育的公民。这很明显是传统主义者和古典自由主义者关注点的交集。

立场最为明确的传统主义者是伊利诺伊大学的历史学教授亚瑟·贝斯特(Arthur Bestor),他此后曾任教于华盛顿大学。20世纪50年代早期,他两次著书立说猛烈抨击美国教育,分别出版了《教育的荒原:退出公立学校》(*Educational Wastelands: The Retreat from Learning in Our Public Schools*,1953)和《回归学习:兑现美国教育未兑现的承诺》(*The Restoration of Learning: A Program for Redeeming the Unfulfilled Promise of American Education*,1955)。贝斯特(1953)抨击"进步主义教育"是"使学生远离更高文明成就的倒退教育"。"今天的学生需要教育,"他写道,"而不是大量有用的建议。"(64)对贝斯特而言,真正的教育应该是一种自由式教育——无论学生持有何种职业兴趣或意愿,这种教育都有助于其提升智慧和训练思维。

贝斯特是一位重要人物,这不仅是因为他的著作,还因为他是基础教育理事会(Council for Basic Education)的创始人之一(同时也是首任主席)。该委员会成立于1955年,是一个高举传统主义教育旗帜的免税教育基金会。贝斯特和克利夫顿·费迪曼

(Clifton Fadiman)、莫蒂默·阿德勒(Mortimer Adler)、雅克·巴尔赞(Jacques Barzun)、莫蒂默·史密斯(Mortimer Smith)等杰出知识分子及其他持不同政见的人都参与其中,他们共同关注美国教育的严谨性和实质性。委员会的主要资助者为对公共事务持比较保守观点的基金会和公司。例如,种子基金主要有:沃克尔基金会提供的六位数捐赠;后续来自礼来基金会、埃尔哈特和雷姆基金会,以及通用电气公司(General Electric)和米利肯公司(Milliken)的捐赠。委员会维持了50年(于2004年解散),一直采用这种资助模式。而像福特基金会、洛克菲勒基金会和卡内基教学促进基金会等自由派基金会对委员会,以及整体传统主义观点并没有多大兴趣。委员会的坚定支持者,尤其是巴曾,批评自由派基金会的资助方式摧毁了教育。最终,该委员会发展成为美国"回归基础"教育改革运动中最有力的倡导者,在20世纪80年代前一直未被超越。

虽然传统主义者在观点上反对进步分子,并且倾向于回归传统的教育方法,但在政治上,他们并非在所有情况下都持保守态度。这一点突显了委员会保守资助者的开阔胸襟。例如,贝斯特在肖托扩协会(Chautauqua Society,为夏季教育性集会中心)的知识氛围中长大,其父担任协会的负责人长达30余年。贝斯特对社会主义持同情态度,并支持普及全民公共教育,使所有的学生都能够获得较高水平的教育(Weltman,2000)。在"伟大的书籍"运动(Great Books movement)中,阿德勒和其同事及哈佛大学的大部分教师都具有相同倾向。1946年,哈佛大学批准了一门通识教育课程,旨在实现自由教育的愿景。对于很多教育思想家来说,在历史、政治和哲学方面的通识教育是对宗教和民族偏见的

第十四章 教育与保守派基金会

一种"解毒剂"。他们认为,正是宗教和民族偏见在20世纪50年代煽动了美国学生,并引发了诸如麦卡锡主义(McCarthyism)等反民主的政治冲动。

在高等教育领域,当时的保守派慈善家表达了他们对古典自由主义和传统主义的信念。沃克尔基金会、埃尔哈特和雷姆基金会都非常积极地促进知名大学对市场经济的研究。例如,沃克尔基金会支持芝加哥大学社会思想委员会任命哈耶克为社会和伦理科学教授(亚当·斯密曾在格拉斯哥大学担任伦理哲学教授)、支持纽约大学聘用哈耶克的导师,路德维希·冯·米塞斯(Ludwig von Mises)。多年以来,在米尔顿·弗里德曼(Milton Friedman)、乔治·斯蒂格勒(George Stigler)和加里·贝克尔(Gary Becker)的带领下,沃克尔基金会和其他捐助者还为芝加哥经济学派提供了大量资助。他们还为数百名经济学、历史和政府相关领域专业的研究生提供奖学金,其中许多人最终争取到了学术教学岗位。

这些基金会还资助了人文研究所(Institute for Humane Studies)。该研究所是一个非营利性组织,旨在促进大学生对古典自由主义学说的认识和欣赏。正是在捐助者的帮助下,古典自由主义学说在20世纪50年代到70年代才会依然保持着活力。当时,学术理论和知识分子的影响正处于低迷期,而国家计划经济模式、社会主义及不断扩大的福利国家吸引力却处于最高涨的时期。因此,这些捐助者发展成了一个重要的思想流派。在20世纪70年代,当集体主义的吸引力减弱时,这一重要的思想流派甚至可以取而代之。

威廉·巴克利(William F. Buckley Jr.)的评论与众不同。作为一名直言不讳的保守派人士,巴克利支持将传统主义观点应用于高等教育,他也是众多支持者中最知名的一位。1951年,他的第一本书《上帝和耶鲁人》(*God and Man at Yale*)出版。在书中,他将矛头指向自己的母校,批判其抛弃了学校最初建立的基础,如宗教、美德和个人自由等美好传统,取而代之的是大力推广教育哲学。在他看来,这种教育哲学本质上是"中央集权主义"和"无神论"。虽然巴克利也承认教授完全有权利在自己的课程中提出自由主义和左翼学说,但令他感到疑惑的是,为什么可以与之抗衡的观点(如哈耶克所提出的观点)不能在课程中展现,以此来达到一种平衡,并且形成多样化的理念。巴克利在追溯集体主义发展的过程时,呼应了哈耶克的结论,即集体主义之所以获得成功,是因为它成功抓住了知识分子和学者(比如耶鲁大学教师)的想象力。

巴克利的评论与其他一些学者的观点有所不同,如阿德勒、贝斯特等传统主义者和哈佛大学的教师。巴克利呼吁耶鲁重返宗教和伦理教育,而其他人则倾向于在通识教育中寻找其他的教学方法,以代替先前塑造大学课程的宗教教义。这两种观点,一个是保守主义,另一个是自由主义,代表了传统主义者论点相互对立的两极。

巴克利在书中敦促各位校友和受托人采取行动,使学校回归创始的初衷。但是,这一呼吁遭到了很多人的批评,他们认为这是对教师学术自由的一种侵犯。这一点恰好强化了巴克利的观点,因为他最不满意的就是教师从受托人和校友手里夺取了学校的控制权,而后者以维护学校的传统为己任。耶鲁大学的辩护者委婉地承认,大学的发展方向很大程度上是由教师,而不是由受

第十四章 教育与保守派基金会

托人来决定的。这种发展趋势并非耶鲁大学独有的,因为截至20世纪40年代,在全国的大学和学院中,教师从喜欢干预的受托人手中夺取了学校的控制权。从这个意义上来说,巴克利的成功主要在于他再一次强调了这种难以逆转或破坏的发展趋势。

然而,巴克利这位颇具争议的学者,成功地让人们注意到现代自由主义(或进步主义)在过去的几十年中对高等教育的影响力。在弗兰克·乔多罗夫(Frank Chodorov)的帮助下,巴克利说服了几位保守的慈善家资助他,目的是帮助他把对现代大学的批评转化为一种制度和文化。因此1953年,在诸如沃克尔基金会、位于印第安纳波利斯的皮埃尔·古德里奇基金会(Pierre Goodrich)、位于米尔沃基的林德和哈里·布拉德利基金会(Lynde and Harry Bradley)及位于匹兹堡的霍华德·皮尤基金会(J. Howard Pew)等的资助下,巴克利创立了个人主义者校际协会(Intercollegiate Society of Individualists),后改名为校际研究协会(Intercollegiate Studies Institute,简称ISI),旨在在全国的大学里发展传统主义项目。在促进自由学习方面,校际研究协会体现了积极的态度,但在反对长期以来被人们所接受的学说方面却是消极的,如反对在现代大学里盛行的不受控制的学术自由主义和凯恩斯经济学说。虽然巴克利及他所领导的协会都没能成功地改变自由主义学派的课程设置,但他们的追求却赢得了保守派捐助者的支持。这些捐助者在之后的几十年里,继续资助保守派的其他事业。

传统主义者的观点结构严谨、非常有说服力。他们在当时各种争论中,尤其是在中小学教育领域的争论中取得了很多胜利,但不可否认的是他们在争夺学院和大学控制权的大战中失利了。

虽然学校在改进课程和提高标准方面经历了无数次的争论,但在随后的几十年里,教育的趋势使这些机构进一步朝着实用性、职业化和体验性的方向发展。无论是对自由派,抑或是保守派,教育的发展趋势都离传统主义者向往的方向越来越远。

事实上,很多进步主义"万灵药"在20世纪50年代就已经过时了,到60年代取而代之的是更新、更激进的观点。20世纪最后30年,开放式课堂、体验教育、相关性、多样性和多元文化主义等成为了教育机构的标语。这些运动以一些新奇的理据蔑视传统主义者的理念。早期的传统主义理念因对学生提出不切实际的要求而遭到拒绝,现在则因为过时、陈腐、不民主或精英主义而遭到抨击。当代的改革者越来越多地将学校、学院和研究生院视为改变和改革,甚至是革命的推动力。

尽管如此,在讨论美国教育改革和复兴的过程中,传统主义依然是保守派的一个不变的特征。无论是追溯贝斯特、巴克利等人的著作,还是之后的埃伦·布鲁姆(Allan Bloom)、艾瑞克·唐纳德·赫希和黛安·拉维奇(Diane Ravitch)等人的批评类著作,有关传统主义的争论一直在延续。

如今,学校课程中反对时髦和虚饰的做法和过去大同小异,通识课程亦如此。现在,保守派人士用类似巴克利《上帝和耶鲁人》一书中所控诉的方法,抨击大学的左倾倾向,以及教师对控制权的垄断。与20世纪50年代不同的是,这些观点反而吸引了政治派别中的保守派。如今,像贝斯特和阿德勒这样拥护传统教育事业的政治自由派已是寥寥无几了,而且他们通常也不愿为此做过多争论。20世纪80年代的党派分歧导致传统主义者被赶出了自由派阵营。早在约30年前,像布鲁姆、赫希和拉维奇这样的作家被称作自由主义者,而今天他们却被称为保守派。传统主义因此得以延续,只是它现在已成为保守派教育观的重要组成部分。

保守派慈善事业(20 世纪 70 年代至今)

20 世纪 60 年代的动荡,使保守派慈善事业在 20 世纪 70 年代中期迎来了第二次发展。传统主义者和古典自由主义者在这次动荡中比起 60 年代早期更加背离了主流方向,尤其是在教育领域。

就像是早期的捐助者向哈耶克寻求学术指导一样,参与这个新运动的基金会也向新保守派寻求学术指导。在新保守主义的庇护下,编辑、作家和学者在尊重哈耶克和古典自由主义的同时,从不同的视角看世界。通过政治派别,很多人不但受到了左派的影响,也受到了如特里林、奥威尔和雷蒙德·阿伦(Raymond Aron)等哈耶克一代知识分子的影响。他们不仅把极权主义视为是对自由主义的威胁,更是一种道德犯罪。虽然有很多新保守主义者将他们的知识谱系追溯到 18 世纪,如亚当·斯密和埃德蒙·伯克(Edmund Burke)等自由主义者身上,但是新保守主义者更强调思想中的道德方面,认为美德是获得自由不可或缺的条件。因此,他们把自由市场以外的政治、宗教和文化,同样看作是一个自由社会正常运转的关键因素。

在抨击 20 世纪 60 年代后期的自由主义时,新保守派采取了截然不同的论点。20 世纪 70 年代的政治世界,与 1994 年哈耶克所担心的政治世界大相径庭。正如哈耶克所预测的那样,福利国家并不会导致集体主义,而是产生了分裂、混乱、集体冲突、家庭破裂、教育失败和政府功能紊乱等问题。新保守派并不反对福利国家本身,他们反对的是塑造福利国家的唯信仰论哲学,这种哲学轻视传统中产阶级关于工作、个人责任以及家庭和社区责任等观念。此外,新保守派对福利国家的政策和行为发起了挑战,并不是基于推测的理由(例如,他们超越了政府的合法权利),而是因为这些政策和实践已经产生了不良的、无法接受的实际后果。新保守主义者打开了一扇通往社会科学研究世界的大门,后来证明社会科学研究在有关教育的争论中是有效的。

社会学家詹姆斯·科尔曼的开创性研究《科尔曼报告:教育机会公平》(*Equality of Educational Opportunity*)产生了重大影响。该研究于1966年发布,其分析表明,令主张联邦政府加大对中小学教育投资力度的人感到失望的是,增加投资对提高教学成绩影响不大,对那些弱势群体的学生而言更是如此。更能影响他们学习成绩的是家庭环境、交往的同龄人及其自我效能感。对于克里斯托尔、丹尼尔·帕特里克·莫伊尼汉(Daniel Patrick Moynihan)、内森·格莱泽(Nathan Glazer)和詹姆斯·威尔逊(James Q. Wilson)这些新保守主义者而言,科尔曼的报告表明,从成绩来看,美国学校做得并不好。即使依靠当时热议的各种措施,如补救项目、小班教学和完善设施等,成绩也并无显著提高。事实上,真正能够起作用的是学生家长和年轻人对教育态度的转变。不仅他们要重视学习、努力学习,学校也要做出相应的调整,强调学术严谨和纪律。

大约有十余家基金会接受这种分析,并支持新保守主义的观点。其中最著名的是史密斯·理查森基金会、约翰·M.奥林基金会、斯卡费信托公司(Scaife Trusts),以及1985年成立的林德和

第十四章 教育与保守派基金会

哈里·布拉德利基金会。一些成立较早的右派基金会，特别是埃尔哈特基金会，也提供了援助。然而，这些基金会的资产从大约1亿美元（奥林、埃尔哈特）到5 000万美元（布拉德利）不等，即使在发展的顶峰时期年均支出加起来也不过1 000万美元。因此，尽管保守派为了改变教育而制定了一个雄心勃勃的慈善战略，但是他们所拥有的资源却是有限的。

最终的结果可能就是所谓的"精英"战略，即将基金会有限的资金集中在杂志期刊、学术项目和研究计划上。这样做能让记者、学者、专业人士和决策者中的精英读者对基金会的理念有更加深刻的理解。有人认为，就可利用的资源而言，组织社区活动、发起选民登记活动、进行广告宣传等民粹主义策略过于昂贵和烦琐。随着改革日益专业化，尤其在深受专业知识和精英意见影响的教育领域，人们也认为这些策略是相对无效的。此外，随着20世纪70年代教育研究的发展，以及新组织的建立（包括最终华盛顿内阁级部门），情况更是如此。尽管与艾尔·尚克（Al Shanker）及其领导的美国教师联合会（American Federation of Teachers）的关系时断时续，但联合正成为教育领域的主导力量，削弱了保守派所宣称的美国学校正在倒退的观点。但是，还有相当多新的学者对教育进行了更具批判性的研究，其中包括很多在传统意义上并不认同保守主义的研究人员，这使得精英战略对新成立的保守派基金会来说似乎是一个明智的策略。

颇具讽刺意义的是，新成立的保守派基金会遵循的是早期对自由主义基金会有益的准则。尽管在20世纪60年代，他们走向了明确的激进主义。比如，在一些气氛十分紧张的地区，例如纽约市的海洋山布朗斯维尔区所发生的学校的无根据激进活动。

自由派慈善基金会教会了保守派基金会,如果想要在国家层面推广自己的主张,就必须要建立自己的研究和组织网络。在福特基金会的麦克乔治·邦迪的领导下,自由派基金会创建了一套全新的决策流程。在这一流程当中,联邦法院、监管机构和重要的委员会均发挥了关键作用。这些机构凭借其决策手段,前所未有地通过资助影响了研究组织和宣传团体。通过汲取这些经验教训,20世纪70年代中期,有几个资金不是特别充裕的基金会开始系统性地投资建立自己的机构网络,倡导有限政府、联邦体制、自由市场、教育改革和国家安全等广泛概念。结果,扰乱政治进程的各种冲突和分歧却成就了一番慈善事业。

在构思和实施上述战略时,保守派基金会的领导者将教育领域作为机遇和目标。很显然,由于几十年的进步主义改革,这个领域从幼儿园到研究生一直受到自由主义思想的影响。自由主义者长期处于主导地位,代表了教育的成就,这为保守派扮演批评者的角色和宣布改革创造了条件。保守派可以通过指出教育体系的不足,而寻求学校机构的变革、制定更为严格的课程标准、培养优秀学生及培训教师。由于法院判决和"伟大社会"(Great Sociey)构想立法规定,中小学的教学方针主要由各州和联邦政府制定。保守派不用花费较大的财力、物力就可以将其想法传递到关键决策者的耳朵里,而不用单独向全国上千个学区推销。

其中一个努力方向是寻找公立学校的替代方案——即后来的"教育选择"运动。这是保守主义运动中古典自由派的一个长期目标。20世纪60年代,米尔顿·弗里德曼的著作《资本主义与自由》(*Capitalism and Freedom*, 1962)风靡一时。在书中,弗里德曼主张终止政府对学校的控制,这并不是出于对学生学习内容

第十四章　教育与保守派基金会

的担忧（虽说他可能有过这方面的担忧），而是为了根除浪费和低效。在之后的10年间，教育选择运动受到左派改革者约翰·孔斯（John Coons）和克里斯托弗·詹克斯（Christopher Jencks）等人的欢迎。左派改革者将"教育选择"作为解决学校财政不平等的一种方式，他们主张不依据学校和学区，而是依据学生人头分配资助。20世纪70年代初期，作为反贫困的工作之一，联邦政府甚至在加利福尼亚州洛克区（Alum Rock）资助了一个实验性教育券项目（voucher program），但该项目无疾而终。[1]

保守派基金会的第二波关注焦点与之前完全不同。在《科尔曼报告》发表后不久，基础教育委员会就开展了一项研究，旨在驳倒科尔曼的核心发现——学校无法战胜家人和朋友等不利因素（Wilson, 1990）。这项研究通过分析一些正在消解家人和朋友所带来的不利影响的学校来驳斥科尔曼。其他更为详尽的研究进一步佐证了委员会的观点，包括科尔曼本人的一项分析，他得出的结论是：天主教学校在对市中心平民儿童的教育方面，比公立学校更为成功。之所以会有这样的不同，是因为更高效的学校有更为严格的学术标准、要求做更多的家庭作业、执行更为严格的纪律、配备更好的校长和老师，并且还具备教育领域的传统主义者长期提倡的一些其他特点。

这项研究的高潮部分出现在查布和特里·莫（Chubb and Moe, 1990）所著的《政治、市场和美国学校》（*Politics, Markets and America's Schools*）一书中。该书主要由奥林基金会和布拉德利基

---

[1] 参见 *Private Wealth and Public Education* (Coons, Clune, and Sugarman, 1970) 和 "Power to the Parents? The Story of Education Vouchers" (Cohen and Farrar, 1977)。

金会共同资助,但是由布鲁金斯学会——一个带有左倾色彩的智库出版。该书的作者约翰·查布(John Chubb)和特里·莫(Terry Moe)是两位不认同保守党政治立场的社会科学家。他们研究学生成绩和教育管理之间的关系。他们得出的结论是:只有减少政治和官员控制,采取类似于市场问责的方式时(例如争夺生源),学校才更能发挥作用。

这项研究在精英报纸和专业杂志上引起了人们的广泛关注。当时出于各种原因,改革者开始尝试用各种新的方式来组织管理学校。在明尼苏达州,前任教师兼管理者乔·内森(Joe Nathan)提出了"特许学校"的理念——一种由公共资助,但进行自主管理的学校。这种模式使学校职工免受各项规章制度的制约(Nathan, 1996)。在纽约市,一位名叫西摩·弗利格尔(Seymour Fliegel)的学区负责人曾在东哈莱姆区推广"代替性学校"理念——在能够体现独特教育方式、规模较大的学校中,开设迷你学校(Fliegel, 1993)。在威斯康辛州,尽管州议员波莉·威廉姆斯(Polly Williams)曾支持杰西·杰克逊(Jesse Jackson)竞选总统,但他仍与布拉德利基金会密切合作并提出了一项法案,提议创建一个教育券项目,让密尔沃基市表现不佳的公立学校里的黑人儿童和低收入家庭的孩子能够转读私立学校。

查布和特里·莫的研究不仅为这些努力提供了学术上的合法性,而且还推动其蓬勃发展,并获得了后来与中立派慈善家联合的保守派慈善家的支持。在右派智囊团和宣传团体的帮助下,俄亥俄州、佛罗里达州、印第安纳州、宾夕法尼亚州、加利福尼亚州、哥伦比亚特区和其他司法管辖区建立了或提议建立新的教育券项目。富商,如纽约的彼得·弗拉尼根(Peter Flanigan,奥林基金会的受托人)、印第安纳波利斯的帕特里克·鲁尼(Patrick Rooney)、加利福尼亚州的约翰·沃尔顿(John Walton)及布拉德利基金会等均提高奖学金金额,帮助来自低收入家庭的孩子进入私立学校或宗教学校就读。在温和的民主党人和教师工会的帮助下,特许学校的数量迅速增加。到2006年2月,40个州的特许学校数量已达到3 600多个(国家教育统计中心,2005)。保守派基金会,包括新成立的基金会如沃尔顿家族基金会(Walton Family Foundation)和托马斯·福特汉姆基金会(Thomas B. Fordham Foundation),为特许学校的壮大提供了种子资金,发挥了关键作用。与此同时,由于教育选择运动,营利性公司也可以在中小学教育领域拥有一席之地。

尽管如此,查布和特里·莫的书出版后,非公立学校(包括特许学校)的学生比重并无太大变化(国家教育统计中心,2005)。专家和政界人士都极力反对使用教育券,甚至也反对特许学校,法律方面的限制也越来越多。让来自低收入家庭和少数民族的孩子不在公立学校,而去其他学校就读,这已经不再是美国教育争论中的少数派或是边缘化的想法了。随着非公立学校中宣传团队、法律辩护团队、技术援助项目以及其他组织的增加,针对扩大教育选择优点的研究也在增加。其中大多数研究是保守派慈善组织所资助的。

然而,教育选择运动只是保守派基金会针对中小学教育所采取的策略之一。推行教育券、寻找公立学校的替代品,这些是由保守主义中古典自由主义一方提出来的。其中,寻找公立学校的替代品与传统主义观点产生共鸣,即需要恢复美国教育中更加严格的课程设置。与20世纪50年代一样,很多支持这一观点的人根本不是政治保守派,但是到了20世纪80年代,在教育政治发生变化的情况下,他们得以产生更大的影响力。

美国教育部设立了国家卓越教育委员会(National Commission on Excellence in Education),该委员会在1983年发布了一份名为《国家处于危险之中》的报告,这份报告改变了教育政治环境。报告提出预警:"我们的教育基础正在被一股日益壮大的平庸趋势所侵蚀,而这种趋势威胁着我们国家和民族的未来。"(5)在避免指责的同时,报告的调查结果和建议是更好地教授"新基础"(70)、实施"更为严格、可衡量的标准"(73)、更多用于教学的在校时间、更多具有"学术能力"的教师(76)。所有的上述内容直接指出了进步主义教育才是导致问题产生的根源。更为糟糕的是,这些观点并不是由保守党所选举出的总统罗纳德·里根所带来的新观点。这些观点来自一个由著名的大学校长、商界领袖和教育家组成的专家团。曾担任过犹他州公共教育主管的现任美国教育部长特雷尔·贝尔(Terrell H. Bell)对专家团的相关工作十分推崇。

虽然保守派基金会没有直接参与国家卓越教育委员会的活动,但委员会发布的报告是对保守派基金会及其受资助者言论的一种认可。事实上,该委员会的名称与保守派慈善组织最有影响力的受资助者之一——卓越教育网络较为相似。1981年,两位著作颇丰的学者,范德比尔特大学的切斯特·芬恩(Chester E. Finn Jr.)和哥伦比亚大学师范学院的拉维奇在奥林基金会和安德鲁·梅隆基金会的支持下创建了卓越教育网络。这是一个松散的组织,成员最多时达到2 000人,其中包括:学者、法律从业者、决策者、商界领袖和学生家长——他们都关心这个国家中小学的状况(Finn, 1996),都认为学校需要更高的标准、更好的教学、更合适的考试方式和"以结果为基础的问责制"。此外,他们也支持教育选择运动,致力于在课程改革中引发更系统的变革。

《国家处于危险之中》给予了这些观点更大的合法性和关注度,同样也为其他参与其中的人铺平了道路。由史密斯·理查森基金会支持的国家人文中心(National Humanities Center)执行主任威廉·贝内特(William J. Bennett)公开就教育问题发表观点、撰写报告(尤其是少数民族面临的问题)。1985年,贝内特接任贝尔任教育部长一职。他任命芬恩担任他的副部长,推出了传统主义的改革路线,并与保守慈善家密切合作(Finn, 1991)。不久之后,弗吉尼亚大学的英语教授赫希撰写了一本令人惊讶的畅销书——《文化常识:每一位美国人都需要知道的知识》(*Cultural Literacy: What Every American Needs to Know*, 1987)。该书认为学校对抽象理论的教学超过了讲授具体事实,导致儿童对美国历史、文学和其他领域的重要思想一无所知。在保守派和中间派的资助下,赫希教授创建了核心知识基金会(Core Knowledge Foundation),与当地学校合作来改进课程。

在保守派智囊团中,丹尼斯·多伊尔(Denis Doyle)曾就此撰文,声援那些试图"掌控"教育体系的官员,其中包括田纳西州州长拉马尔·亚历山大(Lamar Alexander,他后来跟随贝内特任职于美国教育部)。多伊尔还和一些杰出的商界领袖进行了一系列合作,他们认为失败的学校教育对国家经济来说是一种威胁。这其中包括两位商界领袖——先后掌管 RJR 纳贝斯克公司(RJR Nabisco)和 IBM 公司的路易斯·格斯特纳(Louis V. Gerstner Jr.)、美国施乐公司的首席执行官大卫·卡恩斯(David

Kearns）——他们在创建自己的组织过程中都以提高标准和变革学校运作方式为目标。[1]

到20世纪80年代末，就有关改善美国教育需要做些什么这一议题已经形成了可靠的共识。20世纪50年代，对传统主义者而言，这一共识至少是可以接受的，并且一点都不令人感到惊讶。此外，它还吸引了一些意想不到的个人和团体的支持，包括一些中间派的民主党人士，如当时的阿肯色州州长比尔·克林顿和皮尤慈善信托基金会。多年以来，皮尤慈善信托基金会一直游离于保守派阵营之外，由项目官员罗伯特·施瓦茨领导，负责为建立全州的学术标准和其他改革项目提供资金支持。保守派慈善家继续提供资助，目的是让学校更加负责地教授学生"基础知识"、提升学生的成绩水平并且改善教师的培训条件，但是州政府和华盛顿政府越来越多地承担起了这一责任。其中最为惹人注目的是在2002年通过的《不让一个孩子掉队法案》。虽然他们的工作在质量和严谨性方面可能存在很大的差异，但反映出对培养卓越人才教育的坚持，这一点是美国学校批判的重要方面，并在过去的40多年间一直得到保守派基金会的支持。

进步主义虽然不像过去那样在教育实践中占据主导地位，但依然在教育学院中根深蒂固。如此一来，在杜威哲学思想的基础上，一些有关新式学校和项目的建议源源不断地迸发出来。杜威哲学思想研究对传统主义者的观点和教育选择运动提出了质疑，其中的激进分子还试图挑战"高风险考试"和新改革共识中的其

---

[1] 参见 Winning the Brain Race (Kearns and Doyle, 1987) 和 Reinventing Education: Entrepreneurship in Today's Schools (Gerstner, Semerad, Doyle, and Johnston, 1994)。

第十四章 教育与保守派基金会

他方面。

对保守派慈善家而言,左翼思想在高等教育中占据主导地位是一个很严重的问题。继20世纪60年代的校园暴动之后,威廉·巴克利在耶鲁大学强烈批判的趋势不仅得以继续,而且还扩展到非常广泛的校园和学术生活领域(除了科学和工程领域)。由于学校教师牢牢地掌握着课程设置,即使委托人和管理人员早就想有所改变,也无能为力(其中,有许多人没想过改变)。此外,由于同样渴望一些新奇的非传统的想法,学术领域也接受了一些激进的、经常带有争议的理论和研究主题。而在利益集团和自由派基金会的刺激下,大学对一些既能反映学术议程又能反映政治议程的研究领域创设了新的学位,如妇女和非裔美国人研究。

这些发展也并非没有受到来自慈善家的挑战。1973年,在美国大学企业支持委员会(Committee for Corporate Support of American Universities)的一次演讲中,实业家戴维·帕卡德(David Packard)表示,高等教育在很多方面都具有反商业化的敌意。他呼吁慈善家直接资助"那些强大的学院和系,只要这些学院和系以某种方式为个人的企业或者自由企业制度的普遍福祉做了贡献"。[1]《纽约时报》、知名大学和基金会的负责人对帕卡德的观点持批评态度,但他并非唯一持此观点的人。早在2年前,未来的最高法院大法官刘易斯·鲍威尔(Lewis F. Powell Jr.)就曾在一份广为流传的备忘录中向商界领袖表达了类似的观点(1971年8月23日,刘易斯·鲍威尔写给尤金·B. 西德诺[Eugene B.

---

[1] 参见"David Packard's Forgotten Legacy to Philanthropy"(Lenkowsky, 1996)。

Sydnor Jr.]的机密备忘录)。[1]

2年后,亨利·福特二世(Henry Ford II)在宣布辞任福特基金会受托人一职时,谴责福特基金会并没有充分资助那些"发挥基金会作用"的经济体系(Orosz,2002,97)。金融家威廉·西蒙(William E. Simon)在1997年卸任财政部长后所著的《真理的时刻》(A Time for Truth)一书中,敦促基金会和企业利用资源维持一个新的"反知识分子"体系,新体系不持有反对资本主义、支持集体主义的倾向(1978,229)。

这恰好迎合了保守派基金会的第二波关注焦点。(离开政府之后,西蒙担任了保守派基金会——约翰·奥林基金会的主席。)保守派基金会采取了两个主要策略:其一是鼓励高等教育内部和外部的思想竞争,其二是揭露教师、管理人员以及学术科目的政治偏见。前者对大学生活产生了相当大的影响,而后者虽然不曾被忽视,但对大学生活产生的影响相对较小。

不出所料,从保守派慈善家亲商界的态度来看,经济学和法律是最先受到关注的领域。随着哈耶克和弗里德曼分别在1974年和1976年获得诺贝尔奖,古典自由主义经济再次受到知识分子的青睐。所有主要保守派基金会都建立项目来支持和帮助处于上升期的学者,其中包括哈佛大学的马丁·费尔德斯坦(Martin Feldstein)和斯坦福大学的迈克尔·博斯金(Michael Boskin),这二人最后都成为了美国政府经济政策的首席顾问。研究中心,如由费尔德斯坦领导的国家经济研究局和由里根总统的经济顾问委员会主席穆雷·韦登鲍姆(Murray Weidenbaum)负责的华盛顿

---

[1] 参见"The Legend of the Powell Memo"(Schmitt, 2005)。

大学美国商业研究中心（Center for the Study of American Business），都获得了支持，不仅可以为研究提供经济担保，还可以为研究生提供奖学金。

法律学校也刮起了一股古典自由主义经济复兴之风。芝加哥大学法学院的理查德·波斯纳（Richard Posner）、耶鲁大学法学院的罗伯特·博克（Robert Bork）和哈佛大学法学院的斯蒂芬·布雷耶（Stephen Breyer）等学者都试图将经济分析应用于各种监管和行政问题。其他学者，尤其是罗切斯特大学的亨利·曼尼（Henry Manne）创建了"法律和经济"研究机构，为诸如联邦法官等从业者提供了帮助。保守派基金会补贴他们的开支，并且还为学术研究项目提供资金。1982年，随着"批判性法律研究"等新马克思主义学说越来越受欢迎，法学院中的保守派和自由派学生试图建立一个全国性的协会，以确保利用"有限政府原则"，在校园里营造"公平听证"的环境。与此同时，在保守派慈善家的帮助下，联邦主义协会（Federalist Society）得以创建。该协会现包括由来自美国律师协会认证的180所学校的5 000多名学生，其中包括排名最靠前的20所学校（Federalist Society for Law and Public Policy Studies, 2006）。

然而，令保守派基金会感兴趣的学术领域并非只有经济学和法律。除了批评高等教育对商业的敌对态度外，帕卡德也曾指责高等教育因越南战争而反对军事，尤其对几所主要大学停止后备军官训练（ROTC）感到不满（Packard, 1973）。大学的一些学者和研究中心，例如20世纪50年代，基辛格（Henry Kissinger）在哈佛大学创立的一个项目，渴望复兴早期的一些关于军事战略学术研究的学说。保守派基金会为了改变高等教育对军事敌对的态度,为这些学者和研究中心提供资金援助。但具有讽刺意味的是第一个受益人却是民主党人塞缪尔·亨廷顿(Samuel Huntington)。最近,他在担任卡特总统国家安全顾问一职期满后,回到哈佛大学任教。卡特政府的外交政策受到了右翼势力的嘲笑。但是,由于亨廷顿计划的推行,及保守派慈善家支持的其他计划的出现,新一代的平民战略家开始出现。他们中有很多人在普林斯顿大学和约翰·霍普金斯大学的各个学院崭露头角,或者在政府和媒体机构担任要职。

从亚当·斯密到弗里德里希·哈耶克,古典自由主义思想的支持者也认识到了道德哲学的重要性,保守派基金会也认识到了这一点。最让他们担忧的是,很多大学校园以多元文化教育的名义,日益反对学习西方文明的权威文本(在斯坦福大学,杰西·杰克逊[Jesse Jackson]教授领着学生唱着圣歌"嘿、嘿、嗬、嗬,西方文明该走了")。早在 20 世纪 80 年代早期,保守派基金会就曾给一些从事美国民主基本原则教学和研究项目的研究中心提供过资金支持,如芝加哥学者埃伦·布鲁姆和哈佛大学哈维·曼斯菲尔德(Harvey Mansfield)等领导的研究中心。这些项目主要由保守派校友资助,而非保守派基金会资助,为新一批类似的研究中心树立了学习的榜样。现在已有十几所学校创建了类似研究中心。同时,还有 50 多所学校正在规划中。

除了在高等教育内部推动理念竞争之外,保守派慈善家还通过大力支持建设全国性智库网络来推动外部挑战。智库网络会发布各种主题的书籍、文章和简报。上述做法在某种程度上(或很大程度上)吸引了学术界的研究和工作人员。虽然这些文章和研究并不一定遵循学术标准,但它们被推荐给了政府官员和新闻工作者，甚至被推荐到了大学课堂。一些研究甚至是与大学里的学者合作完成的；还有一些研究引发了严肃的讨论或者激发了其他学者进行证伪。智库网络中发展最好的是布鲁金斯学会（Brookings Institution），该学会甚至还会提供研究生学位。但是，对于很多接受过学术培训，但没有在大学任教的保守派人士而言，智库为他们提供了一个几乎不用承担任何教学义务的平台。这作为学者生涯的替代或是补充（如大学教师的休假），越来越为这些保守派学者所接受。

在一些领域，例如经济学和法学研究，保守派基金会的投资立竿见影（虽然从学术领域的兴衰来看，人的思想都会发生变化）。然而，在其他一些领域中，资助可能有助于提升教学质量或帮助创立了一些研究项目，但对某一教育机构或相关学科教学质量的影响却很有限。那些想要在大学和学院里通过学术浪潮和行为激发保守派建立"反知识分子"体系的效果也不显著。尽管保守派的思想仍然得不到重视，而且偶尔还会受到嘲讽，但它仍然在自由主义主导的学术世界里共存下来（有时候比共存还要好）。对于那些想要了解保守派思想的学生和教师而言，同保守派慈善家刚开始支持保守派时相比，现在了解这一思想的机会更多了（Piereson，2005）。

所有这些都不是源于大学运作方式的重大变化。虽然巴克利呼吁校友和受托人重新掌握对学院的控制权，但他们还未曾这样做过，也很少尝试去做，至少没有尝试过在高等教育推进保守派的目标。（众所周知，一所知名大学曾把价值数百万美元的捐款退还给校友，而没有用这笔捐款创建研究西方文明的项目。[1]）自由主义教师继续依靠学术自由主义、终身职位制和其他制度管理方面的政策来保护自己的教育和政治观点免受挑战。的确,对于保守派慈善家来说,尽管自20世纪80年代以来,他们在影响国家税收、国防和其他领域政策制定方面取得了成功,但与30年前相比,高等教育的制度变革似乎更加艰巨,前景也更加渺茫。

而这一切并不是因为保守派慈善家不努力。保守派基金会资助了布鲁姆、罗杰·金博尔(Roger Kimball, 1990)、迪内什·德苏扎(Dinesh d'Souza, 1991)、彼得·科利尔(Peter Collier)和大卫·霍洛维茨(David Horowitz, 1990)等作家撰写关于大学和学院问题的书籍,其中一些书籍成为了全国畅销书。他们也为"可供选择的"学生报纸网站提供资金支持。学生报纸网站揭露了违反学术标准、课程政治化及对在校学生极其危险的自由放任态度等问题。由保守派慈善家资助的公共利益律师事务所发起了一场抵制少数民族入学配额制、压制谈论政治不正确话题,以及禁用受侵害群体认为有冒犯意味的语言等的运动。

1985年,纽约市区学校的一群教师成立了一个组织,试图通过为高等教育争取更大的"民主",来拥有更加开放的调查和辩论环境、实行更加精英化的招聘和升学标准,提高在课堂上介绍党派观点及特殊利益观点的警觉性。在保守派基金会的支持下,该组织逐渐发展成全国学者协会(National Association of Scholars)。该协会的分会活跃在47个州、地区、哥伦比亚地区和加拿大地区。几年后,同样是在保守派慈善家的资助下,美国受

---

[1] 参见"Don't Fund College Follies" (MacDonald, 2005)。

托人与校友委员会(American Council of Trustees and Alumni)成立了,致力于帮助董事会成员和每年的资金捐赠者参与高校的改革工作。该委员会的负责人林恩·切尼(Lynne Cheney)曾担任美国国家人文基金会的主席,他一直强烈批评美国的教育状况。此外,委员会的全国专家组也包括知名的自由主义者,如科罗拉多州前州长理查德·拉姆(Richard Lamm)和《新共和》杂志(*The New Republic*)的主编马丁·佩雷茨(Martin Peretz)。

假以时日,这些组织一定可以取得很多重要成就。比如,他们曾数次有效地反对基于政治而非学术考虑的晋升和终身任职;一系列的法庭案件使得最高法院认定高校的种族入学配额是为纠正过去种族歧视的临时措施[1];由霍洛维茨和一个名为"学生学术自由"(Students for Academic Freedom)的组织共同制定的《学术权利法案》(academic bill of rights)在几个州的立法机构获得了听证机会。该组织旨在保护学生和教师拥有针对有争议的政治观点发表意见的权利。校园的管理机构越来越多地向保守团体寻求关于如何处理校园争端事件,或填补行政职位空缺的建议,甚至有时会直接采纳一些建议。

尽管最近几十年来,职业教育论、多样化和多元文化论的潮流席卷了整个学术界,但保守派慈善家逆流而上,还是在高等教育领域取得了一些真正的成就。最为重要的是,他们在校园内外建立起教育机构网络。这些机构在保守派人才培养、挑战学术圈主导的正统思想方面都发挥了重要作用;而且,它们还能够从市

---

[1] 参见 Gratz v. Bollinger, 539 US 244 (2003); Grutter v. Bollinger, 539 US 306 (2003)。

场经济学、西方文明伟大著作、开国元勋理想中,抑或其他领域,借鉴重要的思想和理念,从而提出一些非主流的观点和想法。

然而,保守派并没有自欺欺人地认为美国大学能随时转变成巴克利和布鲁姆所期望的"教育绿洲"。他们比其他人更明白,推动学术界走向政治左派的力量有多强大,高等教育的组织惰性有多严重。然而,他们同样也知道,即使是在人员和费用都用尽的情况下,一场思想运动所产生的影响也是有限的。因此,保守派基金会一直都在努力确保其思想至少能够在校园辩论和讨论中得以体现。如今,有将近1 700万学生就读于美国各类大学,这些学校承担着培养未来国家领导人的重任,如果不想让保守思想仅成为历史"古董"的话,保守派基金会也别无选择。

保守派慈善事业的经验

尽管并不是所有努力都获得了成功,甚至这些努力也无法彻底地变革美国的教育,但保守派基金会仍然令人们印象深刻。不同于其他只对教育和优秀提案感兴趣的基金会,保守派基金会尽管拥有的资金有限,但是会经常质疑教育权威和强大政治团体的观点。它们致力于将自己的想法纳入改革议程,有时甚至能够决定改革议程。

由于它们的努力,现在学校课程的学术标准比20年前更严格了。学生需要达到常规考试标准。通过常规考试,不仅学生之间,甚至学校间、学区间和全国范围内都实现了比较。在很多地方,升学甚至毕业都需要在考试中取得合格的成绩。对于打算上大学的学生而言,必须取得较高的成绩。英语、科学和数学等核心课程的成绩要求更高。短期研究结果表明,这种较高标准和定期考试相结合的方式正在缩小白人和少数民族学生之间的成绩差距(美国教育部,2005)。当然,还要进一步展开细致、长期的研究。

同样,虽然争论仍然很激烈,但教育选择运动可以说已经在学生学业成就方面产生了积极的影响[1],并且激发了新一轮的学校创新潮流。基于赫希的工作,开展了如"知识就是力量项目"(Knowledge Is Power Program,简称 KIPP)和核心知识学校(Core Knowledge Schools)等广受赞誉的创新模式。很多长期讨论的想法,如全日制和全年课程、技术的广泛应用、培养教师的新方法及单一性别学校等,现在都在试验中。而在 1990 年之前,这些想法还尚未出现。如今,在 30 个州的全部或部分地区,父母有机会选择孩子就读的公立学校。有 5 个州和哥伦比亚特区可以选择私立学校,包括教会学校。美国有 40 多个州颁布了特许学校法律,其中半数以上的此类法律被认为是"有效的",因为它们使很多管理公立学校的法规变得更宽松了。(Center for Education Reform Fast Facts, 2006)

与 20 世纪 60 年代凯恩斯主义占主导地位形成鲜明对比的是,当今大多数经济学专业的学生能够以某种形式接触到古典自由主义的理论和概念。学生会从所就读的高等院校学到很多思想(其中一些思想重新引起保守派资助者的关注,并因此对政治学和相关学科产生了影响)。大多数法学院的课程会以经济理论

---

[1] 参见"School Vouchers: Results from Randomized Experiments" (Peterson, with Howell, Wolf, and Campbell, 2003)。

应用于法律为特色,从自由主义和保护主义的角度来教授。支持保守主义和自由主义的学生几乎都会加入联邦主义者协会(而且,出于同样的原因,民主党反对派会以加入联邦主义者协会为标志,来反对其提名到司法部)。

然而,在其他方面,今天大学生所面临的世界可能比20世纪50年代年轻的巴克利所面临的世界更为自由和世俗化。除非是就读于少数几所致力于研究美国政治或哲学原理的学校,否则学生面对的教师,尤其是人文和社会科学的教师,都是在政治上属于彻底的自由主义者(Rothman, Lichter and Nevitte, 2005)。(这一点对课堂的影响有多大则是另外一回事。)一方面,尽管偶尔会受到挑战,但各种言论自由准则、"多样性"项目、"性周"及各种受政治影响而催生出来的专业都已经根深蒂固了。另一方面,保守派的教师、学生和受托人可以向各种组织寻求建议和帮助。而且,越来越多的批评家开始质疑高等教育的质量,从学生分数膨胀,到数学和科学专业研究生人数比例下降等方面均成为焦点。正如《纽约时报》所言,引入"普遍接受的衡量学生进步的方法"的压力越来越大。[1]

虽然不是所有的发展都完全归功于保守派基金会所做努力,但是它们的工作确实帮助了这些发展变为现实,有时候甚至可以说是发挥了最主要的作用。它们的做法为慈善事业积累了很多经验。

其一,在美国,或许是因为反对正统流派的传统,那些批评现

---

[1] 参见"Proof of Learning at College" (editorial), *The New York Times*, The Week in Review. Feb. 26, 2006, p. 11. 另参见 Bok (2005),尽管他不认同保守派的批评。

第十四章 教育与保守派基金会

状、要求改革和制度革新的人会获得某些优势。具有讽刺意味的是,由于20世纪的美国教育深受自由主义思想和政策的影响,保守派基金会通过将自身定位为改革者和改革推动者,从而受益匪浅,尤其是在著名的教育家纷纷在政府报告中签字,承认有必要进行重大变革之后。这导致的后果是,中小学和高等教育工作者经常被迫采取"防御型"或"保守型"的姿态来进行回应。他们指出,改变常常伴有风险,甚至有可能会使事情变得更糟,而不是更好。

自由派基金会也可以披上改革的外衣,并且有很多人都已做了尝试。但由于他们不是真正的局外人,所以改革往往缺乏可信度。例如,林登·约翰逊(Lyndon Johnson)的前任教育部长哈罗德·豪二世(Harold Howe Ⅱ)就曾负责福特基金会教育项目工作。学院和大学校长在退休之后,经常指导其他大型基金会(如卡内基教学促进基金会、洛克菲勒基金会和休利特基金会)的资助活动。然而,无论他们的计划如何缜密和巧妙,教学目标和教学方法都不可避免地变成自由主义思维框架的延伸,这对日益保守的公众的吸引力越来越小。

根据对变化和改革的倾向来界定保守主义和自由主义并不总是准确的,这是因为教育之辩是一个客观问题。保守派慈善家取得成功的原因之一是他们和其受助者夸大了对手对改革的反对情绪。

虽然某些企业可能在其他问题上与保守派慈善家意见相左,但对改革的认同使一些具有影响力的企业可以与之结盟。例如,企业高管和保守派在经济或外交政策方面的意见不总是一致,但在提高中小学教育质量方面,他们的意见基本是一致的。许多企业高管蓄势待发,希望提供企业捐款来推动变革。更令人感到惊讶的是这些企业与非洲裔领导人之间的合作,这些领导人所在社区的公立学校深受贫穷的困扰。事实证明,他们的支持对保守派在推动教育选择运动发展上至关重要。同样,高校成本不断增加和招生中存在的偏见等问题使得处于中产阶级的家长(无论背景如何)更容易接受对高等教育的批评。

或许是因为保守主义思想更适合贵族社会,而不是民主社会。因此,在美国历史上的自由主义社会思潮中,保守主义思想似乎总是有些不合时宜。但是,由于他们愿意在广泛的群体中(以及那些在其他问题上与自己政治观点不一致的人)建立盟友关系,保守派基金会可以宣称自己的教育理念,并没有远离普通大众成为思想家的附属品,而是得到了公众的广泛支持。

虽然美国的教育不再像过去那样分散,但是数量庞大的学区(及学院和大学)非但没有给那些财力不甚雄厚的慈善家造成困扰,反而对他们更有利。当一些学校改革的设想看起来很有前景,但苦于成本太高,或在很多地方实施过于复杂,就可以先在一个地方试行,随后再向其他地方推广。如若有些项目在布朗大学、耶鲁大学或威斯康辛大学实施起来存在政治争议的话,也可以先在迈阿密大学、蒙大拿州立大学或加州大学洛杉矶分校实施,这同样会对整个高等教育的教学和研究产生影响。此外,教育系统的开放性给保守派慈善家和其他担心美国教育失败的人提供了选择退出和开创新的事业的机会(如20世纪90年代期间涌现出一批新的教会和私立学校),他们将更多的保守主义观念融入实践之中。

与自由派基金会通常会专注于影响国家政策有所不同,保守派资助者的选择很少,他们不得不把资源投资到一些更青睐其教育理念的地方,而不是华盛顿当局(美国政府)或大学校园。这不仅会使他们的模式被采纳,宣传保守主义思想的途径更加丰富,而且也造就了一个不断质疑由国家资本战略而发展起来的雄心勃勃的政府计划的时代。

不管资助哪些领域,保守派基金会都会通过启发专业人士、学者、政策制定者、记者和其他精英人士对教育进行不同角度的思考,以改变公众舆论的氛围。这种方法被那些最有影响力的资助者广泛应用于各种活动之中。由于他们不断为新思想的产生和传播提供资金资助,詹姆斯·道格拉斯(James Douglas)和艾仑·威尔达夫斯基(Aaron Wildavsky, 1978)将这些资助者称为"知识渊博的基金会"(10—43)。此外,基金会还利用这种策略解决各种问题,例如美国城市的贫困问题。但是,左派批评他们不够民主、过于傲慢、具有家长式作风、无视他国女性、少数民族和原住民的需求等。此后,主要的基金会调整了方向,采用更具参与性的策略。这种策略的宗旨是,让那些需要帮助的人参与资助决策,而降低对精英专业知识的过分依赖。因为在后越战时期,精英专家关于知识的主张处处遭到质疑。

或许是为了免遭批评,或许也是受到了一些喜欢传统运作模式人士的影响,保守派慈善机构采用了与精英阶层合作的旧策略。当然,他们也开展了其他的活动(就像自由派基金会继续支持他们喜欢领域的研究和学者那样)。但是,如果有人认为保守派资助者之所以获得成功,是因为他们长期以来愿意集中力量支持少数激进组织,那他们就错了。准确地说,通常情况下,他们没有这样做。因此,才使他们可以在教育领域和其他与其数量和规模不相称的政策领域施加影响。

也许,最重要的不仅是运作模式在发挥作用,还有他们所代表的教育理念。保守派捐助者在过去的50多年里始终如一,他们支持的改革目标深深根植于美国人的理想:取得优异的成绩、使所有学生都拥有学习机会、奖励优秀人才、增加入学机会、传承西方文明尤其是理性和道德观念等。他们承认教育的成功很大程度上依赖于那些学校无力改变的因素,如学生的家庭环境和社区环境。(尽管保守派基金会在学校改革方面取得了成就,但它们最重要的贡献是提高了贫困儿童的学业成就,这也成为它们对福利制度改革所做出的努力,长远看来,这能够明显增强教育对贫困地区家庭和其群体的影响力。)此外,尽管保守派基金会并没有不在意诸如测试和能力分组等教育实践,但它们更关注教育的实质——学生应该学什么——而不是教学过程。

相比之下,从进步主义时代开始,自由主义者基于对美国理想的不同解读,将学校视为社会变革的工具。他们认为,学校可以促进更大程度的教育公平、促进公民参与、消除偏见、提高团队精神、消除"生活适应教育"的弊端等。在他们看来,其他机构尤其是政府也必须发挥关键作用,这就要求重新分配收入及其他资源,使得家庭条件不是很好的儿童也能够充分享受受教育的机会。虽然自由主义者对教学内容有自己的想法,但他们更多关注的是教学方法,比如体验式教学(或服务式学习)、建构主义和个性化教育,而不是像保守派那样更关注教学内容(尽管保守派坚持"教授基础知识"也暗含着对进步主义方法缺乏实质内容的批判)。

在整个20世纪,人们很可能会把美国的教育史理解为一场关于学校应该做什么的理念之争:关注教学内容还是关注教学方法。保守派慈善家更支持偏传统的理念。在他们的支持下,传统理念比之前更为人所知,也更有活力。可他们最终没有赢得这场比赛,当然也不可能会赢,因为这场比赛归根结底是有关相互冲突的美国教育哲学和教育理想的,而非教育实践层面的。在这些问题上,人们会一如既往地存在严重的分歧。但是,保守派慈善家的所作所为表明:许多美国人对于学校教育仍然持有的是一些旧观念;那些愿意一如既往为教育出资的基金会,即使在资源匮乏的情况下也依然能够取得很大的成就。

(莱斯利·伦科夫斯基 詹姆斯·皮尔森)

参考文献:

Bestor, A. E. *Educational Wastelands: The Retreat from Learning in Our Public Schools.* Urbana: University of Illinois Press, 1953.

Bestor, A. E. *The Restoration of Learning*: *A Program for Redeeming the Unfulfilled Promise of American Education*. New York: Knopf, 1955.

Bloom, A. The *Closing of the American Mind,* New York: Simon & Schuster, 1988.

Bok, D. *Our Underachieving Colleges*: *A Candid Look at How Much Students Learn and Why They Should Be Learning More.* Princeton, N. J.: Princeton University, 2005.

Buckley, W. F., Jr. *God and Man at Yale*: *The Superstitions of Academic Freedom*. Chicago: Regnery, 1951.

Center for Education Reform, Fast Facts: Charter Schools. (http://www.edreform.com/index.cfm?fuseAction=stateStats&pSectionID=15&cSectionID=44), last accessed Feb. 26, 2006.

Center for Education Reform, National Charter School Data At-A-Glance. (http://www.edreform.com/_upload/ncsw-numbers.pdf), last accessed Feb. 25, 2006.

Chubb, J. E., and Moe, T. M. *Politics, Markets, and America's Schools*. Washington, D. C.: The Brookings Institution, 1990.

Cohen, D. K., and Farrar, E. "Power to the Parents? The Story of Education Vouchers." *The Public Interest*, Summer 1977, *48*, 72 – 97.

Coleman, J. S., and others. *Equality of Educational Opportunity*. Washington, D. C.: U. S. Department of Health, Education and Welfare, 1966.

Collier, P., and Horowitz, D. *Destructive Generation: Second Thoughts about the Sixties*. New York: Summit Books, 1990.

Conant, J. B. *The American High School Today: A First Report to Interested Citizens*. New York: McGraw-Hill, 1959.

Coons, J., Clune, W. H., and Sugarman, S. D. *Private Wealth and Public Education*. Cambridge, Mass.: Harvard University Press, 1970.

Douglas, J., and Wildavsky, A. "The Knowledgeable Foundations." In *The Future of Foundations: Some Reconsiderations*. New Rochelle, N. Y.: Change Magazine Press, 1978.

D'Souza, D. *Illiberal Education: The Politics of Race and Sex on Campus*. New York: Free Press, 1991.

Federalist Society for Law and Public Policy Studies. "Our Background" (http//www. fed-soc. org/ourbackground. htm), last accessed Feb. 25, 2006.

Finn, C. E., Jr. *We Must Take Charge: Our Schools and Our Future*. New York: Free Press, 1991.

Finn, C. E., Jr. "Farewell—and Hello Again (Finn's Last Stand)." *Network News & Views*, Dec. 1996 (http://www. edexcellence. net/institute/publication/publication. cfm?id = 188), last accessed Feb. 25, 2006.

Fliegel, S. *Miracle in East Harlem*. New York: Times Books, 1993.

Friedman, M. *Capitalism and Freedom*. Chicago and London: The University of Chicago Press, 1962.

Gerstner, L. V., Jr., Semerad, R. D., Doyle, D. P., and Johnston, W. *Reinventing Education: Entrepreneurship in Today's Schools*. Boston: E. P. Dutton, 1994.

Hayek, F. A. *The Road to Serfdom*. Chicago: University of Chicago, 1944.

Hayek, F. A. "The Intellectuals and Socialism." *University of Chicago Law Review*, Vol. XVI, 1949.

Hirsch, E. D., Jr. *Cultural Literacy*: *What Every American Needs to Know*. Boston: Houghton Mifflin, 1987.

Kearns, D. T., and Doyle, D. P. *Winning the Brain Race*. Oakland, Calif.: ICS Press, 1987.

Kimball, R. *Tenured Radicals*: *How Politics Has Corrupted Our Higher Education*. New York: Harper & Row, 1990.

Lenkowsky, L. "David Packard's Forgotten Legacy to Philanthropy." *The Chronicle of Philanthropy*, Apr. 18, 1996, 43.

MacDonald, H. Don't Fund College Follies." *City Journal*, Summer 2005 (http://www.city-journal.org/html/15_3_college_follies.html), last accessed Feb. 25, 2006.

National Center for Education Statistics. *The Condition of Education 2005*. Washington, D. C.: U. S. Department of Education, 2005.

National Commission on Excellence in Education. *A Nation at Risk*: *The Imperative for Educational Reform*. Washington, D. C.: U. S. Department of Education, 1983.

Nathan, J. *Charter Schools: Creating Hope and Opportunity for American Education*. San Francisco: Jossey-Bass, 1996.

New York Times Week in Review. "Proof of Learning at College," Sec. 4, Feb. 26, 2006, p. 11.

Orosz, J. J. "Henry Ford and Edsel Ford." In R. T. Grimm Jr. (ed.), *Notable American Philanthropists: Biographies of Giving and Volunteering*. Westport, Conn., and London: Greenwood Press, 2002.

Packard, D. "Corporate Support of the Private Universities." Speech to the Committee for Corporate Support of American University, Oct. 17, 1973, unpublished.

Peterson, P., with Howell, W. G., Wolf, P. J., and Campbell, D. E. "School Vouchers: Results from Randomized Experiments." In C. M. Hoxby (ed.), *The Economics of School Choice*. Chicago: University of Chicago Press, 2003, pp. 107 – 144.

Piereson, J. "The Left University." *The Weekly Standard*, Oct. 3, 2005, *11*

(3), 20 – 30.

Powell, L. F., Jr. "Attack of [sic] American Free Enterprise System." Confidential memorandum to Eugene B. Sydnor Jr., Aug. 23, 1971, unpublished.

Rothman, S., Lichter, S. R., and Nevitte, N. "Politics and Professional Advancement Among College Faculty." *The Forum*, 2005, *3*(1), Article 2 (http://www.bepress.com/forum/vol3/iss1/art2), last accessed Feb. 26, 2006.

Schmitt, M. "The Legend of the Powell Memo." *The American Prospect Online Edition*, Apr. 27, 2005 (http://www.prospect.org/web/page.ww?section=root&name=ViewWeb&articleId=9606), last accessed Feb. 25, 2006.

Simon, W. E. *A Time for Truth*. New York and Chicago: Readers Digest Press and McGraw-Hill, 1978.

Trilling, L. *The Liberal Imagination*. New York: Doubleday, 1950.

U. S. Department of Education. "Nation's Report Card Shows Continued Progress—General," Oct. 2005 (http://www.ed.gov/nclb/accountability/achieve/report-card.html), last accessed Feb. 25, 2006.

Weltman, B. "Reconsidering Arthur Bestor and the Cold War in Social Education." *Theory and Research in Social Education*, 2000, 28, 11 – 39.

Wilson, J. Q., "Multiple Choice Test." *The New Republic*, Oct. 8, 1990.

第十五章　不同寻常的罗宾汉：运作型基金会与大学和中小学

概述

运作型基金会作为一个可以发挥多种功能的范例，以多种形式发挥着它们的规划和传播作用。这可能包括开发创意、做研究、授予奖学金、实施项目计划或其他风险投资项目。运作型基金会形式也可能不同，可以是一个独立实体、一个协会分支，或者一个志趣相投的团体。所以，对运作型基金会很难加以类型化。

本章作者充满激情地探讨了这类实体在教育领域中的独特地位。然而，运作型基金会虽然具有可以自由设定自己日程的特点，但也为其筹款带来了挑战（少数除外）。慈善市场的准则要求它必须诚信运营。一旦想法就位，资金汇入银行，运作型基金会就需要"出借"自己到所选择的领域，帮助其发展、实施、传播和改善教育资本。

罗伯特·韦斯布克在担任伍德罗·威尔逊基金会主席期间（他现在是德鲁大学校长），仍保留了作为英语教授的反思习惯，贯彻并发展了基金会的使命。本章是他思考并梳理运作型基金会的独特之处，以及它们如何与捐赠基金会和教育机构相适应的成果。

本章写作的另外一个出发点是罗伯特·韦斯布克对基础教育和高等教育间合作的倡导。在注意到比较有声望的学院和大学"被认为在公共教育危机方面行动力不足"之后，他认为高校与中小学进行合作会带来很多益处，而运作型基金会可以在其中发挥重要的作用。

381　　**运作型基金会**（Operating Foundation）一词并不会让人热血沸腾。我早年当美国文学教授时，挺喜欢鸡尾酒会上的开场白："你是做什么工作的？"然后我们就开始聊天，一直聊到梅尔维尔（Melville）或莫里森（Morrison）。可现在，有人问我同样的问题时，我会回答说我在领导一个运作型基金会，结果对方往往一头雾水。

有时候对方会天真地问道："运作型基金会？是个医疗机构吗？"更有甚者，还把它与伍德罗大学名下的各大机构以及伍德罗·威尔逊总统相混淆。但最容易让人误解的是基金会这个词，我们都知道，它与二战后成立的一系列非营利性机构有关。当对方问及基金会的资金来源时，我都得向他们解释一下，伍德罗·威尔逊基金会像大多数运作型基金会一样，本身没有大笔资助作基础，所以我们不得不向外界筹款。事实上，作为慈善基金会和大学或学区之间的调解人，我们有时觉得自己好像绿林英雄罗宾汉，但有一点不同：我们劫富济富，最后还是一贫如洗。

第十五章　不同寻常的罗宾汉：运作型基金会与大学和中小学

喜忧参半

运作型基金会在这里的含义与以往不同——该术语尚存模糊之处，我将对其加以说明。结合美国国税局（IRS）的规定、威廉·鲍恩（William Bowen）和他的同事们在著书中（1994）所引用的内容，我们可以给运作型基金会下这样一个定义，"运作型基金会必须至少将收入的85%用来积极开展自己经营的慈善项目。这里的'积极开展'指的是由基金会负责善款的运作，而不是直接向受资助人捐款"（9）。可是对于许多运作型基金会来说，这个定义是不恰当的，因为包括伍德罗·威尔逊在内的很多运作型基金会都有下设的捐赠分部，慈善组织向这些分部提供捐赠拨款，我们再把这些善款分发给受资助的个人和机构。

更何况，一些运作型基金会本身就拥有一笔数目可观的自有资金，它们主要来自最初的捐赠者，例如卡内基教学促进基金会或菲泽研究所（Fetzer Institute），或者更大一点的，保罗·盖蒂信托公司（J. Paul Getty Trust）。尽管这其中有一些基金会，比如卡内基教学促进基金会，还是会从外界筹集项目资金，但项目运营的主要资金来源还是自有资金和后续的项目收益。基金会理事会在其网站上辩称，大多数运作型基金会没有向公众筹集资金[1]，但事实并非如此，不仅是伍德罗·威尔逊基金会，许多博物馆和野生动物保护区也会从外界筹集资金。因此，"运作型基金会"是一个迫切需要细分的概念。在下文中，我主要介绍那些

---

[1]　参见网站 http://www.cof.org/index。

自己直接使用资金而不是向受助人提供资金的基金会、协会和中心。

这个定义给我们的讨论还带来了另一个麻烦。许多会员制组织并不是官方认定的基金会,如美国学术协会,社会科学研究理事会(SSRC),或美国大学和学院协会,它们都需要寻求外部资金来进行项目运作。而它们的运作方式与伍德罗·威尔逊这样的运作型基金会大致相同。所以在本文中,我把这样的会员制组织也当作运作型基金会看待,一并予以讨论。同时,对于那些本质上是慈善性质的基金会,我基本不把它们考虑在内,尽管它们在某种程度上也具有运作型功能。

一个运作型基金会最大的悲哀在于它没有自有资金,因此它不得不依赖外界资助以维持运营。当我考虑是否加入伍德罗·威尔逊基金会时,一位朋友曾告诫我:"一个基金会没有自有资金,就像一个餐厅没有厨房,你除了分发资金,其他什么也做不了。"在过去的 15 年里,这个问题日益严峻。无论是个人的,家族的还是企业的慈善基金会,都越来越倾向于制定自己的项目议程,这些精确的议程使得广泛接受外界提案的慈善基金会越来越少见。此外,一些慈善基金会已经变得类似于运作型基金会,最典型的例子就是皮尤慈善信托基金会。

在本书中,雷·巴凯蒂非常推崇这种趋势,他建议慈善基金会"把一小部分组织改建成类似运作型基金会的形式"——也就是说,合并成一个兼具慈善和运作功能的混合型基金会。但我并不看好这种趋势,我这样说完全不是出于私利。我担心的是,一旦合并,缩小议程,将慈善和运作功能结合起来,会阻断大众的创新,而这种创新是运作型基金会一贯鼓励的。联想到运作型基金

第十五章　不同寻常的罗宾汉：运作型基金会与大学和中小学

会的能力，我的焦虑——说到底是对学术民主创新的焦虑——显而易见。就目前而言，我只想指出，这些趋势加深了这种担忧——当运作型基金会退化为一种仅满足外部出资者需求的机制之时，它将变得很肤浅。

运作型基金会（及其类似机构）的弊端在于它们自身对外界资助的依赖。我曾经教授过阿瑟·米勒的戏剧；现在我感觉自己有时候就像他笔下的威利·罗曼（Willy Loman），向一群不复存在的客户兜售理念。但更多时候——我对运作型基金会信心十足，它真的是这个国家最好的机构。这种自信是因为运作型基金会可以胜任下面几方面：

1. 制定自己的议程并积极地寻求资金。这需要基金会有自己的专注领域而不是去追名逐利。

2. 收集和传播大学和中小学中最引人注目的创新成果。在各院校间建立联络网，充分利用先进思想并切实有效地践行。

3. 宣扬并坚定维护学术价值观。

4. 善于倾听并得出比慈善家更准确的论断，因为学生和教职员工更愿意对他们，而不是向直接投资人说出实情。

5. 运作，正如其名——把想法付诸实践，化语言为行动。

只要有新的捐款，运作型基金会就可以自由地增加其员工数量。庞大的员工数量使得它有能力承担起慈善机构（当然还有政府机构）往往回避的重担。这里并非有意美化运作型基金会，只是如实说明它的重要性。

所以，也许我们没有我朋友所说的厨房，但一个有创意的运作型基金会可以学着在人行道上煎鸡蛋。我们可以创造新想法，并积极地为它们寻求资金支持，如果老一辈的资金已经枯竭，我们可以从下一代人那里发掘新的资金来源。慈善机构和运作型基金会经常通力合作,孵化创意之蛋。有时慈善机构会真诚地询问运作型基金会:"我们也想做这样的事情,但请告诉我们这样做的意义是什么。"

换句话说,这进一步强调了议程的重要性。我认为,议程对慈善基金会来说是好坏参半的,但对运作型基金会来说有着明确的价值。至少,设定议程意味着对一些挣钱的好机会说"不",以及分清基金会所做的事哪些是利益使然,哪些是热爱使然。卡内基教学促进基金会就有一个名为"议程中心"的部门。在李·舒尔曼领导时期,该议程中心侧重于教学改进。相比之下,成立于几十年前的基础教育中心就没有详细的议程,它的宗旨是传播传统的艺术和科学观念,维护社会现状和历史传统,推崇去政治化,只为艺术和科学喝彩,最终这个中心只剩些毫无意义的项目,并于2004年停止了运营。

伍德罗·威尔逊基金会最初有一个非常明确的议程——一个著名的奖学金项目,支持有前途的博士生学习,帮助培养下一代大学教师。项目创始人提到了二战之后的一种隐忧:最优秀、最聪明的人才会选择收入更高、地位最高的职业,而不是去做大学教师。伍德罗·威尔逊基金会在经过不温不火的初创阶段后,得到了福特基金会的大笔资助。即使这个项目的资金在30多年前就断流了,现在仍有大批年轻人攻读博士学位,争取教授职位。当时伍德罗·威尔逊基金会组织了一系列的活动,每一项活动都很有价值,但总的来说,多少有点小题大做。

我们花了数年时间来发展"参与型大学"(Engaged University)的概念——一种将中学和大学相联系,将学术专长和

第十五章 不同寻常的罗宾汉:运作型基金会与大学和中小学

社会挑战相联系的理念,为此我们向个人提供奖学金,并支持机构来推动这一理念的发展。事实上,尽管这句话的文字表述已经酝酿了好几个月,但还是过于冗长,它在某种程度上模糊了我们实现这两个目标的运作模式,而这恰是我的主要乐趣所在——寻求好的想法并将其传播出去。尽管如此,通过专注于公众参与大学教育的理念——有意识地(或许比近期学术史上更有意识地)致力于把学习作为提高社会生活质量的杠杆——我们确实在许多方面设置了有用的界线。当然,这样的观点可能会遭到驳斥,认为它低估了学习本身的价值,或者降低了研究的"真理价值",但我们试图提出一种"参与性大学"的概念,这样的大学将与知识为友。

即便如此,我们还是对"为了学习而学习"心存疑惑。如果仅把这个概念按字面理解,不把学习看作是人类个体和集体生存成长的关键活动的话,那么它就成了一种很幼稚的纯粹概念。所以伍德罗·威尔逊基金会致力于让高等教育意识到其与社会的关联,其中最显而易见的就是高等教育在整个学习生态系统中与公共教育或中小学教育(尤其是高中)的关系。但这也意味着我们要深入到高等教育与其他社会机构的关系中去,如政府机构、营利性企业和文化机构。同时意味着高等教育需要意识到重大社会问题(比如机会平等)对学院和高校政策及行为的影响——这种意识最近在伍德罗·威尔逊题为《多样性和博士学位》(*Diversity and the Ph. D.*)的报告中得到了证明,该报告给出了充分的数据和建议。

我们是否有原则来维持由参与性大学的概念所建立的边界,以及这个概念是否能够被充分定义,从而使这些边界具有意义,这些都有待观察。但我认为,如果缺乏议程,那么一个运作型基金会实际上就只是一个机制——而且是一个乏味的机制。

因此,我们具有重要意义的存在方式需要通过议程来体现。与学院和高校不同,我们的实体存在方式通常是微不足道的。我们通过自我定义来占领现实,而自我定义——赋予双手一副头脑——需要理想和想法。获取这些想法的能力取决于我们说服其他无兴趣者相信其价值的能力——慈善机构可以选择这种原则,但我所强调的这种运作基金会必须"实践"这一原则。这就是我们独特的制衡体系:我们缺少银行存款,我们需要支付费用,这制约着我们的发展。我们需要证明项目的价值,并切实地评估我们的工作。

因此,运作型基金会可以有自己的创意,这就涉及它的第二个优势,因为大部分"我们的"创意通常不是我们自己想出的。这些绝妙的创意往往由某位学者,大学或学区提供给我们。(我之所以反对慈善机构忽略或缩小议程,主要与这种大众效应有关。如果一项引人注目的教育实践与议程不符,那么它又有何意义呢?)正如美国学术协会副主席史蒂文·惠特利(Steven Wheatly)给我的一封信中所说,我们"既是学术共同体的代表,又要对学术共同体负责",因此,我们不仅要让从业者发声,还要给予他们将创意付诸实践的机会。这不仅体现在项目创建伊始,而且要贯穿始终。例如,美国学术协会为人文主义者提供奖金,让他们成为一个全国性的评判团体,正如惠特利所写的那样,这有助于奖励学科中重要的概念创新,同时维持长久以来学术卓越的标准。

尽管如此,这些从业者毕竟来自不同的、往往相互竞争的机

第十五章 不同寻常的罗宾汉：运作型基金会与大学和中小学

构，这也体现了运作型基金会的另一个优势——作为两方的中立机构。哈佛大学可能对某种实践感兴趣，但如果耶鲁大学已经想到它，哈佛便不会模仿耶鲁的创新，反之亦然。总之，运作型基金会可以授予优秀创意特许经营权，从而从一个只会分发资金的机构一跃成为一个有巨大影响力的机构。

这种"特许经营"的概念值得我们稍加详述，因为教育领域中的"特许经营"比在餐饮业中的"特许经营"更加复杂。鉴于每一个具体的操作案例都受到不同环境的制约，项目的理念很难得到精准的复制，因此运作型基金会必须以足够精确的方式对最重要的操作问题进行明确定义，从而保持其要义不变，但也要使该定义具有足够的灵活性，使每个机构在实践操作中都具有较强的自主性。如果能做到这一点，并能在各个操作站点之间构建交流氛围，就能产生大量有价值的信息和对重要实践问题的补充。这样就可以通过效仿、适应和经验分享来构建起一个网络。

因此，运作型基金会可以同时实现两种杠杆作用。通过传播一个好的想法，我们可以帮助各机构避免不必要的重复工作——尤其是在学院和高校这一层次上。但是，如果这个想法真的很好，各机构将会补充进来自己的资金。的确，如果它们不这么做（至少我们这些运作型基金会的人是这样认为的），这些机构就不配参与其中。慈善机构可以容忍资助中的不诚信——不过更加优秀的慈善机构不会这样做；而运作型基金会对此是零容忍。

举个例子，几年前哈佛大学和布鲁克林学区（Brookline School District）一起合作了一个由斯坦利·卡茨（Stanley Katz）和美国学术协会联合发起的一项很成功的项目，叫做"教师如学者"，通过这个项目，基础教育教师可以享受研究休假。美国学术协会试图把这一想法应用到科罗拉多大学,但科罗拉多大学最终没有接受。一部分原因是大学对此项目囊括的基础教育范围存疑。"教师如学者"随后采取不那么激进而更灵活的方式,即由哈佛大学顶级的教师学者主持 3~5 天的集中研讨会。研讨会定期在每一学年或每一教学周举办,借此使外界明白教师的外出学习是师出有名。各个学区也逐渐将这种对教师的学术投资视为必要环节,而不仅仅是周六或暑期的额外加班。

我和同事们曾参观过这一项目,它的简单直接让我们印象深刻。(实际上,之前由 8 个网站进行的一项评估表明,93%的教师们发现这是他们的职业生涯中最重要或最重要之一的项目。)伍德罗·威尔逊基金会召集了大学和学校的领导,找到了提供一些有限的启动资金的方法,并从全国 26 个自给自足的网站中建立了一个高度活跃的网络,东至普林斯顿大学,西至加州大学洛杉矶分校。具体来说,首先拿出 25 000 美元作为启动资金,在 2 年内为其提供助力,之后每个机构通过当地校友的捐赠或来自大学的预算来实现自足。此外,许多机构已将从这个简单而亲切的项目中建立的联系,发展成为中小学与大学的合作关系。还有一种说不清但更重要的作用,该项目维护了基础教育教师的学术尊严。就项目本身来讲,它的财务杠杆率也达到了预期的 10∶1,而且随着资金自足的机构获得更多预算和捐助,这一比例将继续增长。

总而言之,运作型基金会可以有效组织各种各样令人眼花缭乱的教育机构,而防止"车轮"再造。运作型基金会还有另一个重要的目的:表达价值观。我前面提到了价值观对教师研讨会的影响,但再举一个例子可能会更好澄清这一点。伍德罗·威尔逊

第十五章 不同寻常的罗宾汉：运作型基金会与大学和中小学

基金会管理着纽约大学的研究基金，为大约30名博士研究生在论文写作阶段提供资金。奖学金是针对道德和伦理问题研究的奖励，这种价值观的强调不仅体现在对提案的评估中，而且体现在表格申请中，它揭示了在高水平的研究中，我们不应该忽视人类的价值观，反而应该大力宣扬价值观的内涵。因此，这个项目本身就塑造了一种价值观。任何形式的国家奖学金项目都可以让大学校长，系主任和学者知道，有人正从各个方面支持他们，这些支持就包括为他们筹集大量的内部资金。（另一个例子是，美国学术协会和伍德罗·威尔逊基金会分别通过安德鲁·梅隆基金会和德尔玛斯基金会[Delmas Foundation]为新获得终身教职的教师提供奖学金，因为他们正处于职业生涯的关键阶段。）这些表明，学院和大学正在建立自己的第三种杠杆作用——价值观方面的杠杆作用。

事实上，这种能力有可能会被忽视，因为运作型基金会并不会特别明确其奖学金计划的隐含价值。奖学金项目很容易就会成为学术领域的一个受欢迎但又常规的项目，而运作型基金会可能需要做出某种解释，无论是对运营过程，还是采取的某种行动。换句话说，社会需要这样一个解释，为什么这个项目能够常年存在。

然而，有时候，由于这些优点，或者说由于这些优点太过复杂，基金会项目可能会失败。运作型基金会或许知道这一点，而直接运营这些项目的慈善家通常过后才会知道失败，有时甚至永远不会知道。教师和学生们会告诉运作型基金会实话，但这些实话不是为争取投资人的漂亮话。这并不是说慈善机构不能进行准确的评估（安德鲁·梅隆基金会早在人们重视评估之前，就是此领域的领导者);简单地说,直接出资人很难做到这些。

更重要的是,运作型基金会知道正在发生什么,因为是其促使事情发生的。我们非常了解事情的进展,因为运作型基金会就是负责运营的。我们可以近距离地观察,无论是新兴知识趋势下应运而生的奖学金项目,还是实践中创建的"第三种文化"。为了将公立教育与高等教育相结合,我们负责了盖茨基金会的早期学院高中项目。通过一系列会议(四次区域性会议,一次全国会议),我们为此项目提供了开局服务。在这些会议上,高中和大学的教师和行政领导人之间进行了对话,气氛坦诚而火药味十足。由于威廉和弗洛拉·休利特基金会和卡内基教学促进基金会资助了这些会议,参会代表们并没有立即申请资助的压力,因此对话坦诚而纯粹——有时候纯粹的怒气非常有益。总之,如果运作型基金会是诚实的话,它们是可以成为慈善捐款人的耳目的。

当然慈善组织也有可能成立自己的运作型基金会。正是在这里,勾起了我对巴凯蒂所说的混合的担忧。毫无疑问,取消中间人,工厂直销是个有吸引力的做法。然而,如果这样的话,慈善基金会不但会失去原则和真实的反馈,还会失去倾听公众声音的机会;也就是说,慈善机构有可能不再倾听机构以外的声音,也可能不再接受整个领域的好想法。这种机构看起来像是一个暴虐的巨人在引起着公愤:用一句话概括就是,是谁,曾选择了你?

我所追寻的是一种视野更为广博的捐赠运作型基金会(grantseeking operating foundation)。我们应当从各个角度来审视教育生态系统,而这种审视赋予我们一种治愈的能力,帮助我们弥合慈善基金会和高等教育之间的这种深刻又普遍的裂痕。下面,我们就将目标转向这里。

第十五章 不同寻常的罗宾汉:运作型基金会与大学和中小学

大学和基金会

我将这一裂痕用一个词来概括——"雅典娜神庙"(the Athenaeum)。它是由密歇根大学负责改善大学生学习体验的一个委员会提出的一个戏剧化的概念。我们发现,无论项目质量如何,任何参加过某一特殊项目的大一或大二学生都比其他学生有更好的学习体验。"雅典娜神庙"试图为每一个学生创造一种特殊的体验,确保各大城市的各个社区都能参与其中。一个特殊的本科生学院将会创造出来,每一位教师6年中将会有一半的时间可以在"雅典娜神庙",为学生们举办小型研讨会。这个想法受到了政府和报界的热烈欢迎。但这个消息传到教职员工那里,我们却感觉像是弥尔顿笔下的撒旦,从新伊甸园历经危险返回地狱,恶魔在高声欢呼,上帝在那一刻变成了蛇,并发出"嘶嘶声"。

多年来,我将我们的失败归因于自负,归因于我们忽略了要让想法传达到各个角落的需求,我们应该逐个地向所有部门传达我们的想法,甚至要传达给各个教职员工,这样才能让我们的想法变成被集体认可的概念。当然,我们曾经也过于乐观——仅用了一年时间做审核测试便公布了上述想法。但现在过去这么久了,我惊讶地意识到想要创新是多么困难。确实,"雅典娜神庙"这个概念可以说是惨败,导致我们在3年里不得不召集一系列委员会才最终得出一个计划,也就是让大部分一年级的学生参加新生研讨会;研讨会的有些主讲人是学校的终身教授,有些则不是,有些专业学院的同事甚至全程缺席。一方面来看,灵感几近耗尽;另一方面来看,对于一年级新生而言,他们的日子好过了一些。但在这个曲折的过程中,美酒变成了淡茶。

坦率地说,为什么基金会要给那些资源充足却不断扼杀民主进程中的变革的院校投资呢?对于那些教师自治的文科院校和研究生院来说,这是一个很容易回答的问题。大学里的变革缓慢又深刻,有时基金会似乎觉察不到这一点。然而,最新最大的慈善基金会——大西洋慈善总会察觉到了这一点,它取消了对高等教育的资助。近年来,皮尤慈善信托基金会、丹弗斯基金会和洛克菲勒基金会也都部分地或全部取消了对大学倡议的资助。

尽管大学还在不断获得其他来源的支持,一些新的慈善基金会,例如比尔和梅琳达·盖茨基金会和卢米娜教育基金会,则把自己的资金真正用到了实处。但是,慈善机构不断远离学院和研究生院的潮流是真实而果断的。对于那些联邦机构最不支持的学科——艺术和人文学科,以及以人文为导向的社会学科来说,实在是个灾难。

这些学科间的竞争环境已经十分不平等了。慈善机构对大学的遗弃不仅使得学科间的竞争环境更加恶劣,还意味着人们普遍对高等教育丧失了信心,对高等教育能否贯彻自己的批判精神和严谨作风心存怀疑。基金会对学院和大学项目评估的报告单上,成绩可能仅为B级,低于普通民众打出的分数。

在这种情况下,运作型基金会可以发挥至关重要的调节作用,显然,它处在这场争端的双方之间——我把慈善资助减少的原因描述为一场无声的争辩。我在前面提到,运作型基金会有能力在合作和竞争并存的大学之间充当一个中立的机构。稍后,我将讨论运作型基金会如何保持中立,同时慈善基金会还没有完全褪去竞争的本能,在这种情况下,运作型基金会可以发挥更加积

第十五章 不同寻常的罗宾汉:运作型基金会与大学和中小学

极的调节作用,因为根据中间人的定义,它可以在争议双方之间斡旋。巴凯蒂的文章描述了潜在的冲突,我注意到了这一冲突,甚至自创了这场争辩的两方:慈善事业一方叫盖茨福德·皮尤梅隆(Gatesford Pewmellon);另一方是一位教师,在埃默里大学举办的学术慈善会议上,自诩为印第安纳·耶鲁(Indiana Yale)的一位很有进取心的学者。

我不会在这里再现这场辩论,但总结几个关键术语还是有必要的。这能让我们更好地理解运作型基金会试图在资助者和大学之间建立合作时面临的问题。皮尤梅隆是一个四年制大学文科项目的资助者,面对高等教育变革缓慢的情况,他引用了一些数据,这些数据表明,学生们正在转向职业主义,远离对基础文学的研究。他指出,大众文化似乎正在经历一场文化繁荣,从全国公共广播的观众增加了2倍、博物馆的上座率提高了2倍、大型书店和文化有线频道的创建,可以窥见一斑。与此同时,学术界却在走下坡路。于是,他想知道为什么大学非要墨守成规。

教师管理的错综复杂(或者说类似糖浆的性质),学术研究淹没了对师生的关注,学问不被应用于社会紧迫问题,教师对理性评估的鄙视……种种这些都让皮尤梅隆感到懊恼,从而得出一项爆炸性的结论:"世界上存在贫困和饥饿,艾滋病和人口过剩,还有老龄化挑战,甚至就在你身边还有基础教育问题。然而,你们对待这些问题的态度极度傲慢。在上述每一个领域,我的美元都可以扭转乾坤。然而我向你们的机构倾注了数十亿美元,看到的却不是进步而是傲慢和孤立。下次当你们来与我见面时,不妨去参观一下我的基金会,这可是足以让一个第三世界国家的国库黯然失色的基金会,而这个机构只有不到一个小镇的人口。"

印第安纳·耶鲁在反驳时表达了学术学科的价值：它们能点亮无知之夜，让学生在关键时刻体验到认知能力，由此燃起对学习的热爱。他批评慈善家总是以傲慢的语气发布声明和宣布禁令，而不以请求和邀请的态度。此外，他指控基金会为自己发声太多，并非真正为学生和教师发声。况且，基金会的赠款大多来源于大学研究所带来的进步——这种研究本应该幸免于基金会所提出的简化要求，却仅仅被贴上"可交付成果"的标签。他想知道，基金会钻了什么空子，成为教育议程的制定者；他还想知道为什么这些基金会只愿为变革投资，而不愿出钱为注定成功的实践投资。

印第安纳·耶鲁最后总结道："至于你说的傲慢？老兄，你垄断了市场。我真的很想看一下基金会的报告，充满了'教员应该'和'教员必须'的报告。你说你想要改变，但你没有做足功课就把自己的想法强加于人。几乎每一个资助机会都同我们真正所需不相符合。你们的变革如此之多，以至于基础教育被变革冲昏了头脑，变得一团糟。你似乎想让大学变成那种糟糕的高中，让我们为社会问题所困，让我们被遗忘，让我们背弃初心，日益被边缘化。"

我相信，这场辩论的核心是关于学术自治和公民效用的问题，它需要大学和基金会两方通力合作去解决。如果运作型基金会能够先充当仲裁人，然后再充当合作者，我们就可能成功地将这场争议转化为合作。在高等教育和慈善事业的共同价值观的十字路口，正是运作型基金会的出现，使这些价值观得以明确地表达出来，这也是我们工作的一个重要部分，在大学中推广价值观可以使这些争论者成为愉快的合作者。但要实现这种合作，各方首先要承认一些基本事实,只有在合作的愿景下,运作型基金会才可以充当友好的调解人。

我们知道盖茨福德的主要观点。在我获得博士学位时,从来没有被人要求过花时间学习教育领域内其他广泛的知识,也没有关注过学习如何能为公共利益做出贡献。而基金会——尤其是运作型基金会——能够打开教职员工认知的大门,帮助其培养一种新的服务理念——积极参与的道德观念——将专业知识应用于解决社会危机。但要做到这一点,基金会需要在与大学交流时用更加和善的语气,而非指责的口吻。

在伍德罗·威尔逊基金会,我们尝试了这样一种方法,给高校留有更多自主权。在大西洋慈善总会和皮尤慈善信托基金会对高等教育撤资前夕,我们发起了一项由这2家基金会资助的倡议,称为响应博士计划(Responsive Ph.D.)。我们刚开始聚集了14个,后来又扩展到20多个研究生机构,从东部的耶鲁大学和普林斯顿大学,到南部的霍华德大学和杜克大学,再到中西部的密歇根大学和华盛顿大学,再到西部的华盛顿大学和华盛顿大学欧文分校。我们给它们一些小额资金,让它们的教职员工和学生参与创建跨学科项目,以应对以下4个挑战:

1. 你如何更有进取心地完成学业并获得奖学金?你如何打破墨守成规?

2. 你如何让研究生更重视教学?

3. 我们如何确保各学科博士群体的多元化能够反映美国市井生活的多样性?

4. 最重要的是,如何使学习对公共福祉有益,如何在导师和博士毕业生之间,教师和来自各类型、各层次的教育机构的代表之间,以及企业和政府部门之间建立长期对话?

结果令人鼓舞。我们共创建了 40 多个创新项目,各机构现在正在调整各自的绝妙创意——这些项目的总预算约为 100 万美元。耶鲁大学创建了一个校友网络,将当前的学生(尤其是人文学科的学生,但不限于人文学科的学生)与那些在职业上追求学术造诣的毕业生联系起来。得克萨斯大学开设了关于如何学以致用的跨学科课程,并邀请非营利性甚至营利性组织,为多学科的学生团队带去新思考新挑战。杜克大学为每一个研究生部门都创建了异常严格的评估计划,现在和未来的学生们将受益于这些开创性的项目成果。霍德华大学通过将博士生输送到传统的黑人学院和大学,扩大了新教师培养项目。伍德罗·威尔逊基金会关于"响应博士计划的报告得益于这些工作的研究结果"(伍德罗·威尔逊国家奖学金基金会,2005b)。

事实证明高等教育能够像其他任何事业一样利用好每一笔捐赠资金,这不仅依赖于盖茨福德·皮尤梅隆坚持的学术界应该自我批评,着眼于公共利益,而且还依赖于基金会将其义愤填膺的演说转化为对高等教育真挚的邀请。有一个学院的教师在给我的信中写道:"如果你用命令的语气要求我做些什么,我不会心甘情愿地听命。如果你邀请我施展我的专长,我会听你差遣。"

这个项目还证明了运作型基金会的另一种能力,即利用其名称和声誉来获得关键内部资金。伍德罗·威尔逊基金会创立了类似于"产品质量许可证"(Good Housekeeping seal of approval)的项目,研究生院的活动记录成为纳入项目的选拔依据,其中一部分小额款项仅在申请时提供。因此,许多内部优先事项就像排队

第十五章 不同寻常的罗宾汉:运作型基金会与大学和中小学

等候公交车那样,排队等候资助。该项目凭借声誉让研究生院院长位列队伍之首,这种做法同样取悦了资助者。

与此类似,范德比尔特大学的一项规模不大的项目为人文学科的博士生提供了2 000英镑的暑期资助,这些博士生愿意在范德比尔特大学的哲学家领导的学院之外,为自己的专业知识寻找学习场所,与大学医院的医生合作,研究移植手术的技术细节,并为病人提供咨询。它支持弗吉尼亚州的一位历史学家在密西西比州为五年级学生开设一个关于非裔美国人历史的夏令营。一名学生在美国国家航空航天局(NASA)博物馆工作,为宇航员写传记;另一名学生在一所收容少年犯女孩的家中,运用她从文化人类学中学到的知识——讲故事、舞蹈、自传体写作、艺术——来提高她们对自我的认识。

确实,当前在学术领域存在一个有关公共学术的运动。即使是在最保守的人文学科中,我们也能清晰地看到这场运动,比如芝加哥人文学科节(Chicago Humanities Festival),这可谓是一场文化奇观,持续时间一周,包含百项活动,门票全部售罄。另外,我们在巴德学院的"克莱门特项目"(Bard College's Clemente program)中也可以察觉这场运动的身影。"克莱门特项目"为穷人提供伟大作品阅读、写作的体验,打破了贫穷代代相传的记录。此外,我们从学者杰弗里·珀尔(Jeffrey Perl)及其同事在《常识杂志》(*Common Knowledge*)的工作中也能看到这场运动的发展,他们对那些要求通过他人之眼看待经验和缓解国际冲突的学科提出了质疑。尽管慈善机构已经参与了很多项目,但是至今仍在上述"转折"中缺席。而运作型基金可以朝着这个方向发展。

至于印第安纳·耶鲁的观点,我们可以和他一起坚信,学术发现的真实价值是值得的,学术不是邪恶的帝国。这是教学的主题,人类的好奇心值得支持。此外,尽管一些大学资金充裕,但它们并不能代表大多数学校,而且,正如我们前面提到的,基金会对学术的支持并不仅仅是钱的问题,而是通过有效利用兴趣和资源来强调价值观。

有时,这种纯粹的学术也会带来强大的社会效益。科学界有许多耳熟能详的例子都证明了这一点。但是,惠特利援引了他领导的组织和社会科学研究理事会(SSRC)在二战后的相关区域研究。在像洛克菲勒这样的基金会的资助下,学者创建学习世界知识与文明的议程——"例如,对中国文化的研究,被视为是场西方文明之外的、远离大学知识核心的奇妙旅行,"惠特利接着说,"区域研究如果没有美国学术协会和社会科学研究理事会的支持,也会建立起来,但其范式的确立和阶梯式增长在很大程度上归功于领导过这两个委员会的学者们。"(Wheatly,2005,写给作者的信中提及)

总之,我们必须让盖茨福德·皮尤梅隆和印第安纳·耶鲁成为室友。他们必须学会共同生活在一个新的宿舍楼里,在那里,慈善基金会和大学教师将创造21世纪的复兴。这样的复兴是在我们的能力范围内进行的,代价是基金会得和教职员工相互妥协——这是双方都要付出的代价。我之前提及过运作型基金会就像是一个中介机构,这是我们这类机构可以创造的最重要的事情了。而收录本章的本卷书,也将对复兴做出贡献。

第十五章 不同寻常的罗宾汉:运作型基金会与大学和中小学

中小学和基金会

本章的结构暗示了基础教育和大学之间的一种分裂,我们对此司空见惯,从未质疑过这种分裂是否应当存在。在美国,高等教育与基础教育这两大教育系统之间,存在着诸多经济文化上的差异,因此,我们期望大学和基础教育分别占据我们思想的不同领域。教育史学家会提醒我们,人们过去曾把高中和大学相提并论;但如今,美国的高等教育与公立教育之间的鸿沟堪称世界之最,我们已不再相信这种理念。(Judge,1998,第187页及之后)。

此前我提到,伍德罗·威尔逊基金会曾在各地乃至全国为高中和大学老师及行政人员举办了一系列的会议。在伯克利大学的会议上,一名高中老师发言道:"诸位中有许多人,昨晚从洛杉矶等地来到这里,可谓是毫不费力。而我却用了3周的时间才说服奥克兰的校长,允许我提前半小时离开,因此我得以在今天的会议上仅仅迟到了一小时。"那些大学人士脸上的表情,使我至今记忆犹新。

但最常听到的抱怨可能与被校际合作的承诺所愚弄有关。教师在大学的外展项目(这个术语本身就存在问题,而且可能显得有些傲慢自大)中投入了大量精力。然而,一旦校长、系主任离开或者资金中断,这些项目只能戛然而止。项目的暂时性、表面化和无序,都可能暗示了机构的漠不关心。它们只会袖手旁观而已。一个力量相对较小的运作型基金会在面对如此巨大的鸿沟时又能做些什么呢?

实际上,如果我们回顾之前列出的运作型基金会所具备的5

种能力——(1)制定议程;(2)采纳一个好点子,传播至网络募集资金;(3)提出新的价值理念,利用它的影响力把内部的资金用于学校或大学;(4)倾听不同角度的观点并把它们联系起来,不管这些观点是来自学者、赞助人还是学校或者学院;(5)付诸行动,实践一个重要的概念——就会知道如果没有运作型基金会,要创建更加有机的教育体系是难以想象的。

基金会与公共教育合作和与大学合作相比,性质完全不同。前者的社会使命感更为直接。例如,"未来工作"基金会是一家总部位于剑桥的非营利性机构,它的业务范围比它的名字所暗示的更为广泛。它是盖茨基金会早期学院高中项目的领导机构,该项目旨在为城区小型高中不满足于现有教育资源的学生提供具有挑战性的大学课程。但它的名称实际上暗示着劳动市场导向。再如,盖茨基金会中的其他中介机构——为改善有色人种学生条件而成立拉美裔全国委员会(National Council of La Raza),它支持西班牙裔美国人的社会改良,同包括文科学校在内的各校形成紧密联系。此外,中部学院协会(Middle College Association),旨在在社区大学中设立高中部。

伍德罗·威尔逊基金会是这个群体中的异类,因为传统来讲,它的兴趣在于高等教育乃至研究生教育,及其文科方向。但我们需要延展一个事实,即运作型基金会的价值:它们的潜力是可以超越传统边界的。我们深信,一个良好的教育制度需要纵向一体化的过程,即,两年制大学以及四年制综合性大学和小型学院,为此我们做了一番努力(正因如此,在罗伯特·康纳[Robert Connor]的领导下,国家人文中心启动了为教师服务的课程项目)。我们让已经从教20年的中学教师参与其中,寻找教师型领

第十五章 不同寻常的罗宾汉:运作型基金会与大学和中小学

导者,他们现在自称"伍迪们"(Woodies),显然不同于我们的研究生院的同事们(fellows)。抱着在实践中打造第三种文化的想法,我们通过一门速成课程,了解了这两种体系之间的差异。

如果说惰性是高等教育的挑战,那么令人眼花缭乱的潮流就是公共教育中存在的问题。公共教育的轻信问题比高等教育中存在的怀疑论更严重,每年的"万灵丹"式的改革理念毫无理性、幼稚十足,充满了政治意味和浮夸。的确,我们有可能读了大量的有关中小学改革的文献,而不见"内容"和"学科专家意见"的字眼。但是,无论想法怎样简化(今天的概念中包含了超出狄更斯想象的功利主义),它都有"暂时性"这个遮羞布来掩饰。那些杰出的教育界领导人、校长、监事,甚至是那些新晋教育专家——市长,的频繁更换,就足以说明一切。

公共教育的规模本身就已经非常有挑战性了,而最有挑战性的是其近乎无序的状态。公共教育在每个地方都具有当地特色。就拿特伦顿和费城来说,数学的本质在这两座城市之间并没有改变,但是地方操控的过时观念可能会使两地师生的数学学习规律大相径庭。一种极端的替代方法是"法兰西学院(French Academy)推崇的标准化概念",但其既在操作上无法实现,又在理论上没有吸引力。总的来说,地方操控外加基础教育的规模给公共教育改革带来了巨大的问题。"扩大规模"是几乎所有探讨公共教育改革的人时常挂在嘴边的词,而他们谈到这点时往往带着一丝丝无望。

然而,如果我们回到运作型基金会的另一种基本策略,即发现杠杆的能力,则可能存在一种手段来实现深刻变革。要为一头大象治愈疼痛,我们并不需要成为一头大象,我们只需发现治疗性血清并将其注射到正确的动脉中。这意味着我们的工作可以不直接针对学生,而是针对教育工作者和教育领导者;我们的工作可以不必随机挑选学校,而是通过挑选学区和模范学校,再确保将成果扩展到许多其他学校;甚至,这样意味着课程模型、学校结构模型和专业发展模型不但可以适应地方情况,而且具有普遍的效果。每一个运作型基金会都试图从点滴着手,在公共教育中创造不凡。

的确,运作型基金会在应对公共教育极端地方主义方面有丰富的经验。正如我在这篇文章的第一部分中强调的那样,各种运作型基金会经常面临挑战,一方面要维持创新型实践的本质,另一方面又要让每个机构放开手脚,根据自身情况重新规划。在如海洋般浩渺的公共教育领域,由于学校及其人员的不稳定性,对运作型基金会的实际操作要求越来越高,但这也可能会促成更强大的网络,使那些基于大学而发展的项目从中受益良多。

此外,良好的教育需要具有专业知识和对其所教学科满腔热忱的优秀教育工作者,许多运作型基金会所采用的伙伴关系模式是可取的,但它还需要适应体制。尽管"为美国而教"这一理念与教师培训传统之间存在冲突,但它无疑为教师行业注入了一股新活力,并鼓舞更多优秀学生,成为短期或长期的老师。伍德罗·威尔逊基金会董事会刚刚提供了一些试点资金,拟建立一个新的伙伴关系模式,以我们最初的项目为模型,在高中阶段试行。通过在基金会、选定的大学(密歇根大学、宾夕法尼亚大学、斯坦福大学和得克萨斯大学)和各大学所在地区的城市学校之间建立三方合作关系,为教师提供职业发展前景而不仅限一份工作——我们希望通过这种合作关系,集中精力培养未来的优秀教师。此

第十五章　不同寻常的罗宾汉：运作型基金会与大学和中小学

外,我们亦会奖励某些学校的教师,以及这些学校的校长,让其担任新老师的导师。我们亦会通过鼓励新教师和经验丰富的终身教师,共同提升教师的职业地位。在这个过程中,我们也希望可以弥补同一院校的教育学院和文理学院之间的裂痕。

难道慈善基金会不能够领导这样的项目吗？绝对可以,一个名为"美国数学协会"(Math for America)的新组织正在通过一个非营利性组织筹建一个类似的项目,最终得到了西蒙基金会的大笔捐赠。此外,卡内基教学促进基金会的"新时代教师计划"(Teachers for a New Era program)是一个与众不同、值得称赞的例子:该计划要在重点高校的教育学院和文理学院之间建立新的联盟,并在一定程度上倡导教师培训的改革。有意思的是,该基金会在刚开始推广这一做法时,聘用中介机构进行调研,安排员工进行实地考察,并寻求外部资助伙伴——本质上讲,这像是一个运作型基金会的做法。现在更常见的情况是,尽管有巴凯蒂所描述的趋势,但慈善家原本就有很多艰巨的工作要做(尽可能倾听他人的想法、评估工作、资助卓越人才),而且常常受频繁招聘员工和寻求合作伙伴等工作所扰。在我看来,劳动分工会赋予很多机构才能与智慧,而这是一种先天的智慧。

然而,回到我在本章中提到的组织间的问题:基础教育和大学之间存在的巨大分歧。对于运作型基金会来说,弥补这种裂痕既是挑战,也是机遇。最负盛名的学院和大学往往被认为在处理公共教育危机时行动力不够。教育学院似乎像是被文科同行逼迫着进行越来越多的研究,而将举办教师培训和与当地中小学紧密联系抛至脑后。正如唐纳德·斯图尔特(Donald Stewart)和迈克尔·约翰内克(Michael Johanek)(1998)所写的那样,在职教师经常被研究机构疏远,而似乎只有在那里学科生命的丰富性才能延续。

一旦老师不讲述其专业领域中的最新发现和争议问题,就很难甚至不可能激发学生的思维活动。导致的后果就是知识陈旧、死记硬背。进一步说,高校教师通常可以体会,学术生活可以平衡普世统一标准与极端地方主义,或者以发问形式进一步提升讨论水平:学生应该理解哪些知识?哪些系列课程可让学生理解这些知识?"美国文凭项目"(American Diploma Project)和"美国大学和学院协会成功标准项目"(AAU)就是2个很有发展前景的范例,但是需要运作型基金会负责完成相关的整合工作,将项目运用到现实中的教师和学生之中。实际上,上述问题还有一些不错的回答,将以下有关学生成就的、必要但尚缺失的概念引入当代残酷的教学场景:除了严格,教育还必须带来乐趣。但是,美国联邦政府的上议院和下议院都鼓励减少地方主义,而增加全国统一标准,这常常让教师感到害怕,从而导致其在学生中开展严格训练。或许运作型基金会可以提供一种不同形式的统一化。正如印第安纳·耶鲁提醒我们的那样,高等教育擅长享受学科乐趣。这种乐趣也可以传达给中小学。法国有句谚语:一匙蜂蜜比二十桶醋更能捉到苍蝇。在这个方面,运作型基金会可以发挥关键作用。

对于中小学和高校来说,最岌岌可危的是通识教育。在《左后卫》(*Left Back*)一书中,戴安·拉维奇(Diane Ravitch, 2000)认为,在上个世纪,进步主义教育者削弱了"十人委员会"(Committee of Ten)的决心。"十人委员会"是由美国国家教育协会(National Education Association)1982年任命的一个蓝丝带组织,由时任哈佛大学校长艾略特(Eliot)和美国教育专员哈里斯

第十五章　不同寻常的罗宾汉：运作型基金会与大学和中小学

(Harris)共同担任主席。进步主义教育者主张："每个孩子将从高质量的通识教育中受益。"(42)相反,十人委员会宣扬的理念是,大多数学生不能接受这样的教育,而应该接受"适应生活技能"培训。除了学术课程,学校什么都可以教授。

我不相信拉维奇总能明辨是非,但我支持她对哈钦斯观点的重申,通俗来讲,"最好的教育就是对所有人的教育"。拉维奇写道："这种轻视通识教育的做法会对孩子们造成伤害,而其中受伤害最大的是那些父母没有受过良好教育的孩子。"她在这里着重强调了在这样一个多民族、多元文化的国家里,艺术和科学素养的重要性。

我们前面提到了运作型基金会的几大优势：传播典范做法的能力；创建交互的教育机构网络；充分利用创新、价值和资金；实事求是地评估；以及将想法转化为行动并对师生产生实际影响。这里的每个优势都与基础教育密切相关。例如,我们在高等院校中日常建立的关系网其实为我们建立更加宏大的关系网打下了基础,打通了教育壁垒。

我要再次强调填补差距(早前的学术界与其他社会部门间,或大学与慈善机构间的差距)是运作型基金会的职能之一。正因为运作型基金会不完全隶属于任何一方,这使其在中小学和大学之间处于一个新奇又独特的位置。它不隶属于任何一方,但它又能理解任何一方。它可以分别向双方解释从对方的角度来看教育生活是怎样的,但迄今为止更重要的是,它可以从向单方面解释上升到双方间合作。在建立这种合作关系的过程中,"早期学院高中项目"面临的挑战是最多的,因为该计划的合作关系是基于现实架构的,其中的普通职工及行政人员均来自公共教育和高等教育,且将学生成就(学生生活)作为评判成功与否的标准。

高等教育的统计数据表明,通识教育似乎被人们从学校教育的中心移除了。在这种情况下,各级教育阶段之间的联盟就更为关键。高中里存在的积弊比高校要少,更积极的是,这是一个高中和大学互惠互利的契机。高中里才华横溢的教师的教学成熟度远超大学老师。如果高等教育不把自己当做怜悯罪人的上帝,它会从这段合作关系中受益匪浅。作为合作的一方,它要承认两者间差异,互换优势,才能最终缩小与合作伙伴在地位和特性方面的差异。有一些大学,甚至是一些高中和学区,看不到教育史上蕴藏着重大契机,其他更多的大学可能只是稍有察觉,或者即使看到了也没有办法积极利用这个契机。这正是运作型基金会成为关键突破口的时候——作为教育工作的参与者和跨越泥沼的桥梁。

唯有连接

身为哈佛大学创始人的后代,知识分子指控塞勒姆村庄的无辜男女施行巫术。他们的行为出于诸多原因,萨克凡·贝尔科维奇(Sacvan Berkovitch, 1975)指出,其中一个原因就是将高尚的想法付诸可怕的错误实践。美国本应成为疗愈人心的新伊甸园,成为圣经中的旷野,在此处,人们将在生活中的细节里践行经典。这里是新英格兰,历史会被改写,连欧洲的腐朽之风也将一并抹去。[1] 在这片极为务实的乌托邦之上,有着丰富的神学著作。圣经中预言

---

[1] 参见 Design of the Present: Essays on Time and Form in American Literature (Lynen, 1969)。

第十五章 不同寻常的罗宾汉：运作型基金会与大学和中小学

了撒旦将来到人世间，其后耶稣也将第二次降临。因而，这片土地无比渴求魔鬼的出现，甚至将其幻想为现实。

没有任何事件比这更能公然地证明美国梦的危险。从古典时代起，西方就一直是一个隐喻，既象征着难以言表的幸福，也象征着可怕的混乱。早在它成为欧洲殖民者的殖民地或国家之前，它就是一个梦。尽管欧洲和英国激进的新教徒们坚守着"上帝之城"(the City of God)和"世俗之城"(the City of Man)之间的区别，人们还是在新英格兰的山上之城(City on the Hill)构建了新世界的宜居天堂。19世纪美国浪漫主义诗人——爱默生、梭罗、狄金森、惠特曼，他们都背弃了原本的宗教信仰，写出了一系列著作。当艾米丽·狄金森写道，"天堂是一种选择"；当梭罗认为豆角也蕴含精神；当爱默生宣称"所有的意义都在一颗土豆里"，认为即使是最不起眼的物体，只要着眼于它的精神，便会揭示永恒的真理；当爱默生宣称每个人都有自己的耶稣，清教徒践行着清苦的生活方式，以求个体解放和灵魂自由，这是一种人类不可能真正实现的梦想。

以慈善机构和运作型基金会为代表的社会组织，很难摆脱美国人这种延续千年的习惯。从担心教师抗议校园停车费，学生抗议受邀发表有争议的演讲等事情中解放出来，我们可以率先鞭策自己成为一个毫不妥协的榜样。无论结果怎样，这都表明美国不能容忍国家理想与社会现实之间的差距。

从爱默生到威尔逊一直到现在，这是一脉相承的。爱默生的"美国学者"是指"超脱了个人打算，和公众同呼吸并攫取杰出思想的人"。他是全世界的眼睛，也是全世界的心脏。对作为一校之长更是一国之首的威尔逊来说，"我们不能对这个世界坐视不管;我们要付诸行动……这所学校是国家的"。

举个例子,当我们发现2003年大学授予的博士学位中只有7%被授予非洲裔美国人和西班牙裔美国人,而25~40岁的人中有32%是由这些群体组成的时候,我们很不安。当我们了解到近三分之二的拉丁裔学生在大学里读了两年的大学,只有一小部分人继续修读了工商管理硕士学位,我们认为采取行动的时机到了。伍德罗·威尔逊基金会刚刚完成的多元化与博士学位研究(伍德罗·威尔逊国家奖学金基金会,2005a)援引了这些数据并认为人们应该采取行动。其中两个建议有助于总结基金会可以做什么:设置议程、推广最佳做法、设立必须完成的目标、收集不带偏见的证据,然后采取行动——对于具有这些特殊能力的运作型基金会来说,它是在既竞争又合作的机构间斡旋。

首先,我前面描述的那种中小学和大学之间的伙伴关系,只是纵向一体化的最明显和最引人注目的形式,这种形式需要通过社会和教育的不懈努力才能逐渐达成。社区学院、文理学院、综合型大学和研究型大学都需要错综复杂地联系在一起,而不仅仅是"中小学和大学"。如果研究生院抱怨拉美裔毕业生太少进入博士课堂深造,无异于七月寻雪。他们需要走进8年级学生的课堂去一探究竟,那些学生正做着改变人生的决定——报考社区大学。研究生院还要打破旧习惯,使他们的学科更加开放、实用,并与新一代美国人休戚与共。

没有任何一个部门可以建立这些联系,联盟的直接慈善资助往往犹豫不决,但运作型基金会从根本上来说是让学校和慈善机构相联系,因此,这是它作为中间人的最佳机会,它现在不仅为大学服务,还为不同教育水平的不同类型的机构服务。

第十五章 不同寻常的罗宾汉:运作型基金会与大学和中小学

我亲眼目睹并亲身经历了这场变革。当了解到中间人这个新生概念时,我和同事感到不安。这个词暗示着运作型基金会噩梦般的归宿,意味着基金会将简化成为一种履行出资者意愿的机制。然而,正如我在讨论公共教育时所强调的,这个术语还可以得到更具积极意义的解释。它可以表明这些组织间具备通力合作的能力。最近,一位大型慈善机构的领导人向我提到,他认为机遇是学术型基金会的一个新的关键词,特别是对于那些致力于来自高中教育资源不足地区的学生的升学的基金会。事实证明,运作型基金会的连接能力在制造机遇方面发挥着重要作用。

运作型基金会还有深入挖掘细节的能力。伍德罗·威尔逊基金会在另一个关于博士阶段多样性的报告中提出建立一个可以召开集体会议的研究中心,让所有鼓励少数民族学生进行研究生阶段教育的机构和基金会得以交流和沟通——这一提议源自一个令人吃惊的发现:除了几个特例,资助者之间几乎没有交流,针对项目的评估也很少而且不够成熟。因此,运作型基金会承载着重任并作为一个中间人起着不可或缺的作用。

在我看来,除了关注少数族裔,为全体民众获取民主资源这一关键问题之外,还有一个更大的问题亟须解决,这需要各类机构的参与。艺术和科学这两门学科——支持民主甚至让生存变得有意义的人类文学——需要更大胆地走出学院,进入社会的每一个领域。要实现这一点,需要所有教育机构,当然还包括一些学习场所和慈善机构联合起来发挥作用。面对这样的挑战,对于寻求资助的运作型基金会来说,要想明智地做出社会决策,声称专有权是愚蠢至极的。但是,作为一个依赖性很强并熟谙连接工作的机构,运作型基金会在将边缘学科带入学术圈的工作中必然占有一席之地。我个人对基金会未来的看法,主要希望它们能把最好的想法付诸实践,而这与电台谈话节目的论调刚好相反。

同样,这要求各类机构都要有所作为:对大学和学院来说,需要更多的紧迫感和对公共服务的全新承诺(换句话说,需要提升改善的速度并放眼外部世界);对中学而言则需要更深刻地理解自身,发掘其可能性和重新关注学术学习(换句话说,去教授真才实学,避免追赶潮流),对于慈善基金会来说,需要更懂得倾听教师和学生的想法和兴趣点。那么就剩下运作型基金会了。

运作型基金会的未来肯定会有其他前景——和过去比起来可能大有可为,也可能不露锋芒。即便如此,任何运作型基金会面临的最大的问题都是其存在的理由。为什么我们的教育体制中需要它们,最需要它们的地方是什么?

对这一问题的回答,我们还是先来重温之前的观点:愿意冒着生命危险致力于完成一项议程。这种大胆之举实行起来确实存在诸多障碍。尽管一些运作型基金会及其寻求资助的行为在财务方面是很脆弱的,但一项独立议程一定会深受这种寻求资助宿命的威胁。美国高等教育协会最近的倒闭,再次提醒我们要认识到这种脆弱性,我不会低估这一点。如果说傲慢是对慈善事业的控诉,那么胆怯则是对寻求资助的学术组织的控诉;在这两种情况下,它们潜在的弱点背后都有财务的原因。

然而,正如我写的那样,寻求资助的基金会在我看来比过去任何时候都更大胆,更有可能制定议程。美国大学与学院协会刚刚发起了一场有关通识教育的运动,内容包括大规模地与企业和政府建立联系。卡内基教学促进基金会也有创新性举措,正在努力完成其针对博士阶段的一个计划,将检验几个主要学科中的实际情况,或称"管理工作"。它是威尔逊基金会所领导的、由整个研究生院组织的"响应博士计划"的强大对手。美国文理学院(The American Academy of Letters and Science)是人文学科数据收集领域的先驱,在过去的 25 年里,人文学科的数据收集严重匮乏,美国学术协会正在展开对人文学科和"软"社会科学领域的所有数字技术的调查,而研究生院理事会(Council of Graduate Schools)已开始尝试调查和控制博士学位的授予时间。除了卡内基教学促进基金会这个有点虚张声势的组织以外,其他基金会所做的努力比以往多了些大胆创新和敢作敢为的色彩,而伍德罗·威尔逊也试图加入这一大潮之中。"唯有连接"——E. M. 福斯特(E. M. Forster)的座右铭已成为我们的座右铭。

这些大大小小的努力,体现了富兰克林·罗斯福视之为美国社会所必需的冒险精神:"如果我没有理解错的话,这个国家需要进行大胆的、坚持不懈的试验。要形成一种常识:先尝试一种方法,如若失败,就坦然承认,之后再去试其他的办法是否可行。无论怎样,我至少尝试了。"或者就像梅尔维尔作品中的主人公伊什梅尔(Ishmael)提醒我们的那样:"谁不是个梦想家呢?"

个人的尾声

在撰写这篇文章的最后几周里,我决定离开伍德罗·威尔逊基金会,去德鲁大学担任校长。由于在写这篇文章时进行了自我反思,使我的决定变得更加艰难,因为它使我重新认识到运作型基金会的重要性和潜力。我本来没有打算为自己写一篇辩护词,没想到我内心深处对这一组织的热忱竟让我自己也大吃一惊。

我很幸运能在伍德罗·威尔逊工作。然而，我离开的决定，也使我不断反思是否曾经忽视了运作型基金会的风险，而这些是我在过去的工作中并未提及的。

那感觉很可怕。由于财政收入微薄，伍德罗·威尔逊基金会的员工在上个月的某一个星期，失去了一个重要的奖学金项目，却获得了另一个项目，还意外获得数十万美元的捐赠品，计划召开一个为期2天的关于"响应博士计划"的会议。经过长达8年的峥嵘岁月，我相信基金会随新能量的注入会继续成长。与此同时，我也发现自己十分怀念校园生活，尤其是我在康涅狄格州作为本科生所经历过的那种生活。但还有一点，我发现自己对德鲁大学的潜力感到非常兴奋，并且接受了作为教师合作参与大学生活这一想法的挑战。但无论它和运作型基金会有多相仿，它终究不是基金会。

尽管我们的运作型基金会规模很小，但我却因此获得了希望能够带给德鲁大学同事们的新观念。虽然我有时会把领导一个没有巨额捐赠的基金会比作一个空中飞人在没有安全网的情况下表演——抑或拿过山车的突然俯冲和转向进行类比更加准确，但与过山车不同的是，这趟车承载着乘客的未来教育，可能会载着他们到达某个远方。从经验上看，这种影响是无时无刻的。这确实令人恐惧，但正如我去年夏天说服孩子陪他们年迈的父亲去六旗游乐园（Six Flags）时提醒自己的那样，我就是喜欢坐过山车而已。

（罗伯特·韦斯布克）

参考文献：

Bercovitch, S. *Puritan Origins of the American Self*. New Haven and London: Yale University Press, 1975.

Bowen, W. G., Nygren, T. I., Turner, S. E., and Duffy, E. A. *The Chartible Nonprofits: An Analysis of Institutional Dynamics and Characteristics*. San Francisco: Jossey-Bass, 1994.

Judge, H. "Higher Education and the Schools." In P. Timpane, M. White, and L. S. White (eds.), *Higher Education and School Reform*. San Francisco: Jossey-Bass, 1998.

Lynen J. *Design of the Present: Essays on Time and Form in American Literature*. New Haven, Conn.: Yale University Press, 1969.

Ravitch, D. *Left Back: A Century of Failed School Reforms*. New York and London: Simon & Schuster, 2000.

Stewart, D. S., and Johanek, M. "Enhanced Acdemic Connections: Deweyan Waste, Ecological Pipelines, and Intellectual Vitality." In P. Timpane, M. White, and L. S. White (eds.), *Higher Education and School Reform*. San Francisco: Jossey-Bass, 1998.

Woodrow Wilson National Fellowship Foundation. "Diversity and the Ph. D.: A Review of Efforts to Broaden Race and Ethnicity in U. S. Doctoral Education." Princeton, N. J.: Woodrow Wilson National Fellowship Foundation, 2005a.

Woodrow Wilson National Fellowship Foundation. "The Responsive Ph. D.: Innovations in U. S. Doctoral Education." Princeton, N. J.: Woodrow Wilson National Fellowship Foundation, 2005b.

附录:在本科教育中追求卓越

拉塞尔·埃杰顿

> 拉塞尔·埃杰顿长期致力于加强本科教学。他是美国高等教育协会名誉主席、皮尤慈善信托基金会的教育计划官员以及卡内基教学促进基金会的访问学者。我们以本书编辑的身份,邀请他总结了自己对"教育与基金会"卡内基教学促进基金会百年纪念大会的感想。他的观点是我们建立教育资本以加强本科教育是很好的例证,下文我们将对此进行介绍。
>
> ——编者

- 目前应该重点关注本科教育的质量。美国的学院和大学面临着为更多学生服务的压力,其中越来越多的学生对学习既没有内在兴趣,也没有为大学阶段的学习做好准备。同时,财政紧缩、市场压力、竞争加剧、入学机构多元化等趋势正在破坏参与式学习的传统基础。

教育质量下降的状况愈发明显。同时,有关学习的新知识和新技术为高校提高教学效率提供了前所未有的机会。和基础教育中关注教学质量存在的巨大机遇一样,关注本科生教学也存在巨大机遇。因为本科生会向他们的老师(艺术和科学系的教师)学习如何教授他人。教学质量将会使整个教育系统承担多大的风险可想而知!

- 为了应对这些挑战和机遇,高等教育应着眼于大学成绩的新标准:为所有学生提供深入而持久的学习。要达到这个标准,大学不仅要更具包容性和以学习者为中心,而且需要致力于深度学习和提供证明。从教到学的焦点转移,从根本上讲是教学主体和教学内容的转移。教师在传统上认为他们的职责是提供良好的教学,这意味着"了解并精通这一领域"。这一概念使学生从课堂经验中获得最大的收益。在一所认同教与学同等重要的大学里,教师不仅承担教学责任,而且将"竭尽所能促进学生学习"视作成功的教学。当问题出现时,教师和学生都有责任尝试其他的方法。

- 达成这一标准的难点是,可行的想法和有效的实践并没有达到规模。他们不这样做的主要原因是,大学可以在教学质量并无显著提高的前提下良好运转,几乎没有什么需要改进的。无论是从大学内部组织教学的过程、学术职业培训和发展的基本规则、大学的竞争市场,还是各州和联邦政府政策设定的准则,情形都是类似的。促使大学密切关注教学的激励机制十分匮乏。

鉴于上述假设,改进措施的效果是可以预料的。教师通常倾心于更有前景的措施,这样实践才能传播开来。但是只有少数教师愿意违背这一原则。由于缺乏教育系统其他部分的支持,计划陷入僵局。

- 为了扩大有效实践的规模,需要在基础设施建设、工具开发和激励措施方面加大力度。我们应该把重点放在推广这些做法上,这些做法将永久改变激励机制,并使大学变得更有目的性和更有说服力,而这些院校自身也会变得越来越好。这一实践过程有很多阶段:创意→雏形→实验→早期复制→最优方法→扩大规模。大多数关注和特殊支持都集中在该过程的早期阶段,但如果有更多的驱动因素,则不必费力推进。

- 能够促使系统性变革的举措往往不是由单个校园承担的项目,而是"国家探索"——更具有复杂性和多面性,由许多大学参与,历时 10~15 年的实践。战略投资与发起和维持国家探索密切相关。组建、启动和维持高等教育的国家探索任务需要积极主动地拨款。有时,一个成熟的机构可以起带头作用。例如,卡内基教学促进基金会领导了教学奖学金。但是通常情况下,有必要多关注领导者,并创建一个引领性组织。成功的探索都拥有杰出的领导者。(如:弗兰克·纽曼[Frank Newman]与"校园契约"的创建、芭芭拉·史密斯[Barbara Smith]与华盛顿大学本科教育中心、帕特·卡兰[Pat Callan]与国家公共政策和高等教育中心、乔治·库赫[George Kuh]与全国学生参与度调查。)

- 单凭国家探索并不足以使创意产生规模性影响。为了扩大规模,许多倡议必须相互融合与加强。由于过去的探索,许多诸如服务学习之类的创意已经付诸实践。要使这些运动真正站稳脚跟,就必须从学院内部、知识界和利益相关者那里获得支持。然而,教师为学生学习所付出的更多努力,以及外部利益相关者为使机构对学生学习更负责而做出的努力,就像夜间行驶的船只。尽管各方可能会认同提供深度而持久的学习这一理想的目标,但对于从理论到实践需要采取的措施,他们有不同的看法。

改变大学内部的激励机制

一个多世纪以前,高校围绕约翰·塔格(John Tagg)所说的"教学范式"进行了系统改革。它们将改革目标定义为提供教学,并设计了一个教学过程,其中包括选修课程并累积学分,以达到对知识的深度和广度的要求。尽管这一制度有许多好处,但学院和学生都忽视了一点:学生学习是一切的重点。在停止定义学生在大学预期实现的学习效果之后,大学并没有做好应对成功或者失败的准备。学生都知道,一旦完成一门课程,成绩单上会显示学分,而不是学习过程。

简单地认为应该彻底去除代表知识的广度和深度的学分、课程和要求的想法是愚蠢的。但是,我们可以引入新的过程,将注意力重新集中在长期目标以及深入而持久的学习上。教师可以识别出理想毕业生的素质,并阐明学生获得这些素质的途径,以及代表成就标准的最高表现。教师可以鼓励学生明确他们将要进行的长期学习项目,并且可以在学习档案袋中记录和整理学生学业成就。学生可以将他们的个人资料翻译成成绩单(或通行证),向雇主和其他选民介绍自己的成就。

- 一项优先投资:一项为建立最先进的学习档案而进行的实践探索。学习档案,尤其是电子版本的档案,可以随着时间的流逝生成并记录学生的学习,作为证据促进反思,并向他人展示学生的学习成果。对学习档案的倡导已迅速发展成为一种全球性运动。现在需要更多关于学习档案的范例。许多学院和大学已将学习档案作为记录学生学业成绩的工具,可以邀请它们签订"学习档案契约"(The Learning Portfolio Compact)。契约成员不仅将获得有关学习档案设计问题的支持,而且将获得那些对质量至关重要的制度条件方面的支持,例如在这一过程中教师如何进行时间管理。

- 一项优先投资:探索公民提升文化素养的途径。除了写作课程外,很少有学校会实施一系列的作业和体验,使学生能够在既定的能力水平和文化素养方面获得提升。因此,教师需要成为实践社区的一员,向这些社区阐述识字的重要性、实现识字的途径以及识字的最佳案例。

在伍德罗·威尔逊基金会的主持下,最近由罗伯特·奥里尔领导的定量识字项目提供了一种实践模型。公民素养一词是指成为有效公民所需的知识、技能和价值观。建立一个全国公民素养培养中心可以作为一个榜样,使其他领域都可以效仿。

改变学术职业规范

在成为大学教师之前,这些教师可能是数学家、工程师或其他知识领域的一员。他们的价值观深受这些领域的影响。大学的学科在形成之初,往往是由德高望重的学者来讲授导论类课程,这些学者往往认为自己需要为大学服务,并且也十分关注基础教育领域的教育。然而,随着时间的流逝,联邦政府投入了数十亿美元用于科学研究,大多数学科反而都退缩到一个狭窄的方向。

而另一发展趋势产生了更具破坏性的结果。在教与学的过程中,每个学科都可能在某个特定领域产生分支。与之相反的是,教学的学术研究变成了教育学系和心理学系的一部分,其重点是一般的教学研究。这些学科的教授开始回归真正的教学,不是将教学视为一种将其领域的概念转化为学生可以理解的术语的行为,而是将其视为一种呈现信息和管理课堂讨论的行为——"米老鼠"之类的东西,至少看起来如此。

卡内基教学促进基金会提出了一种另类的愿景,即将教学视为一种智力上有趣的学术活动。它鼓励了教师研究、记录和展示其教学方面的方法,即"共有财产"。现在的挑战是将这种教学理念注入教师学术职业的每个阶段:研究生院的培训、教师的任命、晋升以及他们今后的角色定义之中。

- 一项优先投资:一项在人员招聘过程中组织市场并加强"重新预设"的探索。大学可以通过招聘会确定试点领域,可以在这些领域预设期望并根据这些期望提出和评估候选人资格的相关条件。

另一个优先投资涉及晋升和任期过程:卡内基教与学奖学金激励了不同领域的教师发明了记录和展示其教学成果的方法(例如课程档案)。但是,除非认证机构和系统办公室等利益相关者坚持对教学进行同行评审,否则这项运动将会停滞不前。

- 一项优先投资:国家中心和 21 世纪教授会论坛。过去有人曾说"教师即大学"。但现在情况不再是这样了。我们迫切需要一个既可以系统地监督教师角色变化,又可以让教师(尤其是年轻教师)重新创造自己职业的地方。

改变利益相关者发出的信号

每个主要利益相关者,例如父母、雇主、资质鉴定方、州和联邦政策制定者,都可能将大学转变为所有学生体验深刻而持久的学习的地方。有两次探索,如果成功,将有助于系统性变革:

- 一项优先投资:塑造公众对质量的新认识。在许多行业中,竞争会刺激供应商改善其产品和服务的质量。但是在高等教育中,高校不会基于其对学生学习所做贡献而竞争。大学通过获取其他人不具备的资源以及投资于体育运动和其他能获得知名度的方法来提高质量。这场争夺威望的比赛将一直持续下去,但它不是唯一的竞争。可以加强努力,使各机构在促进学生学习方面赢得声誉。

我想到了三个特别的举措。第一,大学对其为学习所做贡献的证据更加公开。例如,全国教育研究会可以开发模板,方便各院校与其他院校按照其格式进行打分比较。当学生对某一机构有疑问时可以链接到全国教育研究会的网站,在该网站上可以找到20~30个其他机构的类似证据。

第二,为表现优异的机构创造更多获得认可的机会。例如,《大西洋月刊》(Atlantic Monthly)之类的杂志可以发布按照全国教育研究会基准,表现在前5%的机构评分。

第三,领导者可以用更加激进的方式来看待质量证据。例如,校长或董事会或两者都可以将质量证据用于《美国新闻与世界报道》中大学的排名计算方法。

- 一项优先投资:区域认证的专业组织。不久前,一些著名的大学和学院将认证与看牙进行类比。但是在过去的8年中,一些地区认证机构重新审查了那种一刀切的自我研究报告(一次认证考察和一份报告),并且更加注重有效性。认证机构是我们促进和指导更多基于证据的实践转向的最有效的工具。然而,认证机构在管理和财务上仍然体现了一种哲学思维,即它们只要保持一定的专业程度可以抵御政府干扰即可,而不必追求更加专业。基金会或基金会联盟可以创建一个新的实体,该实体可以为将认证机构转变为专业运营机构提供激励和支持:减少工作人员的工作量、培训访问团队和建立数据库。

- 最后的投资重点:创建"学习第一论坛"。这将是一个负责持续推动并赋予新黄金标准愿景生命力的机构。该论坛每年都会组织各种考察活动,并试图强调只有多方共同努力才能实现这一美好愿景。

人名索引

A

亚当斯(Adams, B. E.),307
莫蒂默·阿德勒(Adler, M.),353,354,355,357
拉马尔·亚历山大(Alexander, L.),363
安德森(Anderson, J. D.),236
安德烈亚森(Andreasen, B.),325
安德鲁斯(Andrews, F. E.),57
沃尔特·安南伯格(Annenberg, W. H.),62,64,139,141,142,143,144,146
阿诺夫(Arnove, R. F.),220
雷蒙德·阿伦(Aron, R.),357
莱昂纳德·艾尔斯(Ayres, L.),51

B

雷·巴凯蒂(Bacchetti, R.),3,21,37,71,73,183,249,251,263,303,306,308,309,310,312,315,317,318,320,383,389,391,399
肯·贝恩(Bain, K.),26,274
雅克·巴尔赞(Barzun, J.),353,354
查尔斯·比尔德(Beard, C.),327,336,338,339
加里·贝克尔(Becker, G.),354
埃德加·F·贝克汉姆(Beckham, E. F.),39,283,285,289,290
特雷尔·贝尔(Bell, T. H.),363
托马斯·本德(Bender, T.),338
威廉·贝内特(Bennett, W. J.),363
萨克凡·贝尔科维奇(Berkovitch, S.),401
艾莉森·伯恩斯坦(Bernstein, A. R.),220,222
丹尼尔·伯恩斯坦(Bernstein, D. J.),316,317
亚瑟·贝斯特(Bestor, A.),353,354,355
埃伦·比尔德纳(Bildner, A.),283,286,287,288,290,291,292,294,295,296,297,300
琼·比尔德纳(Bildner, J.),283,287,288,291,292,294,296

罗莎琳·伯德(Bird, R.),170
埃伦·布鲁姆(Bloom, A.),357,367,368,369
H·布泽(Boozer, H.),342
罗伯特·博克(Bork, R.),366
迈克尔·博斯金(Boskin, M.),365
威廉·鲍恩(Bowen, W.),382
欧内斯特·博耶尔(Boyer, E.),307
哈里·布拉德利(Bradley, H.),356
林德·布拉德利(Bradley, L),356
布兰特(Brandt, L.),57
约翰·布里尔顿(Brereton, J.),195
斯蒂芬·布雷耶(Breyer, S.),366
T·布朗(Brown, T.),342
威廉·詹宁斯·布莱恩(Bryan, W.J.),55,65
朱迪·布坎南(Buchanan, J),190,205
威廉·巴克利(Buckley, W. F., Jr.),355,356,364,367,369,371
布尔默(Bulmer, M.),236,238,239
麦克乔治·邦迪(Bundy, M),58,60,359
埃德蒙·伯克(Burke, E.),357
桑德拉·普莱斯·伯克特(Burkett, S.P.),197

C

露西·凯尔金斯(Calkins, L.),78
劳拉·卡迈克尔(Carmichael, L.),179
安德鲁·卡内基(Carnegie, A.),3,5,6,7,18,47,49,50,51,54,55,62-63
卡特(Carter, J.),366
芭芭拉·切尔沃纳 Cervone, B.),64,139,141
凯特(Cheit, E. F.),214,224,225
林恩·切尼(Cheney, L.),368
弗兰克·乔多罗夫(Chodorov, F.),356
约翰·查布(Chubb, J.),361,362
比尔·克林顿(Clinton, B.),143,364
查尔斯·T.克洛特费尔特(Clotfelter, C.),4,211,213,236,249
塞德·科克伦(Cochran, T.),198
伊丽莎白·科恩(Cohen, E.),85,104
科恩(Cohen, M.),219
詹姆斯·科尔曼(Coleman, J.),215,216,219,358,360
彼得·科利尔(Collier, P.),368
丹尼斯·柯林斯(Collins, D.),327
柯林斯(Collins. J. C.),170,308
科尔韦尔(Colwell, M. A. C.),236
科默(Comer, J.),117,118
詹姆斯·布赖恩特·科南特(Conant, J. B.),59,60,353
罗伯特·康纳(Connor, R.),397

约翰·孔斯(Coons, J.), 360
欧内斯托·科尔特斯(Cortes, E.), 144
拉蒙·科帝内斯(Cortines, R.), 151
乔治·S.康茨(Counts, G. S.), 336
科温顿(Covington, S.), 105, 318
贾斯帕·克雷恩(Crane, J.), 351
希瑟·克里奇(Creech, H.), 20
鲁道夫·克鲁(Crew, R.), 151
拉里·库班(Cuban, L), 90
默尔·科蒂(Curti, M. E.), 52, 214

D

克拉伦斯·达罗(Darrow, C.), 65
道森(Dawson, E.), 325
珍妮佛·德·福里斯特(De Forest, J.), 8, 47, 49, 65, 347
约翰·杜威(Dewey, J.), 336, 352
戴蒙德(Diamond, R. M.), 307
艾米莉·狄金森(Dickinson, E.), 401, 402
詹姆斯·道格拉斯(Douglas, J.), 373
道伊(Dowie, M.), 60, 65
丹尼斯·多伊尔(Doyle, D.), 363
迪内什·德苏扎(d'Souza, D.), 368
杜波依斯(DuBois, W. E. B.), 58
詹姆斯·杜森贝里(Duesenberry, J.), 220
乔安妮·杜尔(Duhl, J.), 287, 289, 290
朱贝克(Dzuback, M. A.), 56

E

拉斯·埃杰顿(Edgerton, R.), 274, 306, 307, 308, 309, 310, 317, 318
托马斯·欧利希(Ehrlich, T.) 3, 21, 183
爱丽丝·艾德曼-阿达尔(Eidman-Aadahl, E.), 205
德怀特·艾森豪威尔(Eisenhower, D.), 216
理查德·埃尔莫尔(Elmore, R.), 144, 171
爱默生(Emerson, R. W.), 401, 402
萨拉·L.恩格尔哈特(Engelhardt, S. L.), 58
特里·埃文斯(Evans, T.), 177, 178

F

克利夫顿·费迪曼(Fadiman, C.), 353
法伦(Fallon, D.), 19
凡茨萨里(Fancsali, C.), 190, 201
马丁·费尔德斯坦(Feldstein, M.), 236, 365
芬克(Fink, D.), 169
切斯特·芬恩(Finn, C.), 116, 363
安东尼·费尔(Fisher, A.), 351
费舍尔(Fisher, D.), 228, 236, 237, 239

彼得·弗拉尼根(Flanigan, P.),316

乔尔·弗莱施曼(Fleishman, J.),340

西摩·弗利格尔(Fliegel, J.),361

亨利·福特二世(Ford, H., II),61,62,365

E. M. 福斯特(Forster, E. M.),405

弗雷(Frey, A. C.),335

米尔顿·弗里德曼(Friedman, M.),354,360,365

弗罗(Froh, R. C.),307

彼得·弗鲁姆金(Frumkin, P.),53,56,61,65,224,234,235

迈克尔·富兰(Fullan, M.),144,167,169,171

G

霍华德·加德纳(Gardner, H.),118

约翰·W. 加德纳(Gardner, J. W.),58,60,64

比尔·盖茨(Gates, B.),49

盖格(Geiger, R. L.),216,218,220,226,228,232,234,236,237

路易斯·格斯特纳(Gerstner, L. V.),364

吉尔摩(Gilmore, T. N.),319

格拉西克(Glassick, C. E.),307

内森·格莱泽(Glazer, N.),358

格伦(Glenn, J.),57

巴里·戈德沃特(Goldwater, B.),61

皮埃尔·古德里奇(Goodrich, P.),356

安东尼奥·葛兰西(Gramsci, A.),215

吉姆·格雷(Gray, J.),188,189,190,195,206

格雷(Gray, P. J.),307

埃瓦茨·格林(Greene, E.),330

瓦尔坦·格里格瑞恩(Gregorian, V.),143,146,149,150,152

格罗尔尼克(Grolnick, M.),201,203

格思里(Guthrie, D.),136

H

哈马克(Hammack, D. C.),54

哈格里夫斯(Hargreaves, A.),169

托马斯·哈奇(Hatch, T.),37,83,89,139,157,160,163,165,166,168,171,175

弗里德里希·哈耶克(Hayek, F. A.),351,352,354,355,357,358,365,366

赫斯(Hess, A.),136

赫斯(Hess, F. M.),105

威廉·休利特(Hewlett, W. R.),153

希尔(Hill, D. S.),225

小艾瑞克·唐纳德·赫希(Hirsch, E. D., Jr.),84,104,357,363,370

赫希霍恩(Hirschhorn, L.),319

南希·霍夫曼(Hoffman, N.),4,

37,39,109
霍夫施塔特(Hofstadter, R.),338
霍利斯(Hollis, E. V.),214,225,238
霍尼格(Honig, M.),171,175
赫伯特·胡佛(Hoover, H.),56
大卫·霍恩贝克(Hornbeck, D.),150,156,368,369
霍洛维茨(Horowitz, I. L.),235,236
霍洛维茨(Horowitz, R. L.),235,236
哈罗德·豪二世(Howe, H., II),371
休伯(Huber, M. T.),307,317,320
塞缪尔·亨廷顿(Huntington, S.),366
帕特·哈钦斯(Hutchings, P.),39,303,305,306,309,316,317,320
A. E. 哈金森(Hutchinson, A. E.),351

J

杰西·杰克逊(Jackson, J.),316,366
克里斯托弗·詹克斯(Jencks, C.),360
迈克尔·约翰内克(Johanek, M.),399
林登·约翰逊(Johnson, L.),371
贾奇(Judge, H.),395

K

卡尔(Karl, B. D.),236
彼得·卡洛夫(Karoff, P.),287,289,290
斯坦利·卡茨(Katz, S.),236,387
大卫·卡恩斯(Kearns, D.),364
凯利(Kelly, F. J.),225
唐纳德·肯尼迪(Kennedy, D.),273
罗伯特·肯尼迪(Kennedy, R. F.),60
弗雷德里克·P. 凯佩尔(Keppel, F.),56,323,329,330,331,332,333,334,335,336,337,338,339,341
约翰·梅纳德·凯恩斯(Keynes, J. M.),351
威廉·基尔帕特里克(Kilpatrick, W.),335,336
罗杰·金博尔(Kimball, R.),368
大卫·科博(Kirp, D.),272
黛安·基尔希(Kirsch, D.),172,175,176
基辛格(Kissinger, H.),366
科勒(Kohler, R. E.),237,239
西奥多·科尔德里(Kolderie T.),144
克雷(Krey, A. C.),329,330,335,336,337
欧文·克里斯托尔(Kristol, I.),219,350,358
西蒙·库兹涅茨(Kuznets, S.),227,233

L

埃伦·康德利夫·拉格曼(Lagemann, E.),8,47,49,51,55,58,59,60,63,65,237,331,332,333,347
理查德·拉姆(Lamm, R.),368
洛娜·拉斯拉姆(Lathram, L.),51
劳(Law, E. J.),295
威廉·S.勒尼德(Learned, W. S.),331,341
莱斯利·伦科夫斯基(Lenkowsky, L.),347,349
瓦西里·莱昂季耶夫(Leontief, W.),233
亨利·莱文(Levin, H.),117
利希特尔(Lichter, S. R.),371
安·利伯曼(Lieberman, A.),37,89,183,185,187,190,191,192,193,201,202,203
沃尔特·李普曼(Lippmann, W.),333,338
西奥多·洛布曼(Lobman, T.),37,71,73,214,224,225
洛克(Locke, J.),352
罗伯特·S.林德(Lynd, R. S.),337

M

梅罗夫(Maeroff, G. I.),307
马加特(Magat, R.),229
亨利·曼尼(Manne, H.),366
哈维·曼斯菲尔德(Mansfield, H.),367

马奇(March, J. G.),219
赫伯特·马尔库塞(Marcuse, H.),61
麦克唐纳(McDonald, J.),190,194
麦克劳夫林(McLaughlin, M. W.),201
麦夸里(McQuarrie, M.),136
狄波拉·梅耶尔(Meier, D.),142
梅尔维尔(Melville, H.),405
约翰·斯图亚特·密尔(Mill, J. S.),352
阿瑟·米勒(Miller, A.),383
乔治·米勒(Miller, G.),198
米勒(Miller, J.),62
罗杰·米利肯(Milliken, R.),351
明茨(Mintz, N.),195
韦斯利·克莱尔·米切尔(Mitchell, W. C.),227
特里·莫(Moe, T.),361,362
丹尼尔·帕特里克·莫伊尼汉(Moynihan, D. P.),358
卡琳·麦克泰·穆西尔(Musil, C. M.),288,289,290,297
冈纳·迈达尔(Myrdal, G.),58,64

N

拉尔夫·纳德尔(Nader, R.),61
纳什(Nash, R.),214
乔·内森(Nathan, J.),361
内斯坦(Nelsestuen, K.),190,201
内维特(Nevitte, N.),371
杰西·纽伦(Newlon, J.),336

尼尔森(Nielsen, W. A.),219,221
理查德·尼克松(Nixon, R.),61
杰克·努南(Noonan, J.),295
迈克尔·诺瓦克(Novak, M.),350

O

奥格登(Ogden, C.),62
皮埃尔·奥米迪亚(Omidyar, P.),50,51,65
罗伯特·奥里尔(Orrill, R.)323,324,325
乔治·奥威尔(Orwell, G.),351,357

P

戴维·帕卡德(Packard, D.),365
帕特里齐(Patrizi, P. A.),105
托马斯·佩赞特(Payzant, T.),151
彭德尔顿(Pendleton, W. C.),222,228,239
马丁·佩雷茨(Peretz, M.),368
杰弗里·珀尔(Perl, J.),394
桑德拉·珀尔(Perl, S.),195
霍华德·皮尤(Pew, J. H.),356
詹姆斯·皮尔森(Piereson, J.),347,349,367
诺曼·波德霍雷茨(Podhoretz, N.),350
波拉斯(Porras, J. I.),308
理查德·波斯纳(Posner, R.),366

刘易斯·鲍威尔(Powell, L. F., Jr.),61,365
亨利·史密斯·普里切特(Pritchett, H.),51,226
普罗耶托(Proietto, R.),238

Q

凯瑟琳·昆兰(Quinlan, K.)309,316

R

雷德福(Radford, N. A.),237
史蒂芬·劳登布施(Raudenbusch, S.),53
黛安·拉维奇(Ravitch, D.),357,363,400
亨特·R. 罗林斯(Rawlings, H. R.),236
罗纳德·里根(Reagan, R.),64,363,366
莱利(Reilly, P. J.),154
劳伦·雷斯尼克(Resnick, L.),117
里奇(Rich, A.),61,65
约翰·洛克菲勒(Rockefeller, J. D.),54,62
凯伦·罗默(Romer, K.),331
帕特里克·鲁尼(Rooney, P.),361
富兰克林·D. 罗斯福(Roosevelt, F. D.),56,405
多萝西·罗丝(Ross, D.),343
罗思曼(Rothman, S.),371

S

阿尔比·萨克斯(Sachs, A.),293
圣约翰(St. John, M.),190,202,205
保罗·塞缪尔森(Samuelson, P.),217
迈克·施莫克(Schmoker, M.),105
唐纳德·舍恩(Schön, D.),123,141,160
罗伯特·B.施瓦茨(Schwartz, R.),4,37,39,109,303,301,312,317,364
迈克尔·斯克里文(Scriven, M.),189
彼得·森奇(Senge, P.),89,104
罗伯特·塞克斯顿(Sexton, R.),144
艾尔·尚克(Shanker, A.),359
夏皮罗(Shapiro, L.),342
李·舒尔曼(Shulman, L.),5,183,306,309,313,316,317,384
舒曼(Shuman, M. H.),318
威廉·E.西蒙(Simon, W. E.),365
西奥多·赛泽(Sizer, T.),84,116,118,143,146,149
罗伯特·斯莱文(Slavin, R.),117
亚当·斯密(Smith, A.),93,352,354,357,366
史密斯(Smith, J. A.),57
莫蒂默·史密斯(Smith, M.),353
拉尔夫·史密斯(Smith, R.),50

查尔斯·珀西·斯诺(Snow, C. P.),3,4
斯泰因(Stein, A.),195
斯泰因(Stein, R.),105
理查德·斯特林(Sterling, R.),190,195,200,205,206
阿德莱·史蒂文森(Stevenson, A.),273
唐纳德·斯图尔特(Stewart, D.),399
乔治·斯蒂格勒(Stigler, G. J.),232,233,234,254
塞缪尔·A.斯托弗(Stouffer, S. A.),59,60
路易斯·沙利文(Sullivan, L.),13
斯温(Swain, S.),197
尤金·B·西德诺(Sydnor, E. G., Jr),365

T

丹尼尔·泰拉古驰(Teraguchi, D.),288,289,290,297
梭罗(Thoreau, H. D.),401,402
爱德华·桑代克(Thorndike, E.),53
雪莉·蒂尔曼(Tilghman, S.),295
莱昂内尔·特里林(Trilling, L.),349,357
马克·塔克(Tucker, M.),117
大卫·泰克(Tyack, D.),90

V

L.瓦纳瑞(Vanarie, L.),342

汤姆·范德·阿克（Vander Ark, T.），128,129

弗兰克·范德利普（Vanderlip, F. A.），51

路德维希·冯·米塞斯（von Mises, L.），354

W

狄波拉·沃兹沃斯（Wadsworth, D.），144

沃拉斯（Wallas, G.），54

约翰·沃尔顿（Walton, J.），361

亨利·韦弗（Weaver, H.），351

穆雷·韦登鲍姆（Weidenbaum, M.），366

温鲍姆（Weinbaum, A.），190,201

罗伯特·韦斯布克（Weisbuch, R.），39,379,381

韦尔特曼（Weltman, B.），354

温格（Wenger, E.），192

埃伦·沃特（Wert, E.），306,310, 311,317,318

史蒂文·惠特利（Wheatly, S.），386,395

惠特曼（Whitman, W.），401

罗伯特·维布（Wiebe, R.），54, 332,333,334

艾伦·威尔达夫斯基（Wildavsky, A.），373

吉姆·威尔金森（Wilkinson, J.），315

波莉·威廉姆斯（Williams, P.），361

詹姆斯·威尔逊（Wilson, J. Q.），358,360

沃尔夫（Wolfe, M.），195

伍德（Wood, D.），190,191,192, 193,202

Y

保罗·伊尔维萨克（Ylvisaker, P.），104

Z

奥利维尔·聪茨（Zunz, O.），334

# 主题词索引

A

学科,学科的影响(Academic discipline, influence of),216-218

基金会的职责(Accountability of foundations)的概念,260-262;作为关系紧张的原因,114-115;作为弱势,12

高等教育的职责(Accountability of higher education),10,260,262

学区的职责(Accountability of school districts),114-115

智越股份有限公司(Achieve, Inc),87,104

艾尔弗雷德·P·斯隆基金会(Alfred P. Sloan Foundation),9,244

美国高等教育协会(American Association for Higher Education, AAHE),268,303,306,308-309,310,311-312,313,314-317,318,320,404

《美国的困境》(American Dilemma),58

美国历史学会(American Historical Association, AHA),323,325,327-331,342

美国国会图书馆的"美国记忆项目"(American Memory Project of the Library of Congress),43

安南伯格挑战(Annenberg Challenge)坚持原则,144-147,传递交接棒,155,157;广度与深度,150-151;培养能力,154-155,159;批评,141-142;定义,141;学区关系,151-152;评价,153-154;基金会资助,17;资助金额,148;创新性与一致性,149-150;经验教训,62,157-160;后勤保障,64,149;来自一位绅士的礼物,143-144;规模,142,157-158;书面介绍,143

安南伯格基金会(Annenberg Foundation),11,18,244

阶段评估(Assessment at every stage),27-28,81

美国大学和学院协会(Association of America Colleges and Universities, AAC&U),268,283,288,289,291,292,294,296,297,298

大西洋慈善总会(Atlantic Philanthropies),4,76,117,238,244,256,281

B

"回归基础"运动(Back-to-basics movement),352-354

海湾地区学校改革协作计划(Bay Area School Reform Collaborative, BASRC),148,150,153,155-156,174,176-177,178

双边垄断(Bilateral monopoly),222

比尔及梅琳达·盖茨基金会(Bill & Melinda Gates Foundation),11,18,40,76,111,113,122,123,126-134,135,136,155,156,229,244,390 参见盖茨基金会早期学院高中项目(See also Gates Foundation's Early College High School Initiative)

布迪厄社会学理论(Bourdieu's social theory),136

布拉德利基金会(Bradley Foundation, The),118,119

布罗德基金会(Broad Foundation),86,104,119,120

布朗诉教育委员会案(Brown v. Board of Education),58

C

管理倡议的能力:个案研究展示出学校管理倡议的能力(Capacity to manage initiatives: case studies showing),169-170,172-175;外部支持,175-180;重要性,163-164;需求管理,167-169;重新思考基金会作用,180-182;六种做法,170-171;在动荡环境中,166-167

纽约卡内基教学促进基金会(Carnegie Corporation of New York),9,51,55,56,57-58,59,60,118,119,126,155,156,173,189,202,220,225,229,244,389

卡内基教学促进基金会社会研究委员会(Carnegie Corporation's Commission on Social Studies)作为失败项目,323-327;对专家的信任,331-334;起源,327-331;引出的问题,340-342;瓦解,336-340;模糊的议程,334-336

卡内基教学促进基金会的"新时代教师计划"(Carnegie Corporation's Teachers for a New Era program),398

卡内基教学促进基金会百年纪念大会(Carnegie Foundation Centennial Conference),6,7,8

卡内基教学促进基金会(Carnegie Foundation for the Advancement of Teaching),3,5,6,7,41,50,

54,225,226,237,382,384,404,405

芝加哥"安南伯格挑战"(Chicago Annenberg Challenge),142,148,150,152,157

要素学校联盟(Coalition of Essential Schools (CES)),4,84-85,104,116,117,121,139,143,146

合作:高等教育和合作(Collaboration: higher education),38-39,276;重要性,36-37;基金会间关系,14;K-12教育,37-38;K-16合作,39-40

学术、社会和情感学习协作(Collaborative for Academic, Social, and Emotional Learning),87

沟通和资本创建目标(Communications and capitalbuilding goals),100-101

保守主义的兴起(Conservatism, rise of),349

保守派慈善事业(Conservative phila-nthropy)的发展,61,349-351;经验教训,369-375;1950至1970,351-357;1970至今,357,369;两个历史时期,350

核心知识基金会(Core Knowledge Foundation),84,363

核心知识学校(Core Knowledge School),116,370

识别不可协商的核心项目(Core of program, identifying non-negotiable),26-27,79-80

基础教育理事会(Council for Basic Education),353-354,360

基金会理事会(Council on Foundations),93,406

资本创建标准(Criteria for building capital),15,24-31,77-82

《文化常识:每一位美国人都需要知道的知识》(Cultural Literacy: What Every American Needs to Know),363

课程(Curriculum),84-85

D

重视数据(Data consciousness),114

高等教育和基金会的不同(Differences between higher education and foundations)责任,260-262;交流,259;时间,259-260

新泽西校园多样性倡议:大学项目(Diversity Initiative, New Jersey Campus: campus projects),301-302;多样性问题,285-286;资助者的执着,286-294;实施策略,294-297;为项目的结束未雨绸缪,300

E

早期学院高中项目(Early College High School, ECHS),11,40,76,122,123,126-132,134,135,388,396,400

埃德娜·麦康奈尔·克拉克基金会(Edna McConnell Clark Foundation),9,11,76

教育发展中心(Education Development Center, EDC),124,125,127,133,134

教育项目(Education projects):评估,27-28,81;核心要素,26-27,79-80;设计依据,25-26,78-79;相互融合,28-29,81-82;持久力,27,80-81

教育资本(Educational capital):概念,7,15,16,77;五个创建标准,24-31,77-82;创建建议,23-24;创建位置,83-89;发挥作用,40-44

卓越教育网络(Educational Excellence Network),363

有效性挑战(Effectiveness challenge),74-76

参与型大学的概念(Engaged University, concept of),385

《科尔曼报告:教育机会公平》(Equality of Education Opportunity, Coleman),358

项目评估(Evaluation, program),另见外部审查(See also External review),52-53

支出总额(Expenditures, total):高等教育,17;K-12教育,16

外部审查(External review),33-35,44,275-276

F

大学教师(Faculty, university):独立性,216;作为不可或缺的学者,231-232

应对失败(Failure, handling),340-342 参见卡内基教学促进基金会社会研究委员会

创建教育资本的五个标准(Five criteria for building capital),24-31

福特基金会(Ford Foundation),9,60-62,76,118,126,220,222,226,228-229,234,236,244,256,268,288,289,290,293,351,365,384-385

形成性评估(Formative assessment),27-28,81

对基金会历史的需求(Foundation history, need for),52-53 参见慈善事业历史

基金会的资助(Foundation support statistics):对高等教育,17-18,243-245;对K-12教育,16-17;来源,15-16

基金会教育资助项目(Foundation-funded education projects):评估,27-28,81;核心要素,26-27,79-80;设计依据,25-26,78-79;相互融合,28-29,81-82;持久力,27,80-81

基金会和高等教育(Foundations and higher education):特点,215-220,220-222;利益冲突,222-224

基金会、高等教育、组织之间的对

话(Foundations and higher education and organizational behavior):对话,251－257,278－280;重要差异,259－262;印象,257－259;分支问题,262－271

基金会和学区之间(Foundations and school districts):中介机构,120－136;改革策略,115－120;关系紧张的三个原因,110－115

从创意到雏形项目(From Idea to Prototype project)。参见教学同行评审项目(See Peer review of teaching)

G

盖茨基金会的早期学院高中项目(Gates Foundation's Early College High School Initiative),11,40,76,126－132,135,388,396,400。参见比尔及梅琳达·盖茨基金会(See also Bill & Melinda Gates Foundation)

捐赠网络网站(Giving Network Web site),406

《上帝和耶鲁人》(God and Man at Yale),355,357

治理和决策(Governance and decision-making),110,112－113

格拉布尔基金会(Grable Foundation),50

教育捐赠者(Grantmakers for Education),35,42,103－104,105

有效组织捐赠者(Grantmakers for Effective Organizations),42,105

确立项目设计依据(Grounding project design),25－26,78－79

H

硬资本(Hard capital),185

亨氏捐赠基金(Heinz Endowments),50

威廉和弗洛拉·休利特基金会(Hewlett Foundation, The William and Flora),71,119,156,174,244,249,256,389

休利基金会教学同行评审计划(Hewlett Foundation's project on peer review of teaching),306,308,310,311,314,318,319

高等教育(Higher education):责任,10,260－262;大学的特点,215－220,263－267,合作,38－39,276;教师,216,231－232;基金会的影响,213－215;资助对象,17－18,229－231,243－248;领导评价,8－15;与K－12教育对比,21－22;基金会资助的统计,17－18,243－245;两种改进方式,224－229

慈善事业的历史(History of philanthropy):有效性,62－65;运动慈善,61－62,63;需求,52－53;科学慈善,53－56;战略慈善,58－61,63

I

包容性卓越(Inclusive excellence), 286

基金会的易变性(Inconstancy of foundations), 270 – 271

信息技术的使用(Information technology, using), 41 – 42

制度问题(Institutional issues), 260, 263, 281

鼓励相关联性(Interconnectedness, encouraging), 28 – 30, 81 – 82

中介机构(Intermediaries)定义, 37, 43: K – 12 教育, 37 – 38, 43; 运作型基金会, 403; 职责, 120 – 122; 两个例子, 110, 122 – 132

新泽西大学校园多样性倡议中的中介机构(Intermediaries used in New Jersey Campus Diversity Initiative), 283 – 302

内部规划(Internal planning), 97 – 99

供公众查阅的互联网网站(Internet web site for public review), 32

J

詹姆斯·欧文基金会(James Irvine Foundation, The), 9

"未来工作"组织(Jobs for the Future (JFF)), 43, 126 – 132, 133, 134, 135, 396

K

基础教育(K – 12 education): 合作, 37 – 38; 与高等教育对比, 21 – 22; 领导评价, 11 – 15; 基金会资助统计, 16 – 17 参见学校管理倡议能力; 学校改革

学前至大学教育的合作(K – 16 collaborations), 39 – 40

知识就是力量项目(Knowledge is Power Program (KIPP)), 118, 370

L

来自领导们的评论(Leaders, comments from), 8 – 15

系统性学习(Learning, organizational), 89, 101 – 102, 277

对通识课的忽视(Liberal arts, neglect of), 400 – 401

礼来基金(Lilly Endowment), 18, 76, 229, 244, 309, 351, 354

洛杉矶安南伯格城市计划(Los Angeles Annenberg Metropolitan Project, LAAMP), 154 – 155, 156

卢米娜教育基金会(Lumia Foundation for Education), 42, 244, 390

M

约翰·D. 和凯瑟琳·T. 麦克阿瑟基金会(MacArthur Foundation, John D. and Catherine T.), 117, 119, 173, 244

确定的主要基金会(Major foundations, defined), 6

任务和目标(Mission and goals),110,111-112

密西西比州立大学写作/思考项目(Mississippi State University Writing/Thinking Project),194,197-198,200

运动善事(Movement philanthropy),61-62,63

强势慈善(Muscular philanthropy),50

N

《危机中的国家》(Nation at Risk, A),64,143,362,363

《准备就绪的国家》(National Prepared, A),117

全国高校商业事务官员协会主页(National Association of College and University Business Officers' home page),235

国家专业教学标准委员会(National Board of Professional Teaching Standards, NBPTS),17,84,104,117

美国国家经济研究局(National Bureau of Economic Research, NBER),57,226-227,231,233

国家社会研究委员会(National Commission on Social Studies):作为失败项目,323-327;对专家的信任,331-334;起源,327-331;引出的问题,340-342;瓦解,336-340;模糊的过程,334-336

全国学生参与度调查(National Survey of Student Engagement),39

国家写作项目(National Writing Project, NWP)早期发展,188-190;资金,198-202,204-205;知识实践与社会实践,190-192;学习和领导力,192-193;经验教训,202-205;地方层面,194-198;长远目标,89;三个主题,187-188

新泽西校园多样性倡议(New Jersey Campus Diversity Initiative):大学项目,301-302;多样性问题,285-286;资助者的执着,286-294;实施策略,294-297;为项目结束的未雨绸缪,300

新标准项目(New Standards Project),117-118

新教师中心(New Teacher Center),84,104

纽约市写作项目(New York City Writing Project),194,195-196

纽约学校改革组织(New York Networks for School Renewal, NYNSR),147,148,151,152

纽科姆奖学金(Newcombe Fellowships),388

《不让一个孩子掉队法案》(No Child Left Behind Act),88,115,364

不干涉原则(Noninterference,

doctrine of),335
确定不可协商的核心（Non-negotiable core, identifying）,26-27
诺伊斯基金会（Noyce Foundation）,77,173

O

寡头垄断（Oligopoly）,222
基金会的开放性（Openness of foundations）,31-33,274-275
运作型基金会（Operating foundations）最大不幸,382-383;定义,381,382;五个能力,383-384;未来,404;作为中介机构,403;学校,395-401;大学,389-395;价值,387-388
组织协调（Organizational alignment）,86
基金会与高等教育（Organizational behaviors of foundations and higher education）:对话,251-257,278-280;重要差异,259-262;印象,257-259;分支问题,262-271;建议,271-278
组织文化（Organizational culture）:定义,110;其中差异,109-110;中介机构,120-122;学校改革策略,115-120;作为关系紧张的原因,110-115
组织学习（Organizational learning）,89,101-102,277

P

教学方法（Pedagogy）,85
教学同行评审项目（Peer review of teaching）
同行评审与外部评审（Peer review versus external review of foundation work）,33-34,44
皮尤慈善信托基金会（Pew Charitable Trusts）,4,9,76,111,117,119,122,123,124,132,133,134,135,142,244,256,306,310-311,314,318,364,390,393
皮尤标准化改革网络（Pew Network for Standards-Based Reform）,122,123-126,127,132,133,134,135
慈善分散（Philanthropic scatteration）,56-58
匹兹堡基金会（Pittsburgh Foundation）,50
政策（Policy）,87-88
基金会的实用性（Practicality of foundations）,221-222
委托—代理模型（Principal-agent model）,222
专业发展（Professional development）,35-36,45,202-203,275
教育项目（Projects, education）:评估,27-28,81;核心要素,26-27,79-80;设计依据,25-26,78-79;相互融合,28-29,81-82;持久力,27,80-81

Q

基金会资助的定量概述（Quantitative overview of foundation support）：对高等教育，17－18，243－245；对 K－12，16－17

R

建议（Recommendations）：行动一致，42；通过中介机构代理，43；合作，36－40，276；外部审查，33－35，275－276；五个标准，24－31；不佳提案，23－24；信息技术，41－42；开放性，31－33，274－275；专业发展，35－36，275；支持专业组织，43－44

创建资本的建议（Recommendations for building capital）：沟通，100－101；内部计划，97－99；基金会中与基金会间的学习，101－102

研究和研究工具（Research and research tools），88－89

响应博士计划（Responsive Ph.D.），393，404，405

《通往奴役之路》（Road to Serfdom），351

洛克菲勒基金会（Rockefeller Foundation），57，109，117，118，122，195，202，220，226，227，233，244，329，390，395

洛克菲勒通识教育委员会（Rockefeller's General Education），54

农村挑战资助协会（Rural Challenge），145，148，156

拉塞尔·塞奇基金会（Russell Sage Foundation），51，54，56－57，88

S

分散（Scatteration），56－58

学校管理倡议能力（School capacity to manage initiatives）：案例研究，169－170，172－175；外部支持，175－180；重要性，163－164；需求管理，167－169；重新思考基金会作用，180－182；六种做法，170－171；在动荡环境中，166－167

学校改革（School reform）：责任，110，114－115，管理，110，112－113；中介机构，110，120－136；使命和目标，110，111－112；组织机构个性特点差异，109－110；策略，115－120

科学慈善事业（Scientific philanthropy），53－56

斯考普斯审判（Scopes trial），54－55

自我专注（Self-absorption）：高等院校，263－265；基金会，268－219

社会资本（Social capital），86－87

国家社会研究委员会（Social Studies, National Commission on）：作为失败项目，323－327；对专家的信任，331－334；起源，327－331；引出的问题，340－342；瓦解，336－340；模糊的议

程,334-336
软资本(Soft capital),185-186
专业组织的支持(Specialized organizations, supporting),43-44
持久力(Staying power),27,80-81
战略慈善(Strategic philanthropy),58-61,63
成功的共同定义(Success, shared definition),30
总结性评估(Summative assessment),28,81
体制改革(Systemic reform),145-146,158

T

《税收改革法案》(Tax Reform Act),61
为美国而教(Teach for America),119,398
教师专业化(Teacher professionalism),83-84
教师即学者(Teacher as Scholars),387
教学同行评审(Teaching, peer review of):项目启动,305-306,308-311;合作,317-319;知识背景,317-319;项目经验教训,317-320;项目结果,314-317;使用策略,311-314
关系紧张的原因(Tension sources of):责任,110,114-115;管理,110,112-113;使命和目标,110,111-112

慈善倡议咨询公司(The Philanthropic Initiative (TPI)),283,287,289,291,292,294,297
基金会的投资回报期(Time horizons, foundations'),259-260
两种文化(Two cultures),3-8。参见组织文化(See also Organizational culture)

U

加州大学洛杉矶分校写作项目(UCLA Writing Project),194,196-197
大学(Universities):特征,215-220;与基金会的差异,259-262;教师,216,231-232;基金会资助,229-231,243-248
大学行政人员的权力(University administrators, power of),218,219

V

风险慈善家(Venture philanthropists),49-50
沃克尔基金会(Volker Fund),351,354,356

W

供公众查阅的网站(Web site for public review),32
伍德罗·威尔逊国家奖学金基金会(Woodrow Wilson National Fellowship Foundation)

国家写作项目（Writing Project, National）：早期发展，188‐190；资金，198‐202,204‐205；知识实践与社会实践，190‐192；学习和领导力，192‐193；经验教训，202‐205；地方层面，194‐198；长远目标，89；三个主题，187‐188